Adolf Arnold
Algerien

Perthes
Länderprofile

Geographische Strukturen, Entwicklungen, Probleme
(vormals Klett/Länderprofile)

Wissenschaftliche Beratung:
Prof. Dr. Gerhard Fuchs, Universität-Gesamthochschule Paderborn

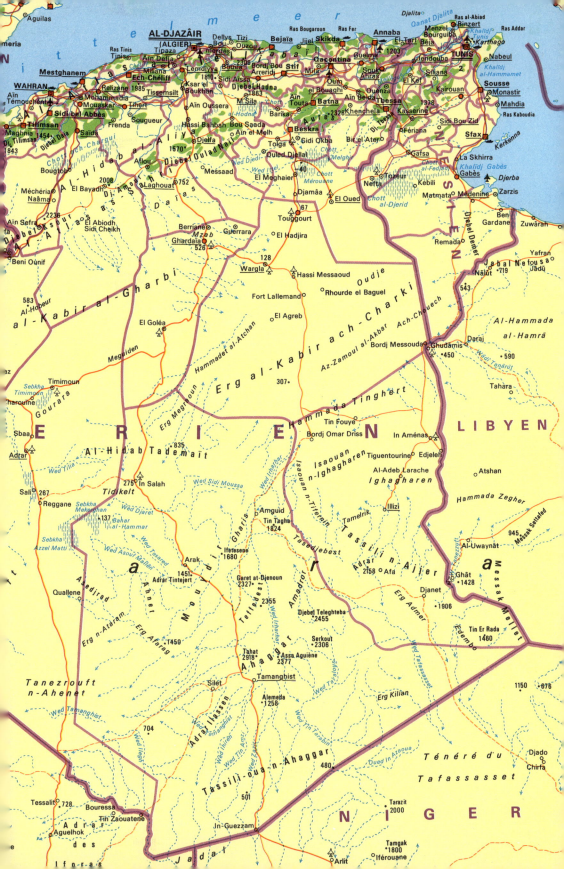

Perthes Länderprofile

Geographische Strukturen, Entwicklungen, Probleme

Adolf Arnold

Algerien

Eine frühere Siedlungskolonie auf dem Weg zum Schwellenland

mit einem Anhang von Dieter Bloch:
Fakten – Zahlen – Übersichten

38 Karten und Abbildungen sowie 58 Tabellen

Justus Perthes Verlag Gotha

Die Deutsche Bibliothek – CIP-Einheitsaufnahme

Arnold, Adolf:
Algerien : 58 Tabellen / Adolf Arnold. Mit einem Anh. von
Dieter Bloch: Fakten – Zahlen – Übersichten. – 1. Aufl. –
Gotha : Perthes, 1995
  (Perthes Länderprofile)
  ISBN 3-623-00665-3

Für Barbara und Hamid Bendjaballah!

ISBN 3-623-00665-3
1. Auflage
© 1995, Justus Perthes Verlag Gotha GmbH
Alle Rechte vorbehalten.
Fotomechanische Wiedergabe nur mit Genehmigung des Verlages
Gesamtherstellung: Druckhaus „Thomas Müntzer" GmbH, Bad Langensalza
Einbandgestaltung: Klaus Martin und Uwe Voigt, Arnstadt und Erfurt
Vignetten im Anhang: Katrin Kuhr, Gotha

Inhalt

Verzeichnis der Abbildungen	9
Verzeichnis der Tabellen	10
Abkürzungen	12
Glossar wichtiger arabischer Begriffe	12
Vorwort	13

1 Algerien – ein Entwicklungsland auf dem Weg von der Siedlungskolonie zum Schwellenland: Leitlinien eines Länderprofils   15

2 Geopolitische Grundzüge des algerischen Staates   19

2.1	Das Werden der algerischen Nation	19
2.1.1	Die lange Vorgeschichte	19
2.1.2	Frühgeschichte	19
2.1.3	Invasionen und ihre Folgen	20
2.1.4	Die Osmanen als Staatsgründer	22
2.1.5	Die französische Kolonialherrschaft	23
	Die europäische Einwanderung	25
	Die europäische Landnahme	26
	Methoden der Agrarkolonisation	27
	Die kolonialzeitliche Entwicklung von Bergbau und Industrie	28
	Das kolonialzeitliche Siedlungs- und Verkehrsnetz	29
	Die europäische Kolonialgesellschaft	31
	Eine „deformierte" Gesellschaft als Ergebnis der Kolonisation	32
	Bilanz der Kolonialherrschaft	34
	Der Befreiungskrieg 1954–1962	35
2.1.6	Das unabhängige Algerien	36
2.2	Staatsraum, Grenzen und Lage Algeriens	40
2.2.1	Grenzprobleme	41
2.2.2	Lagebeziehungen	42

3 Das natürliche Potential   47

3.1	Das Klima	47
3.2	Das Wasserpotential	51
3.3	Die bioklimatische Gliederung	53
3.4	Relief und Böden	55
3.4.1	Die geomorphologische Gliederung der algerischen Sahara	55

3.4.2 Die geomorphologische Gliederung Nordalgeriens 57
3.4.3 Böden 60
3.5 Die Labilität der Ökosysteme 60

4 Bevölkerungsstruktur und Verstädterung 65

4.1 Die Bevölkerungsstruktur 65
4.1.1 Grundzüge der Bevölkerungsentwicklung 65
4.1.2 Das aktuelle generative Verhalten 65
4.1.3 Der Altersaufbau 66
4.1.4 Räumliche Bevölkerungsverteilung 67
4.1.5 Die algerische Emigration 69
4.1.6 Binnenwanderungen 72
4.1.7 Sprachliche und ethnische Gruppen 73
4.1.8 Sprachprobleme 75
4.1.9 Die „Schule für alle" 77
4.2 Die Verstädterung 78
4.2.1 Prozeßablauf 78
4.2.2 Stadtmorphologie 80
4.2.3 Der Funktionswandel der Städte 82
4.2.4 Das algerische Städtesystem im Wandel 84
4.2.5 Krisenerscheinungen 88
4.3 Algier – das politische, wirtschaftliche und kulturelle Zentrum 89
4.3.1 Stadtentwicklung 90
4.3.2 Funktionswandel: Vom kolonialen Brückenkopf zur Landeshauptstadt 92
4.3.3 Stadtstrukturen 93
4.3.4 Stadtplanung 94
4.4 Das Städtesystem des Oranais (Westalgerien) 95
4.4.1 Die Industrialisierung 96
4.4.2 Der Wandel des tertiären Sektors 99
4.4.3 Die bauliche Entwicklung 100
4.5 Constantine – die Regionalmetropole Ostalgeriens 101
4.6 Dynamische Städte im Binnenland 103
4.6.1 Sétif 103
4.6.2 Batna 104
4.6.3 Oum El Bouaghi 105

5 Der wirtschaftliche Strukturwandel 107

5.1 Das algerische Entwicklungsmodell 109
5.1.1 Das Entwicklungsmodell der Ära Boumediène 1965–1978 109
5.1.2 Korrekturen der Entwicklungspolitik nach 1980 110
5.2 Ressourcen für die wirtschaftliche Entwicklung 111
5.2.1 Die Energiewirtschaft 111
5.2.2 Sonstige montane Rohstoffe 115
5.3 Die Industrialisierung 116

Inhalt

5.3.1	Das Konzept der „industrialisierenden Industrien"	116
5.3.2	Der zeitliche Ablauf des Industrialisierungsprozesses	116
5.3.3	Die wichtigsten Industriezweige	117
	Die Grundstoffindustrien	118
	Lebensmittel- und Konsumgüterindustrien	121
5.3.4	Bilanz der Industrialisierung	122
5.4	Raumbeispiele: Annaba und Skikda	123
5.4.1	Annaba – Standort der Eisenhütten- und Stahlindustrie	124
5.4.2	Skikda – Standort der Kohlenwasserstoffverarbeitung	126
5.5	Der Fremdenverkehr – ein vernachlässigter Wirtschaftszweig	127
5.6	Weltmarktverflechtungen – Außenhandel – Auslandsverschuldung	129

6 Das Stiefkind Landwirtschaft   133

6.1	Heterogene Betriebsstrukturen	133
6.2	Die Entwicklung der Agrarproduktion	135
6.2.1	Die pflanzliche Produktion	135
6.2.2	Die tierische Produktion	137
6.3	Die Ernährungssituation: Vom Agrarexporteur zum Nahrungsmittelimporteur	138
6.4	Agrarraum und Bodennutzung	140
6.4.1	Die Bodennutzung	140
6.4.2	Die Bewässerungsräume	141
6.5	Agrarräume	143
6.5.1	Die Mitidja-Ebene	144
6.5.2	Gebirgsregionen in der Krise	147
	Der Ouarsenis	149
	Der Aurès	150
6.5.3	Die Hochplateaus – Getreidemonokultur und Weidewirtschaft	150
	Die Getreidebauregion des Constantinois	154
	Die Viehwirtschaft der Steppenregion	155
	Exkurs: Die Achaba der Sait Atba	158
	Ökologische Probleme	159
6.5.4	Die Oasenlandwirtschaft der Sahara	160
	Oasentypen	160
	Die Agrarsysteme	161
	Junge Wandlungen	162
	Agrarkolonisation in der Sahara	163
	Beispieloase Oued Saoura und die Ebene von Abadla	164
	Beispieloase Timimoun	165
	Beispieloase Oued Rhir	168
	Beispieloase M'Zab	170

7 Regionalpolitik   173

7.1	Das regionalpolitische Instrumentarium	173
7.2	Regionalpolitische Interventionen	175

7.2.1 Verkehrs- und Kommunikationssysteme — 175
7.2.2 Energieversorgung — 176
7.2.3 Das Schulwesen — 177
7.2.4 Administrative Gebietsreformen — 177
7.2.5 Die Industrialisierung — 179
7.2.6 Die Option für die Hochplateaus — 180

8 Regionalisierung — 181

8.1 Traditionelle Ansätze — 181
8.2 Moderne Ansätze zur Regionalisierung — 182
8.2.1 Westalgerien (Oranais) — 182
Die Küstenebenen von Oran – Arzew — 183
Der westliche Tell — 183
Die westalgerischen Hochplateaus — 184
8.2.2 Zentralalgerien (Algerois) — 184
Algier und sein Umland — 185
Der zentrale Tell und die zentralen Hochplateaus — 185
Die Große Kabylei — 186
Das Tal des oberen und mittleren Chélif — 188
8.2.3 Ostalgerien — 188
Die Tellzone — 189
Die ostalgerischen Hochplateaus — 189
Aurès und Nementcha-Berge — 190
8.2.4 Die algerische Sahara — 191

Literaturverzeichnis — 194

1 Quellen, Statistiken — 194
2 Allgemeine Literatur — 194

Sachregister — 198

Anhang/Algerien – Fakten, Zahlen, Übersichten — 201

1 Staat und Territorium — 202
2 Landesnatur — 205
3 Landesgeschichte — 207
4 Bevölkerung und Siedlungen — 210
5 Wirtschaft — 213
6 Verkehr und Nachrichtenwesen — 216
7 Soziales, Gesundheitswesen, Bildungswesen und Kultur — 219

Verzeichnis der Abbildungen

Abb. 1:	Das Vordringen Frankreichs im Maghreb	24
Abb. 2:	Plan des Kolonistendorfes Inkermann (heute Oued Rhiou) im Chélif-Tal von 1878	30
Abb. 3:	Formen des Landbesitzes in Algerien 1954	35
Abb. 4:	Distanzen im algerischen Staatsraum	41
Abb. 5:	Die internationalen Flugverbindungen des Flughafens Algier im Sommer 1987	45
Abb. 6:	Die Jahresniederschläge in Nordalgerien	49
Abb. 7:	Hydrogeologisches Profil durch die algerische Sahara	52
Abb. 8:	Die bioklimatische Gliederung Algeriens	54
Abb. 9:	Geomorphologisch-geologisches Nord-Süd-Profil durch die algerische Sahara	56
Abb. 10:	Die großen Reliefeinheiten Nordalgeriens	58
Abb. 11:	Erdbebengefährdete Gebiete Algeriens	61
Abb. 12:	Jahresniederschläge in Nordalgerien in Feucht- und Trockenjahren	62
Abb. 13:	Die Entwicklung der algerischen Geburten- und Sterberaten im 20. Jh.	67
Abb. 14:	Die algerische Alterspyramide 1987	68
Abb. 15:	Bevölkerungsdichte je Wilaya in Nordalgerien 1987	70
Abb. 16:	Funktionsräumliche Gliederung der Stadt Sidi-bel-Abbès	83
Abb. 17:	Das algerische Städtesystem im zeitlichen Wandel	85
Abb. 18:	Die algerischen Städte über 50000 Einwohner (1987)	87
Abb. 19:	Die Stadtregion Algier	92
Abb. 20:	Die Industriezonen im Oranais	97
Abb. 21:	Die Medina von Constantine	102
Abb. 22:	Oum El Bouaghi: Neugeplanter Hauptort eines Wilayas	106
Abb. 23:	Erdöl und Erdgas in Algerien	112
Abb. 24:	Eisenhüttenwerk El Hadjar bei Annaba	119
Abb. 25:	Die Agglomeration Annaba – El Hadjar	125
Abb. 26:	Skikda und seine Industriezone	127
Abb. 27:	Bewässerungsflächen und Staudämme in Nordalgerien	142
Abb. 28:	Bodenbesitzstruktur der Gemeinde Mouzaîa (Mitidjaebene)	146
Abb. 29:	Herdenwanderung der Sait Atba	159
Abb. 30:	Die Wasserressourcen der algerischen Sahara	161
Abb. 31:	Die Oasen des Gourara (Ostrand des westlichen Erg)	166
Abb. 32:	Profil einer Foggara von Timimoun	167
Abb. 33:	Die Oasengruppe des Oued Rhir	168
Abb. 34:	Die Vermehrung der Wilayate (Provinzen) von 1956 bis 1984	178
Abb. 35:	Die räumliche Organisation des algerischen Staatsraums	183

Vorderes Vorsatz
   Übersichtskarte 1:9000000

Hinteres Vorsatz
   Oase Uargla (Wargla) – Lebensraum und Entwicklung einer Oasenstadt in der Sahara
   Wirtschaftskarte Algeriens

Verzeichnis der Tabellen

Tab. 1:	Die Entwicklung des europäischen privaten Landbesitzes in Algerien	26
Tab. 2:	Die Entwicklung der algerischen Rebfläche	27
Tab. 3:	Die geographische Verflechtung des algerischen Außenhandels	44
Tab. 4:	Bevölkerungsentwicklung Algeriens 1856–1990	66
Tab. 5:	Altersaufbau der algerischen Bevölkerung 1966–1990	68
Tab. 6:	Die Entwicklung des algerischen Bildungswesens 1962–1988	78
Tab. 7:	Die Entwicklung der algerischen Stadtbevölkerung 1886–1987	79
Tab. 8:	Entwicklung der algerischen Gemeinden nach Größenklassen	87
Tab. 9:	Bevölkerungsentwicklung der Stadt Algier 1830–1987	91
Tab. 10:	Bevölkerungsentwicklung westalgerischer Städte 1954–1987	96
Tab. 11:	Die wichtigsten Industriebetriebe von Arzew	98
Tab. 12:	Der Umschlag westalgerischer Häfen 1964 und 1987	99
Tab. 13:	Bevölkerungsentwicklung von Sétif, Batna und Oum El Bouaghi	104
Tab. 14:	Erwerbstätige nach Wirtschaftsbereichen in Algerien 1967–1987	107
Tab. 15:	Entstehung des algerischen Bruttoinlandsprodukts 1965–1987	108
Tab. 16:	Anteil der Industrie an den Investitionen der Entwicklungspläne Algeriens 1967–1989	110
Tab. 17:	Förderung von Erdöl und Erdgas in Algerien 1960–1990	113
Tab. 18:	Förderung der wichtigsten Bergbauprodukte Algeriens 1965–1990	115
Tab. 19:	Produktion ausgewählter Industrieerzeugnisse in Algerien 1970–1990	118
Tab. 20:	Industriebetriebe und -beschäftigte in Algerien nach Branchen 1987	118
Tab. 21:	Strukturdaten zum algerischen Fremdenverkehr 1975–1987	128
Tab. 22:	Aufgliederung des algerischen Außenhandels nach Produktgruppen 1965–1990	131
Tab. 23:	Entwicklung der pflanzlichen Produktion in Algerien 1965–1990	136
Tab. 24:	Entwicklung der Viehbestände Algeriens 1965–1990	137
Tab. 25:	Entwicklung der algerischen Getreideimporte im Jahresdurchschnitt 1967–1987	139
Tab. 26:	Nutzung der algerischen Acker- und Dauerkulturflächen 1987 und 1990	141
Tab. 27:	Infrastrukturelle Soll-Einrichtungen der Verwaltungsorte in Algerien	178

Anhang

Tab. A 1:	Wilayate Algeriens	202
Tab. A 2:	Die algerische Währung	204
Tab. A 3:	Klimadaten wichtiger Stationen Algeriens	206
Tab. A 4:	Höchste Berge Algeriens	206
Tab. A 5:	Entwicklung der Einwohnerzahl Algeriens 1856–1987	211
Tab. A 6:	Bevölkerungsstruktur Algeriens	211
Tab. A 7:	Städte Algeriens mit über 100000 Einwohnern 1987	212
Tab. A 8:	Beschäftigungsstruktur Algeriens 1987	214
Tab. A 9:	Entstehung des Bruttoinlandsproduktes Algeriens 1989	214
Tab. A 10:	Gewinnung von Bergbauprodukten in Algerien 1990	214
Tab. A 11:	Elektroenergieerzeugung in Algerien	215
Tab. A 12:	Industriebetriebe und Beschäftigte nach Branchen in Algerien 1987	215
Tab. A 13:	Produktion ausgewählter Erzeugnisse des verarbeitenden Gewerbes in Algerien 1990	216
Tab. A 14:	Landnutzung in Algerien 1987	216
Tab. A 15:	Nutzung der Acker- und Dauerkulturflächen in Algerien 1990	216

Tabellenverzeichnis 11

Tab. A 16:	Erntemengen ausgewählter pflanzlicher Erzeugnisse in Algerien 1990	216
Tab. A 17:	Viehwirtschaft Algeriens 1990	217
Tab. A 18:	Forstwirtschaft Algeriens	217
Tab. A 19:	Fischfang in Algerien 1990	217
Tab. A 20:	Tourismus in Algerien	217
Tab. A 21:	Außenhandel Algeriens 1990	217
Tab. A 22:	Eisenbahnverkehr in Algerien 1990	219
Tab. A 23:	Straßenverkehr in Algerien	219
Tab. A 24:	Verkehr der wichtigsten Flughäfen Algeriens 1990	219
Tab. A 25:	Seeverkehr Algeriens 1987	219
Tab. A 26:	Rohrleitungen in Algerien	220
Tab. A 27:	Kommunikationswesen in Algerien	220
Tab. A 28:	Sozialwesen in Algerien	222
Tab. A 29:	Gesundheitswesen Algeriens	222
Tab. A 30:	Bildungswesen Algeriens	222
Tab. A 31:	Kultur in Algerien	223

Abkürzungen

AK	Arbeitskräfte
BSP	Bruttosozialprodukt
BIP	Bruttoinlandsprodukt
DA	Dinar Algérien
DAS	Domaine Agricole Socialiste
E.	Einwohner
dt	Dezitonne (100 kg)
FIS	Front Islamique du Salut
FLN	Front de Libération Nationale Algérienne
Jh.	Jahrhundert
LF	Landwirtschaftlich genutzte Fläche
Mio.	Million
Mrd.	Milliarde
N	Niederschlag

Glossar wichtiger arabischer Begriffe

Achaba	Sommerwanderung der Nomaden
Arch	Kollektivland der Stämme
Azel	Staatsland der Türkenzeit, an Würdenträger in Erbpacht vergeben. Zugleich Bezeichnung für „Hirte".
Daira	Verwaltungseinheit: Landkreis, Arrondissement
Daya	abflußlose Geländemulde, wird im semiariden Bereich für den Anbau genutzt
Erg	Sandwüste mit Dünen
Gara, Pl. Gour	isolierter Zeugenberg
Gourbi	traditionelle Hütte aus Lehm
Habous	religiöse Stiftung, auch unveräußerliches Land geistlicher Stiftungen
Hamada	Felswüste mit Schichtstufe
Harratin	negroide Oasenbevölkerung, Nachkommen der früheren Sklaven
Khamess	Teilpächter, der nach dem Wortsinn mit einem Fünftel des Ertrags für seine Arbeit entlohnt wird
Maâder	Überschwemmungsbereich von Oueds im randsaharischen Raum, der für spekulativen Getreidebau genutzt wird
Melk	Privatland
Menzel	Rasthaus an Karawanenstraßen
Rtassin	Brunnentaucher in den Rhir-Oasen
Sebkha	Salzsee
Seguia	offener Kanal zur Zuführung von Wasser auf Bewässerungsflächen
Serir	Kieswüste
Souk	Markt; kann sowohl den Wochenmarkt im ländlichen Raum wie den innerstädtischen Basarbezirk bezeichnen
Souk el Fellah	Bauernmarkt; hier konnten die Bauern bereits vor der Liberalisierung des Agrarhandels ihre Produkte frei verkaufen
Wilaya	Verwaltungseinheit: Provinz, Département

Für die Vorsätze dieses Buches hat der Verlag bewußt Karten ausgewählt, deren Namenschreibung sich untereinander und von den Karten im Buch unterscheidet, um dem Leser aufzuzeigen, daß er auch für Algerien in den gängigen deutschen Weltatlanten und Publikationen nach wie vor mit einem sehr unterschiedlichen Namengut konfrontiert wird.

Vorwort

Das Erscheinen diese Länderprofils fällt mit einer tiefen Krise des algerischen Staates zusammen, wird doch das Land von bürgerkriegsähnlichen Unruhen erschüttert. Nach dem Iran scheint in einem weiteren islamischen Land die Machtübernahme durch eine religiös-fundamentalistische Bewegung möglich zu sein. Die Vorstellung von einem islamischen Gottesstaat auf der afrikanischen Gegenküste des Mittelmeeres, nur zwei Flugstunden entfernt, ist für viele eine bedrückende Vision.

Bei der Konzeption dieses Bandes war eine derartige Entwicklung nicht abzusehen. Das Land genoß vielmehr über Jahrzehnte eine für Entwicklungsländer seltene politische Stabilität, seine Wirtschaft wies dank des Reichtums an Öl und Erdgas hohe Wachstumsraten auf, die Bevölkerung erfreute sich steigenden Wohlstandes. Das algerische Entwicklungsmodell, das auf eine forcierte Industrialisierung setzte, galt weltweit als beispielhaft. Der Verfasser hat das Land seit 1969 häufig bereist und konnte den Wandel von der Kolonie zum Schwellenland bis hin zu der sich gegen Ende der achtziger Jahre abzeichnenden Instabilität mitverfolgen. Leider hat sich die Datenlage in den letzten Jahren laufend verschlechtert, das letzte offizielle Statistische Jahrbuch für Algerien ist für 1991 erschienen. Seine Daten konnten hier noch eingearbeitet werden.

Angesichts der nicht vorhersehbaren politischen Zukunft Algeriens verbleibe dem Leser eine Gewißheit: die **geographischen Grundstrukturen** des Landes werden sich nicht so schnell ändern!

Hannover, ADOLF ARNOLD
im Dezember 1994

1 Algerien – ein Entwicklungsland auf dem Weg von der Siedlungskolonie zum Schwellenland: Leitlinien eines Länderprofils

Das vorliegende Länderprofil ist die erste geographische Landeskunde Algeriens in deutscher Sprache. Während für Marokko und Tunesien seit langem auch deutschsprachige Länderkunden vorliegen, ist man für das zentrale Maghrebland bisher vor allem auf französische Arbeiten angewiesen.

Dabei ist Algerien ein überaus interessantes Objekt einer regionalgeographischen Betrachtung. Mit einer Fläche von 2,38 Mio. km^2 ist es nach dem Sudan der zweitgrößte Staat Afrikas. Der rasche Übergang vom mediterranen Raum zur Wüste bietet eine große naturräumliche Vielfalt mit oft schroffen Gegensätzen. Die Kulturlandschaft Algeriens spiegelt eine mehrtausendjährige Geschichte wider: orientalische, europäisch-mediterrane und afrikanische Einflüsse haben sich hier vermischt und ihren Niederschlag gefunden. Die 132jährige französische Kolonialherrschaft steht in einer langen Reihe von Fremdherrschaften über dieses Maghrebland. Sie hat seine Wirtschafts-, Sozial- und Raumstruktur stark überformt, ja deformiert. Der achtjährige blutige Befreiungskrieg bildet ein traumatisches Erlebnis in der jüngsten algerischen Geschichte; er verschaffte dem Land bis heute eine herausgehobene Position in der Dritten Welt. Dank seiner Wirtschaftskraft ist das rohstoffreiche Land ein interessanter Außenhandelspartner für die Industrieländer. Dagegen haben die Ströme des Massentourismus im Mittelmeerraum Algerien bis in die achtziger Jahre hinein nur wenig berührt. Im Unterschied zu Marokko und Tunesien erfuhr der Ausländer-Fremdenverkehr in Algerien nur beschränkte staatliche Förderung. Der drastische Rückgang der Einnahmen aus dem Export von Kohlenwasserstoffen schien einen Wandel in der amtlichen Fremdenverkehrspolitik bewirkt zu haben. Eine stärkere Inwertsetzung des touristischen Potentials bahnte sich an, konnte wegen der einsetzenden innenpolitischen Krise des Landes aber nicht mehr realisiert werden.

Nicht zuletzt bildet Algerien wegen seiner eigenwilligen Entwicklungspolitik ein interessantes Studienobjekt, räumte es doch zeitweilig der autozentrierten Entwicklung auf der Basis der Industrialisierung eindeutige Priorität ein. Das theoretische Konzept der „industrialisierenden Industrien" wurde mit hohem Aufwand auf den realen geographischen Raum übertragen. Im algerischen Entwicklungsmodell greift der Staat sehr stark in das Wirtschaftsleben ein. Im Jahre 1983 wurden über 70% der nationalen Wertschöpfung vom öffentlichen Sektor erwirtschaftet; erst seit etwa 1980 erfährt der Privatsektor wieder stärkere Förderung. Es ist Ansichtssache, ob man diesen Entwicklungsweg als „sozialistisch" – so die offizielle algerische Lesart –, als „nichtkapitalistisch" – so die Sprachregelung in der früheren DDR – oder als „staatskapitalistisch" bezeichnet.

Ein derartiges Konzept mußte wohl zwangsläufig Disparitäten hervorrufen, die zu diskutieren sein werden. In der Bilanz muß man aber dem algerischen Entwicklungsmodell beachtliche Erfolge zuschreiben, wie folgende Indikatoren belegen: nach den Entwicklungsberichten der Weltbank von 1982 und 1992 erhöhte sich zwischen 1960 und 1990 das Bruttoinlandsprodukt von 2,74 auf 42,2 Mrd. US-Dollar; das BSP pro Kopf stieg von 200 auf

2060 Dollar; die Lebenserwartung wuchs von 47 auf 65 Jahre, die Einschulungsquote der Grundschüler von 46 auf 84%. Der sozioökonomische Strukturwandel wird durch den Rückgang des Anteils der landwirtschaftlichen Erwerbspersonen von 67% auf 23% sowie durch den Anstieg der Stadtbevölkerung von 30% auf 52% dokumentiert. Algerien wird heute den Entwicklungsländern der mittleren Einkommenskategorie zugerechnet, man kann es durchaus als Schwellenland bezeichnen.

Anliegen der vorliegenden Studie ist es, das Land mit seinen gravierendsten Entwicklungsproblemen vorzustellen. Angesichts des begrenzten Umfangs sollen folgende Hauptpunkte herausgearbeitet werden:

1. Zu den geopolitischen Grundzügen des algerischen Staates zählt seine Zugehörigkeit zu drei sehr unterschiedlichen Raumeinheiten:
   – Algerien ist ein afrikanisches Land. Es ist Mitglied der Organisation für afrikanische Einheit. Durch die Übernahme der kolonialzeitlichen Grenzen in der Sahara stößt das algerische Staatsgebiet weit in den Kern des Kontinents vor.
   – Algerien ist Teil des Maghreb, d. h. des äußersten Westen des islamisch-arabischen Kulturkreises. Mit Djaziret-Al-Maghrib (Insel des Westens) bezeichneten arabische Geographen den fruchtbaren Raum zwischen Mittelmeer und der Barriere der Sahara. Seit seiner Unabhängigkeit ist Algerien Mitglied der Arabischen Liga.
   – Algerien ist mit seinen nördlichen Kernräumen ein mediterranes Land. Spätestens seit der 400-jährigen römischen Herrschaft bestehen intensive Beziehungen zur europäischen Gegenküste. Die von 1830 bis 1962 währende französische Kolonialherrschaft bedeutete eine Periode stärkster Überprägung durch europäische Einflüsse, die auch heute unübersehbar sind (Außenhandel, Verkehrsströme, kulturelle Einflüsse). Algerien ist über Kooperationsverträge mit der EG verbunden.

   Als Staat ist Algerien ein relativ junges Gebilde. Während in Marokko bereits die Dynastie der Idrisiden (8. Jh. n. Chr.) und in Tunesien die der Aghlabiden (13. Jh.) den heutigen Staat vorbilden, verdankt Algerien der türkischen Herrschaft des 16. und 17. Jhs. die ungefähre Festlegung seines Staatsraumes im mediterranen Norden. Zur Ausbildung eines Nationalbewußtseins kommt es erst durch den Kampf gegen die französische Herrschaft.

2. Die Raumstruktur Algeriens ist stark vom physisch-geographischen Rahmen vorgeprägt.
   Das Relief wird durch zwei Großeinheiten bestimmt. Der nördliche Kernraum ist dem Atlassystem zuzurechnen, er gehört somit zum Komplex der zirkummediterranen Faltengebirge. In Algerien ist das Gebirgssystem aufgespalten in die beiden parallel verlaufenden Züge des Tell und des Sahara-Atlas, zwischen denen sich die Hochplateaus – in der deutschen Literatur auch Hochland der Schotts genannt – erstrecken. Dieser Atlasbereich ist dem alten afrikanischen Sockel angeschweißt. Die geologisch-tektonische Grenze zwischen Atlassystem und Sahara bildet eine große Verwerfungs- und Bruchlinie, die sich vom Golf von Gabès (Tunesien) bis Agadir an der marokkanischen Atlantikküste verfolgen läßt. Dem algerischen Staatsgebiet fehlt somit ein Zentralraum, wie ihn beispielsweise Marokko in seiner Meseta besitzt – sicherlich mit ein Grund für die späte Einigung des Landes. Die klimatische

Differenzierung Algeriens ist vor allem eine Funktion der Niederschlagsverteilung. Ausreichend beregnet ist nur ein etwa 100 km breiter Streifen entlang der Mittelmeerküste, der überwiegend vom Tell eingenommen wird. Schon am Südfuß des Gebirges sinken die durchschnittlichen Jahresniederschläge unter 400 mm, was in etwa die Grenze des sicheren Regenfeldbaus bedeutet. Am Südfuß des Sahara-Atlas, etwa 400 km südlich der Mittelmeerküste, liegt die 100 mm – Isohypse, die gemeinhin als Grenze der Wüste angenommen wird. Als klimatisch begünstigt kann somit nur der küstenparallele Streifen von 100 km Breite und etwa 1000 km in der Ost-West-Erstreckung angesehen werden.

3. Die Bevölkerungsverteilung Algeriens ist extrem ungleich, etwa 75% leben in dem semihumiden Küstenstreifen. Hier erlaubte seit jeher die Landwirtschaft eine höhere Bevölkerungsdichte, hier liegen die großen Städte und hier konzentriert sich die Industrie. Die Kolonialzeit hat das Übergewicht der küstennahen Regionen noch erheblich verstärkt. Mit einem Geburtenüberschuß von 28‰ nimmt Algerien unter den Staaten dieser Erde einen Spitzenplatz ein. Er errechnet sich aus einer noch hohen Geburtenrate von 36‰ und einer bereits stark abgesenkten Sterberate von 8‰. Da das Ventil der Auswanderung nach Europa seit Anfang der siebziger Jahre praktisch verschlossen ist, ist der Geburtenüberschuß mit dem Wachstum der Gesamtbevölkerung identisch. Zwischen 1954 und 1990 wuchs die Bevölkerung Algeriens von 9,4 Mio. auf 25,1 Mio. an.

4. Eine rapide Verstädterung begleitet das Bevölkerungswachstum. Sie äußert sich einmal in einem überdurchschnittlichen Wachstum der Stadtbevölkerung. Ihr Anteil an der Gesamtbevölkerung stieg von 25% (1954) auf 52% (1990). In absoluten Zahlen ist das Wachstum noch eindrucksvoller: lebten 1954 erst 2,4 Mio. Menschen in städtischen Siedlungen, so waren es bei der Volkszählung 1977 bereits 7,1 Mio. und heute (1992) dürfte die Zahl von 13 Millionen überschritten sein. Zugleich übernehmen immer mehr ländliche Siedlungen städtische Funktionen, d. h. das Siedlungsnetz verdichtet sich.

5. Wie nur wenige andere Entwicklungsländer räumte Algerien der Industrialisierung in seiner Entwicklungspolitik eindeutige Priorität ein. Die lange Zeit reichlich sprudelnden Einnahmen aus dem Öl- und Erdgasexport ermöglichten die Finanzierung des kapitalaufwendigen Entwicklungswegs. Ab 1967 begann der Aufbau einer vorwiegend küstenständigen Grundstoffindustrie (Eisenhüttenwerk, Erdölraffinerie, Erdgasverflüssigung, Petrochemie, Baustoffindustrie). Auf dieser Grundlage wurden von den siebziger Jahren an Investitions- und Konsumgüterindustrien an zahlreichen Binnenstandorten errichtet. Mit der forcierten Industrialisierung zielte die algerische Führung auf wirtschaftliche Unabhängigkeit und auf die Ingangsetzung eines allgemeinen Entwicklungsprozesses. Nach 20 Jahren lassen sich die Licht- und Schattenseiten des algerischen Modells erkennen. Einerseits wurde ein beachtlicher Industriebesatz errichtet und die autarke Güterversorgung auf vielen Gebieten erreicht. Auf der anderen Seite stehen geringe Kapitaleffizienz, wenig konkurrenzfähige Produkte, unrentable Produktion und neue technologische Abhängigkeiten von den Industrieländern. Die nahezu totale Abhängigkeit von Kohlenwasserstoffexporten (98% der algerischen Ex-

porte!) mit ihren starken Preis- und Mengenschwankungen schuf neue, gefährliche Instabilitäten.
6. Die Landwirtschaft blieb bis etwa 1980 das Stiefkind der Entwicklungspolitik. Die Produktion stagniert bei den meisten Erzeugnissen auf dem Niveau der fünfziger Jahre. Das Angebot an Nahrungsgütern kann mit der Nachfrage der rasch wachsenden Bevölkerung und den Einkommenssteigerungen nicht Schritt halten. Infolgedessen müssen heute 60–70% der Grundnahrungsmittel importiert werden. Vom Agrarexportland der Kolonialzeit ist Algerien zu einem Importeur von Grundnahrungsmitteln geworden.
7. Aus der Kolonialzeit hat Algerien schwere räumliche Disparitäten übernommen, die man in großen Zügen mit einem Nord-Süd-Gefälle und einem Stadt-Land-Gefälle umschreiben kann. Sie sind nur zum Teil aus der Landesnatur zu erklären, teilweise gehen sie aber auf die einseitige Entwicklung der Litoralzone durch die extravertierte Kolonialwirtschaft zurück. Das unabhängige Algerien versucht, annähernd einheitliche Lebensverhältnisse im gesamten Staatsraum zu schaffen. Dazu dienen u. a. städtische Entwicklungspole, Industrieansiedlungen, Ausbau der Verkehrssysteme, flächenhafte Elektrifizierung, Kommunikationssysteme, Alphabetisierung, Gründungen von Schulen und Hochschulen. Dieser planmäßige Landesausbau blieb nicht ohne Erfolg: selbst abgelegene Sahara-Oasen sind heute aus ihrer Isolation gelöst und an nationale Systeme der Kommunikation und des Güter- und Personenverkehrs angeschlossen. Dominierten in der Kolonialzeit die extravertierten Tauschbeziehungen über die Häfen, so sind heute interregionale Verflechtungen an ihre Stelle getreten.

2 Geopolitische Grundzüge des algerischen Staates

2.1
Das Werden der algerischen Nation

2.1.1
Die lange Vorgeschichte

Afrika wird als die Wiege der Menschheit angesehen. Skelettfunde aus Ostafrika lassen den Weg des Menschen mehr als 3 Millionen Jahre zurückverfolgen. In Nordafrika bilden Pebble Tools, grob zugeschlagene Gerölle, vom Fundplatz Ain Hanech bei Sétif die bisher ältesten Hinterlassenschaften des Menschen. Sie werden auf ein Alter von 1 Mio. Jahren datiert. Für den ältesten Skelettfund (Ternifine bei Mascara) wird ein Alter von 500000 Jahren angegeben (Mindel-Kaltzeit). Der weitere Verlauf der Menschheitsentwicklung im Maghreb und in der Sahara während des Paläolithikums ist durch einen überaus großen Reichtum an Artefakten, besonders durch Faustkeile, faßbar. In einigen Teilen der Sahara sind Steinwerkzeuge an der Oberfläche in großen Mengen anzutreffen. Sie belegen für Jahrhunderttausende die kontinuierliche Besiedlung dieser Räume. Im Mittelmeerraum und in der Sahara haben sich die Eiszeiten in wesentlich milderer Form als in Mitteleuropa ausgewirkt, weshalb hier die kulturelle Entwicklung des Menschen sehr viel kontinuierlicher erfolgen konnte.

Der Übergang von der Wirtschaftsstufe des Jägers und Sammlers zur seßhaften Lebensweise mit Ackerbau und Viehzucht erfolgte im Maghreb allmählich im 6. bis 5. Jahrtausend vor Christus. Für die Gebirge der Zentralsahara sind neolithische Kulturelemente (Keramik, Handmühlen, Haustiere) nach neuesten Forschungsergebnissen sogar schon für das 7. vorchristliche Jahrtausend nachweisbar; sie werden mit einer offenbar negroiden Bevölkerung verknüpft. Das saharisch-sudanische Neolithikum ist wahrscheinlich sogar 2000 Jahre älter als das im Niltal. Die Felsbilder der Sahara (Gravuren und farbige Malereien) bilden eine einzigartige Dokumentation von Umwelt, Vorstellungen und Alltagsleben dieser neolithischen Bevölkerungsgruppen.

Weite Teile der Sahara waren in den meisten Abschnitten des Pleistozän weit weniger lebensfeindlich als heute. Eine Feuchtphase zwischen 4500 und 2500 v. Chr. ermöglichte in der Zentralsahara eine Rinderhirtenkultur, die in hervorragenden Felsbildern dokumentiert ist. Sie erlischt mit der zunehmenden Austrocknung; an die Stelle der Rinder treten die genügsameren Schafe und Ziegen. Zu Beginn unserer Zeitrechnung wird das Kamel aus dem Orient eingeführt – ein Zeichen für den Desertifikationsprozeß, an dem der Mensch mit seinen großen Viehherden wahrscheinlich nicht schuldlos war. Jetzt erst bildet sich der Inselcharakter des Maghreb zwischen Mittelmeer und Sahara, der „Djaziret-Al-Maghrib" der arabischen Geographen, voll aus. Während langer Abschnitte des Pleistozän hatte eine weniger unwegsame Sahara den Maghreb mit dem afrikanischen Kontinent verbunden und an dessen kultureller Entwicklung teilnehmen lassen.

2.1.2
Frühgeschichte

Als der Maghreb um 1000 v. Chr. ins Licht der Frühgeschichte tritt, weist er bereits eine relativ hohe Bevölkerungsdichte auf. Die hier lebende Bevölkerung war durch die Vermischung von autochthonen, orientalischen, europäischen und afrikanischen Elementen entstanden. Der Grundstock jener ethnischen Gruppen, die von Arabern später Berber (nach dem lateinischen „barbarus" = unzivilisiert) genannt wurden, war damals bereits ausgebildet und hat sich ungeachtet aller nachfolgenden Invasionen in Algerien und Marokko bis heute gehalten. Die Ethnien waren politisch in Stämmen organisiert, nahmen an der Megalithkultur des Mittelmeerraumes teil und waren je nach der ökologischen Ausstattung bereits in seßhafte Ackerbauern und Nomaden gegliedert.

Die schriftliche Überlieferung über die Berber setzt in Form von spärlichen Nachrichten aus phönizisch-karthagischen, griechischen und später vor allem römischen Quellen ein.

Mit den Phöniziern wird im 9./8. Jh. v. Chr. die erste Welle von Eindringlingen historisch faßbar. Sie beschränkten sich im Raum des heutigen Algeriens auf die Anlage von Handelsstützpunkten an der Küste. Für das Hinterland wurden sie als Vermittler östlichen – orientalischen wie griechischen – Kulturguts wichtig. Ihr bleibendes Verdienst ist einmal die erstmalige Einbindung des Maghreb in die Handelsströme des Mittelmeerraumes, zum anderen die Anlage einer Reihe von geschützten Landeplätzen. Mit untrüglichem Gespür errichteten die Phönizier ihre Stapelplätze immer an flachen Sandstränden (hier konnte man die Schiffe an Land ziehen) im Schutze von westlich vorgelagerten Vorgebirgen, die Schutz vor den Nordweststürmen boten. Diese topographische Lagegunst ist so zwingend, daß aus vielen Handelsemporien Städte erwuchsen, die bis heute Bestand haben: Annaba (Hippo Regius), Skikda (Rusicade), Jijel, Bejaia (Saldae), Algier (Icosium), Ténès, Tipasa, Cherchel (Jol/Caesarea).

2.1.3
Invasionen und ihre Folgen

In der Epoche der römisch-punischen Kriege werden die Anfänge einheimischer Staatsgründungen historisch faßbar. In der römischen Geschichtsschreibung erscheinen Numidierfürsten teils als Verbündete gegen Karthago (Massinissa 201 bis 148 v. Chr.), teils als Gegner der römischen Expansion (Jugurtha 118–105). Ihre Höfe waren geprägt von hellenistischer Kultur, sie gründeten Städte im Binnenland, die z. T. bis heute überdauert haben, wie Constantine, das antike Cirta. Angeregt vom Kontakt mit dem karthagischen Machtbereich förderten sie die Seßhaftwerdung der teilweise noch nomadisch lebenden Bevölkerung (Im Wort „Numidier" ist der griechische Stamm „nomas" = Nomade enthalten.). Numidien geriet unvermeidlich in den Bannkreis der aufstrebenden römischen Weltmacht. Im Jahre 42 n. Chr. wurde der letzte numidische Satellitenstaat aufgelöst und dem Imperium einverleibt. Die administrative Neugliederung Nordafrikas in die Provinzen Africa Proconsularis, Mauretania Caesariensis und Mauretania Tingitana (Tingis = Tanger) ist bereits eine frühe Vorwegnahme der heutigen staatlichen Dreigliederung des Maghreb.

Die vierhundertjährige Römerherrschaft bedeutete die erstmalige Überformung durch eine europäische Macht; Nordafrika wurde in den mediterranen Wirtschaftsraum des Imperiums eingebunden. Das Städtenetz, durch gute Straßen verbunden, verdichtete sich durch Ansiedlung römischer Veteranen und romanisierter Berber. Das Christentum faßte früh in den Städten Fuß, aus Nordafrika gingen bedeutende Kirchenväter hervor, wie z. B. Tertullian und Augustinus. Latifundien entstanden nach karthagischem Vorbild und dienten als Innovationsträger für die Landwirtschaft; der Anbau von Getreide, Wein und

Ölbaum als Exportkulturen wurde von Rom gefördert. Noch heute läßt sich im Luftbild die streng geometrische Flureinteilung der römischen Landvermesser gut erkennen. Die römische Kolonisation beschränkte sich aber auf die Ebenen und Hochflächen Ostalgeriens, wo sie nach Süden bis an die agronomische Trockengrenze des Ackerbaus ging. Dort erfuhr das Kulturland im 3. und 4. Jh. n. Chr. eine Ausdehnung, die erst im 20. Jh. wieder erreicht werden sollte. Demgegenüber blieb die Berberbevölkerung der Gebirge und westlichen Hochflächen in Lebensform und Stammesgliederung im wesentlichen unberührt; Aufstände gegen die römische Herrschaft waren nicht selten. Gegen die Nomaden der Sahara sicherte ein Limes, eine Grenzzone mit Befestigungen, die Pax Romana. Die Bewertung der römischen Herrschaft durch die Historiker ist nicht einhellig. Während die kolonialzeitliche französische Schule zu einer Glorifizierung neigte, betonen heutige Historiker des Maghreb stärker die negativen Seiten der Kolonialherrschaft und heben die Leistungen der Numidier hervor („Numidier-Renaissance"). Roms Herrschaft endete im 5. Jh. Die Eroberung Nordafrikas durch die Vandalen (429) und die byzantinische Rückeroberung Ostalgeriens blieben Episode.

Viel weitreichendere Folgen hatte die Eroberung des Maghreb durch die Araber, die 647 in Ifriqija, dem heutigen Tunesien begann und bereits zu Beginn des 8. Jhs. für Algerien abgeschlossen war. Sie brachte für unseren Raum die Einbindung in den islamisch-orientalischen Kulturkreis, ausgedrückt durch die nahezu vollständige Islamisierung und die sprachliche Arabisierung, die allerdings bis heute nicht abgeschlossen ist. Im Unterschied zur römischen Kolonisation wurde durch die arabische Eroberung ein tiefgreifender, irreversibler Kulturwandel eingeleitet.

Die arabischen Invasionen erfolgten in zwei Wellen während des 7. und 11. Jhs. Die ersten Eroberungszüge waren rein militärischer Art, durchgeführt von relativ kleinen Trupps. Sie konnten nur deshalb so erfolgreich sein, weil die Berberstämme nach kurzem Widerstand in Massen zum Islam übertraten. Bis zum 11. Jh. waren die letzten christlichen Gemeinden erloschen und der Maghreb – abgesehen von den in Resten bis heute fortbestehenden jüdischen Gemeinschaften – vollständig islamisiert. Von nun an war Algerien Teil der großen islamischen Welt, die Verbindung zu den geistigen Zentren des Islam im Vorderen Orient wie Mekka, Medina, Bagdad und Kairo, rissen nie mehr ab. An der Peripherie des islamischen Kulturkreises gelegen, entwickelte der Maghreb durchaus eigenständige Züge im religiösen Leben. Dazu zählen der heute noch von Mozabiten gepflegte ibaditische Ritus, die Verehrung „heiliger Männer", der Marabuts oder die Erscheinung von religiösen Bruderschaften, den sog. Zaouias.

Die zweite Invasionswelle ab etwa 1050 umfaßt komplette Nomadenstämme, also Krieger mitsamt ihren Frauen und Kindern, aus der arabischen Halbinsel; die Beni Hilal waren die bedeutendste Stammesgruppe. Sie überrannten zunächst Ifriqija einschließlich Ostalgeriens und breiteten sich langsam bis an die marokkanische Atlantikküste aus. Da sie von größerer Volkszahl als die erste Welle waren, sollten sie das Land sehr viel stärker überprägen. Sie verbreiten die arabische Sprache über den größten Teil Algeriens, die Berberdialekte zogen sich auf Sprachinseln im Gebirge und in einigen Oasen zurück. Die Beni Hilal gelten auch als Verursacher eines radikalen Extensivierungsprozesses in der Kulturlandschaft. Die nomadische Lebensweise greift wieder auf bisherige Ackerbauregionen über („Beduinisierung"). Die arabischen Nomaden eignen sich durch ihre militärische Überlegenheit auch ackerbaulich nutzbare Ländereien als Weidegebiete an, Berbernomaden werden arabisiert, ruinierte Seßhafte gehen zum Nomadismus über. Die seßhafte Landwirtschaft wird wieder von der agronomischen Trockengrenze, die sie durch die antike Zivilisation erreicht hatte, zurückgedrängt auf schmale Litoralzonen bzw. auf die unzugänglichen Gebirge mit Berberbevölkerung. In die Große Kabylei fliehen die berberischen Ackerbauern aus den umliegenden Ebenen – sie entwickelt sich seit dem 14. Jh. zum übervölkerten Gebirgsland, das sie bis heute geblieben ist. Die Oasenbevölkerung der Sahara wird von den Nomaden abhängig. Der Wüstungsprozeß der festen Siedlungen erfaßt auch die meisten Städte des Binnenlandes, nur wenige konnten sich dank ihrer Schutzlage oder ihrer festen antiken Mauern behaupten: Constantine, Médéa, Miliana, Tlemçen, Tebessa. In Algerien zieht sich das städtische Leben aus dem Binnenland fast völlig zurück, die Küstenstädte überleben meist durch Seehandel und Piraterie.

Die heutige Geschichtsschreibung Algeriens ist nomadenfreundlicher als die der Kolonialzeit. Sie sieht den unbezweifelbaren Verfall der antiken Kulturlandschaft eher als vielschichtigen Prozeß, der schon in der Spätantike eingesetzt hat und schiebt ihn nicht mehr alleine den Beni Hilal in die Schuhe. In der Sahara geht der Nomadismus auf vorislamische Wurzeln zurück, die arabischen Invasionen haben ihn aber verstärkt. Mit dem Dromedar erhielten die Nomaden ein Reit- und Tragtier, das ihnen erst ihre hohe Mobilität ermöglichte. Es verlieh ihnen einerseits eine militärische Überlegenheit, die bis zur Mitte des 19. Jhs. anhalten sollte, ermöglichte ihnen andererseits den Ausbau des Karawanenverkehrs. Der mittelalterliche Transsaharahandel mit Schwarzafrika sowie der Handels- und Pilgerverkehr auf der West-Ost-Route von Marokko bis Ägypten sind ohne die aktive Beteiligung von Nomaden nicht denkbar.

Die politische Geschichte des Maghreb seit der ersten arabischen Invasion verläuft sehr komplex, nur kurzfristig ist der Raum unter einer Herrschaft vereint. Tunesien und Marokko vollenden bereits im Mittelalter unter wechselnden Dynastien ihre Staatwerdung. Häufig steht Westalgerien, besonders der Raum um Tlemçen, unter marokkanischer Herrschaft; das tunesische Herrschafts- und Einflußgebiet reicht zuweilen bis Constantine. Der zentrale Maghreb ist meist aufgespalten in lokale Herrschaftsbereiche – er wird im Grunde zum Durchgangsland zwischen Tunesien und Marokko mit ihren blühenden Stadtkulturen. Vom 13. Jh. an zeichnet sich die endgültige staatliche Dreiteilung des Maghreb ab.

2.1.4
Die Osmanen als Staatsgründer

Nach Abschluß der Reconquista auf der Iberischen Halbinsel versuchten Spanier und Portugiesen die afrikanische Gegenküste durch „Presidios", d. h. befestigte Plätze, unter ihre Kontrolle zu bringen. So setzten sich die Spanier an den folgenden algerischen Küstenplätzen fest: Mers-el-Kebir, Oran, Bejaia und auf einer Insel vor Algier. Vor der Reconquista flohen die Moslems der Iberischen Halbinsel zu tausenden nach Nordafrika. Eine erste Flüchtlingswelle erreichte den Maghreb nach dem Fall von Granada (1492), eine zweite wurde durch die Vertreibung der Moriscos aus Spanien (1609) verursacht. Die „Andalusier" befruchteten überall im Maghreb Handwerk und Bewässerungswirtschaft. Ihre größten Niederlassungen errichteten sie jedoch in Marokko und Tunesien. In Algerien ließen sie sich hauptsächlich in den Küstenstädten nieder, in der Mitidja-

Ebene gründeten sie die Städte Blida (1535) und Koléa (1550).

Das Übergreifen der Spanier auf Nordafrika mußte das Osmanische Reich, die islamische Großmacht des Mittelmeerraums, auf den Plan rufen. Türkische Truppen und Korsaren unterwarfen im 16. Jh. den östlichen und zentralen Maghreb bis zur marokkanischen Grenze. Sie teilten die riesige Ländermasse in drei Paschaliks (Regentschaften) von Tripolis, Tunis und Algier ein und legten die Grenzen fest, welche bis heute die aus den Paschaliks hervorgegangenen Maghrebstaaten voneinander trennen. So wurde von den Türken der Raum um Constantine endgültig von Tunis abgetrennt und dem Paschalik Algier zugeschlagen.

Wie andere Außenbereiche des Osmanischen Reiches war auch Algerien als wehrhafter Militärstaat organisiert; er war eine aristokratische Republik, die sich auf Janitscharenmiliz und Kaperflotte stützte. Das Land bildete nominell eine Provinz des Osmanischen Reiches, war aber ab 1711 praktisch unabhängig. Es schloß völkerrechtliche Verträge mit auswärtigen Mächten. An der Spitze des Staates stand seit 1671 ein Dey, der von den führenden Offizieren der Miliz gewählt wurde. Das tatsächliche türkische Herrschaftsgebiet beschränkte sich freilich auf die Litoralzone, wo türkenfreundliche Stämme angesiedelt wurden. Die Bergmassive mit ihrer Berberbevölkerung und die Nomadenstämme der Hochflächen entzogen sich weitgehend jeglicher staatlichen Kontrolle. Die herrschende türkische Oberschicht in den Städten war schmal und eher an ihren Einkünften als an der Landesentwicklung interessiert. Außer einigen Moscheen und Befestigungsanlagen hat sie wenig Spuren hinterlassen. Die räumlichen Disparitäten zwischen Stadt, Bergbauern- und Nomadenregionen haben sich in osmanischer Zeit eher verschärft.

Die bleibenden Leistungen der türkischen Herrschaft sind politischer Art: Abgrenzung nach außen, administrative Dreigliederung in die Beyliks Westalgerien (Hauptort Mascara, ab 1792 Oran), Tîtteri im Zentrum (Hauptort: Médéa) und Ostalgerien (Constantine); der Küstenstreifen um Algier unterstand direkt dem Dey. Schließlich installierten die Türken erstmals eine Zentralgewalt in der Hauptstadt Algier (El Djezair), nach der das Land seinen Namen erhielt. Der äußere Rahmen für die Entstehung eines algerischen Staates und einer algerischen Identität waren gesetzt.

Aus europäischer Sicht galt der Staat Algier vom 16. bis ins frühe 19. Jh. als Piratenstaat, mit dem die christlichen Mittelmeeranrainer einen beständigen Kaperkrieg führten. Die seefahrenden Staaten Europas suchten durch regelmäßige Zahlungen und Geschenke an den Dey ihre Handelsschiffe abzusichern. Erst nach dem Wiener Kongreß wurde die maritime Überlegenheit der europäischen Seemächte so drückend – 1816 bombardierte eine englische Flotte zweimal Algier –, daß die Piraterie erlosch.

2.1.5
Die französische Kolonialherrschaft

Mit der Landung französischer Truppen bei Sidi Ferruch, 30 km westlich von Algier, begann 1830 die letzte Fremdherrschaft in der algerischen Geschichte, diesmal in Form einer europäischen Kolonialherrschaft (Abb. 1). Sie sollte 132 Jahre dauern.

Die „Expedition nach Algier" erfolgte vorwiegend aus Gründen der französischen Innenpolitik: das morsche Bourbonenregime Karls X. suchte am Vorabend der Julirevolution einen außenpolitischen Erfolg, um von den inneren Problemen abzulen-

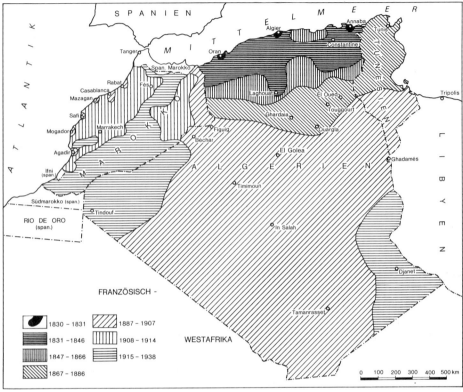

Quelle: Atlas de l'Afrique du Nord, 1939

Abb. 1: Das Vordringen Frankreichs im Maghreb

ken. Daneben waren aber auch handfeste wirtschaftliche Interessen, besonders der Handelsbourgeoisie von Marseille, im Spiel. Der gesuchte Erfolg schien sich prompt einzustellen: nur drei Wochen nach der Landung von 37000 Soldaten kapitulierte der Dey und übergab die Hauptstadt Algier. Die dreihundertjährige Türkenherrschaft brach in West- und Mittelalgerien rasch zusammen, lediglich der Dey von Constantine leistete bis 1848 Widerstand. Etwa 15000 Türken wurden aus dem Lande getrieben.

Die französische Regierung war anfangs unschlüssig, was sie mit ihrer Eroberung anfangen sollte. Erst 1834 beschloß sie die Annexion der Küstenzone – und löste damit den erbitterten Widerstand der einheimischen Bevölkerung aus. Im Emir Abd-el-Kader fand sich eine talentierte Führerpersönlichkeit, welche die Abwehr geschickt organisierte. Seine Herrschaft gilt heute als erster Ausdruck eines sich formierenden algerischen Nationalbewußtseins, der Emir wird in Algerien als Nationalheld verehrt. Ab 1841 begann die vollständige Eroberung durch einen langwierigen, äußerst brutalen Kolonialkrieg, für den Frankreich zeitweise eine Armee von über 100000 Mann aufbieten mußte. Erst 1847 kapitulierte Abd-el-Kader, 1848 erlosch im Aurès der letzte Widerstand. Mit der Eroberung der Kabylei (1857) war die militärische Eroberung offiziell abgeschlossen. Damit war das Land bis zum Saharand unterworfen; die Besetzung der riesigen Räume der Sahara sollte sich bis in die zwanziger Jahre dieses Jhs. erstrecken. Aber auch im nördlichen Algerien kam es wiederholt zu Aufständen. Die große Mehrheit der algerischen Bevölkerung hatte sich mit der Kolonisation innerlich nie abgefunden. Mit ihrer Religion und ihren Traditionen bewahrte sie ihre eigene Kultur. In einem langwierigen Prozeß, befördert von den Demütigungen der Kolonisation, bildete sich unter den verschiedenen Volksgruppen und Stämmen das Bewußtsein einer eigenen algerischen Identität heraus.

Verwaltungsmäßig wurde Algerien bereits 1848 zur „partie intégrante du territoire français" erklärt. Nordalgerien wurde in die drei Départements Algier, Oran und Constantine eingeteilt, während die Sahara unter Militärverwaltung blieb. Völkerrechtlich galt das Land weder als Protektorat wie später Marokko und Tunesien, noch als Kolonie. Für die wirtschaftliche Entwicklung wurde die Beseitigung der Zollschranken zwischen Algerien und Frankreich (1851 bzw. 1867) von größter Bedeutung.

Die europäische Einwanderung

Nach anfänglicher Unschlüssigkeit, was mit dem eroberten Land geschehen sollte, wurde Algerien zur Siedlungskolonie. Es wurde Zielgebiet einer europäischen Einwanderung. Nach der Besetzung Tunesiens (1881) und des größten Teils von Marokko (1912) durch französische Truppen wurden auch diese Länder der europäischen Kolonisation geöffnet. Die unterschiedliche völkerrechtliche Stellung der drei Maghrebländer ist für den Verlauf der Kolonisation unerheblich. Aus französischer Sicht bildete Französisch-Nordafrika einen politischen und wirtschaftlichen Gesamtkomplex. Gegen Ende der Kolonialzeit (1954) lebten hier etwa 1,7 Mio. Europäer, nämlich 1 Million in Algerien, 470000 in Marokko und 260000 in Tunesien.

Die ersten europäischen Siedler folgten den französischen Expeditionstruppen auf dem Fuß; für 1839 schätzte man ihre Zahl auf 25000 Personen, darunter 11000 Franzosen. Erst in den 40er Jahren setzte eine stärkere Einwanderung ein. Die französische Regierung förderte am Vorabend der Revolution von 1848 die Umsiedlung von Arbeitslosen aus den Großstädten Frankreichs, um hier die sozialen Spannungen abzubauen. Die erste Volkszählung 1856 erfaßte bereits 180000 Europäer. Die stärkste Einwanderungswelle erlebte das Land zwischen 1870 und 1900 mit 260000 Personen. Das Land zog nicht nur Franzosen, sondern Emigranten aus dem gesamten westlichen Mittelmeerraum an. Im Jahre 1886 lebten hier neben 219000 Franzosen noch 211000 Vertreter anderer Nationalitäten, vor allem Spanier, Italiener und Malteser. Die demographische Situation Frankreichs, das im 19. Jh. relativ geringe Geburtenüberschüsse aufwies, erforderte die Zulassung von nichtfranzösischen Einwanderern. Dank einer großzügigen Einbürgerungspolitik wurden diese Gruppen schnell naturalisiert, ab 1856 wuchs der europäische Bevölkerungsteil auch durch Geburtenüberschüsse. Von 1896 an übertraf die Zahl der in Algerien geborenen „Europäer" die der eingewanderten. Die Einwanderung erlosch mit dem Ersten Weltkrieg. Das weitere Wachstum des europäischen Bevölkerungsteils von 752000 (1911) auf 1060000 (1960) erfolgte vorwiegend durch Geburtenüberschüsse. Bei Ausbruch des Befreiungskrieges 1954 waren 79% der europäischen Bevölkerung im Lande geboren, sie betrachteten sich als „Algerier" (CH.-R. AGERON, 1969, S. 78).

Insgesamt waren Wanderungsgewinne und Geburtenüberschüsse immer zu schwach, als daß sie die autochthone Bevölkerung hätten verdrängen oder in eine

Minderheitenposition bringen können. Darin unterscheiden sich die nordafrikanischen Siedlungskolonien von Nordamerika oder Australien. Vielmehr bildeten sich – ähnlich wie in Südafrika – zwei ethnische Gemeinschaften, nämlich Herrschende und Beherrschte, heraus, was letztendlich zum Scheitern der Kolonisation führte.

1830	0	1910	2350
1850	115	1930	2350
1870	765	1954	2726
1890	1600		

Quelle: H. ELSENHANS, 1974, S. 91; CH.-R. AGERON 1969

Tab. 1: **Die Entwicklung des europäischen privaten Landbesitzes in Algerien (in 1000 ha)**

Die europäische Landnahme

Mit den ersten Einwanderern stellte sich die Landfrage, d. h. die Bereitstellung von Siedlungsland für die Einwanderer. Die europäischen Siedler kamen ja nicht in ein menschenleeres Land, die Zahl der Einheimischen wird für 1830 auf 3 Millionen geschätzt. Zwar konnten die Colons teilweise auf Ödland oder Wald zurückgreifen, der weitaus größere Teil ihres Nutzlandes mußte der autochthonen Bevölkerung weggenommen werden (Tab. 1). Die Enteignung der muselmanischen Bevölkerung – „la dépossession des fellahs" (DJ. SARI, 1975) – wurde zu einem traumatischen Erlebnis für die algerische Gesellschaft.

Die Landnahme erfolgte von 1830 bis 1871 vorwiegend durch Enteignung, später mehr durch Kauf. Ein kompliziertes Bodenrecht, bei dem sich islamische und kabylische Elemente verzahnen, erleichterte den Kolonisatoren die Übernahme der Ländereien.

In vorkolonialer Zeit waren in Algerien folgende Eigentumsformen anzutreffen:

– habous: unveräußerliches Land geistlicher Stiftungen, an dem sich die Stifterfamilie oft Nutzungsrechte vorbehielt.
– azel: Staatsland der Türkenzeit, das Würdenträgern in Erbpacht überlassen wurde.
– arch: Kollektivland der Stämme.
– melk: Privatland, oft gemeinsam von mehreren Familien genutzt.

Bereits 1830 beschlagnahmten die französischen Behörden das geistliche Stiftungsland (habous), das dem Unterhalt von Schulen und Moscheen diente. Die Konfiszierung der Ländereien des Beylik, d. h. des türkischen Staates und seiner Funktionäre, erbrachte 176000 ha. Eine Sonderform dieses Domaniallandes war das azel-Land im Umland der ostalgerischen Städte. Die größten Flächen wurden aber dem Kollektivbesitz (arch) der Stämme entnommen. Das arch-Land konnte leicht konfisziert werden, wenn der jeweilige Stamm keinen Rechtstitel nachweisen konnte, was selten der Fall war. Die Stämme wurden auf Teilflächen mit meist schlechterer Qualität beschränkt (cantonnement). Ein probates Mittel war die Beschlagnahme des arch-Landes von aufständischen Stämmen. So wurden im Gefolge des großen Kabylenaufstandes von 1871 446000 ha enteignet und für die Kolonisation bereitgestellt.

Die Kolonisation großen Stils konnte aber erst einsetzen, als französische Rechtsbegriffe mit der Betonung des individuellen Privateigentums eingeführt wurden (1873, 1887). Einzelne Stammesangehörige konnten nun die Parzellierung von bisher unteilbarem melk-Land verlangen. Das ermöglichte die Mobilisierung des Landes und seinen Aufkauf durch Spekulanten, Colons und Kapitalgesellschaften.

Methoden der Agrarkolonisation

Die Kolonisation begann 1830 und endete in der Weltwirtschaftskrise um 1930. Während dieser hundert Jahre haben ihre Methoden mehrfach gewechselt. Grundsätzlich kann man zwei Formen der Landnahme unterscheiden:

– die offizielle, vom französischen Staat geförderte Kolonisation, die etwa 1,6 Mio. ha in europäisches Eigentum überführte,
– die private Kolonisation mit etwas über 1 Mio. ha.

In den ersten Jahren nach 1830 dominierte eine freie, planlose Kolonisation. Europäische Glücksritter bemächtigten sich städtischer Immobilien und ländlicher Ansitze der türkischen Oberschicht im Sahel von Algier und in der Mitidja-Ebene. In den 40er Jahren unterstützte das Militär die Kolonisation aus strategischen Gründen. Ein Netz von Militärstützpunkten mit Zivilsiedlungen sollte das Land überziehen und in Schach halten. Aus diesem Stützpunktsystem erwuchs teilweise das koloniale Städtenetz. Dagegen erwiesen sich Versuche, ausgediente Soldaten nach römischem Vorbild als Bauern anzusiedeln, als glatter Fehlschlag. Das 2. Kaiserreich betraute große Kapitalgesellschaften mit der Kolonisation. Die Société Générale Algérienne erhielt beispielsweise eine Konzession von 100000 ha. Da es den Gesellschaften aber nicht gelang, genügend europäische Siedler zu gewinnen, verpachteten sie ihr Land parzellenweise an Algerier. Als Reaktion auf die großkapitalistische Kolonisation des Kaiserreiches praktizierte die 3. Republik nach 1870 großflächig die offizielle Kolonisation. Ihr Ziel war eine zahlenmäßig starke europäische Landbevölkerung, das Land wurde daher nahezu kostenlos an Siedler abgegeben. Die europäisch besiedelten neuen Provinzen stellte man sich als Ersatz für Elsaß-Lothringen vor, welche die Großmachtstellung Frankreichs untermauern sollten. Im Zeitraum von 1871 bis 1900 erfaßte die koloniale Landnahme über 1 Mio. ha, davon 697000 ha in Form der offiziellen Kolonisation. In der gleichen Zeit wurden 740 Kolonistendörfer von insgesamt 972 angelegt (DJ. SARI, 1975, S. 55). Die Kolonisation endete in der Weltwirtschaftskrise der 30er Jahre, weil sowohl der Einwandererstrom versiegte als auch erstmals das Problem der landwirtschaftlichen Überschußproduktion auftrat.

1859	4,4	1951	401
1878	17,6	1969	308
1888	103	1984	180
1903	167	1987	122
1917	237	1990	102
1934	400		

Quelle: H. ACHENBACH, 1971; H. ELSENHANS, 1974; A. ARNOLD, 1986. Annuaire Statistique 1990, 1991

Tab. 2: Die Entwicklung der algerischen Rebfläche (in 1000 ha)

Die Agrarproduktion der Colons hat während der 132jährigen Kolonialzeit mehrfach ihren Schwerpunkt verlagert, blieb aber immer auf die pflanzliche Erzeugung orientiert. Die Tierhaltung blieb in der Hand der Algerier.

Zwischen 1840 und 1860 experimentierte man ohne rechten Erfolg mit tropischen Produkten wie Indigo, Tee, Kaffee, Vanille, Zuckerrohr sowie Tabak und Baumwolle. Dabei blieb aber bis etwa 1880 stets der Weizen die wichtigste Marktfrucht der Colons. Dann trat der Wein an seine Stelle und sollte bis zum Ende der Kolonialherrschaft das mit Abstand wichtigste Agrarprodukt Algeriens bleiben.

Der rasche Aufbau der algerischen Rebfläche nach 1880 (Tab. 2) war möglich geworden, weil die aus Amerika eingeschleppte Reblaus die Weinwirtschaft Frankreichs ruiniert hatte. Der französische Markt war daher offen für den algerischen Wein, der mit einheimischen Lohnarbeitern billig produziert werden konnte. Die algerische Weinwirtschaft wurde von Anfang an als Exportproduktion für den französischen Markt aufgebaut, da der Binnenmarkt des mehrheitlich islamischen Landes sehr begrenzt war. Um 1954 nahm Frankreich jährlich etwa 14 Mio. hl algerischen Weins ab. Es waren vor allem Verschnittweine, welche die leichten südfranzösischen Sorten an Farbe und Alkoholgehalt verbessern sollten. Die Produktion von Qualitätsweinen, die sich eventuell auch außerhalb Frankreichs hätten absetzen lassen, wurde vernachlässigt. Somit war die algerische Weinwirtschaft auf Gedeih und Verderb vom Zugang zum französischen Absatzmarkt abhängig. Der Weinbau war zu 90% in europäischer Hand. In der kolonialzeitlichen Wirtschaft hatte der Wein eine dominierende Stellung inne, sicherte er doch 70% des Einkommens des europäischen Sektors der Landwirtschaft und stellte etwa 50% der gesamten Exporte des Landes (H. ELSENHANS, 1974, S. 97). Der räumliche Schwerpunkt der algerischen Weinwirtschaft lag im trockenen Westalgerien: gegen Ende der Kolonialzeit entfielen auf das Département Oran 73%, auf das Département Algier 22% und auf Ostalgerien nur 5% der Rebfläche (H. ACHENBACH, 1971, S. 141). Seit den 30er Jahren wurde die Ausweitung der Rebfläche durch den Staat verhindert. Daraufhin gingen die Colons z. T. zu anderen Exportkulturen wie Agrumen und Frühgemüse über. Die Umstellung wurde vom Ausfall der Lieferungen aus Spanien infolge des Bürgerkriegs begünstigt. Große Areale an flußnahem Rebland wurden in Bewässerungskulturen umgewandelt, allein die Agrumenkulturen umfaßten eine Fläche von ca. 50000 ha.

Auf den algerischen Hochflächen, in Höhenlagen von 600–1000 m, engt das Klima durch Winterkälte und sommerliche Trockenheit das Anbauspektrum stark ein. Hier hat die Kolonisation den großflächigen, extensiven Getreidebau im Dry-Farming-System eingeführt (s. Kapitel 6.5.3). In die Sahara ist die Agrarkolonisation kaum vorgestoßen. Lediglich in den südostalgerischen Rhir-Oasen wurden nach der Erschließung von ergiebigen artesischen Grundwasserhorizonten moderne Dattelpalmplantagen angelegt.

Die kolonialzeitliche Entwicklung von Bergbau und Industrie

Im Rahmen der kolonialen Wirtschaftsbeziehungen war eine Industrialisierung Algeriens nicht vorgesehen. Die Siedlungskolonie hatte den Großmachtambitionen Frankreichs zu dienen, ihre wirtschaftliche Hauptfunktion war die Lieferung von Agrarprodukten.

Mit der Industrialisierung Europas wurde gegen Ende des 19. Jhs. die Bedeutung der nordafrikanischen Kolonien für die französische Industrie erkannt. Sie boten einerseits ein Absatzgebiet, das vor der Konkurrenz weitgehend abgeschirmt war und konnten andererseits agrare und mineralische Rohstoffe liefern. Schon 1865 wurde die erste Eisenerzgrube Ain Mokra bei Annaba eröffnet. Die wirtschaftlichen Probleme im Gefolge der beiden Weltkriege sucht Frankreich auch durch einen verstärkten Rückgriff auf die Ressourcen seines Kolonialreichs zu lösen. So wurden 1921 die ostalgerischen Eisenerzgruben von Djebel Ouenza – Bou Khadra eröffnet. Nach dem Zweiten Weltkrieg wurde die bergbauliche Exploration auf die Sahara ausgedehnt, was zur Entdeckung der Erdöl- und Erdgaslagerstätten in der Sahara führte – wohl die wertvollste Hinterlassenschaft der Kolonialzeit.

Demgegenüber blieb der kolonialzeitliche Industriebesatz bescheiden. Bis zur Inwertsetzung der Öl- und Gaslagerstätten in der Sahara schien eine allgemeine Industrialisierung schon wegen der hohen Energiepreise, die deutlich über dem französischen Niveau lagen, objektiv ausgeschlossen zu sein. An verarbeitenden Industrien entstanden vor allem Betriebe für den Bedarf der europäischen Stadtbevölkerung, besonders Baustoffindustrien (Ziegeleien, Zementwerke) und Nahrungsmittelindustrien (Brauereien, Mühlen). Eine gewisse Rolle spielte auch die Aufbereitung von Agrarprodukten, wie z. B. Ölmühlen. Neben diesen mittelständischen Betrieben entstanden nach 1945 auf Druck der Regierung auch Filialbetriebe französischer Konzerne. Es handelte sich dabei weniger um echte Produktionsstätten, als mehr um Handelsniederlassungen, Montage- und Reparaturbetriebe. Die Abhängigkeit von Zulieferungen aus den französischen Stammwerken blieb groß, die Interdependenz der verschiedenen Branchen gering.

Im Zweiten Weltkrieg wurden die Nachteile der geringen Industrialisierung offenbar. Ernste Versorgungsprobleme für die Bevölkerung traten auf, als die Verbindung zwischen Kolonie und Metropole jahrelang unterbunden war. Wegen seines geringen industriellen Potentials war das afrikanische Kolonialreich für die französische Kriegsführung von geringem Wert. In der Endphase der Kolonialherrschaft griff folglich der französische Staat stärker ins Wirtschaftsleben ein: von 1949 an war Algerien in die französische „Planification" eingebunden. Die Entwicklungspläne der 40er und 50er Jahre haben zweifellos die Infrastruktur sehr verbessert, ihre Auswirkungen auf das produzierende Gewerbe blieben aber beschränkt. Eine umfassende Industrialisierung sah erst der „Plan von Constantine" von 1959 vor. Er kam aber viel zu spät und wurde nach der Unabhängigkeitserklärung 1962 abgebrochen. Das unabhängige Algerien hat einige seiner Großprojekte in veränderter Form weitergeführt, wie z. B. das Eisenhüttenwerk von El Hadjar und den Petrochemiekomplex von Arzew. So blieb der Industriebesatz der Kolonialzeit zwar unzureichend, doch erreichte der Anteil der Industrie am Bruttoinlandsprodukt mit 28% (1958) immerhin den Wert der Landwirtschaft. Die Bedeutung des sekundären Sektors war am Ende der Kolonialzeit in Algerien größer als in den meisten der damals unabhängig gewordenen Kolonien.

Das kolonialzeitliche Siedlungs- und Verkehrsnetz

Das koloniale Wirtschafts- und Gesellschaftssystem schuf sich ein neues Siedlungs- und Verkehrsnetz nach seinen Bedürfnissen.

Das Rückgrat der Agrarkolonisation bildeten 972 neue Kolonistendörfer, in denen die Colons aus Sicherheitsgründen konzentriert wurden. Sie sind an ihrem regelmäßigen Grundriß leicht zu erkennen. Größere Siedlungen sind im Schachbrettmuster angelegt, der baumbestandene Platz in der Mitte war von Rathaus, Schule, Cafés und Kirche (heute zu Moschee, Kino oder Kaufhaus umgewandelt) gesäumt. Bei kleineren Siedlungen begnügte man sich mit einem zweizeilig bebauten Straßendorf oder einer Kreuzung in Form eines T (Beispiel Inkermann – Abb 2). Aus Sicherheitsgründen sollten die Dörfer eine Größe von 50–100 Feuerstellen nicht unterschreiten. Den Siedlern wurden rechteckige Bauplätze von 5000–10000 m² Fläche zugeteilt; ihre Häuser hatten sie in der Regel selbst zu bauen. Die Bausubstanz besteht auch heute noch aus südeuropäischen Gebäudetypen des späten 19. Jhs. Als das Land pazifiziert war, entstanden zusätzlich

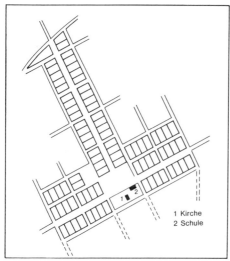

Quelle: YACONO, 1955

Abb. 2: Plan des Kolonistendorfes Inkermann (heute Oued Rhiou) im Chélif-Tal von 1878

auch Einzelhofsiedlungen. Speziell in den Weinbaugebieten wurden große Gutssiedlungen errichtet mit alleeartiger Auffahrt, Herrenhaus, Wirtschaftsgebäuden, Tanklager und – in deutlichem Abstand – den Lehmhütten, den sog. Gourbis, der algerischen Arbeiterschaft.

Für die Herrschaftssicherung und wirtschaftliche Inwertsetzung der Kolonie war ein halbwegs flächendeckendes Städtenetz erforderlich; das vorkoloniale Netz war vor allem in den Küstenebenen viel zu weitmaschig. Einige wenige traditionelle Städte im Bergland wurden von der Kolonisation nicht tangiert; sie blieben abseits der modernen Verkehrswege und sanken folglich zur Bedeutungslosigkeit ab, wie z. B. Nedroma, Mazouna, Kalaa und Mila.

Die Penetration Algeriens war von den Küstenstädten ausgegangen, die als erste erobert und mit Garnisonen belegt wurden. Für die Unterwerfung des Landesinneren und die Herrschaftssicherung wurde ein System militärischer Stützpunkte errichtet, in deren Schutz sich Zivilsiedlungen entwickelten, wie z. B. Guelma (1836), Skikda (Philippeville 1838), Tiaret (1843), Sidi-bel-Abbès (1843), Batna (1844). Alle diese späteren Städte liegen an strategisch wichtigen Stellen. Bei einigen hat sich die Mauer um ihren Kern bis heute erhalten – eine Seltenheit für Stadtanlagen des 19. Jahrhunderts! Andere Kolonialstädte entwickelten sich aus Kolonistendörfern in günstiger Verkehrslage.

Die kolonialwirtschaftliche Inwertsetzung ging, wie in allen Kolonien, von den Hafenstädten aus. Sie waren die Brückenköpfe der Kolonisation, die Verknüpfungspunkte zwischen Metropole und Kolonie. Als eine der ersten Infrastrukturmaßnahmen des Kolonialregimes wurden ab der Mitte des 19 Jhs. moderne Hafenanlagen errichtet, die dank ihrer Molen, Hafenbecken, Kaimauern und Ladeeinrichtungen einen sicheren und billigen Umschlag ermöglichten. In der Verknüpfung mit den Straßen und später den Eisenbahnen waren die Häfen die Verkehrsgrundlage für die Penetration des Landes.

Das moderne Verkehrsnetz der Kolonialzeit erwuchs, ähnlich wie das Siedlungsnetz, sowohl aus wirtschaftlichen wie militärischen Erwägungen.

Die ersten Fahrstraßen Algeriens wurden nach 1830 von französischen Pioniertruppen erbaut. Sie verbanden die Militärlager und Städte untereinander und mit den Nachschubhäfen. Im vorkolonialen Algerien hatte sich der Landverkehr ausschließlich als Fußgänger- und Saumtierverkehr abgespielt, der Wagenverkehr war unbekannt. Für den Saumtierverkehr genügten Pisten, deren Verlauf durch Wasserstellen, Rasthäuser (Menzel) und durch die wenigen Brücken über die größeren Flüsse festgelegt war. Während des Befreiungskrieges 1954–1962 wurde das algerische Straßennetz durch die französische Armee letztmals stark ausgebaut. In den Hauptkampfgebieten erhielten selbst Nebenstraßen eine feste Asphaltdecke. In der Sahara wurden die ersten Asphaltstraßen in den 50er Jahren im Gefolge der Erdölexploration gebaut. Der Eisenbahnbau in Algerien begann für afrikanische Verhältnisse recht früh. Ein 1857 vom 2. Kaiserreich ausgearbeiteter Plan sah bereits die Grundzüge des heutigen Streckennetzes vor: eine küstenparallele Linie von Oran über Algier nach Annaba, dazu Stichlinien ins Landesinnere, die von der Hauptlinie bzw. den Häfen ausgehen sollten. Bereits 1862 wurde die erste Strecke Algier – Blida eröffnet, 1871 waren die Linien Algier – Oran und 1886 Algier – Constantine befahrbar. Von der Ost-West-Magistrale gehen vier Stichbahnen in den Steppenbereich, teilweise bis in die Randwüste aus. Von einer flächenhaften Erschließung des Raumes kann also keine Rede sein. Bis heute machen sich die verschiedenen Spurweiten sehr nachteilig bemerkbar, welche die ursprünglich privaten Gesellschaften verwandten, die erst 1938 zu einer Staatsbahn zusammengeschlossen wurden.

Die europäische Kolonialgesellschaft

Das offizielle Ziel der französischen Kolonisationspolitik war der Aufbau einer bäuerlichen Gesellschaft, d. h. die Übertragung der Agrargesellschaft Frankreichs nach Nordafrika. Diese Politik schlug fehl. Wegen der demographischen Situation Frankreichs war der Zustrom bäuerlicher Siedler zu schwach. An die Stelle einer mittelständischen, bäuerlichen Kolonisation trat eine agrarkapitalistische Entwicklung mit der Dominanz von Großbetrieben. Der Colon glich eher einem Unternehmer als einem europäischen Bauer, Algerien war weniger eine Pionierfront, als ein Spekulationsgebiet, wie kritische Beobachter – so z. B. der Deutsche HEINRICH VON MALTZAN (1863) – feststellten.

Die europäische Landbevölkerung erreichte mit 213000 Personen bereits 1911 ihr Maximum, dann zogen sich die Europäer immer mehr aus dem ländlichen Raum in die Städte zurück. Die städtische Kolonisation hatte sich parallel zur ländlichen entwickelt, doch zog sie immer mehr Menschen an, als das flache Land. Der Anteil der Städter am europäischen Bevölkerungsteil stieg von 60% (1872) auf 71,4% (1926) und auf 80% (1954) an. In diesem Jahr lebte die europäische Stadtbevölkerung in nur 46 Städten, die Hälfte alleine in Algier und Oran, die zu diesem Zeitpunkt noch europäische Mehrheiten hatten (CH. R. AGERON, 1969, S. 78).

Die Abwanderung der Europäer in die Städte ging mit einer Besitzkonzentration in der Landwirtschaft einher. Zwischen 1930 und 1954 sank die Zahl der Betriebe von 26000 auf 22000, diejenige der Eigentümer gar von 34800 auf 17100. Seit 1930 wuchs der mechanisierte Großgrundbesitz auf Kosten der kleinen und mittleren europäischen Eigentümer. Der europäische Familienbetrieb konnte der Konkurrenz der kapitalkräftigen Großbetriebe, die mit billigen algerischen Lohnempfängern arbeiteten, nicht standhalten. Selbst der Weinbau, in Europa eine Domäne kleiner Familienbetriebe, wurde weithin von Großbetrieben beherrscht. Die 17000 Colons bildeten eine winzige, aber einflußreiche Minderheit. Das Gros der Europäer, nämlich 57% der Erwerbstätigen, fand seine Existenz im städtischen Dienstleistungssektor. Sie besetzten zu 85–95% die Führungsposten des gesamten Landes, von denen die Einheimischen ausgeschlossen blieben. Gegenüber den Algeriern nahmen die Europäer eine privilegierte Berufsposition ein. Ihre breite Mittelschicht bildete mit der schmalen Oberschicht die politische Basis, welche an der Aufrechterhaltung der kolonialen Situation interessiert war – nicht selten entgegen den Absichten der

Pariser Regierung. Die Ausbeutung der Einheimischen und der Ressourcentransfer aus Frankreich ermöglichte der Mehrheit von ihnen einen gehobenen Lebensstandard. Von der algerischen Bevölkerung war diese privilegierte Minderheit wirtschaftlich, sozial und kulturell abgehoben. Im Unterschied zu Südafrika kam es in den Siedlungen allerdings nicht zu einer strengen Segregation der beiden Volksgruppen.

Eine „deformierte" Gesellschaft als Ergebnis der Kolonisation

Es stellt sich die Frage nach den Auswirkungen der Kolonisation auf die autochthone algerische Gesellschafts- und Wirtschaftsstruktur. Die präkoloniale Gesellschaft gliederte sich um 1830 in die drei Segmente, die für die meisten orientalischen Gesellschaften typisch sind:

– Stadtbewohner
– Seßhafte Ackerbauern
– Halb- oder vollnomadische Viehzüchter

Die Stadtbewohner umfaßten mit etwa 150000 Personen nur 5% der Gesamtbevölkerung Algeriens. Sie waren ethnisch äußerst heterogen. Maghrebreisende des frühen 19. Jhs. erwähnen Türken, Kuluglis (Abkömmlinge von Türken mit algerischen Frauen), Araber, Berber, Mauren (Nachkommen von Flüchtlingen aus der Iberischen Halbinsel), Juden, Neger, schließlich europäische Sklaven und Renegaten. Die Wirtschaft der vorkolonialen Städte basierte auf Nah- und Fernhandel, an der Küste auf Piraterie, auf Handwerksproduktion, Grundrenten und auf den Erträgen der jeweiligen Gartenbauzone.

Die seßhaften Ackerbauern waren vorwiegend in den Bergmassiven anzutreffen (Große und Kleine Kabylei, Aurès, Ouarsenis, Trara), wo sie von festen Siedlungen aus ihr melk-Land intensiv bewirtschafteten (Baumkulturen, Terrassenbau) und Vieh für den eigenen Bedarf hielten. Diese Wirtschaftsweise ermöglichte hohe Bevölkerungsdichten. Ihre Wohngebiete waren in der Regel mit dem Verbreitungsgebiet der Berbersprachen identisch. Zu den seßhaften Ackerbauern zählten auch die Oasenbewohner, die sozial stark differenziert waren in Grundbesitzer, Pächter und Sklaven.

Die nomadischen Viehzüchter, vorwiegend Arabophone, beherrschten die Sahara, die Steppenzone, einige Küstenebenen (z. B. um Oran) und selbst einige Gebirgszüge. Ihre Existenzgrundlage war die Viehzucht, wobei im Norden Schafe und in der Sahara Dromedare dominierten. In den feuchten Ebenen des Nordens spielte auch der Getreidebau im Zweifeldersystem eine wichtige Rolle. Die Wanderungen der Stämme erfolgte hier über kurze Distanzen; man bezeichnet diese Gruppen daher als Halbnomaden, auch wenn sie keine festen Siedlungen bauten, sondern ausschließlich in Zelten lebten. Nebeneinnahmen lieferte auch das Transportgewerbe im Karawanenhandel. Ihr Land war überwiegend im Kollektivbesitz (arch); angesichts ihrer extensiven Wirtschaftsweise trugen ihre riesigen Ländereien nur eine niedrige Bevölkerungsdichte. Ihre politisch-sozialen Organisationsformen waren genealogische Sozialgruppen (Föderationen, Stämme, Stammesfraktionen), die auf der gemeinsamen – echten oder fiktiven – Abstammung von einem Vorfahren beruhte.

Die differenzierte Agrargesellschaft des vorkolonialen Algerien war in mehr als 500 Stämme gegliedert. Die landwirtschaftliche Produktion genügte für die Bedürfnisse des Landes, in guten Erntejahren konnte sogar Getreide exportiert werden. Raum und Gesellschaft befanden sich in einem ausgewogenen Gleichgewicht auf freilich niedrigem Produktionsniveau. Dabei lebte das ländliche Algerien keineswegs in Subsistenzwirtschaft. Schon wegen der starken naturräumlichen Gegensätze und der unterschiedlichen Produktionsrichtungen waren lebhafte Tauschbeziehungen zwischen den Gruppen lebensnotwendig. Sie vollzogen sich auf den Souks, den regelmäßig stattfindenden Märkten.

Auf die Kolonisation reagierten die drei Segmente der Gesellschaft sehr unterschiedlich.

Am frühesten und stärksten wurde die Stadtbevölkerung betroffen. Die türkische Oberschicht floh oder wurde vertrieben. Die Einnahmen aus Fernhandel (Karawanenhandel und Seehandel) waren schon vor 1830 infolge der wachsenden Überlegenheit der europäischen Seemächte stark geschrumpft. Das traditionelle Handwerk der Städte erlag bis auf geringe Reste der überlegenen Konkurrenz der europäischen Industrie, deren Produkte seit 1851 zollfrei ins Land strömten. Die von Algeriern bewohnten Stadtkerne, wie z. B. die Kasbah von Algier, verkamen zu innerstädtischen Slums. Da schließlich die europäische Einwanderung vorwiegend die Städte zum Ziel hatte, erhielten die meisten von ihnen bis zum Zweiten Weltkrieg eine europäische Mehrheit. Im Unterschied zu Marokko und Tunesien konnten die algerischen Städte nur wenige Relikte der orientalischen Stadtkultur bewahren.

Von der Landbevölkerung gerieten die nomadischen Gruppen am stärksten unter den Druck der Kolonialherrschaft. Ihr arch-Land war vor dem Zugriff der Kolonisation nur unzureichend geschützt. Große Flächen wurden von der Regierung beschlagnahmt oder von Stammesangehörigen nach der Einführung des französischen Bodenrechts verkauft. Die Kolonisation der Küstenebenen beraubte die Nomaden ihrer wertvollen Sommerweiden. Von der Einschränkung der Wanderwege wurden besonders die Vollnomaden mit regelmäßigen, weiten Wanderungen betroffen, die am Fuß des Sahara-Atlas überwinterten und im Tell übersommerten (X. DE PLANHOL, 1975, S. 198). Sie waren folglich gezwungen, ihre Herden zu verkleinern, zu Halbnomadismus oder Transhumanz mit bezahlten Hirten überzugehen oder als Ackerbauern seßhaft zu werden. Für viele Nomaden bedeutete dies zugleich ein Verarmungsprozeß.

Die Gebiete der seßhaften Ackerbauern wurden dagegen von der Kolonisation anfangs nur indirekt berührt. Gebirgiges Gelände, hohe Bevölkerungsdichte, vor allem aber das melk-Statut des Bodenrechts verhinderten zusammen mit einem starken Zusammenhalt der Berber-Bevölkerung das Eindringen der Colons. Der Verlust der Viehweiden im Gebirgsvorland zwang die Bauern, ihr Vieh verstärkt in die oberen Höhenstufen des Bergwaldes zu treiben: die Entwaldung der Gebirge bis in die Gipfelregion begann. Der Bevölkerungsanstieg ab etwa 1880 und die islamische Realerbteilung führte in den dicht besiedelten Gebirgen zu Landmangel. Das zwang zur Beackerung von steilen Hängen, was eine teilweise verheerende Bodenerosion auslöste (s. Kapitel 6.5.2).

Insgesamt wurde die algerische Gesellschaft von der europäischen Kolonisation weit stärker betroffen, als die tunesische oder marokkanische. Ihre alten Eliten – Türken, Stadtbourgeoisie, ländliche Stammesaristokratie – verschwanden. Die europäische Landnahme traf die Landbevölkerung hart. Bei verringerter Nutzfläche, stagnierenden Flächenerträgen, aber wachsender Bevölkerung begann gegen Ende des 19. Jhs. ein Verelendungsprozeß, der an folgenden Faktoren sichtbar wird:

– Abnahme der Getreideernte pro Kopf von 4 dt (1900) auf 2,5 dt (1940)
– Abwanderung in die Intensivkultur-Gebiete der Colons und Aufnahme von Lohnarbeit, meist in Form von Saisonarbeit

- Arbeiterwanderungen in die algerischen und tunesischen Bergbaureviere
- Arbeiterwanderungen nach Frankreich
- Abwanderung in die Städte
- Anstieg der Arbeitslosenzahlen auf ca. 1 Million (1954).

In der Endphase der Kolonialherrschaft spitzte sich die soziale Situation des algerischen Bevölkerungsteils krisenhaft zu. Die Mechanisierung in der Landwirtschaft setzte hunderttausende von Landarbeitern frei, die Zahl der algerischen Arbeitsemigranten in Frankreich stieg von 80 000 (1939) auf 300 000 (1954) an, die der moslemischen Stadtbewohner erhöhte sich von 600 000 (1931) auf 1,4 Mio. (1954). Die ersten ausgedehnten marginalen Viertel, die „bidonvilles", entstanden an den Stadträndern. Das koloniale Wirtschaftssystem erwies sich als unfähig, der rasch wachsenden Bevölkerung eine zureichende Existenz zu gewährleisten – das sozialrevolutionäre Potential für den Befreiungskrieg war sowohl auf dem Land wie in den Städten vorhanden.

Der Grundwiderspruch der europäischen Kolonialherrschaft, an dem sie schließlich zugrundegehen sollte, war der dualistische Charakter von Gesellschaft und Wirtschaft. Vom prosperierenden modernen Sektor profitierte fast ausschließlich die europäische Minderheit, während das Gros der algerischen Bevölkerung verelendete.

Die Kolonialherrschaft griff tief in das autochthone kulturelle System ein. Während manche Bereiche des soziokulturellen Lebens, wie etwa das islamische Familienrecht oder das persönliche Glaubensleben, nicht angetastet wurden, wurde das traditionelle Bildungswesen stark eingeschränkt. Die Koranschulen wurden zurückgedrängt, das religiöse Leben überwacht. Das Hocharabische, die Grundlage des islamischen Geistes- und Glaubenslebens, wurde in den Schulen als zweitrangige Fremdsprache gelehrt, seine Kenntnis schwand. Der Zutritt zum französischen Schulwesen wurde algerischen Kindern schwer gemacht, mit der Folge, daß 1954 86% der Männer und 95% der Frauen Analphabeten waren (CH. R. AGERON, 1979, S. 533). Im gleichen Jahr waren nur 13% der algerischen Kinder im Alter von 6 bis 14 Jahren eingeschult – wohl eines der schwersten Versäumnisse der Kolonialherrschaft! Die französisch gebildete algerische Elite war winzig, die Zahl der Akademiker betrug 1954 nur einige hundert. Nun wurden moderne westliche Lebensformen den Algeriern nicht nur über das mangelhafte Schulwesen vermittelt. Das Zusammenleben mit den Europäern in den Städten sowie die Emigration vermittelten westliche Lebensweisen. Zwischen 1914 und 1954 hatten 2 Millionen Algerier zeitweise in Frankreich gelebt, teils als Arbeiter, teils als Soldaten beider Weltkriege. Ihre Kenntnisse und Ansprüche trugen zur revolutionären Situation von 1954 bei, zumal ihnen die politische Gleichberechtigung vorenthalten wurde. Zwar hatten sie die Lasten des Staates (Steuern, Kriegsdienst) zu tragen, das volle Bürgerrecht genossen aber nur Franzosen, naturalisierte Ausländer und – bereits ab 1871 – Juden. Die Muselmanen unterlagen einem Sonderstatut, dem diskriminierenden „Code de l'Indigénat" (1881).

Bilanz der Kolonialherrschaft

Das Erbe der 132jährigen Kolonialherrschaft ist zwiespältig. Auf der einen Seite wurden die alten Gesellschafts- und Wirtschaftsstrukturen, das orientalische Stadtbild und das kulturelle Leben zerstört wie wohl in keinem anderen arabischen Land. Auf der anderen Seite entstanden moderne Infrastrukturen und Wirtschaftssektoren, die Algerien heute als das „verwestlichste" unter den Maghrebländern erscheinen lassen. Sie waren die Ausgangsbasis für das

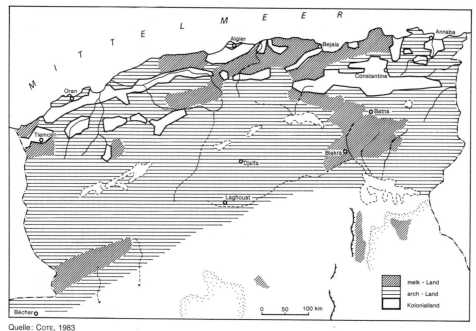

Quelle: COTE, 1983

Abb. 3: Formen des Landbesitzes in Algerien 1954

rasche Wirtschaftswachstum der Postkolonialzeit. Anzuführen sind:

- eine moderne Landwirtschaft, die auf 30% der LF 55% der Produktion erbrachte
- ein profitabler Bergbausektor
- Ansätze einer verarbeitenden Industrie
- Verkehrs- und Kommunikationssysteme, die für afrikanische Verhältnisse sehr gut ausgebaut waren
- eine tiefschürfende wissenschaftliche Erforschung des Landes.

Ihren räumlichen Niederschlag fand die Kolonisation in einer Dreiteilung der Kulturlandschaft. Seit der Antike kannte man den Gegensatz von Ackerbaugebieten mit festen Siedlungen und dem Nomadenland. Nun kam als drittes Element das Kolonialland der Europäer hinzu. Es konzentrierte sich auf die fruchtbaren, ausreichend beregneten Ebenen, Flußtäler, intramontanen Becken und Hügelländer des Nordens. Nur in Ostalgerien griff die Kolonisation auch großflächig auf die Hochplateaus über. Die Dreiteilung der Kulturlandschaft läßt sich gut im Luftbild erkennen: das großflächige, ungeteilte arch-Land der Nomaden, das kleinparzellierte melk-Land der einheimischen Ackerbauern und die regelmäßigen großen Blockfluren der Kolonisation (Abb. 3). An dieser Dreiteilung hat auch die postkoloniale Entwicklung nichts wesentliches verändert.

Der Befreiungskrieg 1954–1962

Nur wenige Kolonien mußten ihre Unabhängigkeit mit einem derart hohen Blutzoll erkämpfen wie Algerien. Die Angaben über die Zahl der Kriegstoten schwanken zwischen 300000 und 1 Million.

Die algerische Nationalbewegung organisierte sich erstmals in den 20er Jahren unter den Emigranten in Frankreich und griff dann auf die Heimat über. Der Zusammenbruch Frankreichs 1940 und der daraus resultierende Prestigeverlust gaben ihr Antrieb. Ihre Forderungen waren anfangs recht gemäßigt: Angleichung der persönlichen Rechte an die der Europäer, soziale und wirtschaftliche Reformen zur Beseitigung des sozioökonomischen Dualismus, Autonomie innerhalb des Empire. Ein lokaler Aufstand in Ostalgerien am 8. Mai 1945, dem Tag der deutschen Kapitulation, wurde von der Kolonialmacht mit derartiger Brutalität niedergeschlagen – die Zahl der Getöteten ging in die Tausende –, daß hinfort eine friedliche Regelung verbaut war. Am 1. November 1954 begann der Aufstand der zahlenmäßig zunächst schwachen Befreiungsfront FLN; im gleichen Jahr hatte Frankreich den Indochinakrieg verloren. Bis 1956 gelang der FLN der Aufbau einer breiten Basis bei Stadt- und Landbevölkerung mit einem autonomen politischen und administrativen System und einer regulären Armee neben den Guerillatruppen. Frankreich konnte zwar ab 1957/58 die militärische Lage zu seinen Gunsten verändern. Es mußte dazu aber eine Armee von 500000 Mann aufbieten, breite Grenzsperren zu Marokko und Tunesien gegen den Nachschub der Aufständischen anlegen, durch Folter ins Informationssystem der FLN eindringen und schließlich 2,1 Mio. Fellachen aus den Kampfgebieten in sog. Regroupements umsiedeln. Aus militärischer Sicht schien eine nationalrevolutionäre Volksbewegung durch überlegene Militärmacht besiegbar zu sein. Langfristig war aber eine Herrschaft gegen den Willen der Mehrzahl der Beherrschten unmöglich, eine politische Lösung war unumgänglich.

Es ist die bleibende historische Leistung von Präsident de Gaulle, Algerien 1962 in die Unabhängigkeit entlassen zu haben – gegen den erbitterten Widerstand der Algerienfranzosen. Der blinde Terror ihrer Geheimorganisation OAS gegen die Moslems machte letztlich ein Verbleiben des europäischen Bevölkerungsteils im Lande, der in den Friedensverträgen von Evian durchaus vorgesehen war, unmöglich. In einer panikartigen Fluchtbewegung verließ im Sommer 1962 die europäische Bevölkerung, knapp 1 Million Menschen, bis auf unbedeutende Reste das Land. Etwa 60000 „Harkis", Algerier, die mit den Franzosen kollaboriert hatten, schlossen sich ihnen an. Dadurch wurde einerseits das Land seiner Führungsschichten beraubt und in seiner Entwicklung um Jahre zurückgeworfen. Da auch die 140000 algerischen Juden nach Frankreich und Israel flohen, konnte sich andererseits der junge Nationalstaat auf ein fast rein islamisches Staatsvolk stützen. Das algerische Volk erreichte eine religiöse Homogenität, wie nie zuvor in seiner Geschichte. Das Erlebnis des revolutionären Volkskrieges, besonders aber der Sieg über einen scheinbar übermächtigen Gegner, vollendeten die Ausbildung des Nationalbewußtseins. Vergleiche zur Situation Deutschlands nach 1813 bzw. 1870/71 bieten sich an. Trotz gewisser Spannungen zwischen Berberophonen und dem Staat ist die algerische Identität heute unbestritten. Der Tribalismus, das Denken in Stammeseinheiten, der in vielen afrikanischen Staaten ein echtes Entwicklungshindernis darstellt, spielt in Algerien nur noch eine untergeordnete Rolle.

2.1.6
Das unabhängige Algerien

Die Geschichte des unabhängigen Algerien läßt sich in drei Etappen gliedern:

1962–1965 Errichtung des unabhängigen Nationalstaates mit großen inneren Turbulenzen,

1965–1988	Stabile innenpolitische Situation unter einem Einparteienregime mit sozialistischen Zügen. Beachtliche wirtschaftliche Entwicklung, finanziert von den Erdöl- und Erdgasexporten,
ab 1988	Wirtschaftliche und soziale Spannungen führen zur innenpolitischen Instabilität. Ende von Einparteienstaat und sozialistischer Ausrichtung der Wirtschaft. Der drohenden Machtübernahme durch die islamische Heilsfront kommt 1992 ein Militärputsch zuvor.

Die Übergabe der Macht an die Befreiungsfront im Juli 1962 war mit jahrelangen Wirren verbunden. Die Verträge von Evian beendeten am 18. März 1962 den achtjährigen Befreiungskrieg mit einem Waffenstillstand. Am 1. Juli 1962 sprachen sich die Algerier in einem Referendum mit überwältigender Mehrheit für die Unabhängigkeit aus, die am 3. Juli 1962 proklamiert wurde. In einem blutig ausgetragenen Machtkampf zwischen Anhängern der Provisorischen Exilregierung und Kadern der Befreiungsbewegung FLN setzten sich die letzteren durch. Eine Gruppe um Ahmed Ben Bella, unterstützt von Teilen der Armee um Oberst Boumediène trug den Sieg davon. Der bürgerliche Flügel der Befreiungsbewegung blieb ausgeschaltet – bis zum heutigen Tag. Die chaotischen Zustände lähmten Wirtschaft und Administration für Jahre. Eine aus Wahlen hervorgegangene Nationalversammlung proklamierte am 25. September 1962 die „Republique Algérienne Démocratique et Populaire", Ben Bella wurde zum ersten Präsidenten gewählt und 1963 in einem Referendum bestätigt. Die Nationalversammlung verlor schnell ihren politischen Einfluß, ihr Präsident Ferhat Abbas, ein Repräsentant des bürgerlichen Algerien, trat zurück. Im Herbst 1963 wurde ein Einparteienregime nach nasseristischem Vorbild installiert. Die algerische Revolution lehnte zwar offiziell Marxismus und Kommunismus ab, in der Praxis wurden aber viele Strukturen der damals sozialistischen Staaten Osteuropas imitiert. Es installierte sich ein autoritäres Regime, abgestützt auf die Armee und eine sich neu formierende „Staatsklasse" aus Funktionären von Administration und staatlicher Wirtschaft.

Am 19. Juni 1965 wurde Präsident Ben Bella gestürzt, die Macht übernahm H. Boumediène an der Spitze eines Revolutionsrates. Er blieb Präsident bis zu seinem Tode im Dezember 1978.

Der Putsch von 1965 schuf stabile politische Verhältnisse, die zunächst auch noch unter seinem Nachfolger Chadli Benjedid (1979–1992) andauern sollten. Fast ein Vierteljahrhundert sollte sich Algerien als einer der politisch stabilsten Staaten der Dritten Welt erweisen. Das neue Regime konnte den wirtschaftlichen Niedergang aufhalten und in eine lange anhaltende Periode des Wirtschaftwachstums umkehren. Algerien begann mit dem Plan 1967–1969 seine eigenwillige Entwicklungspolitik. Das weltweit viel beachtete algerische Entwicklungsmodell (s. Kapitel 5.1) bescherte dem Land eine große Zahl von Industriebetrieben, die regionalpolitisch geschickt über den Staatsraum verteilt wurden. Die kostspielige Entwicklungspolitik konnte sich Algerien zunächst durchaus leisten, weil die rasch wachsenden Einnahmen aus den Exporten von Kohlenwasserstoffen die finanziellen Mittel lieferten, besonders nach der Steigerung der Energiepreise ab 1973. Für die Finanzierung des 1. Vierjahresplanes wurden 1971 die ausländischen Ölkonzerne verstaatlicht, was die Beziehungen zu Frankreich stark beeinträchtigte. Zeitweise hatte Algerien ansehnliche Handelsüberschüsse, der algerische Dinar galt als harte Währung. Die 1972 begonnene

Agrarreform ist als flankierende Maßnahme der Industriepolitik anzusehen: der ländliche Raum sollte auch am großen Investitionskuchen beteiligt werden.

In seiner Außenpolitik vertrat Algerien die Blockfreiheit und förderte die Befreiungsbewegungen Afrikas. Das Land galt als angesehener Wortführer der Dritten Welt. Die Unterstützung der westsaharischen Befreiungsfront POLISARIO führte notwendigerweise zu Spannungen mit Marokko, die Bemühungen um eine Einigung des Maghreb mußten erfolglos bleiben.

Gegen Ende der siebziger Jahre wurden die Kehrseiten des algerischen Entwicklungsmodells sichtbar. Die wirtschaftlichen und sozialen Probleme verschärften sich, die Regierung des neuen Präsidenten Chadli Benjedid war zu einem wirtschaftspolitischen Kurswechsel gezwungen. Investitionen im sozialen Bereich, im Wohnungsbau, in der Wasserwirtschaft und in der Landwirtschaft erhielten nun Vorrang vor der Industrialisierung. Der Verfall des Ölpreises 1985/86 hatte für das Land katastrophale Auswirkungen. Die Regierung war zu drastischen Einsparungen gezwungen, die Lebensverhältnisse der breiten Massen verschlechterten sich.

Die sozialen Spannungen entluden sich im Oktober 1988 in sechstägigen Unruhen im ganzen Land, die von der Armee blutig niedergeschlagen wurden. Hunderte von Toten waren zu beklagen. Die langanhaltende Periode politischer Stabilität war damit beendet.

Tiefgreifende politische Reformen waren unumgänglich. Eine neue Verfassung, 1989 durch Referendum angenommen, vermied im Unterschied zur Boumediène-Verfassung von 1976, jeden Bezug zum Sozialismus. Zugleich erfolgte der Übergang zum Mehrparteiensystem, die FLN verlor ihr Machtmonopol. Als neue politische Kraft erwies sich die islamische Heilsfront (Front Islamique du Salut = FIS), die bei den Kommunalwahlen 1990 auf Anhieb in vielen Städten die meisten Stimmen erhielt. Nach der ersten Runde der Parlamentswahl im Dezember 1991 zeichnete sich die Machtübernahme durch die FIS ab, ein islamischer Gottesstaat an der Südküste des Mittelmeeres schien möglich. Dem kam die Armee durch einen Staatsstreich im Januar 1992 zuvor, Präsident Chadli wurde zum Rücktritt gezwungen. Sein Nachfolger Boudiaf, ein Veteran des Befreiungskrieges, fiel nach halbjähriger Amtszeit einem Mordanschlag zum Opfer. Algerien erlebt unruhige Zeiten.

Die Weltöffentlichkeit wird vor allem von einer Frage bewegt: droht zum zweiten Male in einem islamischen Land – nach dem Iran 1979 – die Machtübernahme durch eine religiös-fundamentalistische Bewegung? Der jahrzehntelang scheinbar so stabile Staat wird von bürgerkriegsähnlichen Unruhen und einer Welle von terroristischer Gewalt und staatlicher Repression erschüttert. Der Übergang zum offenen Bürgerkrieg scheint nur noch eine Frage der Zeit zu sein. Die FIS ging nach dem Staatsstreich der Militärs in den Untergrund und begann den bewaffneten Kampf. Sie spaltete sich in mindestens zwei bewaffnete Gruppen (FIS und die noch radikalere GIA) auf. Die Aktionen reichen von einzelnen Morden und Bombenanschlägen bis zu Attacken auf Gefängnisse sowie Militär- und Polizeiposten mit militärischen Verbänden. Seit 1993 ist eine Mordserie gegen laizistisch eingestellte Intellektuelle im Gange. Sie trifft besonders Journalisten, Schriftsteller, Wissenschaftler, Ärzte, Lehrer und Künstler sowie nicht zuletzt Frauen, die für die Gleichberechtigung des weiblichen Geschlechts eintreten. Die westlich orientierte Elite soll eingeschüchtert bzw. zur Emigration gezwungen werden. Gezielte Morde an Ausländern bezwecken den vollständigen Abzug der ausländischen Experten, um die moderne Industrieproduktion lahmzulegen. Beim Ausländertourismus wurde dieses Ziel erreicht. Er spielt inzwischen keine Rolle mehr. Brandanschläge gegen Bildungseinrichtungen und moderne Industriebetriebe bedrohen die Fundamente der Wirtschaft. Steuereinnehmer werden eingeschüchtert, um so die Staatsfinanzen zu untergraben.

Die staatliche Repression ist ebenfalls nicht zimperlich und nimmt wenig Rücksicht auf Menschenrechte. Tausende Verdächtige wurden in Internierungslager eingeliefert, Sondergerichte haben hunderte von Todesurteilen gefällt. Die Zahl der Opfer von Terror und staatliche Repression wird bis Ende 1994 auf mehr als 10 000 geschätzt.

Die Ursachen dieser Entwicklung sind in der Unzufriedenheit breiter Schichten mit der politischen und wirtschaftlichen Entwicklung Algeriens seit Mitte der achtziger Jahre zu suchen. Das autoritäre Regime, welches das Land seit der Unabhängigkeit regiert, gilt als verbraucht und korrupt. Seit Mitte der achtziger Jahre führte der drastische Verfall des Ölpreises zu einer rapiden Verschlechterung der Wirtschaftslage. Die zwei Jahrzehnte anhaltende Epoche mit starkem Wachstum von Wirtschaft und Einkommen ging abrupt zu Ende. Das Bruttosozialprodukt pro Kopf, das von 1960 bis 1984 von 200 $ auf 2410 $ angestiegen war, ging bis 1992 um ein Viertel auf 1840 $ zurück, wenn man den Daten der Weltbank Glauben schenken will. Für die breite Masse der Bevölkerung machte sich dieser Einbruch bemerkbar durch einen raschen Anstieg der Arbeitslosigkeit, Beschleunigung der Inflation, Andauer der Wohnungsnot und diverse Versorgungsmängel. Es wurde nun offenbar, daß der imponierende Anstieg des Lebensstandards zwischen 1965 und 1985 zum überwiegenden Teil auf der „Ölrente" fundiert war, weniger auf der Steigerung der eigenen Produktion und Produktivität. Die Zahl der Arbeitslosen stieg von 435 000 (1985) auf 1,3 Millionen (1991), was einen Anteil von 25–30% der Erwerbspersonen bedeutet. Besonders bedrückend ist die Jugendarbeitslosigkeit: 85% der Arbeitslosen sind jünger als 30 Jahre, von diesen starken Jahrgängen ist jeder zweite ohne Arbeit. Ein Problem ist die Perspektivlosigkeit der Absolventen von Höheren Schulen und Hochschulen, die mit ihrem Schlußexamen in die Arbeitslosigkeit wandern. Besonders frustriert sind die arabophonen Absolventen, da die Wirtschaft nach wie vor ihre Arbeitsplätze lieber mit Frankophonen besetzt. Schule und Hochschule haben ihre Rolle als Mittel zum sozialen Aufstieg eingebüßt. Es versteht sich von selbst, daß in der enttäuschten Jugend ein unerschöpfliches Potential für die arabischen Fundamentalisten vorhanden ist.

Die Inflationsrate lag zwischen 1980 und 1992 bei durchschnittlich 11,4% pro Jahr. Im Jahre 1993 war sie auf 27% angestiegen. Im März 1994 wurde auf Druck des Internationalen Währungsfonds IWF der Dinar um 40% abgewertet und die Subventionen für Grundnahrungsmittel teilweise abgebaut. Diese verteuerten sich daraufhin um 25 bis 100%. Die drastische Absenkung des Lebensstandards betrifft mittlerweile nicht nur die Unterschichten, sondern in zunehmendem Maße auch den Mittelstand, der sich in den letzten Jahren ausgebildet hatte.

Die Islamisten bieten den verelendenden Massen eine simple, monokausale Ursachenanalyse des wirtschaftlichen Niederganges an, nämlich die Ausrichtung ihrer Gesellschaft an westlichen, d. h. europäischen Vorbildern. Sie verheißen die Lösung aller Übel dieser Welt durch die Rückkehr zu islamischen Traditionen, zur alten arabischen Größe. Sie propagieren einen politisch radikalen Islam, der Politik, Rechtsordnung und Gesellschaft nach Koran und Scharia ausrichtet. In ihm ist der göttliche Wille geoffenbart. Parteiendemokratie, Pluralismus, Rechtsstaatlichkeit und naturrechtlich begründete Menschenrechte werden als spezifisch westliche Erscheinungen interpretiert und für die Umma, die Gemeinschaft der Gläubigen abgelehnt. Alte Minderwertigkeitskomplexe gegenüber dem „Westen" werden durch die Postulierung eines höheren moralischen Anspruches gegenüber westlichen Dekadenzerscheinungen kompensiert. Für die großen ökonomischen Probleme gibt es dagegen keine Konzepte außer Verweisen auf „islamische Lösungen". Es wird nur betont, daß der Islam weder kapitalistisch noch sozialistisch sei. Eine in sich geschlossen islamische Wirtschaftstheorie ist nirgends in Sicht.

Ein Sieg des Islamismus in Algerien hätte weitreichende Folgen für den gesamten Maghreb und für Europa. Dabei muß es nicht zu einer totalen Machtübernahme kommen, denkbar ist auch eine Beteiligung von gemäßigten Gruppierungen am jetzigen Regime. Die Islamisten denken langfristig und setzen auf den Marsch ihrer Anhänger durch die Institutionen. Der sunnitische Islam des Maghreb dürfte wahrscheinlich nicht einfach das schiitische Vorbild des Iran imitieren. Als erste wären die Nachbarländer Tunesien und Marokko betroffen, wo bereits heute eine merkliche Destabilisierung der innenpolitischen Situation zu beobachten ist. Die Hoffnung auf eine stärkere politische und wirtschaftliche Zusammenarbeit der Maghrebstaaten müßte wohl begraben werden. Nach einem Attentat mutmaßlicher algerischer Fundamentalisten in Marrakech im August 1994 wurde die algerisch-marokkanische Grenze geschlossen. Eine weitere Folge wären Fluchtbewegungen unkontrollierbaren Ausmaßes in die maghrebinischen Nachbarländer und vor allem nach Frankreich. Bereits heute ist eine verstärkte Absetzbewegung der westlich orientierten Eliten nach Frankreich zu beobachten. Dort geriete die starke algerische Gemeinde mit ihrer hohen Jugendarbeitslosigkeit noch stärker unter den Einfluß der Islamisten – und würde entsprechende Reaktionen der französischen Rechten provozieren. Um diese Folgen zu verhindern, stützt Frankreich das algerische Regime mit Milliardenkrediten.

In Algerien selbst könnte die Machtübernahme der Islamisten die Einheit des Staates gefährden, weil die Berber, vor allem die Kabylen, erbitterte Gegner der ideologischen Ziele der Fundamentalisten sind. Sie fürchten den Verlust ihrer kulturellen Eigenständigkeit, gehört doch die totale Arabisierung zu den Programmpunkten der Islamisten. Für eine Berberkultur wäre in einem islamistischen Algerien kein Platz mehr. Folglich konnten die Islamisten in der Kabylei überhaupt nicht Fuß fassen, das Gebiet ist nahezu frei von terroristischen Aktivitäten und bildet eine Insel des Friedens in Algerien. Eine Machtübernahme der Islamisten in Algier könnte als letzte Konsequenz die Abspaltung der Kabylei und anderer Berbergebiete zur Folge haben. Die Auflösung des algerischen Staates nach jugoslawischem Muster ist durchaus denkbar geworden.

2.2 Staatsraum, Grenzen und Lage Algeriens

Algerien erscheint auf Karten als riesiger Landblock von 2,38 Mio. km^2. Vom Mittelmeer aus stößt der Staatsraum 1900 km tief in die Sahara vor; an der breitesten Stelle beträgt die West-Ost-Erstreckung 1800 km (Abb. 4). Das Kartenbild darf jedoch nicht über die eigentliche Raumstruktur dieses zehntgrößten Flächenstaates der Erde hinwegtäuschen: auf einem Küstenstreifen von höchstens 100 km Breite und 1000 km in der West-Ost-Erstreckung konzentrieren sich 80% der Bevölkerung, die großen Städte, die Agrarregionen mit Regenfeldbau und die modernen Aktivitäten in Industrie und tertiärem Sektor. Südlich des Küstenteil fällt die Bevölkerungsdichte schnell

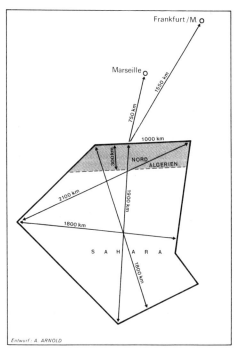

Abb. 4: Distanzen im algerischen Staatsraum

2.2.1
Grenzprobleme

Die heutigen Grenzen Algeriens hat die französische Kolonialmacht gezogen. Die Grenzen mit Marokko vom Mittelmeer zur Oase Figuig wurde bereits 1845, diejenige mit Tunesien von der Küste bis Bir Romane im Jahre 1901 vertraglich festgelegt. Als im 20. Jh. auch der Riesenraum der französischen Sahara administrativ aufgeteilt wurde, weiteten die französischen Behörden den algerischen Anteil auf Kosten Marokkos und Tunesiens sowie der schwarzafrikanischen Kolonien gewaltig aus. Algerien galt ja völkerrechtlich als scheinbar sicherer Bestandteil Frankreichs. Diese Politik erklärt den breiten algerischen Landkeil nach Westen (Tindouf), der Marokko von Oasen, die in lockerer Abhängigkeit zum Sultan standen (Saoura, Touat) sowie von alten Karawanenstraßen abschneidet, sowie den Landkeil nach Süden über das Hoggargebirge hinaus.

Während des Befreiungskrieges suchte Frankreich durch administrative Maßnahmen Nordalgerien von der Sahara abzutrennen um so die Wüstengebiete mit ihren Ölvorräten vom Prozeß der Entkolonialisierung auszunehmen. Der FLN gelang es aber, in den Verträgen von Evian die Integrität des algerischen Territoriums in den Grenzen von 1954 zu wahren.

Nach der Unabhängigkeitserklärung hatte Algerien Grenzstreitigkeiten mit mehreren seiner 7 Nachbarstaaten über den Verlauf der 7000 km langen Staatsgrenze. Tunesien forderte 1961 einen Sahara-Korridor bis zu den Ölfeldern von Edjeleh – vergebens. In einem Grenzvertrag wurde 1970 eine Grenzlinie anerkannt, die französische Beamte schon 1929 abgesteckt hatten.

Der Grenzverlauf zu Marokko südlich der Oase Figuig ist bis heute strittig, 1963 war es sogar zu einem bewaffneten Konflikt zwischen den beiden Maghrebstaaten

unter 20 E./km². Selbst wenn man die trockenen Teile der Steppe und den Sahara-Atlas zu diesem Küstenstreifen hinzurechnet, umfaßt das so umrissene Nordalgerien nur 325 000 km², dem ein Saharaanteil von mehr als 2 Mio. km² angefügt wurde. Diese Bandstruktur ist primär vom Klima bestimmt, empfängt doch nur dieser schmale Küstenstreifen höhere Niederschläge. Externe historische Einflüsse, angefangen von der Türkenzeit und verstärkt während der französischen Kolonialherrschaft, haben die Schwergewichtsverlagerung von Bevölkerung und wirtschaftlichen Aktivitäten zur Küste noch verstärkt. Die Berberreiche der Antike und des Mittelalters hatten dagegen ihre Zentren im Binnenland, am Südabfall des Küstenteil.

gekommen. Zwar wurde 1969 ein marokkanisch-algerischer Grenzvertrag abgeschlossen, der aber von Marokko bis heute nicht ratifiziert wurde. Als Marokko 1975 einseitig den größten Teil der bis dahin spanischen Westsahara besetzte, die dortige Bevölkerung der Sahraouis aber unerwartet heftigen Widerstand leistete, war nicht nur ein bis heute schwelender Konflikt entstanden, sondern auch die Grenzregelung von 1969 wieder in Frage gestellt. Algerien unterstützt die Frente Polisario. Sie darf auf algerischem Boden bei Tindouf 21 Flüchtlingslager für 70000 bis 100000 Bewohner und Nachschubbasen unterhalten. Die „Demokratische Arabische Republik Sahara" ist von 70 Staaten anerkannt. Die algerischen Motive sind vielschichtig. Aus politisch-ideologischen Gründen, die aus den Erfahrungen seines eigenen Freiheitskampfes rühren, unterstützt Algerien das Selbstbestimmungsrecht der Völker und u. U. auch nationale Befreiungsbewegungen. Aus machtpolitischen Erwägungen hat es kein Interesse an einer territorialen Vergrößerung Marokkos; sie könnte alte nationalistische Forderungen nach einem Großmarokko bis zum Senegalfluß unter Einschluß großer Teile Algeriens, Malis und ganz Mauretaniens wieder aufleben lassen. Ein kleiner Pufferstaat wäre für Algerien sicher die angenehmere Lösung. Er brächte dem Land einen Zugang zum Atlantik, was für eine künftige Ausbeutung der reichen Eisenerzlager von Gara Djebilet (südl. Tindouf) wichtig wäre.

Als Nutznießer von Grenzziehungen durch französische Kolonialbeamte ist Algerien ein entschiedener Verfechter des Prinzips der Unverletzlichkeit kolonialzeitlicher Grenzen, das die Organisation für afrikanische Einheit O.A.U. 1964 aufgestellt hat.

2.2.2
Lagebeziehungen

Bei der geographischen Lage eines Staates muß man die absolute Lage (im Gradnetz, in den Klimazonen) von der relativen Lage zu anderen Erdräumen unterscheiden. Während die absolute Lage unveränderlich ist, ist die relative Lage als Folge von historischen und wirtschaftlichen Prozessen sowie bedingt durch Entwicklungen des Verkehrs und der Nachrichtentechnik starken Wandlungen unterworfen. Lagebeziehungen beinhalten vielfache Interaktionen zwischen Räumen in Form von Wanderungen, Güterströmen und kulturellen Einflüssen. Algerien gehört gleichzeitig zu so unterschiedlichen Raumeinheiten wie Afrika, Islamisch-arabischer Kulturerdteil und Mittelmeerraum mit seiner europäischen Gegenküste. Die Außenorientierung Algeriens zu diesen Räumen hat im Verlauf der Geschichte mehrmals gewechselt, was selbstverständlich Rückwirkungen auf die innere Raumstruktur hatte.

Zu Schwarzafrika waren die Beziehungen – sieht man von den prähistorischen Zeiten vor der Austrocknung der Sahara ab 5000 v. Chr. ab – immer relativ gering, eine 2000 km breite Wüste bildet ein schwer zu überwindendes Hindernis. Der mittelalterliche Transsahara-Karawanenhandel zwischen dem Mittelmeerraum und dem Sahel hatte seine Blütezeit vom 8. bis 16. Jh. Nachdem die Portugiesen im 15. Jh. den Seeweg in den Golf von Guinea entdeckt hatten, wurden die Warenströme (Gold, Elfenbein, Straußenfedern und Sklaven) aus der Sahelzone zu den westafrikanischen Küstenplätzen umgeleitet. Die letzten großen Transsahara-Karawanen verkehrten aber noch bis zum Ersten Weltkrieg.

Die zahlreichen französischen Pläne, das afrikanische Kolonialreich durch eine Eisenbahn vom Mittelmeer zum Nigerknie zu erschließen, kamen über eine Anfangsstrecke vom marokkanischen Oudjda zum algerischen Béchar und Abadla nie hinaus. Erst der Kraftwagen ließ wieder einen bescheidenen Transsahara-Verkehr aufleben. Die wichtigste Nord-Süd-Verbindung durch die Sahara – abgesehen von der Niltalroute – ist heute die Strecke Algier – In Salah – Tamanrasset – Niger und Nigeria. Sie ist bis auf eine Lücke von 500 km asphaltiert, wenn auch vielfach in schlechtem Zustand. Seit 1976 rollen regelmäßig kleine LKW-Konvois von Algier nach Kano (Nigeria), die in 15 Tagen eilige, hochwertige Fracht von Europa nach Nigeria transportieren. Sollte diese „Straße der afrikanischen Einheit" erst einmal voll ausgebaut sein, bestehen gute Aussichten für eine Renaissance des Personen- und Güterverkehrs auf der Transsahararoute.

Im Augenblick sind die Beziehungen Algeriens zu Schwarzafrika vorwiegend politischer Natur, sie haben sich mit dem Bedeutungsschwund des Kontinents eher abgeschwächt. Der offizielle Handel ist unbedeutend, im Durchschnitt der Jahre 1984 bis 1987 wurden mit dem Kontinent nur 0,74% der Importe (vorwiegend Kaffee) und 0,4% der Exporte (Erdölprodukte, Wein, Datteln) abgewickelt. Neben dem offiziellen Außenhandel besteht im saharischen Raum ein lebhafter illegaler Handel mit Konsumgütern (u.a. Tee, Zucker, Elektrogeräte) über die nicht zu überwachenden langen Grenzen mit Libyen, Niger und Mali. Dabei werden z.T. alte Karawanenwege benutzt. Für die kleinen zentralsaharischen Oasen wie Djanet und Tamanrasset hat dieser Schmuggel erhebliche wirtschaftliche Bedeutung. Die Zuwendung Algeriens zum afrikanischen Kontinent bleibt ein Wechsel auf die Zukunft.

Zu den Ländern des islamischen Kulturkreises, besonders zum Vorderen Orient, hatte Algerien seit den arabischen Invasionen im 7. Jh. bis zum Niedergang des Osmanischen Reiches im 19. Jh. enge politischen, kulturelle und auch wirtschaftliche Beziehungen. Sie wurden durch die Kolonialherrschaft nachhaltig zerstört. Heute bestreitet Algerien mit allen arabischen Ländern ganze 1,6% seines Importes und 1,0% seines Exportes (Durchschnitt 1984 bis 1987). Politisch und kulturell fühlt sich Algerien freilich uneingeschränkt als arabisches Land und vertritt innerhalb der Arabischen Liga eine harte Haltung gegenüber Israel. Die Pilgerzahlen zu den heiligen Stätten in Arabien (1987: 25000) weisen wieder steigende Tendenz auf, der Einfluß des islamischen Fundamentalismus aus dem Vorderen Orient wächst. Dennoch ist der Reiseverkehr in die arabischen Staaten gering, nennenswerte Zahlen algerischer Reisender lassen sich nur in Tunesien feststellen: 770000 (1985). Aber auch mit Tunesien ist die Verkehrsspannung gering. Auf der einzigen Bahnlinie Algerien – Tunesien verkehrt täglich nur ein Zugpaar, dem Personen-Fernreiseverkehr genügen 18 Flugverbindungen in der Woche. Mit Marokko war wegen der Spannungen der Reise- und Güterverkehr zeitweilig völlig eingestellt.

Alle Bemühungen zur Bildung eines „Grand Maghreb", einer politischen und wirtschaftlichen Gemeinschaft nach dem Vorbild der EG, die Marokko, Algerien, Tunesien, Libyen und Mauretanien umfassen sollte, kamen über Ansätze nicht hinaus. Zu groß sind offensichtlich die ideologischen Gegensätze der verschiedenen politischen Systeme. Erst 1989 kam es zur Gründung einer „Union du Maghreb Arabe (UMA)". Es bleibt abzuwarten, was sie bewirken wird.

Die Beziehungen zu Europa sind nach wie vor von größter Bedeutung. Die junge Republik war verständlicherweise bemüht, die allzu engen Bindungen zu Frankreich zu lockern. Beim Außenhandel gelang es, den Anteil Frankreichs von 80% (1960) bis 1987 auf 22,9% der Importe und 22% der Exporte zu senken. Damit ist Frankreich zwar weiterhin der wichtigste Außenhandelspartner, hat aber Anteile an andere europäische Staaten, besonders an Italien und die Bundesrepublik Deutschland abge-

	1987		1990	
	Importe	Exporte	Importe	Exporte
EG	54,7	64,8	53,8	58,3
davon Frankreich	22,9	22,1	22,1	17,3
Italien	11,2	15,3	12,3	20,5
BR Deutschland	10,5	4,1	10,7	2,1
Sonstiges Europa	14,2	9,3	13,9	13,5
Ehem. Sozialist. Staaten Europas	5,3	1,2	4,8	2,3
Nordamerika	8,9	19,4	14,8	19,6
Lateinamerika	5,1	1,9	2,8	2,0
Arabische Länder	2,5	1,7	2,0	2,6
Afrika	1,1	0,1	0,5	0,04
Rest der Welt	1,0	0,0	7,4	1,6

Quelle: Annuaire Statistique de l'Algérie 1990, 1991

Tab. 3: Die geographische Verflechtung des Außenhandels (v. H.)

ben müssen (Tab. 3). An der engen Verflechtung Algeriens mit Europa hat sich wenig verändert, nur daß sich die Handelsströme jetzt auf mehrere Länder verteilen. Aus Tabelle 3 wird ersichtlich, daß 80% der algerischen Importe und 90% der Exporte mit den marktwirtschaftlichen Industriestaaten Westeuropas und Nordamerikas abgewickelt werden.

Der wirtschaftliche Sog des industrialisierten Europa ist offensichtlich so stark wie eh und je, mit ihm wickelt Algerien zwei Drittel seines Außenhandels ab. Der Handel mit Nordamerika besteht vor allem aus Getreide bei den Importen und Energiestoffen bei den Exporten. Die Bemühungen der algerischen Regierung, aus ideologischen Gründen den Handel mit den sozialistischen Ländern, mit den arabischen Staaten und generell mit den Ländern der Dritten Welt auszuweiten, hatten kaum Erfolg.

Unklar war anfangs die rechtliche Stellung Algeriens zur EG, galt doch das Land bei Abschluß der Römischen Verträge 1957 noch als Teil Frankreichs. Seit 1971 ist das Land vertraglich in Zollpräferenzen einbezogen, ein Kooperationsabkommen wurde 1976 abgeschlossen. Es gewährt Algerien freien Zutritt für Gewerbeprodukte, Tarifkonzessionen für Agrarprodukte und gibt Hilfestellung auf finanziellem und sozialem Gebiet.

In der Postkolonialzeit hat die forcierte Industrialisierung zu neuen Bindungen an die Industriestaaten geführt. Die meist schlüsselfertig eingekauften Industrieanlagen benötigen für ihr Funktionieren einen beständigen Strom von Zulieferungen, Ersatzteilen und Dienstleistungen. Es ist Ansichtssache, ob man diese Beziehungen Abhängigkeit nennt. Hunderttausende algerischer Familien haben enge persönliche Verbindungen zu Europa über die Emigration. Zu Beginn der achtziger Jahre lebten etwa 850000 Algerier in Europa (804000 in Frankreich, 12000 in Belgien). Die algerische Gemeinde in Europa ist ein wichtiges Medium zur Vermittlung westlicher Kultur, Verhaltensweisen und Konsummuster. Für die heutige algerische Oberschicht ist Paris nach wie vor das beliebtestes Reiseziel und städtisches Vorbild. Schließlich darf in Algerien der gewaltige kulturelle Einfluß Europas und Amerikas über die elektronischen Medien nicht übersehen

Staatsraum, Grenzen und Lage 45

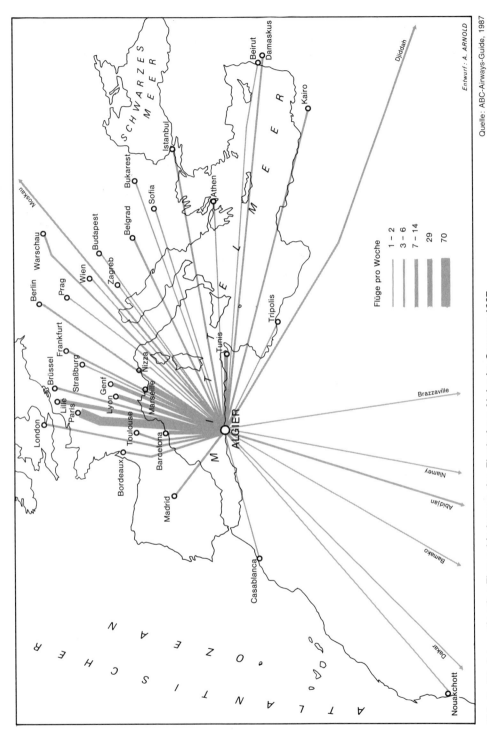

Abb. 5: Die internationalen Flugverbindungen des Flughafens Algier im Sommer 1987

werden, europäische Rundfunk- und Fernsehprogramme sind von Satelliten über die weitverbreiteten Parabolantennen überall zu empfangen.

Das aufschlußreichste Bild über die heutige Außenorientierung Algeriens bieten die Flugverbindungen (Abb. 5). Von 6 algerischen Flughäfen wurden im Sommer 1987 folgende Ziele angeflogen:

Paris	120	Flüge pro Woche
sonstiges Frankreich	150	Flüge pro Woche
sonstiges Westeuropa	53	Flüge pro Woche
Osteuropa	26	Flüge pro Woche
Maghreb, Vorderer Orient	35	Flüge pro Woche
Schwarzafrika	9	Flüge pro Woche

Von 393 Flügen in der Woche führten also 323 zu westeuropäischen Zielen, 270 nach französischen Flughäfen. Verkehrsgeographisch kann man Algerien mit einer Insel vergleichen, das durch Flugzeug und Schiff vor allen mit seiner europäischen Gegenküste verbunden ist. Demgegenüber treten die Verkehrsspannungen zu seinen afrikanischen und arabischen Nachbarn völlig zurück. Die algerische Entwicklungspolitik der Postkolonialzeit hatte diese Öffnung gegenüber Europa stets zu berücksichtigen.

3 Das natürliche Potential

In Nordafrika setzt das natürliche Potential dem Menschen viel engere Grenzen als in Mitteleuropa. Von wenigen Gunsträumen abgesehen, ist die Tragfähigkeit des Raumes geringer, die Naturrisiken (Erdbeben, Dürre, Hochwasser) sind größer, die Ökosysteme durchweg labiler.

3.1 Das Klima

Das übergeordnete physisch-geographische Element für die Grenzen des natürlichen Potentials wie für die naturräumliche Differenzierung Algeriens ist das Klima. Infolge seiner Nord-Süd-Erstreckung von 1900 km hat der algerische Landblock Anteil an mehreren planetarischen Klimazonen. Nach der Klassifikation von TROLL und PAFFEN finden sich in Algerien folgende drei Klimazonen:

– winterfeucht-sommertrockenes Mediterranklima
– winterfeucht-sommerdürres Steppenklima
– subtropisches Halbwüsten- und Wüstenklima.

Alle drei Klimazonen durchziehen Algerien von West nach Ost mit erheblichen Modifikationen durch das Relief. Dabei bildet die Steppenzone nur ein maximal 300 km breites Übergangsgebiet zwischen dem Gebiet des Mediterranklimas und der Sahara. Im Grunde handelt es sich um eine kontinentalere Variante des Mittelmeerklimas.

Die subtropischen Winterregenklimate von Mittelmeerraum und Steppe gehören zu den sog. alternierenden Klimaten, deren Räume im jahreszeitlichen Verlauf verschiedenen Druck- und Windsystemen angehören. Die Verschiebung der atmosphärischen Zirkulation bewirkt, daß diese Gebiete im Winter von der außertropischen Westwindzone mit eingelagerten Zyklonen, im Sommer dagegen von der subtropischen Hochdruck- und Passatzone erfaßt werden. Im Winter drängen die feuchtkalten polar-maritimen Luftmassen und die trockenkalten polar-kontinentalen Luftmassen die tropischen Luftmassen – tropisch-maritime Luft aus SW, tropisch-kontinentale aus S – äquatorwärts zurück.

An diesen Luftmassengrenzen bilden sich die regenbringenden Zyklonen aus. Zwei winterliche Wetterlagen sind für den Großteil der Niederschläge verantwortlich:

– In einer Westströmung (zonale Zirkulation) wandern Störungen vom Atlantik parallel zur nordafrikanischen Küste nach Osten. Sie machen sich vor allem in Westalgerien bemerkbar, bringen aber nur mäßige Niederschläge, da sie, vom relativ kühlen Atlantik kommend, oft bereits okkludiert sind und sich über Rif und Sierra Nevada abgeregnet haben.
– Ergiebiger ist dagegen eine Nordlage (meridionale Zirkulation), die sich häufig zwischen der Ostflanke des Azorenhochs und einem Tief über dem westlichen Mittelmeer entwickelt. Sie führt maritime Polarluft, die sich über dem Mittelmeer erwärmt und mit Feuchtigkeit auflädt, frontal auf die ostalgerischen und tunesischen Gebirge, wo sich die Luftmassen abregnen. Der überwiegende Teil der winterlichen Zyklonen entsteht überhaupt über dem relativ warmen westlichen Mittelmeer (mediterrane Zyklogenese).

Das Mittelmeerklima kennt aber auch im Winter lange, trockene Abschnitte. Im Hochwinter bildet sich gelegentlich eine Hochdruckbrücke vom Azorenhoch bis Mitteleuropa aus. Dann ist der östliche Maghreb von der Zufuhr polarer Luftmassen abgeschnitten und gerät bei sonnigem Wetter entweder unter den Einfluß von warmtrockener Saharaluft oder kalter Festlandsluft aus Osteuropa.

Im Sommer, wenn sich die Polarfront nach Norden zurückgezogen hat, gerät auch Nordalgerien unter den Einfluß des subtropischen Hochdruckgürtels. Von Ende Mai bis Ende September herrschen stabile Wetterverhältnisse mit Trockenheit und ungehinderter Einstrahlung. Nur gelegentlich bringen sommerliche Gewitter zeitlich und lokal begrenzte Niederschläge.

Der größte Teil Algeriens gehört zur Sahara und damit zur größten und extremsten Wüste der Erde. Ihr Kernraum fällt ganzjährig in den Einflußbereich des subtropisch-randtropischen Hochdruckgürtels, gekennzeichnet durch absteigende Luftbewegung. Dies bedeutet stets Erwärmung und damit Herabsetzung der absoluten und relativen Luftfeuchtigkeit. Fehlende Kondensation, Wolkenauflösung und Regenlosigkeit sind die Folgen. Die abgestiegene Luft fließt als ständig wehender Nordostpassat zum Äquator zurück. Die Sahara zählt somit zum Typ der Passatwüsten. Die spärlichen Niederschläge fallen in der nördlichen Randzone im Winter aus Ausläufern der Polarfront. Im Hoggar dominieren dagegen bereits Sommerregen aus der dann weit nach Norden verschobenen Tropikfront. Die südlichen Teile der algerischen Sahara sind daher dem randtropischen Wüstenklima zuzurechnen.

Das auffallendste Merkmal der klimaräumlichen Differenzierung Algeriens ist der rasche Nord-Süd-Wandel der hygrischen (Abb. 6) wie thermischen Verhältnisse. Hinter einer schmalen maritim-mediterranen Litoralzone, die den Colons des 19. Jh. Anbaumöglichkeiten tropischer Produkte vortäuschte, erscheint schnell die afrikanische Kontinentalität. Der küstenparallele Verlauf des Tell verhindert ein tieferes Eingreifen des Mittelmeerklimas in den Kontinent.

Die Jahresniederschläge (Abb. 6) überschreiten nur an den Nordhängen der östlichen Küstengebirge 1000 mm mit Höchstwerten von etwa 1800 mm. Am Südfuß des Gebirges sinken sie bereits auf 400–600 mm ab. Neben dem Nord-Süd-Gefälle besteht noch ein deutliches West-Ost-Gefälle, da Ostalgerien ergiebige Niederschläge aus der erwähnten Nordlage erhält, während Westalgerien vorwiegend unter dem Einfluß der Westlagen steht. Westalgerien ist folglich generell trockener, die 400 mm–Isohyete erreicht um Oran das Mittelmeer. Die Hochplateaus erhalten noch 200–500 mm, südlich des Sahara-Atlas wird schnell der Wert von 100 mm und damit die klimatische Nordgrenze der Sahara unterschritten. Innerhalb des Riesenraums der algerischen Sahara variieren die Niederschläge von 150 mm im Hoggar bis zu Werten unter 5 mm in der Landschaft Tanezrouft. Außerhalb der hyperariden Kernräume wird die vollaride Sahara im langjährigen Mittel mit Niederschlägen von 5–30 mm beregnet. Dabei kommen unterhalb der 30 mm–Isohyete stets mehrere regenlose Jahre vor (K. GIESSNER, 1987, S. 27).

Die Mittelwerte des Jahresniederschlags geben nur ein ungenaues Bild des *Niederschlagsregimes*. Die Unzuverlässigkeit, die hohe Variabilität der Niederschläge, birgt ein hohes Dürrerisiko für die Landwirtschaft, sie wird in Kapitel 3.5 besprochen. Beim Jahresgang fallen im Küstenbereich 70–80% der Niederschläge in den Herbst- und Wintermonaten (September bis Februar); im Binnenland erreichen dagegen

Klima

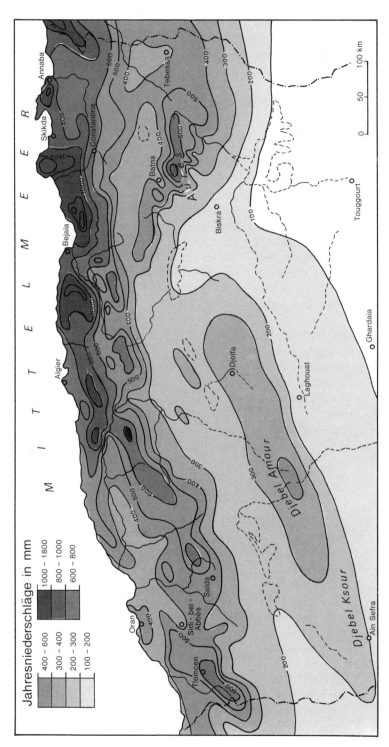

Quelle: SCHULZE, 1978

Abb. 6: Die Jahresniederschläge in Nordalgerien

die Frühjahrs- und Sommerregen (März bis August) Anteile bis über 50% des Jahresniederschlags. Diese späten Regenfälle sind wegen der dann schon hohen Verdunstung für die Vegetation von sehr viel geringerem Wert. Aber auch in den gut beregneten Küstenregionen drängen sich die Niederschläge auf relativ wenige Regentage zusammen. Die Jahressumme von über 1000 mm in den Küstengebirgen fällt an 100–110 Regentagen (zum Vergleich: Hamburg 175 Regentage). Auf den Hochplateaus zählt man 40–60, am Südfuß des Sahara-Atlas nur noch 20–30 Regentage. Neben gleichmäßig fallenden Landregen sind Starkregen (torrentielle Regen) sehr typisch. Im Extremfall können bei einem einzigen Starkregen die langjährigen Monatsmittel um ein Vielfaches übertroffen werden (s. Kapitel 3.5).

In den Gebirgen und höheren Teilen der Hochplateaus fällt regelmäßig Schnee. Er ist für die Bewässerungswirtschaft im Vorland sehr wichtig. Das allmähliche Abschmelzen beschert den Flüssen einen verzögerten Abfluß; der Schnee ist ein kostenloser, natürlicher Wasserspeicher.

Die von Nord nach Süd rasch zunehmende Kontinentalität wird auch beim *Temperaturregime* sichtbar. Ganzjährig frostfrei ist nur ein schmaler Küstenraum von einigen Kilometern Tiefe, wo sich das stets relativ warme Mittelmeer (Minimaltemperatur +13 °C) bemerkbar macht.

Das küstenparallele Gebirge begrenzt in Algerien im Unterschied zu Marokko und Tunesien den mäßigenden Einfluß des Meeres auf eine äußerst schmale Litoralzone. Auf den Hochplateaus herrscht dagegen ein kontinental-mediterranes Höhenklima. Hier wird das Pflanzenwachstum nicht nur durch die sommerliche Trockenzeit, sondern auch durch eine winterliche Kälteruhe eingeengt. Da 5 bis 6 Monate im Jahr mit Frost gerechnet werden muß, ist hier für frostempfindliche mediterrane Pflanzen kein Platz.

Die *Jahresschwankungen der Temperatur* steigen von der Küste ins Binnenland rasch an. Beträgt der Unterschied zwischen dem kältesten und dem wärmsten Monat in Oran nur 13 °C, in Sidi-bel-Abbès 16 °C, so steigt er in Méchéria (westl. Hochplateaus) auf 21 °C und in der Sahara gar auf 25 °C an (Hannover: 16 °C).

Noch ausgeprägter sind die **Schwankungen der Extremwerte**. Die extremsten, je gemessenen Temperaturen betrugen in Oran +1,2 und +40,5 °C, in El Asnam –2 und +47 °C, in El Bayadh (1320 m über NN) –15 und +39 °C und in der Wüstenstation El Oued –4 und +54° C! Hier können also Temperaturdifferenzen von fast 60 °C auftreten. Übrigens treten die absolut höchsten Temperaturen Afrikas mit 54–55 °C am nördlichen Rand der Sahara, nicht in ihren zentralen oder äquatornahen Teilen auf. Dafür sind die Beckenlagen der Stationen sowie Föhneffekte am Südfuß des Atlassystems verantwortlich. Am Boden wurden Oberflächentemperaturen bis 80 °C gemessen (K. GIESSNER, 1987, S. 33). Den hohen Sommertemperaturen stehen recht niedrige winterliche Minima gegenüber. In der Nordsahara wird im Januar die Frostgrenze nicht selten unterschritten, Nacht- und Bodenfröste sind häufige Erscheinungen. Die nächtliche Kälte im Wüstenbereich wird allerdings durch eine rasche Erwärmung nach Sonnenaufgang (2–3 °C pro Stunde!) gemildert. Selbst im Januar und Februar kann das Thermometer auf Mittagswerte von 20 bis 25 °C steigen – ein noch wenig genutztes Potential für einen winterlichen Sahara-Tourismus! Die mittleren Tagesschwankungen betragen in der Sahara 15–25 °C, an der Küste nur noch etwa 8 °C.

Dieses extrem kontinentale Temperaturregime im algerischen Binnenland ist eng mit dem *Strahlungshaushalt* verknüpft. Die starke Einstrahlung während des Tages und die hohe nächtliche Ausstrahlung werden durch den geringe Bewölkungsgrad und den niedrigen Wasserdampfgehalt der Luft ermöglicht. Ein dem französischen Marschall Lyautey zugeschriebenes Bonmot erläutert dieses Strahlungsklima: „Nordafrika ist ein kaltes Land mit viel heißer Sonne." Die mittlere Sonnenscheindauer beträgt in der Sahara 3300 bis 4000 Stunden im Jahr (Würzburg: 1730 h/Jahr). Hier liegt ein unerschöpfliches Potential für eine künftige Nutzung der Solarenergie.

3.2 Das Wasserpotential

Für Algerien, ein Land in der Trockenzone der Erde, ist die Nutzung des Süßwasserpotentials ein existentielles Problem. Die Ressourcen sind sehr begrenzt, die Nutzung erfordert einen sehr viel höheren Aufwand als in feuchten Klimazonen. Die Landwirtschaft ist nach wie vor der größte Wasserverbraucher (s. Kapitel 6.42), daneben treten die rasch wachsenden Städte und die Industrie als Konkurrenten bei der Wassernutzung auf. Angesichts des rapide ansteigenden Bedarfs und des begrenzten Potentials wäre eine rigorose Bewirtschaftung geboten.

Das *Wasserpotential* Algeriens ist in seinen Grundzügen bekannt; wenn auch ein exaktes Inventar noch aussteht. Nach J. J. PERENNES (1986, S. 73) stehen im Jahresdurchschnitt folgende Ressourcen zur Verfügung:

Oberflächenabfluß   13 580 Mio. m^3
Grundwasserpotential   3 300 Mio. m^3
Wasserpotential insg.   16 880 Mio. m^3

Das gesamte Wasserpotential des Landes von rund 17 Mrd. m^3 ist für das riesige Land recht bescheiden, es entspricht etwa dem der früheren, sehr viel kleineren DDR. Davon werden heute bereits etwa 5 Mrd. m^3 verbraucht, die Hälfte alleine in der Landwirtschaft.

Der *Oberflächenabfluß* bildet die wichtigste Ressource im Norden, in der Tellzone. Vom durchschnittlichen Abfluß von 13 580 Mio. m^3/Jahr können zu akzeptablen Kosten 4900 Mio. m^3 genutzt werden. Wasserüberschußgebiete sind vor allem die niederschlagsreichen Gebirge Mittel- und Ostalgeriens. Im Unterschied zu Marokko sind ihnen keine großen Küstenebenen als potentielle Bewässerungsräume vorgelagert, die meisten Flüsse münden nach kurzem Lauf im Mittelmeer. Ihr Wasser müßte in Talsperren gespeichert werden. Da Überschuß- und Verbrauchsgebiete räumlich weit auseinanderliegen, sind kostspielige Fernwasserleitungen erforderlich. Für Ostalgerien existieren Pläne, Mittelmeerzuflüsse aufzustauen und deren Wasser durch die Tellkette nach Süden auf die semiariden Hochplateaus zu leiten, wo sowohl die Städte (Sétif, Constantine) wie die Landwirtschaft an Wassermangel leiden.

Verschiedene *Grundwasserstockwerke* (Abb. 7) bilden auf den semiariden Hochplateaus und in der vollariden Sahara das wichtigste Süßwasserpotential. Auf den Hochplateaus wurden sich regenerierende Vorräte in den flachen Becken erbohrt, so im Becken des Schott Chergui und im Hodnabecken.

Die umfangreichsten Grundwasservorräte wurden aber Ende der vierziger Jahre in der Sahara im Gefolge der Erdölexploration entdeckt, sie bilden im vollariden Raum das wichtigste Wasserpotential. J. J. PERENNES (1986, S. 73) beziffert ihr Nutzungspotential auf jährlich 1600 Mio. m^3 oder 51 m^3/sec., wovon im Augenblick erst 600 Mio. m^3 genutzt werden. In der Regel tritt das Grundwasser in drei Stockwerken auf, die durch undurchlässige

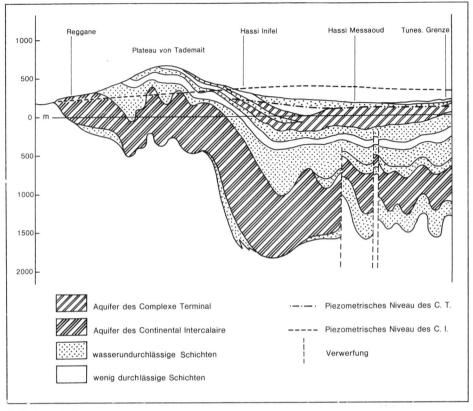

Quelle: BISSON, 1991

Abb. 7: Hydrogeologisches Profil durch die algerische Sahara

Gesteinsschichten voneinander getrennt sind:
- Ein phreatisches oberflächennahes Stockwerk. Es ist wenig ergiebig und führt schwach salziges Wasser
- Ein mittleres Stockwerk, der sog. Complexe Terminal in Tiefen von 80 bis 400 m, eingelagert in Schichten der Oberkreide und des Tertiär.
- Ein unteres Stockwerk, das Continental Intercalaire oder Alb, bestehend aus einer Schichtenfolge, die von der Trias bis zur Mittleren Kreide reicht. Mit einer räumlichen Ausdehnung von 600 000 km^2 und einer Mächtigkeit von 300 bis 1200 m ist der Aquifer des Continental Intercalaire das mit Abstand bedeutendste Grundwasservorkommen. Seine Reserven werden auf 33 000 bis 50 000 km^3 geschätzt (E. JUNGFER, 1990, S. 68).

Die beiden unteren Grundwasserstockwerke stehen teilweise unter artesischem Druck. Dennoch ist ihre Inwertsetzung mit großen Problemen verbunden: hohe Kosten für die Bohrungen bis in Tiefen von 1500 bis 2000 m, Salzgehalt von 4 bis 7 g/l, Wassertemperaturen von meist über 50 °C, die Kühleinrichtungen erforderlich machen, Korrosionsanfälligkeit der Röhren und Pumpen.

Große Unsicherheit besteht über die Bestimmung der gegenwärtigen Grundwasserneubildung. Während die oberen zwei Stockwerke Zufluß durch versickernde Niederschläge erhalten, dürften die Vorräte des Continental Intercalaire weitgehend fossiles Wasser enthalten, gespeichert in den Pluvialzeiten der Würmkaltzeit vor etwa 30000 Jahren. Die hohen Erwartungen, die man in den fünfziger und sechziger Jahren an die Nutzung des „Süßwassermeeres" der Sahara-Becken geknüpft hat, haben sich bisher nicht erfüllt.

Die gesamt Wasserbilanz Algeriens ist also recht ungünstig. Das Wasser bildet schon heute einen Engpaß bei der wirtschaftlichen und zivilisatorischen Entwicklung des Landes. Diese Situation dürfte sich in der Zukunft noch verschärfen.

3.3
Die bioklimatische Gliederung

In den französischen Geowissenschaften spielen bioklimatische Klassifikationen – u. a. nach GAUSSEN und EMBERGER – eine große Rolle. Demnach läßt sich Algerien in 5 bioklimatische Raumeinheiten gliedern (Abb. 8), von deren potentieller natürlicher Vegetation allerdings nur Relikte erhalten sind.

1. Der *mediterran-humide Bereich* ist nur inselhaft in den höchsten Massiven des Tell ausgebildet (Djurdjura, Kleine Kabylei, Massiv von Collo). Hier werden Niederschläge von mehr als 1000 mm/Jahr und mehr als 8 humide Monate gemessen. Auf kalkarmen Böden bilden immergrüne Korkeichenwälder (Quercus suber) mit einer dichten, oft undurchdringlichen Strauchschicht (Myrthe, Zistrose, Baumheide, Farne) die natürliche Vegetation.
2. Der *mediterran-subhumide Bereich* (600–1000 mm Niederschlag, 7–8 humide Monate) ist ausgedehnter, er umfaßt nahezu den gesamten Tell-Atlas, die höheren Stufen des Aurès und hat selbst im trockenen Westalgerien in den Bergen von Tlemcen ein inselhaftes Areal. Der Korkeichenwald lichtet sich, Charakterbaum wird die Steineiche (Quercus ilex), deren Bestände allerdings stark dezimiert sind. In Höhen über 1000 m treten auch laubabwerfende Eichen auf, wie z. B. die Zeeneiche (Quercus faginea), die ab Höhen von 1300–1400 m von der Zeder (Cedrus atlantica) abgelöst werden. Letztere bildet im östlichen Aurès (Djebel Chelia) noch ansehnliche Bestände.
3. Zum *mediterran-semiariden Bereich* (300–600 mm, 3–6 humide Monate) gehören die nördlichen, feuchteren Teile der Hochplateaus. Von ihrer ursprünglichen Baumvegetation ist wenig verblieben: Aleppokiefern (Pinus halepensis), wilder Ölbaum (Olea europea) und Pistazie (Pistacia lentiscus) können eine lichte Baumschicht bilden, im übrigen dominieren Steppenpflanzen wie Halfa (Stipa tenacissima).
4. Der *subaride Bereich* (100–300 mm, kein humider Monat) umfaßt die südlichen Teile der Hochplateaus mit ihren abflußlosen Schotts und die zur Sahara geneigten Piedmontflächen des Sahara-Atlas. Die Vegetation bietet das Bild der Trockensteppe mit Dornstrauch (Zizyphus lotus), Halfa und Wermutstrauch (Artemisia herba alba). Die Hänge des Sahara-Atlas tragen noch einzelne Exemplare von Aleppokiefer und Wacholder, um die Schotts erstrecken sich Halophytenfluren auf den Salztonebenen.
5. Der *vollaride Bereich* (unter 100 mm) beginnt auf den Piedmontflächen des Sahara-Atlas. Die Vegetation ist in den Abflußlinien kontrahiert, sie ist durch Artenarmut gekennzeichnet.

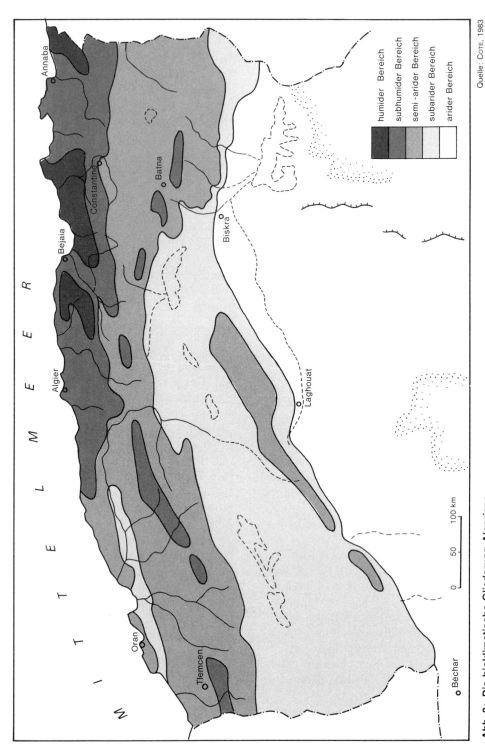

Abb. 8: Die bioklimatische Gliederung Algeriens

3.4
Relief und Böden

Die Zweiteilung Algeriens in Nordalgerien und in den saharischen Bereich läßt sich besonders beim geologisch-geomorphologischen Bau beobachten (Abb. 9).

Der saharische Bereich ist Teil des uralten afrikanischen Kratons, der sich als Teil des Gondwanalandes bereits gegen Ende des Präkambriums konsolidiert hatte. In den südlichen und westlichen Teilen der algerischen Sahara liegt das präkambrische Grundgebirge an der Oberfläche und bildet alte Rumpfflächen. Im nördlichen Teil ist dagegen der afrikanische Sockel (Unterbau) unter mesozoischen bis tertiären Deckschichten (Oberbau) verborgen.

Im Vergleich dazu ist Nordalgerien erdgeschichtlich jung, es ist Teil des im Tertiär entstandenen, zirkummediterranen alpinen Gebirgssystems, aufgebaut vorwiegend aus mesozoischen und tertiären Schichten. Bei der Nordwanderung der afrikanischen Platte – heute etwa 2 cm/Jahr – wurden sukzessive immer neue Faltengebirgsstränge aus dem Bereich des alten Tethys-Mittelmeers dem afrikanischen Block angeschweißt. Daraus resultiert nicht nur eine klimatische, sondern auch eine geologisch-geomorphologische planetarische Gliederung Algeriens in mehrere küstenparallele Zonen.

Die Grenze zwischen den zwei so unterschiedlichen Bereichen wird sehr klar durch eine tektonische Störungslinie am Südrand des Sahara-Atlas markiert.

3.4.1
Die geomorphologische Gliederung der algerischen Sahara

Ein Grundzug des geomorphologischen Formenschatzes der Sahara ist seine enge Angliederung an die geologisch-tektonischen Strukturen und an das Gestein. Für den Beobachter liegen diese Zusammenhänge offen, behindert doch in den Trockengebieten keine Boden- und Vegetationsdecke den Blick in die Erdgeschichte.

Das Grundgerüst des geologisch-tektonischen Bauplans ist einfach. Wie der gesamte afrikanische Kontinentalblock gliedert sich auch die algerische Sahara in weitgespannte Becken und Schwellen als Ergebnis epirogenetischer Bewegungen. Dabei bilden die Becken große Sedimentationsräume mit bis zu 7000 m mächtigen marinen und kontinentalen Ablagerungen. Von außen nach innen werden die Beckensedimente immer jünger und lockerer, die jüngsten Glieder bilden die Dünensande in den Erg-Depressionen bzw. rezente Wadisedimente in den Schotts. In den Beckensedimenten sind ergiebige Grundwasserhorizonte und Öl- und Erdgaslagerstätten eingelagert – heute das bedeutendste wirtschaftliche Potential der Sahara. Algerien hat Anteil an drei großen saharischen Becken, nämlich am Becken der Nieder-Sahara zwischen Hoggar und Aurès, an der Synklinale von Tindouf und am Becken von Taoudeni. Das Gegenstück zu den abgesunkenen Becken bilden die aufgewölbten Schwellen. Hier sind die Deckschichten abgetragen, der kristalline Untergrund des afrikanischen Sockels (Granite, Gneise, kristalline Schiefer, Quarzite) tritt zutage. Bei großräumiger Betrachtung bietet die Sahara sicherlich einen abwechslungsreichen Formenschatz. Im Vergleich zum kleingekammerten Europa nehmen die Einzelformen aber riesige Ausmaße an, über hunderte von Kilometern ändert sich oft die Oberflächenform nicht. Diese grandiose Monotonie ist das Produkt aus riesigen Räumen und sehr langen Entstehungszeiten, in denen meist ein flächenbildendes Klima herrschte.

Aus der prinzipiellen Gliederung in Becken und Schwellen ergibt sich eine logische, gesetzmäßige Abfolge der Großformen, die sich anhand eines von K. GIESS-

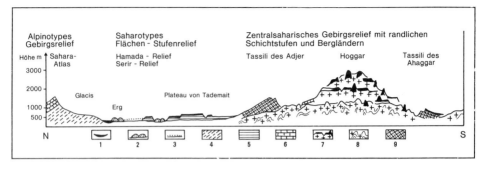

nach GIESSNER, 1987

Abb. 9: Geomorphologisch-geologisches Nord-Süd-Profil durch die algerische Sahara

1   Schott-Region mit Salzseen
2   Erg-Region mit quartären Dünenkomplexen
3   Serir-Region
4   Atlas-Vorzone mit Fußflächen
5   Hamada-Region mit
    kretazischen Kalk-Sedimentgesteinen
6   Atlas-Region mit mesozoischen Kalken
7   Zentralsaharische Gebirge aus präkambrischem Kristallingestein und Vulkaniten
8   Saharischer Sockel (präkambrische und paläozoische Basementgesteine)
    mit Inselbergen und Sandschwemmebenen
9   Tassili-Region mit Schichtstufen aus paläozoischem Sandstein

NER (1987) herausgearbeiteten Nord-Süd-Profils gut studieren lassen (s. Abb. 9).

In der zentralen Sahara bildet der *Hoggar* (Ahaggar) eines der Hebungszentren des kristallinen Sockels. Das riesige Massiv von etwa 500000 km² Fläche überragt die inneren Ebenen um über 1000 m und erreicht im Atakor fast 3000 m. Es dominieren Rumpfflächen mit einem ausgeprägten Inselbergrelief, im Zentrum hat der tertiärquartäre Vulkanismus einen eindrucksvollen Formenschatz mit Basaltplateaus und Basaltstielen hinterlassen. Um dieses Zentrum legt sich im NE und SW ein Kranz von Schichtstufen aus paläozoischen Sedimenten, die sog. *Tassili*. Sie haben ihre oft stark aufgelösten Steilstufen dem Hebungszentrum zugewandt. Nach außen fallen die Plateaus sehr flach ein und leiten zum saharischen Flachrelief in den Becken über. Dieses tritt mit zwei Formenkomplexen auf, den Hamadas und den Reg-Serir-Ebenen. Beide Formtypen sind an flachlagernde Sedimentschichten der Becken gebunden. Dabei bildet die *Hamada* das obere Niveau, eine äußerst monotone, von grobem Verwitterungsschutt bedeckte Fläche, die nach außen in einer Steilstufe, oft von tafelförmigen Zeugenbergen (arab. Gara, Plural Gour) begleitet, abfällt. Vor diesen Steilstufen bilden die *Serir- und Regflächen* ein unteres Niveau, das vorwiegend von abgerundetem, sandig-kiesigem Material bedeckt ist. Sie bilden Akkumulationsflächen der höheren Hamadas und leiten zum letzten Glied der Serie, den Ergs, über. Diese Sandwüsten nehmen entgegen landläufigen Vorstellungen nur etwa 12–15% der Sahara ein. Ihre riesigen Sandmassen sind seit dem Jungtertiär von Flüssen antransportiert worden, der Wind hat sie zu eindrucksvollen Dünen umgelagert. Salzseen (Schotts) nehmen dort die tiefsten Reliefteile ein, wo noch einigermaßen regelmäßige Regenfälle auftreten, wie am Nordrand der Sahara. Im Schott Melghir, in einer tektonischen Depression am Südfuß des Aurès, liegt der tiefste Punkt Algeriens 33 m unter dem Meeresspiegel.

Relief und Böden

Für das Leben in der Sahara bilden die Wadis mit ihren oberflächennahen Grundwasserströmen die Leitlinien. Ihre Anlage geht auf frühere Pluvialzeiten zurück, sie sind heute in der Regel nur noch auf Teilstrecken im Ober- und Mittellauf in Funktion. Zwei große hydrologische Systeme lassen sich unterscheiden: von der Feuchteinsel des Hoggar geht radial ein Wadisystem aus und vom Atlas stoßen Wadis weit in die Sahara vor.

3.4.2
Die geomorphologische Gliederung Nordalgeriens

Der Norden Algeriens ist in die alpine Geodynamik des Mittelmeerraumes einbezogen und bildet einen Teil der jungen, zirkummediterranen Gebirgsländer. Der Bauplan des Reliefs ist einfach, im Unterschied zu den anderen Atlasländern läßt sich Nordalgerien klar in drei küstenparallele Reliefeinheiten gliedern:

- Tell-Atlas
- Hochplateaus (Hochland der Schotts)
- Sahara-Atlas (einschl. Aurès und Nementchaberge)

Die drei Einheiten unterscheiden sich hinsichtlich ihrer Genese, ihrer tektonischen Struktur, ihrer Gesteine und ihrer klimamorphologischen Ausformung (Abb. 10).

Der *Sahara-Atlas* grenzt die Hochplateaus gegen die Sahara ab. Er ist in einzelne Bergzüge aufgelöst: Ksourberge, Djebel Amour, Djebel Ouled Nail, Aurès, Nementchaberge. Genetisch bilden Hochplateaus und Gebirge eine Einheit, die „Domaine atlasique" der französischen Geographen. Ihr Bau weist zwei Stockwerke auf, ein paläozoischer, stark gefalteter Sockel wird von meist mesozoischen Deckschichten überlagert, die weitspannig gefaltet und vom Alttertiär an in mehreren Phasen herausgehoben wurden. Die einfachen Faltenstrukturen lassen sich mit dem deutschen Saxonikum oder dem Faltenjura vergleichen. Die Erosion hat unter semiariden Bedingungen ein oft bizarres Relief herausgearbeitet: Schichtkämme und Schichtrippen, aufgeschlitzte Antiklinalen, an den Rändern fast seiger (senkrecht) stehende Schichtpakete. Zwischen den Höhenzügen erstrecken sich flache Becken mit einem ausgeprägten Fußflächenrelief. Auffallend ist die orographische Asymmetrie der Gebirgszüge: während die Hochplateaus nur um einige hundert Meter überragt werden – lediglich der Aurès übertrifft sein nördliches Vorland um etwa 1000 m –, wirkt das Gebirge von der tief gelegenen Sahara aus wie eine Mauer. Den Übergang vom Gebirge zur Wüste vermittelt eine breite Piedmontfläche aus tertiär-quartärem Material. Die größeren Flüsse haben malerische Schluchten auf ihrem Weg zur Sahara eingeschnitten. In flachlagernden Schichtpaketen wurden Canyons ausgebildet, wie z. B. im Abiodtal des Südaurès.

Die *Hochplateaus*, auch Meseta, Hautes Plaines, Hautes Steppes, Hochland der Schotts, genannt, dachen sich von 1000 m an der marokkanischen Grenze auf 400 m im Hodna-Becken ab und erreichen südlich von Constantine wieder 800 m. Ihre Breite erreicht 200 km im Westen und 120 km auf der Höhe von Algier. Der paläozoische Sockel ist von relativ geringmächtigen mesozoischen Deckschichten überzogen, die nur ganz schwach gefaltet sind. In den Becken sind tertiär-quartäre Füllschichten akkumuliert, die beim Schott Chergui 300 m, im Hodnabecken gar 3000 m mächtig sind. Gelegentlich wird das monotone Plateau von Bergstöcken, Ausläufern des Atlassystems, überragt. Im übrigen wird das Relief von Flächensystemen – Rumpfflächen, häufiger aber Fußflächen – ge-

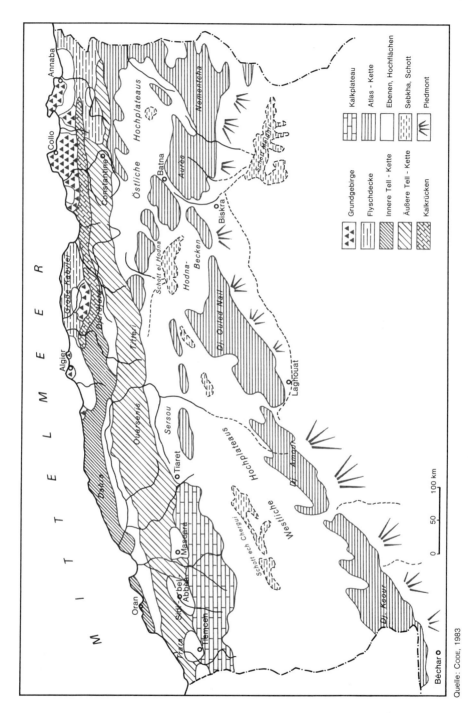

Abb. 10: Die großen Reliefeinheiten Nordalgeriens

Quelle: CODE, 1983

prägt. Aus klimamorphologischer Sicht befinden wir uns hier in der semiariden Zone der Flächenbildung und Flächenerhaltung. Ein weiteres Element sind ausgedehnte Kalkkrusten auf diesen Flächen, welche die landwirtschaftliche Nutzung sehr erschweren. Wegen des semiariden Klimas erfolgt die Entwässerung vorwiegend endorheisch in Salzseen, Schotts oder Sebkhas genannt.

Der *Tell-Atlas* ist als jüngstes Glied des Atlassystems im Tertiär dem afrikanischen Kraton angeschweißt worden. Sein komplexer Bau spiegelt eine lange Orogenese wider, die im Alttertiär begann und offensichtlich auch heute noch nicht abgeschlossen ist, wovon die heftigen Erdbeben zeugen. Er weist alle Züge eines alpinotypen Falten- und Kettengebirges auf: Faltung der unterschiedlichen Gesteine im Alttertiär, Deckenüberschiebungen, Grundgebirgsfenster, Haupthebungsphasen vom Oberen Miozän über das Pliozän bis zum Quartär. In Übereinstimmung mit anderen alpin-mediterranen Orogenen gliedert sich der Tell-Atlas in zwei parallele Ketten unterschiedlichen Alters. Die Küstenkette besteht aus älteren Gesteinen, sie bildet innerhalb des Orogens die *Internzone* mit subkrustalen Anteilen, kristallinen und paläozoischen Gesteinen, Magmatiten und mächtigen mesozoischen Serien. Die innere, küstenferne Kette bildet dagegen die *Externzone* des Orogens, aufgebaut aus jüngeren Sedimenten (Kreide bis Alttertiär). Diese jungen, wenig verfestigten Sedimente sind sehr erosionsanfällig. Da zudem im Küstenteil relativ hohe Niederschläge fallen, ist er stark zertalt; er gehört zur klimamorphologischen Talbildungszone. Da die Gebirgszüge meist nicht höher als 1000–1500 m sind – lediglich die Djurdjura erreicht 2300 m – können keine glazialen oder periglazialen Formen wie etwa im Hohen Atlas auftreten. Im algerischen Tell dominiert daher der Formenschatz des Mittelgebirges. Die steilen Wände und Grate in einigen Kalkmassiven (Djurdjura, Djebel Zaccar) sind auf das widerstandsfähige Gestein zurückzuführen, also strukturbedingt. Sie täuschen stellenweise einen Hochgebirgsformenschatz vor. Zwischen den einzelnen Ketten bzw. an ihrem Rande sind Becken und Tröge abgesunken, die mit dem Abtragungsmaterial der aufsteigenden Gebirge aufgefüllt wurden. An der Küste sind diese Ebenen meist aus Meeresbuchten hervorgegangen (Mitidja, Ebenen von Skikda und Annaba), die erst im Quartär aufsedimentiert wurden. Sie waren im küstennahen Bereich noch bis ins 20. Jh. versumpft und überschwemmungsgefährdet. Diese Ebenen bilden die landwirtschaftlichen Gunstgebiete Algeriens, besonders, wenn sie die Klimagunst der Litoralzone genießen. Aber auch die intramontanen Becken Westalgeriens (Maghnia, Tlemçen, Sidi-bel-Abbès, Mascara) sind noch landwirtschaftliche Gunsträume. Leider sind diese Tiefebenen recht klein, drei Viertel der Fläche Nordalgeriens liegen mehr als 1000 m über dem Meeresspiegel.

Für die Raumstruktur des algerischen Staates wirkt sich nachteilig aus, daß diese Gunsträume isoliert liegen und immer durch Bergzüge voneinander getrennt sind. Der am dichtesten bevölkerte Teil des Staatsraumes ist somit recht kleingekammert. Zudem streicht der Tell küstenparallel und bildet eine verkehrsfeindliche Längsküste. Die kurze Distanz zwischen dem reich beregneten Gebirge und dem Meer verhindert die Ausbildung größerer Flußtäler, die Durchbrüche der kurzen Flüsse zum Meer sind oft als Schluchten ausgebildet. Dieses Relief erleichterte zwar bis ins 19. Jh. die Verteidigung, erschwert aber die verkehrsmäßige Erschließung außerordentlich. Dies gilt besonders für den Verkehr in West-Ost-Richtung. Hier ist die eingleisige Bahnstrecke aus dem

Jahre 1862–1886 immer noch die wichtigste Verbindung.

3.4.3
Böden

Über die Böden Algeriens gibt es nur veraltete, unbefriedigende Darstellungen. In diesem Zusammenhang können nur die zonalen Bodentypen, die an die Klima- und Vegetationszonen gebunden sind, kurz skizziert werden.

In der Sahara kann man nur bei den Lockersedimenten der Randwüste, wo spärliche Niederschläge für die chemische Verwitterung zur Verfügung stehen, von „bodenartigen Formen" sprechen, d. h. von Rohböden, die außerordentlich humus- und stickstoffarm sind. In der Kernwüste fehlen Böden i.e.S., auf den Hamadaflächen ist das Lockermaterial auf Gesteinsspalten oder flache Senken, sog. Dayas, beschränkt. In den subariden und semiariden Gebieten (100–600 mm N) dominieren Graue Steppenböden (Serozeme). Sie sind humusarm, meist kalkreich und besitzen oft einen Kalkanreicherungshorizont im Untergrund. Im Umkreis der Schotts treten salzreiche Solontschake auf: sie sind nicht nur auf den Hochplateaus, sondern auch noch in den Küstenebenen des Oranais verbreitet.

Der humide und semihumide Mediterranbereich ist nach Höhenlage und Ausgangsgestein pedologisch stark differenziert, er bietet daher ein sehr uneinheitliches Bild. Die beiden klassischen Bodentypen sind „Rote mediterrane Böden" (auf Kalk) und „Braune mediterrane Böden" auf silikatreicheren und eisenärmeren Ausgangsgesteinen. Dabei wird die „Terra rossa" als fossiler Boden angesehen. In den reich beregneten Gebirgen Nordostalgeriens kommen auf basenarmem Substrat selbst Podsole vor.

3.5
Die Labilität der Ökosysteme

Die Betrachtung des algerischen Naturpotentials wäre unvollständig ohne Berücksichtigung der Risikofaktoren und der Belastungs- und Regenerationspotentiale. Am Südrand der mediterranen Klimazone, in einem zudem noch tektonisch sehr instabilen Bereich, sind die Ökosysteme in einem labileren Zustand, ist das menschliche Leben häufiger mit Extremsituationen konfrontiert, als in gemäßigten Breiten.

Die *Erdbebenhäufigkeit* ist in Nordalgerien, wie in vielen Bereichen des Mittelmeerraumes, sehr hoch. Die Abbildung 11 zeigt die Erdbebenzonen des Landes, die sich mit den beiden Atlasketten decken. Die schwersten Beben wurden in einigen Bereichen des Tell-Atlas gemessen, dessen Orogenese offensichtlich noch sehr lebhaft ist. Hier lassen sich beachtliche horizontale und vertikale Krustenbewegungen beobachten. Auf einer Plattengrenze liegt die Stadt El Asnam im Chéliftal. Sie wurde in diesem Jahrhundert bereits zweimal, 1954 und 1980, vollständig zerstört. Das Erdbeben von 1980 erreichte die Stärke 7,2 auf der Richterskala.

Anthropogene Bodenerosion, die über das Maß des natürlichen Abtrags der Erdoberfläche weit hinausgeht, hat große Teile Nordalgeriens erfaßt. Ihre Anfänge reichen zwar bis ins Neolithikum zurück, katastrophale Ausmaße hat sie jedoch erst seit der Kolonialzeit angenommen. Dafür sind verantwortlich: Bevölkerungsdruck, Abdrängung der Einheimischen in gebirgige Rückzugsgebiete, wo sie neues Acker- und Weideland roden mußten, Überweidung, Intensivierung des Anbaus, Ausdehnung des Ackerbaus auf zu steile oder zu trockene Räume. Aus natürlichen Gründen ist der Mediterranraum sehr anfällig für die Bodenerosion. Hohe Reliefenergie und weiches Gestein in den jungen Gebirgen

Labilität der Ökosysteme

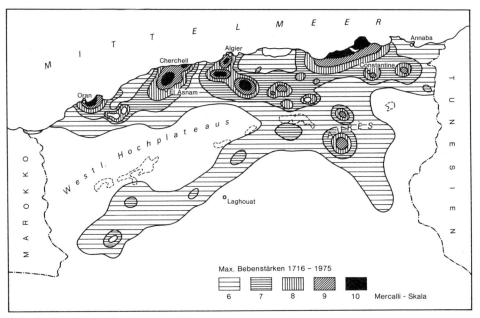

Quelle: Revolution Africaine, Nr. 969 v. 17. 10. 1980

Abb. 11: Erdbebengefährdete Gebiete Algeriens

kombinieren sich mit torrentiellen Starkregen nach langen Trockenzeiten, was hohen Oberflächenabfluß zur Folge hat. Beseitigt der Mensch die schützende natürliche Vegetation durch Rodung, Überweidung oder Beackerung, so setzt die Erosion ein. Sie wird dadurch begünstigt, daß die meist flachgründigen, humusarmen Böden generell eine geringe Stabilität aufweisen. Häufig sind „geköpfte Böden" anzutreffen, bei denen der A-Horizont abgetragen ist und die daher nur ein unvollständiges Profil aufweisen. Im Extremfall ist die Bodendecke bis zum anstehenden Gestein abgetragen. In anfälligen Gebieten, wie z. B. im Aurès oder Ouarsenis lassen sich alle Stadien der Bodenerosion lehrbuchhaft studieren: Flächenspülung, Rillenspülung, Schluchterosion (gully erosion), die bis zur Badlandbildung gehen kann. Auf steilen Hängen treten Massenbewegungen (Hangrutschungen, Frane, Erdgletscher) auf,

wenn quellfähiges Tongestein nach längeren Regenfällen seinen inneren Reibungswiderstand verliert.

Als Kehrseite der Erosion tritt die Akkumulation auf. In Westalgerien sind ältere Stauseen aus dem vorigen Jh. bereits weitgehend aufsedimentiert. Ein kleineres Staubecken, wie Foum el Gueiss am Nordrand des Aurès (Fassungsvermögen: 2,5 Mio. m^3) war bereits nach 20 Jahren zu 70% mit Sedimenten gefüllt.

Auf den semiariden Hochplateaus ist die Gefahr der Spülerosion wegen der mäßigen Regenneigung gering. Dafür ist hier die flächenhafte Winderosion weitverbreitet, wo die natürlichen Steppenvegetation dem Getreidebau gewichen ist. Verheerend hat sich die Dry-Farming-Methode ausgewirkt: sie läßt den Boden die längste Zeit ohne schützende Vegetationsdecke und reduziert die bodenstabilisierenden Huminstoffe.

62 *Natürliches Potential*

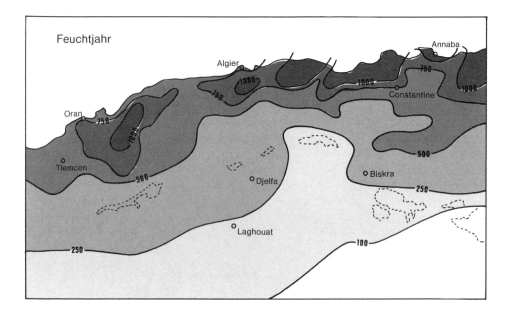

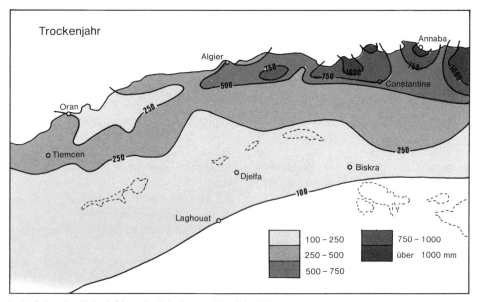

Institut Pedagogique National, Géographie 6° Année secondaire, Algier 1968

Abb. 12: Jahresniederschläge in Nordalgerien in Feucht- und Trockenjahren

Das *Wetterrisiko* ist für die Landwirtschaft in den semihumiden und semiariden Räumen Algeriens sehr groß. Das bekannteste Phänomen ist die *Variabilität der Niederschläge,* d. h. ihre Unzuverlässigkeit. Am besten erforscht ist die *Variabilität der Jahresniederschläge,* d. h. die Schwankungen von Jahr zu Jahr. Sie werden umso größer, je niedriger der durchschnittliche Jahresniederschlag ist. Beispielsweise schwanken die extremsten Jahressummen für Algier (Mittelwert: 762 mm) zwischen 400 mm und 1305 mm, also etwa 1:3. Für die Steppenstation Djelfa (Mittel: 308 mm) lauten die Extremwerte 90 mm und 775 mm, also 1:8,5!

Die Abbildung 12 zeigt die Niederschlagsverteilung für mittlere – nicht extreme! – Feucht- und Trockenjahre. Die 250 mm – Isohyete rückt in Feuchtjahren bis über den Sahara-Atlas nach Süden vor, in Trockenjahren liegt sie am Südfuß des Tell-Atlas. Mit sicheren Niederschlägen über 500 mm ist nur in einem schmalen Streifen des östlichen Küstentell zu rechnen. Sehr groß ist das Dürrerisiko auf den Hochplateaus, aber auch im Oranais. Katastrophensituationen treten dann auf, wenn 2–3 Dürrejahre aufeinander folgen, wie z. B. 1945–1947. Damals sollen die Nomaden der algerischen Steppe 80% ihrer Schafherden verloren haben.

Zu den Klimarisiken des Mittelmeerraumes zählen nicht nur Trockenperioden, sondern auch *extreme Starkregen,* bei denen in einigen Stunden erhebliche Teile des Jahresniederschlags fallen können. In Chréa (Blidaatlas) fielen am 10. 12. 1931 innerhalb von 18 Stunden 260 mm, d. h. 260 l Wasser je Quadratmeter. Die Station Mascara verzeichnete für die drei Tage vom 24. bis 26. November 1927 226 mm, d. h. fast die Hälfte des durchschnittlichen Jahresniederschlags von 491 mm. Derartige Starkregen verursachen Hochwasserkatastrophen, sind von größter Bedeutung für die morphodynamischen Prozesse, beeinflussen die landwirtschaftlichen Erträge aber eher negativ.

Ein instabiles Glied der Ökosysteme ist nicht zuletzt die *natürliche Vegetation,* wie sie im mediterranen Wald und in der Steppe auftritt. Der mediterrane Wald reagiert auf menschliche Eingriffe sehr empfindlich. In der Vergangenheit dezimierten Rodungen, Waldweide sowie der Brenn- und Nutzholzbedarf der Bevölkerung die Waldfläche. Die römische Stadtkultur mit ihrem hohen Holzbedarf, die Ausweitung der Weidewirtschaft im Gefolge der arabischen Invasionen, vor allem aber die Kolonialwirtschaft drängten den Wald zurück. Zuletzt gingen im Befreiungskrieg durch Napalmbomben große Waldflächen in Flammen auf. Wurde die algerische Waldfläche für 1830 noch auf 5 Mio. ha geschätzt, so erreichte sie 1962 mit 3,2 Mio. ha einen Tiefpunkt; von dieser Fläche galten 2 Mio. ha als degradiert zu Macchie (2–5 m hohe Buschformationen aus immergrünen Sträuchern) oder gar zur Garrigue (fuß- bis kniehohe, offene Zwergbusch- und Strauchformation auf Skelettböden). Der Bewaldungsgrad Nordalgeriens lag am Ende der Kolonialzeit nur bei 8%.

Seitdem ist eine deutliche Wende eingetreten, die Waldfläche wächst wieder durch *Aufforstungen.* Nach algerischen Angaben wurden seit der Unabhängigkeitserklärung etwa 800 000 ha aufgeforstet, dabei soll die Erfolgsquote zwischen 40 und 80% pendeln. Die Forstfläche soll 1987 wieder einen Umfang von 4 Mio. ha erreicht haben. Die Maßnahmen werden von zwei Behörden, vom Militär im Rahmen der Wehrpflicht (Service National) und – mit mäßigem Erfolg – von hunderttausenden von „Freiwilligen" im Rahmen der alljährlich mit großem Propagandaaufwand betriebenen Aufforstungskampagnen (Tag des Baumes am 21. März) getragen. Man muß dem unabhängigen Algerien bescheinigen, daß es den Wert des Waldes für den Landschaftshaushalt erkannt hat und daß es zumindest versucht, einen Verhaltenswandel der Bevölkerung gegenüber dem Wald herbeizuführen. Auch die sozioökonomischen Rahmenbedingungen haben sich für den Wald verbessert. Die Landflucht senkte den Druck der ländlichen Gesellschaft auf die Waldflächen, die Einführung des Butangases (Flaschengas) als preiswerte Haushaltsenergie verringerte den Bedarf an Brennholz und Holzkohle. Die Hauptgefahren für die Waldflächen sind heute Waldweide, Schädlingsbefall, vor allem aber Waldbrände. Ihnen fielen von 1980 bis 1984 etwa 155 000 ha Wald zum Opfer, denen eine jährliche Aufforstungsleistung von 60 000 ha gegenübersteht. Besonders gefährdet sind die jungen Aufforstungsflächen, da man anfangs zu 90% mit der harzreichen Aleppokiefer anpflanzte. Ihr Anteil ist heute auf 45% gesenkt, man versucht jetzt mehr Mischbestände anzulegen. Jedenfalls bereitet es außerordentliche Schwierigkeiten, den in Jahrtausenden vernichteten Wald selbst im semihumiden Norden wieder aufzubauen.

Während bei der Waldfläche eine Trendwende zu erkennen ist, hat sich die Situation für die *Halfaflächen* in der Postkolonialzeit noch verschärft. Als Folge der hohen Fleischpreise wurden die algerischen Schafherden von 5,7 Mio. Tieren (1965) auf 16,1 Mio. (1987) aufgestockt, von denen 12–13 Mio. in den Steppenregionen gehalten werden. Tragbar wären aber nach Ansicht von Experten nur 8 Mio. Tiere. Diese Überweidung führt zu einer starken Degradation, ja stellenweise zu einer Vernichtung der Steppenvegetation. Die Desertifikation schreitet daher trotz der propagandaträchtigen Errichtung einer „barrage vert" gegen die Sahara weiter fort (s. Kapitel 6.5.3. – Abschnitt *„Die Viehwirtschaft der Steppenregion"*).

Der „Grüne Damm" erstreckt sich über 1200 km von der Marokkanischen bis zur Tunesischen Grenze in der Steppenzone der Hochplateaus. Er ist ein gigantisches Aufforstungsprojekt mit einer Gesamtfläche von 3 Millionen Hektar, die von einem Netz von Baumstreifen überzogen werden soll. Die Arbeit wird vorwiegend vom Militär im Rahmen des Service National ausgeführt. Große Baumschulen liefern die Setzlinge, vor allem Aleppokiefern, Zypressen, Tamarisken. Das Ziel des Grünen Dammes ist vielschichtig:

– Umkehr des Desertifikationsprozesses
– Wiederherstellung des ökologischen Gleichgewichts (Schutz der Weideflächen, Windschutz, Verbesserung des Kleinklimas, Befestigung von Dünen, Anreicherung des Grundwassers, Verhinderung von Erosion)
– Holzgewinnung, Schaffung von Arbeitsplätzen in der Forst- und Holzwirtschaft.

Da der Jungwald in den Weidegebieten der Schafzüchter wächst, hat er nur dann Überlebenschancen, wenn die Futter- und Brennstoffversorgung der Viehzüchter sichergestellt ist. Man reichert daher die Baumstreifen mit Futterpflanzen an und sucht die Versorgung mit Flaschengas zu verbessern. Trotz des großen Propagandaaufwandes bestehen offensichtlich immer noch Akzeptanzprobleme bei der einheimischen Landbevölkerung gegenüber den langfristigen Zielen des Grünen Dammes.

4 Bevölkerungsstruktur und Verstädterung

Algerien befindet sich in einem raschen Wandel seiner Bevölkerungs- und Gesellschaftsstruktur, der sich an folgenden drei Indikatoren beobachten läßt:
- Bevölkerungswachstum von 2,8% pro Jahr, d. h. eine Verdoppelung in weniger als 25 Jahren,
- rasche Verstädterung (Anstieg des Anteils der Stadtbevölkerung von 25% (1954) auf 52% im Jahre 1990),
- rascher Rückgang des Anteils der landwirtschaftlichen Erwerbspersonen von 67% (1960) auf 25% (1985).

4.1 Die Bevölkerungsstruktur

Die demographischen Prozesse lassen sich in Algerien recht gut analysieren, da das Land – im Unterschied zu vielen Staaten der Dritten Welt – über eine relativ zuverlässige Bevölkerungsstatistik verfügt, die weit ins 19. Jh. zurückreicht. Seit 1856 werden im Fünf- oder Zehnjahresrhythmus Volkszählungen durchgeführt, deren Ergebnisse von etwa 1896 an als zuverlässig gelten. Nach der Unabhängigkeitserklärung fanden 1966, 1977 und 1987 Volkszählungen statt.

4.1.1 Grundzüge der Bevölkerungsentwicklung

Zu Beginn der französischen Kolonialherrschaft zählte Algerien etwa 2,5 bis 3 Millionen Einwohner. Diese Zahl scheint in den ersten Jahrzehnten durch Kriegsverluste, Hungersnöte, Seuchen und Auswanderung noch abgesunken zu sein. Ab etwa 1875 setzte ein langsames Wachstum von jährlich 5–8‰ ein, das sich um 1930 auf 18‰ erhöht. Nach Rückschlägen im Gefolge des Zweiten Weltkriegs beschleunigte die Zuwachsrate auf über 30‰ – ungeachtet des Befreiungskrieges – und erreichte um 1970 ihren Gipfel mit 34‰. Seitdem sinkt sie sehr langsam auf 28‰ (1990), was immer noch einen Spitzenwert unter den Ländern der Dritten Welt darstellt. Das Bevölkerungswachstum Algeriens ist vergleichbar mit demjenigen Schwarzafrikas und der meisten islamischen Staaten, ist aber größer als in Asien und Lateinamerika. Aus Tabelle 4 wird ersichtlich, daß sich die algerische Bevölkerung in diesem Jahrhundert bereits versechsfacht hat; die letzte Verdoppelung erfolgte in nur 22 Jahren (1966–1988).

In absoluten Zahlen beträgt der jährliche Zuwachs im Augenblick etwa 660000 Personen. Er resultiert aus 780000 Lebendgeborenen (1987), denen nur 120000 Sterbefälle gegenüberstehen. Da die Auswanderung praktisch keine Rolle mehr spielt, ist der Geburtenüberschuß weitgehend identisch mit dem Bevölkerungszuwachs.

In der Zukunft wird das starke Wachstum noch jahrzehntelang anhalten, selbst wenn es gelingen sollte, die Fertilitätsziffern, d. h. die Kinderzahl je Frau, rasch abzusenken. Das Office National des Statistiques hat drei Bevölkerungsprojektionen entwickelt unter der Annahme, daß die Zahl der zusammengefaßten Geburten je Frau von heute 5 bis zum Jahr 2000 auf

	Algerier	Nichtalgerier	Gesamtbevölkerung
1856	2307	180	2487
1876	2463	345	2808
1896	3781	578	4359
1921	4923	791	5714
1931	5588	882	6470
1948	7679	922	8601
1954	8449	984	9433
1966	11908	188[1]	12096
1977	18250	?	18250
1987	22972	?	22972
1990	25068	?	25068

[1] davon 96000 Marokkaner und 7700 Tunesier
Quelle: Annuaire Statistique de l'Algérie 1970, 1983–1984, 1991, EL MOUDJAHID v. 8. 10. 1987

Tab. 4: Bevölkerungsentwicklung Algeriens 1856–1990 (in 1000)

4,5 bzw. 3,5 und 2,5 absinkt (EL MOUDJA-HID. 17. 3. 1987):

Projektion 1 (4,5 Geburten)
Jahr 2000: 35,69 Mio. E.
    2010: 48,65 Mio. E.

Projektion 2 (3,5 Geburten)
Jahr 2000: 34,12 Mio. E.
    2010: 44,12 Mio. E.

Projektion 3 (2,5 Geburten)
Jahr 2000: 32,51 Mio. E.
    2010: 39,61 Mio. E.

Selbst im günstigsten Falle ist also während des 1. Viertels des 21. Jhs. mit einer weiteren Verdoppelung der jetzigen Bevölkerungszahl zu rechnen. Die Weltbank nimmt erst für das Jahr 2020 eine Netto-Reproduktionsrate von 1,0 an.

4.1.2
Das aktuelle generative Verhalten

Das rasche Bevölkerungswachstum ist das Resultat aus einer noch recht hohen Geburtenrate und einer bereits stark abgesenkten Sterberate (Abb. 13). Die *Geburtenrate* lag nach 1950 immer über 45‰, ihr Maximum erreichte sie 1970 mit 50,1‰. Seitdem ist sie langsam auf 39,5‰ (1985) und 36‰ (1990) gefallen. Dieser im internationalen Vergleich immer noch recht hohe Wert wird vorab durch das Heiratsverhalten gesteuert. In Algerien wird häufig und jung geheiratet. Das Heiratsalter der Frau steigt nur sehr zögernd von durchschnittlich 18,3 Jahren (1966) auf 20,9 Jahre (1977) und 23,8 Jahre (1986) an. Von den vierzigjährigen Frauen waren 1984 lediglich 1,9% unverheiratet geblieben. Der entscheidende Faktor für die hohe Geburtenrate ist dann die hohe eheliche Fruchtbarkeit, d. h. die Kinderzahl je Ehefrau. Im Jahre 1970 hatte die Ehefrau bis zum Alter von 50 Jahren durchschnittlich 7,9 Kinder geboren; 1982 lag dieser Wert bei 6,8 und 1990 noch bei 5,1 Kindern.

Die Brutto-Reproduktionsrate, d. h. die Anzahl der Töchter je Mutter, beträgt 2,3. Erhebliche Abweichungen von diesen Durchschnittswerten bestehen zwischen Stadt und Land und zwischen Frauen mit unterschiedlichem Bildungsstand. Nach einer Untersuchung aus dem Jahre 1970 hatten Analphabetinnen im Mittel 8,6 Kinder, Frauen mit Grundschulbildung 5,7 und die

Bevölkerungsstruktur 67

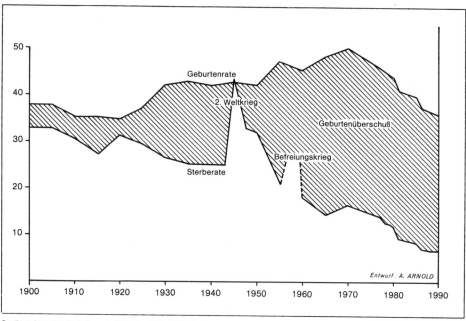

Quellen: Annuaire Statistique de l'Algerie 1976, 1981, 1983–1984, 1990

Abb. 13: Die Entwicklung der algerischen Geburten- und Sterberaten im 20. Jh.

wenigen Mütter mit Gymnasialbildung 3,7 Kinder. Es ist daher zu erwarten, daß Verstädterung und Alphabetisierung zu einer raschen Reduzierung der Kinderzahl führen werden.

Neben der hohen Geburtenrate ist das Absinken der *Sterberate* von 32‰ (1946 bis 1950) auf nur noch 8‰ (1990) für das rasche Bevölkerungswachstum verantwortlich. Aus Abbildung 13 ist ersichtlich, daß die Sterberate seit 1970 etwa parallel zur Geburtenrate gesunken ist, so daß der Geburtenüberschuß von 28–30‰ bisher unverändert blieb. Dabei hat Algerien immer noch eine hohe Säuglings- und Kindersterblichkeit. Die Säuglingssterblichkeit lag 1988 bei 60‰, d. h. von 1000 Neugeborenen sterben 60 innerhalb des ersten Lebensjahres (Bundesrepublik Deutschland etwa 8‰). Von 120000 Sterbefällen entfielen 1987 alleine 34000 oder 28% auf

Säuglinge, weitere 20000 (15%) auf Kinder im Alter von 1–5 Jahren. Fast die Hälfte aller Sterbefälle tritt also im Alter bis zu 5 Jahren auf – ein typisches Zeichen für Entwicklungsländer. Die Ursachen sind vor allem Fehlernährung und Infektionskrankheiten. 60–70% aller Todesfälle im Kindesalter sind auf die drei Krankheiten Diarrhöe, Masern und Lungenentzündung zurückzuführen (Revolution Africaine Nr. 1233, 23. 10. 87, S. 28).

4.1.3
Der Altersaufbau

Die Alterspyramide Algeriens (Abb. 14) zeigt den breiten Unterbau eines Entwicklungslandes, die Bevölkerung ist außerordentlich jung: 57% sind jünger als 20 Jahre. Im erwerbsfähigen Alter sind theo-

Altersgruppe	1966	1977	1983	1985	1990
0-4	19,8	18,5	17,8	17,8	14,8
5-19	37,6	39,1	39,4	39,4	38,5
20-59	35,9	36,4	37,1	37,1	40,9
60 und älter	6,7	6,0	5,7	5,7	5,8

Quelle: EL MOUDJAHID v. 18. 4. 1988, Annuaire Statistique de l'Algerie 1991

Tab. 5: Altersaufbau der algerischen Bevölkerung 1966–1990 (in Prozent)

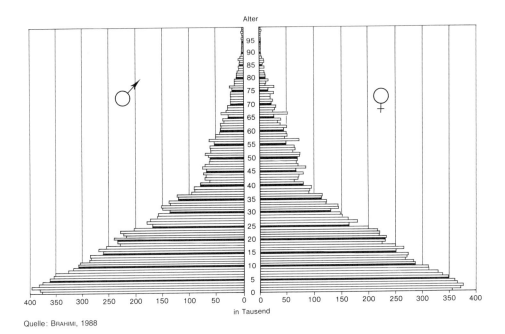

Quelle: BRAHIMI, 1988

Abb. 14: Die algerische Alterspyramide 1987

retisch weniger als 40%. Da aber Frauenarbeit immer noch recht selten ist, liegt die Erwerbsquote lediglich bei etwa 20%. Das bedeutet, daß eine Erwerbsperson vier Nichterwerbstätige miternähren muß. Die Geburtenjahrgänge werden von Jahr zu Jahr um etwa 20000 Neugeborene stärker. Zählte man 1965 erst 508000 Lebendgeborene, so waren es 1985 bereits 845000. Seitdem ist ein leichter Rückgang auf 789000 (1988) zu beobachten.

Für den Staat, der Schulkapazitäten und Arbeitsplätze bereitstellen soll, bedeutet dies eine schwere Belastung. Algerien zählt weit mehr Schüler als Erwerbspersonen.

Nur zögernd kommt jetzt eine Politik der Familienplanung in Gang, die in den ersten Jahren nach der Unabhängigkeit vernachlässigt worden war. Die Zahl der Beratungsstellen wurde von 7 (1974) auf 703 (1985) erhöht. Der Anteil der Frauen, die Geburtenverhütung praktizieren, soll von 11%

(1980) auf 35% (1987) angestiegen sein. Die zögernd angelaufene Kampagne propagiert übrigens weniger eine Reduzierung der Kinderzahl je Familie, als vielmehr eine Vergrößerung der Geburtenabstände auf 30–33 Monate im Interesse der Gesundheit der Mutter. Im Endeffekt wird auch damit der Bevölkerungszuwachs verlangsamt.

4.1.4
Räumliche Bevölkerungsverteilung

Die 25 Millionen Algerier verteilen sich äußerst ungleichmäßig über das Staatsgebiet (Abb. 15). Auf den ersten Blick fällt das starke Nord-Süd-Gefälle ins Auge. In dem etwa 100 km breiten, ausreichend beregneten Küstenstreifen leben 75% der Algerier auf 5% der Staatsfläche. Hier werden in manchen Bezirken (Daira) Bevölkerungsdichten von mehr als 250 E./km^2 erreicht. Auf den Hochplateaus sinkt die Bevölkerungsdichte sehr schnell ab. An ihrem Nordrand, wo Regenfeldanbau möglich ist, werden noch Werte von 50 bis 100 E./km^2 errechnet, am Südrand fällt der Wert auf 10–20 E./km^2 ab. Auffallend ist der Gegensatz zwischen den dichter besiedelten Hochplateaus in der Mitte und im Osten und den menschenleeren Steppen im Westen (Wilaya Saida 1984: 4,2 E./km^2). In den Weiten der Sahara verlieren sich 2 Mio. Menschen auf einer Fläche von über 2 Mio. km^2, auf 86% der Staatsfläche leben ganze 9% der Bevölkerung. Sie konzentrieren sich außerdem zu drei Vierteln auf die nordöstliche Sahara, auf das niedersaharische Becken mit seinen Vorräten an Öl, Erdgas und artesischem Grundwasser. Der Rest ist nahezu menschenleer.

Beim zweiten Blick entdeckt man neben diesem klimaabhängigen Nord-Süd-Gefälle ein im Küstenstreifen kleingekammertes Verteilungsmuster, das viele Fragen aufwirft. Es läßt sich nicht mehr mit der Niederschlagsverteilung erklären, sondern hat historische Ursachen. Hier können sowohl Ebenen als auch Bergländer Dichtezentren mit mehr als 250 E./km^2 ausbilden. Die hohe Bevölkerungsdichte einiger Ebenen geht auf kolonialzeitliche Intensivkulturen – Wein, Agrumen, Gemüse – zurück. Der hohe Arbeitskräftebedarf löste eine Zuwanderung von Arbeitsuchenden aus den umgebenden Gebirgen aus. Im Gefolge des Algerienkriegs 1954–1962 siedelte die französische Armee 2–3 Mio. Bergbewohner zwangsweise in die Vorländer. Schließlich vollzog sich die postkoloniale Industrialisierung vorwiegend in den Küstenebenen, was weitere Migrationsströme induzierte. Aus all diesen Gründen erreicht z. B. die Mitidja-Ebene im Hinterland von Algier eine Bevölkerungsdichte von 400 E./km^2; die Ebene von Annaba kommt dagegen bei ähnlichen natürlichen Gegebenheiten nur auf 90 E./km^2.

Die dichte Besiedlung von einigen Bergländern ist sehr alt, sie reicht weit in vorkoloniale Zeit zurück. Für die alte Agrargesellschaft waren die Gebirge Gunsträume; sie waren weder malaria- noch überschwemmungsgefährdet, sie boten leicht zu beackernde, schnell trocknende Böden, Wasser, Brennholz und vor allem eine große Sicherheit gegen Invasionen (s. Kapitel 6.5.2).

4.1.5
Die algerische Emigration

Die Auswanderung von arbeitsuchenden Algeriern nach Frankreich setzt bereits um 1910 ein, 50 Jahre vor den großen „Gast"arbeiterwanderungen aus dem Mittelmeerraum in die mittel- und westeuropäischen Industrieländer. Um 1912 schätzte man die Zahl der in Frankreich lebenden Algerier auf 5000. Während des Ersten Weltkriegs griff die Kolonialmacht

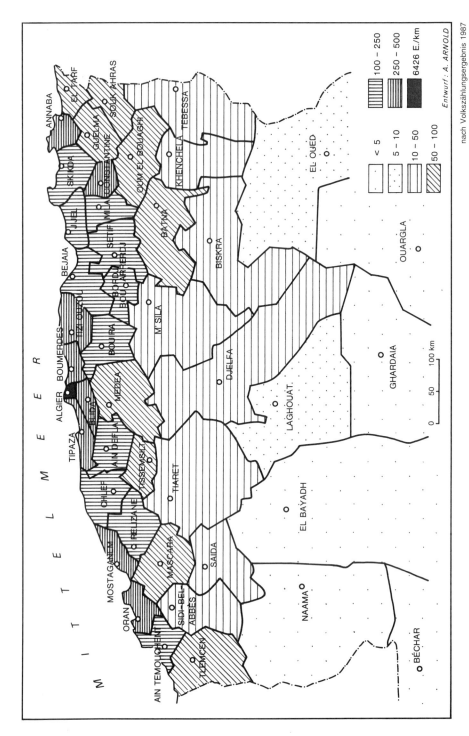

Abb. 15: Bevölkerungsdichte je Wilaya in Nordalgerien 1987

auf das algerische Arbeitskräfte- und Rekrutenpotential zurück und verpflichtete neben 175 000 Soldaten auch 80 000 Zivilarbeiter für die Rüstungsindustrie. In den Folgejahren schwankte das Kontingent von Algeriern je nach Konjunkturlage zwischen 50 000 und 100 000. Bei günstiger Wirtschaftslage wurde angeworben, in Krisenzeiten nach Hause geschickt. Nach dem 2. Weltkrieg schwoll der Arbeiterstrom rasch an, 1954 lebten 211 000 Algerier in Frankreich. Zur Massenauswanderung kam es aber erst nach 1962, als einerseits die expandierende französische Wirtschaft reichlich Beschäftigungsmöglichkeiten bot und andererseits Algerien in den ersten Jahren nach der Unabhängigkeit eine kritische Phase durchlief. Bis 1973 stieg die Zahl der in Frankreich lebenden Algerier auf 845 000 Personen an. Als sich in Frankreich die rassistischen Übergriffe gegen Algerier häuften, untersagte die algerische Regierung 1973 die Auswanderung. Die französische Regierung unterband ihrerseits 1974 die Einwanderung, als die Zahl der Arbeitslosen, wie in ganz Westeuropa, bedrohlich angestiegen war. Seitdem hat sich die Zahl der in Frankreich lebenden Algerier bei etwa 820–850 000 stabilisiert. Die relativ geringe Rückwanderung wird durch Familiennachzug und Geburtenüberschuß ausgeglichen. Zu dieser Zahl muß man aber noch die illegale Einwanderung und etwa 300–400 000 Personen hinzurechnen, die algerischen Ursprungs sind, aber die französische Staatsbürgerschaft besitzen. Nach französischem Recht kann jeder in Frankreich geborene Ausländer mit vollendetem 18. Lebensjahr die französische Staatsbürgerschaft erwerben, wovon viele junge Algerier der zweiten Generation Gebrauch machen.

Im übrigen Europa ist nur noch in Belgien eine nennenswerte algerische Gemeinschaft mit etwa 12 000 Personen anzutreffen, die vor allem im wallonischen Landesteil lebt. Die algerische Auswanderung zielt also vorwiegend auf die frankophonen Länder Europas.

In den letzten Jahren hat die algerische Emigration ihre Struktur völlig gewandelt. Bis in die fünfziger Jahre wurde sie fast ausschließlich von jungen Männern getragen, die 4–5 Jahre in Frankreich Geld verdienten und dann zurückkehrten. Heute besteht die algerische Gemeinschaft in Europa mehrheitlich aus kompletten Familien, die Zahl der Frauen und Kinder übertrifft die der Männer. Die französische Volkszählung von 1982 erfaßte 145 000 algerische Familien. Wie bei anderen mediterranen „Gastarbeiter"strömen hat sich auch bei den Algeriern ein Wandel von der temporären Arbeiterwanderung zur mehr oder weniger definitiven Auswanderung ganzer Familien vollzogen. Angesichts der gegenwärtigen wirtschaftlichen Situation in Algerien ist die Neigung zur Rückwanderung gering – trotz manchen Anfeindungen in Frankreich und trotz den Rückkehrprämien seitens der französischen Regierung.

Die Quellgebiete der algerischen Auswanderung sind hauptsächlich die übervölkerten Gebirge Mittel- und Ostalgeriens. Die Wilayas Tizi Ouzou, Constantine und Sétif stellen 60% der Emigranten, die Kabylei alleine 25%. In Frankreich sind die Algerier auf wenige Ballungsräume konzentriert, vor allem auf die Regionen Paris mit (1982) 220 000 Personen (27%), Rhône-Alpes 167 000 (21%), Provence – Côte d'Azur 112 000 (14%), Nord 62 000 (8%) und Lothringen 56 000 (7%).

Die Geldüberweisungen der Emigranten waren bis Ende der siebziger Jahre von großer Bedeutung für Algerien. Sie verbesserten die Devisenbilanz und sicherten in den Abwanderungsgebieten den Lebensunterhalt eines beträchtlichen Teils der Bevölkerung. Inzwischen sind die legalen Überweisungen dramatisch von 1 Mrd. Francs (1976) auf 23 Mio. FF (1986) gefallen, vor allem, weil auf dem Schwarzen Markt für den Franc der drei- bis vierfache Satz des offiziellen Umtauschkurses zu erzielen ist. Der Transfer erfolgt nun illegal an den Staatskassen vorbei, entweder zum Schwarzmarktkurs oder in Form privater Konsumgüterimporte.

4.1.6
Binnenwanderungen

Im Gegensatz zur Auswanderung sind die algerischen Binnenwanderungen nur wenig erforscht. Da es keine Meldepflicht gibt, können Wanderungsfälle nur grob durch die Volkszählungen oder durch Stichproben untersucht werden. Die politischen und sozioökonomischen Wandlungen seit den fünfziger Jahren haben starke Wanderungsströme ausgelöst, welche das Verteilungsmuster der algerischen Bevölkerung beträchtlich veränderten.

Der Befreiungskrieg 1954–1962 verursachte Flüchtlingsströme aus den Kampfgebieten, d. h. in erster Linie aus den Gebirgen in die Ebenen. Teils flohen die Bewohner in die relativ sicheren Städte, weit umfangreicher waren die Zwangsumsiedlungen seitens der französischen Armee. Aus den „zones interdites" wurden 2,1 Millionen Algerier in sog. *Regroupements* umgesiedelt. Dabei handelte es sich um feste, planmäßig angelegte Auffangsiedlungen in den leichter zu überwachenden Vorländern. Sie sind an ihrer schematischen Bauweise und den Wachtürmen aus Beton noch heute leicht zu erkennen. Hauptzielgebiete dieser Zwangswanderung waren die Küstenebenen und der Nordrand der Hochplateaus.

Der überstürzte Abzug der französischen Bevölkerung im Sommer 1962 löste bei der algerischen Bevölkerung eine spontane Nachrückbewegung aus, um die Immobilien und teilweise auch die sozialen Positionen in den europäischen Siedlungsräumen in Besitz zu nehmen. Und das waren vor allem die Küstenstädte und Kolonialdörfer in den Küstenebenen.

Schließlich bewirkte die forcierte Industrialisierung ab 1969 starke Wanderungen zu den neu errichteten Industriestandorten.

Zwischen den beiden Volkszählungen von 1966 und 1977 waren die drei großen Küstenagglomerationen von Algier, Oran und Annaba die mit Abstand wichtigsten Zielpunkte der interregionalen Wanderungen. Während dieses Zeitraumes wuchs die algerische Gesamtbevölkerung um 44%, diejenige des Wilayas Algier aber um 70,7%, des benachbarten Wilayas Blida mit der Mitidjaebene um 62,4%, des Wilayas Oran um 68,7% und des Wilayas Annaba um 63,3,%. Diese weit über dem Landesdurchschnitt liegenden Zuwachsraten lassen sich nur durch hohe Wanderungsgewinne erklären. Der Zug zu den großen Agglomerationen an der Küste lief den Bemühungen der Regierung um eine ausgewogene Regionalentwicklung diametral entgegen, er beherrschte aber in den Jahren 1954 bis etwa 1980 die algerischen Binnenwanderungen. Daneben ließ sich in den sechziger und siebziger Jahren ein wesentlich kleinerer Zustrom in die großen Oasensiedlungen der nordöstlichen Sahara beobachten, ausgelöst vom Öl- und Gasboom. Während früher viele Oasenbewohner (Mozabiten, Souafa aus El Oued) zu temporären Wanderungen in die Städte des Nordens aufbrechen mußten, wo sie bestimmte Berufe ausübten, hat sich der Wanderstrom jetzt umgekehrt. Das Angebot an gut bezahlten Arbeitsplätzen war auf den Öl- und Gasfeldern und in den dem Nachschub dienenden Oasen so groß, daß es aus der Region nicht gedeckt werden konnte. Vor allem qualifizierte Arbeitskräfte müssen aus dem Norden verpflichtet werden. Infolgedessen stieg die Bevölkerungszahl der algerischen Sahara überdurchschnittlich von etwa 500 000 (1956) auf über 2 Millionen (1987). In absoluten Zahlen machen die Wanderungsgewinne der Sahara freilich nur einen Bruchteil von denen der Küstenstädte aus.

Die Abwanderungsgebiete sind die Gebirge (Tellatlas, Aurès) und die Hochplateaus. Eine Studie der Zuwanderung nach Oran erfaßte in den siebziger Jahren 70% von Migranten aus dem ländlichen Raum und 30% aus interurbanen Wanderungen. Der Typ der Land-Stadt-Wanderung dominiert also eindeutig. Die Gründe für diesen „exode rural" liegen im immer noch starken Entwicklungsgefälle zwischen städtischen und ländlichen Siedlungen. Der ländliche Raum Algeriens bietet zu wenig Arbeitsmöglichkeiten, die schulische und sanitäre Versorgung ist mangelhaft, oft fehlen Güter des täglichen Bedarfs und nicht zuletzt werden der Bevölkerung heute die Defizite der Infrastruktur (Verkehrswesen, Elektrizitäts- und Wasserversorgung) bewußt. Es sind vor allem die unteren sozialen Schichten – Kleinbauern, Pächter, Landarbeiter, ambulante Händler und Arbeitslose – welche die Dörfer verlassen. Die materielle und psychologische Geringschätzung der Landwirtschaft während der ersten Entwicklungspläne trug stark zur Abwanderung bei.

In den achtziger Jahren scheinen sich die interregionalen Wanderungen abgeschwächt zu haben. Für die Errichtung großer Industrieanlagen mit Tausenden von Arbeitsplätzen fehlen die Mittel, Wohnungsprobleme bremsen den Zug in die Großstädte. Außerdem trägt die Dezentralisierungspolitik des Staates offensichtlich erste Früchte. Viele Klein- und Mittelstädte des Binnenlandes weisen heute höhere Wachstumsraten auf, als die großen Küstenstädte. Die Abwanderung aus dem ländlichen Raum geht weiter, sie vollzieht sich aber vorwiegend als interregionale Wanderung über kurze Distanz. Man verläßt seinen abgelegenen Douar und zieht zum Gemeindesitz mit Straßenanschluß oder in die Bezirks- oder Provinzhauptstadt mit besseren Arbeits- und Versorgungsmöglichkeiten. In abgelegenen Teilen des Tell-Atlas sind Siedlungen mit vielen leerstehenden Häusern häufig anzutreffen. Auch in der Sahara werden entlegene Kleinoasen aufgegeben, die Bevölkerung konzentriert sich in den größeren Oasen mit guter Infrastruktur. Jede algerische Stadt hat heute ihr Einzugsgebiet, aus dem sich ihre Zuwanderung rekrutiert; lediglich Algier ist übergeordnetes Ziel für Migranten aus der gesamten Mitte und dem Osten des Landes.

4.1.7 Sprachliche und ethnische Gruppen

In den geographischen Landesbeschreibungen der Vorkolonialzeit erscheint die Bevölkerung Algeriens nicht als einheitliches Volk, sondern als eine Vielzahl von Ethnien, die sich durch Wirtschaftsform, Sprache, religiöse Riten, teilweise auch durch rassische Merkmale unterscheiden. Das Handbuch der Geographie und Statistik von CH. G. D. STEIN (Leipzig 1826, 3. Band, S. 441) zählt folgende Bevölkerungsgruppen auf: Mauren, Araber, Kabylen, Türken, Kulugli, Berber, Juden und Neger. Auf dem Lande waren die Stämme die dominierenden sozialen Einheiten, von denen man um 1830 über 500 zählte. Dabei lassen sich große Föderationen der Nomaden von relativ kleinen Einheiten der seßhaften Gebirgsbevölkerung unterscheiden. Die zahlenmäßig geringe Stadtbevölkerung zerfiel, wie im Orient seit der Antike üblich, in zahlreiche ethnische Gruppen. Die geschichtliche Erfahrung der Kolonialherrschaft, besonders das Erlebnis des Befreiungskampfes, schweißte dieses Konglomerat zur algerischen Nation zusammen. Innerhalb des Rahmens der Nation, den niemand mehr in Frage stellt, haben sich Reste der vorkolonialen Vielfalt erhalten.

Das *Stammesbewußtsein* ist bei den weidewirtschaftlich orientierten Stämmen der Hochplateaus und der Sahara noch stark ausgebildet, auch wenn sie teilweise seßhaft geworden sind. Der Stamm ist aber nur noch eine soziale Einheit, evtl. eine Kultgemeinschaft um ein Marabut-Grab. Er kann auch noch ökonomische Teilfunktionen haben (Bewirtschaftung des Kollektivlandes, Wochenmarkt), dagegen hat er seine politischen oder gar militärischen Funktionen längst eingebüßt. Die heutigen Kommunen zeichnen allerdings häufig alte Stammesgrenzen nach. Das Stammesbewußtsein lebt abgeschwächt als regionale Identität fort.

Von der früheren *ethnischen Vielfalt* ist wenig verblieben, nachdem Türken, Juden und Europäer bis auf geringe Reste das Land verlassen haben. Lediglich die verschiedenen Gruppen der *Berber* haben sich ein ausgeprägtes Sonderbewußtsein bewahrt. Es beruht primär auf der eigenen Sprache, aber auch auf eigenen Sitten, Gebräuchen, sozialen Bindungen – kurzum auf einer eigenen Kultur. Die Zugehörigkeit zum Berbertum leitet sich also vorwiegend von soziokulturellen, nicht von rassischen Merkmalen ab. Aus anthropologischer Sicht gehören die Algerier wohl zu 90% dem europiden (weißen) Rassenkreis in seinen verschiednen Spielarten (mediterran, alpin, orientalid) an, der Rest entfällt auf die negride Urbevölkerung der Sahara und die Nachkommen der Negersklaven, die in vielen Oasen die Mehrheit der Bevölkerung stellen.

Die Berbersprache ist in zahlreiche Mundarten zersplittert und wird in der Regel nur mündlich überliefert. Lediglich die Tuareg haben mit dem Tifinagh eine autochthone Schrift bewahrt, die aus einem antiken libyschen Alphabet abgeleitet ist. Sie wird den Kindern von ihren Müttern gelehrt, von der staatlichen Schule ignoriert und dürfte daher dem Untergang geweiht sein. Der Sprachraum der Berber hat sich nach 1200 Jahren der Arabisierung in viele isolierte Inseln aufgelöst. Die größten Gruppen sind die Kabylen östlich von Algier und die Chaouia im Aurès und auf den Hochplateaus von Constantine. Infolge der Verstädterung sind auch in den großen Städten wie Algier und Constantine starke berberphone Gruppen vertreten. In Westalgerien finden sich nur noch kleine Sprachinseln in abgelegenen Gebirgen. Kleine Berbergruppen sind weitverstreut in zahlreichen Oasen der Sahara anzutreffen. Zwei Gruppen von Saharabewohnern nehmen eine ausgeprägte Sonderstellung ein, die Mozabiten und die Tuareg.

Die *Mozabiten* flohen im 10. Jh. als verfolgte religiöse Minderheit (Ibaditen) in die Wüste. Ihr Zusammenhalt rührt weniger von ihrem Berberdialekt, als von ihrer religiös geprägten Lebensweise, ihrem Wirtschaftsethos und ihren herausgehobenen gesellschaftlichen Positionen (Handel, freie Berufe, Staatsdienst). Die alte nomadisch geprägte Stammesgesellschaft der *Tuareg* mit ihrer eigenständigen Kultur (Drei-Stände-Gesellschaft, matriarchalische Züge, Tifinagh-Schrift, eigene Poesie) erscheint heute durch Seßhaftwerdung und arabische Schule am stärksten bedroht. Angesichts ihrer geringen Zahl – von insgesamt 300000 Tuareg im riesigen saharischen Raum dürften nur 20–30000 innerhalb der algerischen Grenzen leben – sind sie von Überfremdung bedroht.

Die Gesamtzahl der *Berberophonen* in Algerien ist sehr schwer zu schätzen, da die meisten Berber mehrsprachig sind. Angaben aus der Kolonialzeit von 25–30% werden jetzt als überhöht angesehen, erhielten doch die Berber damals eine Vorzugsbehandlung. Bei der Volkszählung

1966 gaben 17,8% aller Algerier einen Berberdialekt als Muttersprache an. Dieser Wert liegt wahrscheinlich zu niedrig, weil nicht wenige ihr Berbertum heute verschweigen. Bei den späteren Volkszählungen 1977 und 1987 wurde aus politischen Gründen nicht mehr nach der Muttersprache gefragt. Man wird mit einem Minimum von 20%, d. h. rund 5 Millionen Berberophonen rechnen müssen. Aus dem öffentlichen Leben (Schulen, Ämter) sind die Berbersprachen verbannt, die offiziellen Texte, vor allem die Verfassung und die Chartas, ignorieren sie.

Die *Berberkultur* erhält vom algerischen Staat keinerlei Förderung. Der einzige Lehrstuhl an der Universität Algier – er stammte noch aus der Kolonialzeit – wurde 1973 aufgehoben, soll jetzt aber wieder eingerichtet werden. Ein einziges Rundfunkprogramm wird auf Kabylisch ausgestrahlt. Die Forschung über Berberkultur und Berbersprachen hat heute ihr Zentrum in Frankreich, wo auch eine blühende kabylische Literatur sich entfalten kann – mit lateinischem Alphabet.

4.1.8
Sprachprobleme

Wie andere jüngere Nationalstaaten – man denke an Irland, Israel oder Indien – hat auch Algerien eine komplexe Sprachsituation aus der Kolonialzeit ererbt. Vier Sprachen existieren in verschiedenen geographischen Räumen und sozialen Schichten nebeneinander:

– die Umgangssprachen Dialektarabisch und die Berberdialekte als ausschließlich mündliche Kommunikationsmittel,
– die Schriftsprachen Hocharabisch und Französisch

Die meistverbreitete Umgangssprache ist das *maghrebinische Arabisch,* das nach der Volkszählung 1966 für 81,5% der Algerier die Muttersprache darstellt. Es wird wie die Berbersprachen – ausgenommen das Tamaschek der Tuareg – nicht geschrieben, ist syntaktisch und morphologisch im Vergleich zum Hocharabischen vereinfacht, hat ein reduziertes Vokabular und enthält viele französische Lehnwörter. Es ist eine bildkräftige, voll ausgebildete Umgangssprache, die von den meisten Algeriern gesprochen oder zumindest verstanden wird.

Französisch war in der Kolonialzeit die Amts-, Schul- und Verkehrssprache; es beherrschte die Presse, den Buchmarkt und den Rundfunk. Wenn auch der Einschulungsgrad der algerischen Kinder relativ gering blieb, so entstand doch in den letzten Jahrzehnten der Kolonialzeit eine französisch gebildete Mittelschicht, die richtungsweisenden Einfluß auf die postkoloniale Entwicklung Algeriens nehmen sollte (U. CLAUSEN, 1984). In zahlreichen Familien der heutigen algerischen Eliten wird Französisch als Umgangssprache gesprochen. Auch 30 Jahre nach Erringung der politischen Unabhängigkeit ist Französisch die Sprache von Teilen der Administration, der Statistik, der Naturwissenschaften und der modernen Wirtschaftssektoren. Bezeichnenderweise druckt die führende Tageszeitung El Moudjahid von ihrer französischen Ausgabe 360000, von der arabischen Ausgabe nur 80000 Exemplare. Die Anhebung des Einschulungsgrades auf über 80% der Sechsjährigen führte zu der paradoxen Situation, daß heute weit mehr Algerier französisch sprechen, lesen und schreiben können, als zur Zeit der Kolonialherrschaft. Algerien ist heute Frankreichs bester Kunde für Druckerzeugnisse. Dabei weigert sich das offizielle Algerien, der Institution der frankophonen Staaten beizutreten. Für die Jugend ist Französisch die Brücke zur bewunderten westlichen Welt, nur langsam dringt auch Englisch vor.

Das *Hocharabische* war während der Kolonialherrschaft weitgehend verdrängt worden. In den Schulen wurde es kaum gelehrt, allenfalls als Fremdsprache neben Englisch oder Spanisch. Allerdings behielt es als Sprache des Koran seinen Platz im religiösen Bereich. Neben diesem klassischen Hocharabisch hat sich erst im 20. Jh. das Neuhocharabische vom Vorderen Orient aus verbreitet, das im Gegensatz zur Sprache des Koran für Wissenschaft und Technik durchaus geeignet ist.

Angesichts der kulturellen Entfremdung während der Kolonialzeit war es nur zu verständlich, daß Algerien nicht nur seine politische und wirtschaftliche Unabhängigkeit, sondern auch seine kulturelle Identität wiedergewinnen wollte. Folglich wurde Hocharabisch verfassungsrechtlich zur Staatssprache, zur „langue nationale" und der Islam zur Staatsreligion erklärt. Man übernahm die Devise eines frühen Führers der Nationalbewegung, Ben Badis (1889–1940): „Der Islam ist meine Religion, Arabisch meine Sprache und Algerien mein Vaterland". Der arabisch-islamische Charakter der algerischen Nation wurde bereits im Programm von Tripolis der FLN (1962) postuliert und in den späteren Verfassungen niedergelegt. Da die Kenntnis der hocharabischen Sprache 1962 auf enge Zirkel beschränkt war, mußte der Staat in der Folgezeit eine zielstrebige Arabisierungspolitik betreiben, um eine fast tote Sprache wieder ins Leben zu rufen.

Die *Arabisierung* begann 1962 im Primärschulwesen mit Hilfe syrischer und ägyptischer Lehrer und war 1971 für die Klassen 1–4 abgeschlossen. In der Sekundarstufe sind die sprachlich-literarischen Züge voll arabisiert, während die mathematisch-naturwissenschaftlichen Fächer meist noch in Französisch unterrichtet werden. Die Hochschulen sind in arabische und französische Sektionen gegliedert. Die Geisteswissenschaften sind am stärksten arabisiert, am wenigsten die naturwissenschaftlichen, technischen und vor allem medizinischen Disziplinen. Im Unterschied zum Schulwesen sollte sich die Arabisierung des öffentlichen Lebens und der Alltagswelt als wesentlich schwieriger erweisen. Voll arabisiert ist lediglich die Justiz (1971), bei der Verwaltung begann man 1968, in den modernen Wirtschaftssektoren steht sie erst am Anfang. Nur widerwillig besuchen die Beschäftigten die obligatorischen Sprachkurse. Hocharabisch dürfte sich wohl erst endgültig durchsetzen, wenn die ältere frankophone Generation an den Schaltstellen abgelöst wird. Für Aufschriften in der Öffentlichkeit begann 1976 eine Arabisierungskampagne; wohl im Interesse des Fremdenverkehrs hat sich inzwischen eine gemäßigte Ansicht durchgesetzt: Wegweiser und Ortsschilder bleiben zweisprachig. Die Ergebnisse der massiven schulischen Arabisierung sind umstritten (U. CLAUSEN, 1984, S. 50). Das Leistungsniveau der arabischen Züge ist niedrig, die Qualifikation der oft in Schnellkursen ausgebildeten Lehrer teilweise miserabel. Ein hoher Prozentsatz der Schüler bleibt ohne Abschluß. Die Elite schickt ihre Kinder weiterhin auf zweisprachige Schulen, weil Absolventen mit Französischkenntnissen auf dem Arbeitsmarkt die weitaus besseren Chancen haben. Kinder aus niedrigeren sozialen Schichten haben das Nachsehen. Die Sprachenfrage erhält damit auch eine starke soziale Dimension, es kam in den siebziger Jahren zu Streiks arabophoner Studenten.

Von grundsätzlich anderer Natur ist die Opposition der Kabylen gegen die massive Arabisierung. Ihre Kinder werden in der Schule mit einer völlig fremden Sprache konfrontiert, sie sind gegenüber Kindern, die mit Dialektarabisch als Muttersprache eingeschult werden, benachteiligt, weil dessen Distanz zum Hocharabischen doch nicht so groß ist. Bisher hatten die Kabylen Französisch als erste Fremdsprache bevorzugt, was ihnen für die Emigration und beim sozialen Aufstieg sehr zugute kam. Sie sehen jetzt nicht nur ihre Kultur durch die Arabisierung bedroht, sondern fürchten vor allem um ihre guten sozialen Positionen, die sie bisher in Administration, Handel und Gastronomie innegehabt hatten. Ihre Opposition äußerte sich zu Beginn der achtziger Jahre durch Streiks und Unruhen.

Das unduldsame Prinzip der einheitlichen Staatssprache ignoriert die kulturelle Vielfalt Algeriens. Nach der offiziellen Sprachpolitik soll das Hocharabische die Einheit des Staates fördern, Algerien in die große arabische Welt vom Atlantik bis zum Indik einbinden und die verschütteten Wurzeln der arabisch-islamischen Kultur freilegen. Seine Durchsetzung befriedigt die arabischen Nationalisten, kommt der wachsenden Bewegung der Islamisten entgegen, wurzelt aber im Zentralismus der französischen Jakobiner, der bis zum heutigen Tag Regionalsprachen unterdrückt.

4.1.9
Die „Schule für alle"

Das Analphabetentum war eine der negativen Hinterlassenschaften der französischen Kolonialherrschaft. Bei Ausbruch des Befreiungskrieges 1954 galten 86% der algerischen Männer und 95% der Frauen als Analphabeten; lediglich in den Städten sanken diese Werte auf 60–70% ab (CH. R. AGERON, Bd. 2, 1979, S. 533). Bei der Volkszählung 1977 wurden unter der Bevölkerung von 10 und mehr Jahren noch 58% Analphabeten erfaßt. Folglich bildete der Aufbau eines staatlichen Schulsystems, das die gesamte Jugend erfaßt, das dritte Ziel neben Arabisierung und Islamrenaissance im Rahmen der Wiedergewinnung einer kulturellen Identität. Die sog. „Demokratisierung des Bildungswesens" ist bis heute ein gewichtiger Bestandteil der algerischen Kulturpolitik, ja der Entwicklungsstrategie des Landes. Auf das Bildungswesen entfällt mit etwa 25% des Budgets der Hauptanteil der ordentlichen Staatsausgaben. Die Erfolge dieser massiven Investitionen im Bildungssektor sind zumindest in quantitativer Hinsicht beachtlich (s. Tab. 6).

Die Zahl der Schüler aller Schularten stieg von 900000 (1962) auf 4,8 Mio. (1983/84) und 6 Millionen (1987/88) an – jeder vierte Algerier ist heute ein Schüler! Die Zahl der Lehrer erhöhte sich von 24500 (1962), davon 9000 Ausländer, auf 167700 (1983/84), von denen nur noch 4300 aus dem Ausland kamen. Im Schuljahr 1987/88 wurde ein Bestand von 228000 Lehrern erreicht (EL MOUDJAHID v. 5. 7. 87).

Der Einschulungsgrad der Sechsjährigen erhöhte sich von etwa 20% (1962–1966) auf 86,6% (1983–1984). Mit der wachsenden Stärke der mehrheitlich eingeschulten Jahrgänge sank zwar der Anteil der Analphabeten an der Gesamtbevölkerung von 58% (1977) auf 47% (1982) ab, die absolute Zahl der Schriftunkundigen wuchs aber von 5,6 Mio. (1962) auf 6,3 Mio. (1982) an. Infolge des Bevölkerungswachstums von jährlich mehr als 3% konnte das ursprüngliche Ziel, bis 1980 alle schulpflichtigen Kinder einzuschulen, nicht erreicht werden.

Trotz aller Bemühungen sind die regionalen Disparitäten im Bildungswesen noch immer stark ausgebildet. Im Schuljahr 1983/84 wurden im Landesdurchschnitt 86,6% der Sechsjährigen eingeschult. Drei der damals 31 Wilayas erreichten aber nur einen Einschulungsgrad von 64–69%, fünf einen solchen von 70–80%. Die Gebiete mit hohem Nomadenanteil und die mit vorherrschender Streusiedlung haben noch ein Bildungsdefizit. Hier sind auch die Mädchen stark benachteiligt. So wurden im Steppenwilaya Djelfa 1983/84 wohl 85% der sechsjährigen Jungen, aber nur 55% der Mädchen eingeschult. In den

	1962/63	1968/69	1980/81	1983/84	1987/88
Schulsektor					
Schüler	939500	1763000	4148000	4790000	5885000
Primar- u. Mittelstufe (1.–9. Jahrg.)	869000	1586000	3921000	4464000	5293000
Sekundarstufe (9.–12. Jahrg.)	70500	177000	227000	326000	592000
Lehrer	24518	46169	129618	167671	244962
Primar- und Mittelstufe	19980	36255	118036	153379	213905
Sekundarstufe	4610	9914	11582	14292	31057
Hochschulsektor					
Studenten	2809	10681	72200	104285	173552
Lehrpersonal	316	1865	7903	12509	12970

Quelle: Annuaire Statistique 1970, 1977–78, 1981, 1983–84, 1990

Tab. 6: Die Entwicklung des algerischen Bildungswesens 1962–1988

Städten ist diese Diskriminierung beseitigt (Algier: 99% und 98%!).

Der quantitative Erfolg der algerischen Bildungspolitik ist unbestreitbar. Der rasche Aufbau des Schulwesens brachte verständlicherweise erhebliche qualitative Mängel mit sich. Klassenstärken von mehr als 50 Schülern sind eher die Regel als die Ausnahme, Schichtunterricht, mäßige Qualität des Unterrichts, Mangel an Lehr- und Lernmitteln werden häufig beklagt. Man sollte aber in Algerien nicht die Maßstäbe von Industrieländern anlegen. Angesichts der Ausgangsbasis von 1962 und im Vergleich zu anderen Entwicklungsländern kann sich die algerische Bildungspolitik durchaus sehen lassen.

4.2 Die Verstädterung

4.2.1 Prozeßablauf

Die rapide Verstädterung, die Algerien seit 30 Jahren erfährt, ist der auffallendste Indikator für den Transformationsprozeß, den das Land in seiner Wirtschafts- und Sozialstruktur und in der Organisation seines Staatsraumes erfährt. Sie zeugt aber auch von der tiefen Krise des ländlichen Raumes. Die Verstädterung ist Ausdruck eines Wandlungsprozesses von der ländlichen Selbstversorgung in die arbeitsteilige städtische Welt. Sie äußert sich in drei Erscheinungen:

– Der Anteil der Stadtbevölkerung an der Gesamtbevölkerung erhöht sich (Tab. 7).
– Die bestehenden Städte wachsen an Einwohnerzahl wie an Fläche.
– Die Zahl der Städte nimmt zu, indem bisher ländliche Siedlungen städtische Funktionen übernehmen, das Städtenetz verdichtet sich.

Die Abgrenzungskriterien der städtischen von den ländlichen Siedlungen haben in Algerien mehrmals gewechselt. In der Regel werden eine Untergrenze von 4000 Einwohnern und gewisse sozioökonomische Merkmale angenommen: wenigstens

Verstädterung

	Stadtbev. insgesamt	davon Nichtalgerier Zahl	v. H.	Gesamtbev. Algeriens	Anteil d. Stadtbev. an Gesamtbev. v. H.
1886	587	319	54	3817	15,4
1906	879	469	53	5232	16,8
1936	1609	742	46	7235	22,2
1954	2416	792	33	9433	25,4
1960	3326	856	26	10197	32,6
1966	3700	?	?	12096	30,6
1977	7095	?	?	18250	38,9
1987[1]	11295	?	?	23051	49,0

[1] eigene Rechnung
Quellen: A. ARNOLD 1981; EL MOUDJAHID v. 8. 10. 1987; Statistisches Bundesamt 1989

Tab. 7: Die Entwicklung der algerischen Stadtbevölkerung 1886–1987 (in Tausend)

1000 nichtlandwirtschaftliche Erwerbspersonen, die mindestens 75% aller Erwerbspersonen sein müssen; bei einem Prozentsatz von 50–75% gilt die Siedlung als „halbstädtisch".

Demnach zählte Algerien 1966 insgesamt 96 und 1977 bereits 211 städtische und halbstädtische Siedlungen. Die Volkszählung 1987 erfaßte bereits 227 Kommunen mit mehr als 20000 Einwohnern.

Aus Tabelle 7 wird der zeitliche Ablauf der Verstädterung Algeriens anhand des Anstiegs des Anteils der Stadtbevölkerung an der Gesamtbevölkerung ersichtlich. Dieser Verstädterungsgrad ist stets ein Spiegel des sozio-ökonomischen Entwicklungsstandes einer Gesellschaft.

Zu Beginn der französischen Kolonialherrschaft 1830 wird die gesamte Stadtbevölkerung Algeriens auf nicht mehr als 150000 Personen oder etwa 5% der Landesbevölkerung geschätzt. In der Kolonialzeit wurden zwar die Städte und das Städtenetz ausgebaut, die algerische Gesellschaft blieb aber bis zum Zweiten Weltkrieg ländlich-agrarisch geprägt. Vom ausgehenden 19. Jahrhundert bis zum Ausbruch des Befreiungskrieges 1954 stieg der Anteil der Stadtbevölkerung nur langsam von 15% auf 25%, was für die koloniale Gesellschaft offenbar völlig ausreichend war. Bis etwa 1930 bestand die Stadtbevölkerung mehrheitlich aus Europäern; die Stadt Algier erhielt erst in den fünfziger Jahren, Oran erst nach der Flucht der Europäer 1962 eine algerische Mehrheit.

Der seit den dreißiger Jahren ablaufende Verstädterungsprozeß läßt sich in drei Phasen gliedern:

– Spätkoloniale Phase von 1930 bis 1954: die Verelendung der Landbevölkerung löst die ersten Land-Stadt-Wanderungen aus. In den Städten entstehen die ersten Bidonvilles.

– Befreiungskrieg und Entkolonialisierung 1954 bis 1966: Jetzt wird der „exode rural" zur Massenbewegung. Zwangsumsiedlungen der französischen Armee und Fluchtbewegungen aus den Kampfgebieten lassen die Stadtbevölkerung von 2,4 Mio. (1954) auf 3,6 Mio. (1960) anschwellen. Etwa 800000 entwurzelte Fellachen kehren nach Kriegsende nicht mehr auf ihr Land zurück. Nach der Massenflucht der 850000 europäischen Stadtbewohner rücken neue Schichten der Landbevölkerung nach, um die herrenlosen Stadtwohnungen („biens vacants") der Europäer einzunehmen. Der

Abzug der Europäer aus den Städten war daher sehr schnell ausgeglichen.
- Entwicklungspolitik des unabhängigen Algerien ab 1967: Industrialisierung und Ausbau des tertiären Sektors schaffen attraktive Arbeitsplätze in den Städten. Die bisher rein demographische Verstädterung erhält jetzt auch einen ökonomischen Unterbau. Das Wachstum der Stadtbevölkerung erhöht sich von jährlich 2,65% (1945–1954) über 4,6% (1954–1966) auf 5,8% für den Zeitraum 1966–1977 (R. ESCALLIER, 1985, S. 151). Einzelne Wachstumspole kamen in den siebziger Jahren sogar auf jährliche Wachstumsraten von 7–9%. Zwischen den beiden Volkszählungen von 1966 und 1987 wuchs die algerische Gesamtbevölkerung um 90%, die Stadtbevölkerung aber um 173% an, der Verstädterungsgrad stieg von 30,6% auf 44%. Ab 1990 lebt jeder zweite Algerier in der Stadt (1990: 52%).

Wirtschaftliche Gründe bilden die wichtigsten Wanderungsmotive. Die Einkommensdisparitäten zwischen der Landwirtschaft und den übrigen Wirtschaftssektoren sind die Hauptursache für den „exode rural". Das algerische Entwicklungsmodell, welches den ländlichen Raum vernachlässigte, hat die Abwanderung gegenüber der Kolonialzeit stark beschleunigt. Auch die weitgehend fehlgeschlagene Agrarrevolution von 1972 konnte den Zug zur Stadt nicht bremsen. Gerade die jüngeren, qualifizierten Arbeitskräfte wandern vom Land in die besser entlohnten städtischen Wirtschaftszweige, während die Landwirtschaft über Überalterung klagt. Die allgemeine Alphabetisierung und die Verbesserung des Schulwesens fördern ebenfalls die Abwanderung vom Land, da nach dem Schulbesuch häufig Berufe angestrebt werden, die nur in der Stadt ausgeübt werden können.

Das rasche Wachstum der algerischen Stadtbevölkerung ist aber nicht nur mit Land-Stadtwanderungen zu erklären, es hat drei Ursachen:

- Geburtenüberschüsse der Städte
- Wanderungsgewinne
- Zunahme der Zahl der städtischen Siedlungen

Die *Wanderungsgewinne* der Städte für die siebziger Jahre werden mit jährlich 130000 beziffert (M. COTE, 1983, S. 111). Die demographische Hauptursache sind aber die hohen *Geburtenüberschüsse* der Städte selbst, sie übertreffen in den meisten Städten den Wanderungsgewinn. Aufgrund der starken Zuwanderung von jungen Leuten haben die Städte hohe Geburtenraten, obwohl die Fruchtbarkeitsrate, d. h. die Kinderzahl je Familie, deutlich unter der der Landbevölkerung liegt. Zudem ist die Sterblichkeit aufgrund der besseren sanitären Versorgung in den Städten niedriger als auf dem Land, das gilt besonders für die Kindersterblichkeit. M. COTE (1978, S. 9) beziffert das Wachstum der Städte für den Zeitraum 1966–1977 mit jährlich 5,8%, wovon 3,2% auf den Geburtenüberschuß und 2,6% auf Wanderungsgewinne entfielen. Das Wachstum der Städte speist sich demnach zu 60% aus Geburtenüberschüssen und zu 40% aus Wanderungsgewinnen.

4.2.2
Stadtmorphologie

Die heutige algerische Stadt bietet dem Betrachter ein sehr heterogenes Bild, sie ist ein Form gewordener Niederschlag der wechselvollen Geschichte des Landes. Jede Epoche hat ihre städtebaulichen Leitvorstellungen verwirklicht.

Die *Medina,* die vorkoloniale orientalische Altstadt, ist in den algerischen Städten – abgesehen von Algier und Constantine – recht klein und in den ersten Jahrzehnten der Kolonialherrschaft brutal überformt worden. Während der Kolonialzeit wurde die Medina ihrer meisten Funktionen beraubt, sie blieb ein Wohnviertel für die ärmere Bevölkerung mit den notwendigsten Versorgungsfunktionen. Die wohlhabenderen Schichten waren schon in der Kolonialzeit in Villen am Stadtrand gezogen und hatten ihre Stadthäuser unterteilt und an zahlreiche Familien vermietet. Die Bevölkerungsdichte erreicht in den großen Städten unvorstellbare Werte, 1300 Einwohner je Hektar in Constantine, 1900 in der Kasbah von Algier. Funktionsentleerung, Verarmung und Überbevölkerung führten zu einer Abnutzung der Bausubstanz, nicht wenige Häuser sind baufällig und verlassen.

In den meisten Saharaoasen wird noch in der Gegenwart der Siedlungskern mit seinen Lehmziegelhäusern vollständig abgebrochen und durch gesichtslose Neubauten ersetzt, so z. B. in Ouargla und Touggourt. Für die meisten Algerier sind die orientalischen Stadtkerne der Inbegriff der Rückständigkeit und das Gegenstück der angestrebten Modernität. Bestrebungen zur Altstadtsanierung sind lediglich in der Kasbah von Algier, in Constantine und in den Mozabitenstädten der Sahara zu beobachten.

Die schachbrettartige *Kolonialstadt* schließt sich unmittelbar an die Medina an, in vielen Fällen ist sie sogar in diese hineingebrochen worden, wie z. B. in Tlemçen. Das Über- und Nebeneinander der beiden städtebaulichen Leitvorstellungen manifestiert den ethnischen und sozialen Dualismus der Kolonialherrschaft. Der ethnische Dualismus ist 1962 verschwunden, der bauliche und teilweise auch der soziale ist geblieben. Während der 132jährigen französischen Herrschaft haben die verschiedensten europäischen Baustile sich in den algerischen Städten niedergeschlagen und – da es kaum Kriegszerstörungen gab – sich auch erhalten.

Die ältesten Viertel enthalten großartige Beispiele der französisch-mediterranen Stadtbaukunst des 19. Jahrhunderts: intime Plätze, Arkadenstraßen, Theater und Opernhäuser.

In der Spätkolonialzeit legt sich um den Stadtkern von Medina und Schachbrettstadt ein Kranz einfach gebauter *peripherer Viertel* aus unterschiedlichsten Bauformen: Barackenlager für Zwangsumsiedler, Bidonvilles, einige große Blöcke des sozialen Wohnungsbaus, schließlich die Villenviertel der wohlhabenden Europäer und Algerier. In der Postkolonialzeit haben sich diese peripheren Viertel sehr stark ausgeweitet. Im ersten Jahrzehnt nach der Unabhängigkeit dominierte die spontane Bebauung, von einer geordneten städtebaulichen Entwicklung konnte keine Rede sein. Ländliche Bauformen (Lehmhütten, die sog. Gourbis, mit Hausgärten und Kleintierhaltung) finden sich neben den eigentlichen Bidonvilles. Das Gros der peripheren Viertel besteht jedoch aus massiven Steinhäusern, teils mehrgeschoßig, teils eingeschoßig mit Binnenhof wie auf dem Lande üblich. Die Versorgungsnetze dieser Viertel sind nur ansatzweise vorhanden: man hat Elektrizität, Wasser muß aus öffentlichen Zapfstellen geholt werden, Kanalisation und feste Straßen fehlen. Von den Slums in der Dritten Welt unterscheiden sich die peripheren Viertel Algeriens in einem wesentlichen Punkt: die Mehrzahl der Hausbesitzer hat ein festes Einkommen, die Bevölkerung ist also durchaus in das Wirtschaftsleben der Stadt integriert. Das Bidonville Bou Hamra in Annaba wuchs zwischen 1968 und 1978 von 100 auf 3000 Hütten mit 21000 Bewohnern an, 90% der Besitzer hatten ein festes Einkommen! Den Behörden sind die Bidonvilles ein Dorn im Auge, gelegentlich lassen sie Planierraupen auffahren und die spontanen Viertel einebnen, so in Algier und Guelma.

Ein neues dominierendes Aufrißelement in allen algerischen Städten sind die *Neu-*

bauviertel (ZHUN: Zones d'Habitat Nouvelles) mit 5–12geschossigen Wohnblöcken aus vorfabrizierten Bauteilen, welche die öffentliche Hand seit Ende der siebziger Jahre errichtet hat. Es sind ausgedehnte Schlafstädte mit oft riesigen Wohnmaschinen. Mit ihrer Allerweltsarchitektur wirken sie recht monoton, die weiten Zwischenräume sind meist ungepflegt. Die Versorgungsfunktionen sind unterentwickelt, das Minarett der neuen Moschee bildet einen Orientierungspunkt. Als Schlafstädte werden sie kritisiert – eine bessere Alternative zu den Bidonvilles angesichts der Bevölkerungsexplosion dürften sie aber darstellen. Die wohlhabende Mittel- und Oberschicht baut sich *Einfamilienhäuser* in landschaftlich ansprechender Umgebung am Stadtrand. Der Staat fördert diese private Bautätigkeit (Bausparwesen, Zuteilung von Bauland), wird doch so der Wohnungsmarkt entlastet. Wie in der Kolonialzeit entstehen ansehnliche Villenviertel.

Der frühere ethnische Dualismus ist heute durch eine vielschichtige *soziale Differenzierung* ersetzt. Unterschichten und einfache Arbeiter sind auf Eigenbau und Altbauten angewiesen, die Oberschicht erstellt nicht selten prunkvolle Villen, während die mittlere Funktionärsschicht und die Facharbeiter Neubauwohnungen in den Wohnblöcken erhalten. Hier geht die soziale Differenzierung bis ins Detail: Offiziere, Polizisten, Lehrer, Arbeiter einer bestimmten Firma wohnen in speziellen Wohnblöcken zusammen. Die sozialräumliche Differenzierung der algerischen Städte ist heute nicht geringer als während der Kolonialzeit. Sie ist schon äußerlich an den extrem heterogenen Bauformen sichtbar.

4.2.3
Der Funktionswandel der Städte

Das algerische Entwicklungsmodell hat die Position der Städte gegenüber dem ländlichen Raum verstärkt und ihre Funktionen differenziert. Dieser Prozeß läßt sich durch zwei Stichworte charakterisieren:

– Industrialisierung
– Ausbau des öffentlichen und privaten Dienstleistungsangebots.

Die *Industrialisierung* begann ab 1967 mit dem Aufbau küstenständiger Grundstoffindustrien, später wurden die Mittelstädte des Binnenlandes, teilweise auch die Kleinstädte mit weiterverarbeitenden Industrien bedacht. Um die Mitte der achtziger Jahre verfügten bereits über 100 Städte über mehr oder weniger ausgedehnte Industriegebiete. Zu ihnen zählen alle 48 Wilayatshauptorte. Für die städtische Wirtschaftsstruktur sind vor allem die mit der Industrialisierung verbundenen Beschäftigungseffekte wichtig. In den großen Entwicklungspolen sind innerhalb weniger Jahre derartig große Mengen von Arbeitsplätzen geschaffen worden, daß sie nicht mit Ortsansässigen zu besetzen sind – trotz massiver Zuwanderung vom Lande. Von den 30000 Industriebeschäftigten des Raumes Annaba – El Hadjar pendelt die Hälfte täglich aus einem Einzugsbereich bis zu 50 km, überwiegend mit Werksbussen, ein. Die Ausbildung derartig ausgedehnter Pendlereinzugsbereiche bedeutet für ein Entwicklungsland eine völlig neue Katagorie von Stadt-Umland-Beziehungen.

Trotz der deutlichen Verstärkung des von der Kolonialzeit her äußerst schwachen sekundären Wirtschaftssektors bleibt aber der *tertiäre Sektor* mit 50–70% der Beschäftigten der mit Abstand wichtigste Bereich der Städte. Er erfuhr in der Postkolonialzeit einen tiefgreifenden quantitativen und qualitativen Wandel.

Der *öffentliche Dienst* wurde stark ausgeweitet, einfach weil ein moderner Staat sehr viel mehr für die Ansprüche seiner Bürger tun muß als eine Kolonialherrschaft für die Kolonisierten. Mehrere Gebietsre-

Verstädterung

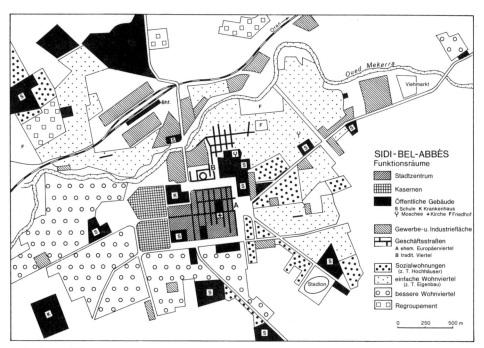

Quelle: ARNOLD, 1981

Abb. 16: Funktionsräumliche Gliederung der Stadt Sidi-bel-Abbès

formen haben die Zahl der Verwaltungseinheiten, der Wilayas, Dairas und Kommunen stark erhöht. Die Zahl der Wilayas wurde noch in Spätkolonialzeit (1957) von drei auf 15, dann 1974 auf 31 und 1984 schließlich auf 48 erhöht.

Neben dem öffentlichen Dienst entwickeln sich zahlreiche *private Dienstleistungsunternehmen,* die teilweise auf die Bedürfnisse der Industrie (Instandhaltung, Buchhaltung, Information, Transport, Hotels), teilweise auf die Ansprüche der neuen, kaufkräftigen Schichten, die vorwiegend westliche Konsummuster annehmen, zugeschnitten sind (Einzelhandel, Reisebüros, Cafés, Restaurants, Schmuck- und Fotogeschäfte, Reparaturhandwerk für Fahrzeuge und elektrische Haushaltsgeräte, Buchhandlungen etc.). Im Vergleich zur Kolonialzeit sind die Funktionen der gro-

ßen und mittleren Städte Algeriens heute weit vielfältiger. Die Stadt-Umland-Beziehungen haben sich radikal gewandelt. Da viele Einrichtungen der Stadt auch der Landbevölkerung zugute kommen und die räumlichen Schwerpunkte der Produktion sich vom Land in die Stadt verlagert haben, hat die Stadt ihren parasitären, rentenkapitalistischen Charakter weitgehend verloren.

Bei einer *funktionsräumlichen Gliederung* der algerischen Städte fallen die großen Militärflächen ins Auge, oft in beherrschender Lage. Sie wurden in der Kolonialzeit angelegt und von der algerischen Armee übernommen. Ausgedehnte Flächen werden von den neuen Funktionen eingenommen. Das gilt besonders für die Industriezonen, die eine Flächen von 10 ha bis zu mehr als 1000 ha in den großen Entwicklungspolen erreichen können (Arzew

2000 ha, Skikda 2000 ha, Annaba 1700 ha). Vielfach sind die Industriezonen kilometerweit außerhalb der Städte angelegt worden, was erhebliche innerstädtische Verkehrsprobleme schafft. Demgegenüber entstanden die neuen Schul- und Verwaltungsviertel in der Regel an Entwicklungsachsen am Rande der alten Stadtkerne.

Bei den Geschäftsvierteln hat das zweipolige System der Kolonialzeit auch den Abzug der Europäer überdauert. In jeder größeren Stadt trifft man ein ehemals europäisches Geschäftsviertel mit Ladengeschäften, das ein teures Sortiment führt, während das traditionelle Viertel sein preiswertes Angebot in Bretterbuden, Zelten oder unter freiem Himmel anbietet. Es zielt auf die Landbevölkerung und auf die unteren Sozialgruppen. Um die Lebensmittelversorgung zu verbessern, wurden in den letzten Jahren neue Bauernmärkte (Souk el Fellah) eingerichtet, auf denen die Bauern direkt ihre Erzeugnisse anbieten. Dieses zweipolige System ist auch in Städten, die keine Medina besitzen, wie Oran, Sidi-bel-Abbès oder selbst Tamanrasset ausgebildet. Aus der Abbildung 16 werden die beiden räumlich getrennten Geschäftsviertel der Stadt Sidi-bel-Abbès (1987: 155000 E.) sichtbar.

4.2.4
Das algerische Städtesystem im Wandel

Das Städtesystem eines Landes, d. h. die Hierachie, Rangordnung und das Interaktionsmuster der Städte ist ein getreuer Spiegel seines jeweiligen politisch-gesellschaftlichen Entwicklungsstandes (Abb. 17).

Das *Städtesystem der Vorkolonialzeit* war rudimentär ausgebildet, es befand sich außerdem in der Spätphase der türkischen Herrschaft im Niedergang. So war die Einwohnerzahl Algiers von 100000 im 17. Jh. auf 30000 im Jahre 1830 gesunken (A. JULIEN, 1964, S. 9). Die Bevölkerung Constantines wird für 1830 auf 25000, diejenige von Tlemçen, Mascara und Miliana in Westalgerien auf 9–12000 Einwohner geschätzt. Ansonsten gab es nur noch ein Dutzend Kleinstädte mit jeweils 2–5000 Einwohnern. Nach ihrer Wirtschaftsbasis lassen sich drei Stadttypen unterscheiden:

– Hafenstädte: Seehandel, Piraterie (1830 fast erloschen),
– Tlemçen und Constantine: Karawanenfernhandel mit Schwarzafrika und dem Vorderen Orient, eigene Gartenbauzonen,
– Kleinstädte: Nahbereichshandel, eigene Gartenbauzonen.

Von den wenigen Fernhandelsstädten abgesehen, war der Güter- und Personenverkehr sehr kleinräumig, das Umland war klein, die Interaktionen zwischen den Städten blieben gering. Das Gros der Landbevölkerung befriedigte sein Tauschgeschäft auf dem Souk, dem Wochenmarkt. Jeder Stamm hatte seinen Markt, der oft auf freiem Feld, unabhängig von einer festen Siedlung, abgehalten wurde. Angebot und Nachfrage in dem dünnbesiedelten Land waren so gering, daß diese einmal in der Woche an einem Ort konzentriert wurden. Der Souk wurde nach dem Wochentag benannt, z. B. Souk el Arba = Mittwochsmarkt, Souk el Khemis = Donnerstagsmarkt. Benachbarte Märkte halten über die Tage der Woche ein Rotationsprinzip ein, so daß die kommerziellen Marktbeschicker an jedem Wochentag einen anderen Marktort besuchen können.

Das Städtesystem der Kolonialzeit hatte drei Funktionen zu erfüllen:

– Herrschaftssicherung durch Militärgarnisonen,
– Träger einer modernen, hierarchisch gestuften Administration,
– Wirtschaftliche Inwertsetzung des Raumes.

Verstädterung 85

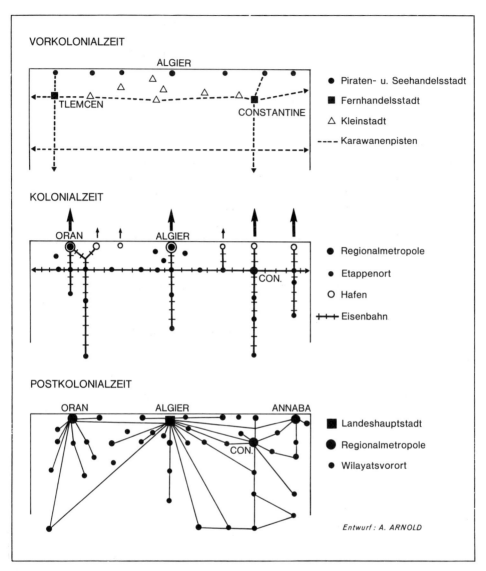

Abb. 17: Das algerische Städtesystem im zeitlichen Wandel

Das koloniale Wirtschaftssystem bezweckte vor allem die agrarische und bergbauliche Ausbeutung des Landes. Dabei hatte das Städtenetz mit Hilfe der jeweiligen Transportsysteme die Verbindung zwischen den Rohstoffgebieten und der Metropole herzustellen, ein für viele Kolonien typisches Drainagesystem aus dem Binnenland zur Küste wurde installiert. Es ist noch heute am Eisenbahnnetz, das i. w. aus vier Stichlinien Küste–Binnenland und einer Querverbindung besteht, zu erkennen. In Algerien entwickelten sich Oran, Algier und Constantine zu drei dominierenden Zentren, von denen aus die ungleichen Tauschbeziehungen mit der Metropole gesteuert wurden. Jedes Großzentrum bildete ein eigenes Subsystem mit Mittel- und Kleinstädten aus, die anfangs als Militärstützpunkte und Verwaltungszentren, später als Sammelstellen regionaler Rohstoffe und Verteiler von Importgütern fungierten. Eine zusätzliche Einnahmequelle bildete für viele Städte die Bodenrente aus landwirtschaftlichem Grundbesitz im Umland. Sowohl europäische wie algerische Stadtbürger hatten ausgedehnten Landbesitz. Für Constantine wird bis zur Agrarrevolution von 1972 ein Grundbesitz von 110000 ha angegeben (M. COTE, 1983, S. 114). Dem Städtesystem der Kolonialzeit waren rentenkapitalistische Züge des Orients und des südmediterranen Raums zu eigen.

Die drei Subsysteme in West-, Mittel- und Ostalgerien waren über ihre Häfen auf Frankreich orientiert, sie hatten untereinander wenig Interaktionen. Für eine ostalgerische Hafenstadt war es beispielsweise einfacher und preiswerter, Baumaterialien aus Marseille statt aus Westalgerien zu beziehen. Während zwischen Algerien und Frankreich Fährverbindungen mit hoher Frequenz bestanden, war die Küstenschiffahrt unbedeutend. Die West-Ost-Bahnlinie hatte als Teilstück der „ligne imperiale" Casablanca–Tunis eher strategische als wirtschaftliche Bedeutung.

Abseits der europäischen Siedlungsräume behielt der Souk, der Wochenmarkt, bis heute seine Bedeutung. Zahlreiche kleine Soukorte finden sich im Küstentell, die umsatzstärksten Souks liegen jedoch am Nordrand der Steppe. Hier tauschen zwei komplementäre Wirtschaftsräume, die Ackerbaugebiete des Nordens und die Viehzuchtgebiete des Südens, ihre Produkte. Die Hauptumsätze entfallen heute auf Vieh, die Souks sind wichtige Sammelstellen zur Fleischversorgung der Städte. Über ihre wirtschaftliche Bedeutung hinaus sind die Souks Stätten der Begegnung, Kommunikation und Unterhaltung. Ein neuartiger Zug ist die „Verstädterung" der Souks. Entweder entwickeln sich feste städtische Siedlungen aus früheren Soukorten oder Städte richten Wochenmärkte ein.

Die postkoloniale Entwicklung hat am überkommenen Städtesystem bisher wenig verändert. Die drei Subsysteme um Oran, Algier und Constantine haben sich erhalten. Verschwunden ist aber ihre Extravertiertheit, auch haben die Interaktionen zwischen ihnen stark zugenommen: Güter- und Personenverkehr, Binnenwanderungen, Austausch von Informatioen. Der Aufbau eines zentralistischen Nationalstates hat die Position der Hauptstadt Algier gegenüber den Regionalmetropolen Oran und Constantine ungemein verstärkt. Die Verdreifachung der Wilayate von 16 auf 48 – offiziell als Dezentralisierung bezeichnet – hat die Stellung der Hauptstadt weiter gestärkt, da die kleinen, schwachen Wilayas nun noch stärker von der politischen Zentralgewalt abhängen. Dennoch – mit 1,7 Mio. Einwohnern (1987), das sind 16% der städtischen Bevölkerung des Landes, hat die Hauptstadt keine erdrückende Position im Städtesystem wie sonst in vielen Entwicklungsländern. Algier ist keine Primate City.

Wie aus Tabelle 8 zu ersehen ist, hat sich die Zahl der Kommunen mit mehr als 20000 Einwohnern – diese Schwelle wird im internationalen Vergleich als Untergrenze einer städtischen Siedlung angesehen – seit 1954 um das Zwölffache erhöht. Während die Zahl der Großstädte mit über 100000 Einwohner von 3 auf 17 (mit insgesamt 40% der städtischen Bevölkerung) anstieg, vermehrten sich in den Größenklassen 20000 bis 100000 die Städte von 16 auf 210. Das Wachstum dieser kleinen und mittleren Städte, in denen 60% der algerischen Stadtbevölkerung lebt, ist der auffallendste Zug des algerischen Verstädterungsprozesses.

Verstädterung

Gemeindegrößenklasse	Anzahl der Gemeinden			
	1954	1966	1977	1987
20000– 50000	11	29	33	181
50000–100000	5	8	17	29
100000–250000	1	2	5	13
über 250000	2	2	3	4[1]
Gesamt	19	41	58	227

[1] Annaba und El Bouni sowie die 33 Gemeinden des Wilayas Algier sind zu jeweils einer Einheit zusammengefaßt.

Tab. 8: Entwicklung der algerischen Gemeinden nach Größenklassen

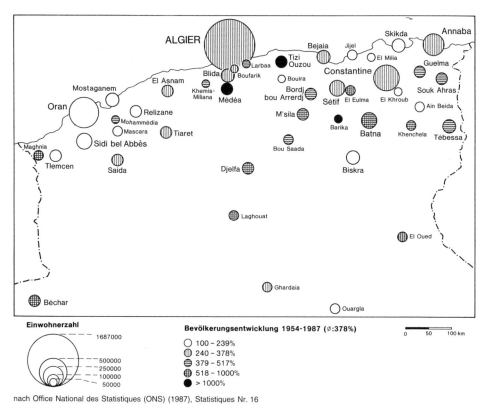

nach Office National des Statistiques (ONS) (1987), Statistiques Nr. 16

Abb. 18: Die algerischen Städte über 50000 Einwohner (1987)

Regional ist das Städtewachstum recht differenziert (Abb. 18).

Unterdurchschnittlich wuchsen die westalgerischen Städte um Oran. Hier macht sich immer noch der Abzug des großen europäischen Bevölkerungsteils sowie die Krise der Weinwirtschaft bemerkbar. Das überproportionale Wachstum der Küstenstädte in den fünfziger und sechziger Jahren scheint sich im letzten Jahrzehnt verlangsam zu haben. Seit 1977 trifft man die höchsten Zuwachsraten in einigen Binnenstädten der Hochplateaus mit Werten von 60–70% für die Jahre 1977 bis 1987 (algerischer Durchschnitt: +42%). Beispiele sind Batna (+65%), Tebessa (+66%), Tiaret (+68%), M'Sila (+69%) – alles Wilayatsvororte mit ansehnlicher Industrialisierung, gelegentlich auch mit dichtbesiedeltem ländlichen Umland wie z. B. Kabylei oder Aurès, aus dem die Zuwanderer kommen.

Es scheint, als ob die staatliche Regionalpolitik, mit massiven Investitionen der Attraktivität der Litoralzone zu begegnen, zu greifen beginnt. Die Städte des Binnenlandes wurden in die Lage versetzt, wenigstens einen Teil der vom Lande Abwandernden aufzunehmen. Dagegen scheint das starke Wachstum, das einige Oasenstädte der Sahara in den sechziger und siebziger Jahren aufwiesen, mit dem Ölboom abgeklungen zu sein.

4.2.5
Krisenerscheinungen

Das rasche Wachstum der algerischen Städte hat, wie in den meisten Ländern der Dritten Welt, zu schwer lösbaren Problemen geführt: Wohnungsnot, Verkehrsprobleme, Versorgungsprobleme, mangelhafte Infrastruktur.

Das *Wohnungsproblem* in den Städten ist zu einer innenpolitischen Frage ersten Ranges geworden. Für 1984 wurde der städtische Wohnungsbestand Algeriens auf 1,25 Mio. Einheiten geschätzt, die für 9,5 Mio. Stadtbewohner ausreichen mußten. Jede Wohnung war demnach mit durchschnittlich 7,7 Personen belegt gegenüber 6 Personen 1966. Nicht selten müssen sich jedoch 12–15 Personen eine Vierzimmerwohnung von 65 m^2 teilen. Im ersten Jahrzehnt der Unabhängigkeit hatte die Regierung den Wohnungsbau vernachlässigt, man verließ sich auf den von den Europäern aufgegebenen Wohnungsbestand. Zwischen 1967 und 1979 wurden im ganzen Land nur 379 000 Wohnungen erstellt, davon nur 148 000 in den Städten. Der Fehlbestand stieg folglich von 300 000 (1966) auf 1,2 Mio. zu Beginn der achtziger Jahre. Betroffen sind vor allem die unteren sozialen Schichten, das ist die Mehrzahl der Bevölkerung. Sie können einerseits die astronomisch hohen Mieten des freien Marktes nicht bezahlen und haben andererseits kaum Zugang zu den öffentlich geförderten Wohnungen, die Funktionären und Mitarbeitern staatlicher Firmen vorbehalten bleiben. Diese Gruppen sind auf Selbsthilfe angewiesen, bestehend aus wachsender Überbelegung, Untermiete und illegalem Eigenbau zu ebener Erde, in Hinterhöfen oder auf den Flachdächern in den Innenstädten. Es entstanden ausgedehnte periphere Viertel im Eigenbau; Gebäude der landwirtschaftlichen Betriebe wurden illegal besetzt; ein Ausdruck der Wohnungsnot sind auch die großen Pendeldistanzen vom Wohn- zum Arbeitsort.

Gegen Ende der siebziger Jahre wurde offenkundig, daß der Wohnungsmangel eines der größten Entwicklungshemmnisse des Landes darstellte. Die Regierung mußte den Wohnungsbau stärker fördern. Auf dem Lande und in den Kleinstädten ermunterte man zum Eigenbau. In den Städten wurden ab 1982 staatliche Wohnungen – meist „biens vacants" – den Mietern zum Kauf angeboten. Der Staat entledigte sich so der Hälfte seines Bestandes von 500 000 Wohnungen und deren Unterhaltskosten. Die Bauleistung wurde gesteigert, indem man den industrialisierten, vorfabrizierten Hausbau einführte und ausländische Baufirmen engagierte. Die algerischen Städte gleichen heute riesigen Baustellen. Dennoch war das angestrebte Ziel, in den achtziger Jahren insgesamt 1,2 Mio.

Wohnungen zu errichten, nicht zu erreichen. Die Bauleistung konnte lediglich von 35000 städtischen Wohnungen (1977) auf 72600 Einheiten (1984) gesteigert werden. Der Mangel an Baumaterial und an Fachkräften verhindern eine größere Bautätigkeit. Angesichts der demographischen Entwicklung dürfte die Wohnungsnot in den Städten eher noch zunehmen.

Völlig unzureichend ist auch die *Infrastruktur* der Städte, die vielfach noch auf die Kolonialzeit zurückgeht. Die *Wasserversorgung* bricht häufig zusammen, da die Rohrnetze überaltert sind. Hohe Sickerverluste und Rohrbrüche sind die Folge. Das Trinkwasser wird den einzelnen Vierteln stundenweise zugeteilt, die Oberen Geschosse der Hochhäuser bleiben bei Druckabfall oft völlig wasserlos. Ähnlich veraltet sind die *Abwassersysteme,* meist fließen die Abwässer ungeklärt in die Vorfluter bzw. ins Meer. Die räumliche Trennung von Wohn-, Arbeits- und Einkaufsstätten sowie die flächenhafte Ausweitung der Städte ließen große *Verkehrsprobleme* entstehen. Auf den stark anwachsenden rollenden wie ruhenden Individualverkehr ist das Straßennetz der Kolonialzeit nicht vorbereitet, in den großen Städten sind Verkehrsstaus eine Dauererscheinung. Nur in den größten Städten wurden Ansätze eines Stadtautobahnnetzes erstellt. Beklagenswert ist der Zustand des öffentlichen Personennahverkehrs, auf den mehr als 80% der Stadtbewohner angewiesen sind. Einen schienengebundenen Nahverkehr gibt es nicht, wenn man von den Vorortzügen der Eisenbahn in Algier, Oran und Annaba absieht. Die für Algier schon lange geplante U-Bahn scheiterte bisher an der Finanzierung und geologischen Schwierigkeiten. Das Rückgrat des öffentlichen Personennahverkehrs sind daher die Autobusse. In den verstopften Straßen kommen sie nur langsam voran, ihre Transportleistung ist daher relativ gering. In Algier ist ihre Durchschnittsgeschwindigkeit von früher 16 auf 6 km/h gefallen. Selbst die relativ teuren Taxen sind in unzureichender Zahl vorhanden.

Trotz aller Unzulänglichkeiten sind die Lebensverhältnisse in den algerischen Städten – verglichen mit vielen Städten Asiens und Lateinamerikas – recht positiv zu bewerten. Und im Vergleich zum ländlichen Raum Algeriens behalten die Städte allemal ihre Attraktivität. Sie bieten relativ einwandfreies Trinkwasser, fast alle Haushalte sind elektrifiziert – was die Installation von Kühlschrank und Fernsehgerät ermöglicht –, das Angebot an Konsumgütern und Unterhaltung ist reichhaltiger, die schulische und sanitäre Versorgung sind weit besser.

4.3 Algier – das politische, wirtschaftliche und kulturelle Zentrum

Wie bei allen großen Städten ist auch für Algier eine Abgrenzung schwierig geworden. Sie wird durch eine komplizierte Verwaltungsstruktur noch erschwert, nachdem die Stadt 1977 in 15 selbstständige Kommunen zerlegt wurde. Gemeinsame Aufgaben werden von einer Zentralbehörde (Conseil populaire de la Ville d'Alger CPVA) geregelt. Das Gebiet der CPVA hatte 1987 1483000 Einwohner. Ihr ist das Wilaya Algier mit wichtigen Befugnissen übergeordnet, das neben diesen 15 noch weitere 18 Kommunen mit insgesamt 1688000 Einwohnern umfaßt. Aber auch dessen Grenzen sind allzu eng gezogen. So gehören das künftige Stadterweiterungsgebiet im Südwesten und die Badeküste um Zeralda zum Wilaya Tipasa, das wichtigste Industriegebiet Rouiba – Reghaia im Osten zum Wilaya Boumerdes und wichtige Wohn- und Industriegebiete in der Mitidjaebene zum Wilaya Blida. Faßt man alle funktional miteinander verflochtenen Räume der vier Wilayas zur Stadtregion Algier zusammen, so erhält man eine Raumeinheit mit etwa 4 Mio. Einwohnern.

4.3.1
Stadtentwicklung

Algier wurde in der zweiten Hälfte des 10. Jhs. auf den Ruinen des antiken Icosium gegründet. Wegen einiger vorgelagerter Inseln nannte man sie El Djezair (arab. „die Insel") – ein Name, der in der Neuzeit aufs ganze Land überging. Der Aufstieg der Siedlung zur ersten Stadt des zentralen Maghreb begann im 16. Jh., nachdem die türkischen Korsaren sie zur Hauptstadt des gleichnamigen Paschaliks erhoben hatten. Mit den osmanischen Grenzziehungen gegen Marokko und Tunesien erhielt die Stadt eine Mittellage im zentralen Maghreb. Ihre Wirtschaftsbasis in türkischer Zeit waren der Seehandel (u. a. Export von Agrargütern), das Handwerk, der riesige Grundbesitz der türkischen Aristokratie im Umland und nicht zuletzt die externen Zuflüsse aus Piraterie und Tributen der westlichen Seemächte. Auf dieser wirtschaftlichen Grundlage entwickelte sich eine ansehnliche mediterrane Stadt orientalischen Zuschnitts, die im 18. Jh. hinter ihren festen Bastionen 5000 Häuser, 169 Moscheen und eine ethnisch stark differenzierte Einwohnerschaft von 30000 bis 100000 Personen (die Angaben der Reisenden differieren stark) auf einer Fläche von 54 ha umfaßt haben soll (D. LESBET, 1985). Außerhalb der Mauern lagen die Landhäuser – teils ansehnliche Sommerpaläste – der Oberschicht. Die trapezförmige Stadt war am leicht zu befestigenden Osthang des Massivs von Bouzareah angelegt, sie zog sich vom Hafen aus bis in eine Höhe von 150 m hinauf, überragt von der Zitadelle, der Kasbah i. e. S.

Das türkische Algier war der See zugewandt, es hatte wenig Verbindung zum Landesinneren, wenn man von seinem unmittelbaren Umland absieht. Von ihrer Lage her war die Stadt keineswegs zur Landeshauptstadt prädestiniert. Die Landwege ins Binnenland durch den Tell sind von Natur aus schwierig, zudem zählt das weitere Hinterland, der Blida-Atlas und die Hochplateaus, zu den armen Regionen Algeriens. Bei kleinräumiger Sicht ergeben sich jedoch einige günstige Lagemomente. Der alte Hafen wird durch das Massiv von Bouzareah und die kleinen Felsinseln, die bereits im 16. Jh. mit dem Festland durch eine Mole verbunden wurden, vor den vorherrschenden Nordweststürmen gut geschützt. Die Stadt besitzt mit dem Sahel und der Mitidja-Ebene ein ausreichend beregnetes, fruchtbares agrarisches Hinterland, das sie von jeher mit Agrarprodukten versorgte. Die Mitidja-Ebene bildet heute das wichtigste Agrargebiet des Landes, das eine Bevölkerungsdichte von 500 E./km^2 erreicht.

Die Kolonialzeit verstärkte vor allem die wirtschaftliche Stellung von Algier als Brückenkopf der Metropole. Der Hafen, das Bindeglied zu Frankreich, wurde mehrfach nach Süden und Südosten erweitert. Mehrere Eisenbahnlinien durch die Schluchten des Küstentell überwanden das schwierige Gelände des Längsgebirges und erschlossen der Stadt ein ausgedehntes Hinterland. Bezeichnenderweise wurde der Hauptbahnhof im Hafen angelegt.

Die bauliche Entwicklung während der Kolonialzeit vollzog sich in mehreren Phasen. Bis 1870 herrschte das Militär. Es ließ die hafennahen Viertel der Kasbah schleifen und gerade Arkadenstraßen und einen Paradeplatz (heute Place des Martyrs) anlegen. Zur Hafenseite wurde ein Prachtboulevard im Stile Napoleons III. errichtet, der noch heute jeden beeindruckt, der mit dem Schiff ankommt. Ein 1845 gebauter weiterer Mauerring wurde erst 1900 eingelegt. Europäische Viertel entstanden im Norden und Süden der Kasbah, die städtebauliche Entwicklung ging aber vor allem nach Südosten, den Hauptverkehrslinien ins Landesinnere und dem Terrain folgend. Eine etwa 1 km breite Küstenebene bot günstigen Baugrund. Dadurch geriet die Kasbah mehr und mehr in eine periphere Lage, das Stadtzentrum wanderte mit der Bebauung nach Süden. Erst im 20. Jh. erklommen die Wohnviertel die Hänge im Südwesten. Die Bebauung des hängigen Geländes bis etwa 300 m über NN verschaffte der Stadt die einzigartige Form eines Amphitheaters, schuf aber mit ihren Treppengassen und Serpentinenstraßen auch schwierige Verkehrsprobleme. Das hängige Gelände verhinderte bis heute den Bau eines schienengebundenen Nahverkehrsmittels. Noch in den letzten Jahren der Kolonialzeit griff die Bebauung nach Osten in die Mitidjaebene über.

1830	30 000	1954	581 000
1896	123 000	1966	937 000
1921	207 000	1977	1 365 000
1931	257 000	1987	1 688 000[1]

[1] Wilaya Algier
Quelle: diverse Statistiken

Tab. 9: Bevölkerungsentwicklung der Stadt Algier 1830–1987

Die Entwicklung Algiers nach 1962 ist vor allem durch drei Züge gekennzeichnet:
– neue Funktionen als Landeshauptstadt,
– Abbau der kolonialzeitlichen Brückenkopffunktionen,
– explosionsartiger Anstieg der Einwohnerzahl (Tab. 9).

Der rapide Bevölkerungsanstieg, der sich seit den dreißiger Jahren abzeichnete, erreichte zwischen 1954 und 1977 seinen Höhepunkt. Der Exodus der Europäer 1962 wurde durch Zuzug von außen mühelos überspielt. Zudem wandelte sich Algier von einer ethnisch dualistischen zu einer homogen algerischen Stadt. Der Hauptstrom der Zuwanderer stammte aus der nahen, übervölkerten Kabylei. Bei der Volkszählung 1966 gaben 29% der Stadtbewohner Berberisch als Muttersprache an. Um 1980 ließ das Bevölkerungswachstum der Kernstadt nach. Die Volkszählung 1987 erbrachte mit 1,483 Mio. für die Stadt und 1,688 Mio. Einwohnern für das Wilaya weit weniger, als vorher geschätzt worden war. Das Wachstum 1977–1987 von 8,6% ist geringer als der Geburtenüberschuß dieser Zeit. Der Raum der Kernstadt Algier ist offensichtlich aufgefüllt, das unterdurchschnittliche Bevölkerungswachstum ist auf die Beseitigung von Bidonvilles und die Stadt-Rand-Wanderungen zurückzuführen. Die Stadtregion wächst heute vorwiegend in ihrer Außenzone, die den Sahel im Südwesten und die Mitidjaebene im Osten der Stadt umfaßt. Die Verstädterung rückt nicht mehr in geschlossener Front vor, sie überspringt landwirtschaftlich genutzte Freiräume und lehnt sich an ältere Dörfer und Städte als Siedlungskerne an. In den letzten Jahrzehnten hat sich eine *Stadtregion* (Abb. 19) ausgebildet mit Algier als überragendem Zentrum und 6–8 Nebenzentren. Diese Stadtregion reicht im Osten etwa bis Boudouaou, schließt im Süden noch den Wilayatshauptort Blida ein (1954: 38 000 E. – 1987: 131 600 E.) und erreicht im Westen Koléa und Sidi Ferruch mit seinen Badestränden.

Die *bauliche Entwicklung* in dieser Stadtregion war bisher recht unkoordiniert. In der Mitidjaebene wurde großflächig wertvollstes Ackerland überbaut, obwohl der größte Teil des ehemaligen Koloniallandes sich im Besitz der öffentlichen Hand befindet. Die Bebauung folgt den durch Bahnlinien und Hauptstraßen vorge-

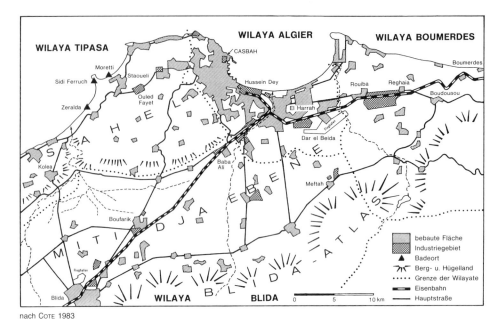

nach COTE 1983

Abb. 19: Die Stadtregion Algier

zeichneten Achsen. Die Hauptstoßrichtung der Bebauung ging seit 100 Jahren nach Südosten und hat seit 1960 weit in die Mitidjaebene ausgegriffen. Industriebetriebe, Depots, Bildungseinrichtungen und große Wohnanlagen wurden hier im bunten Wechsel errichtet. Im hügeligen Gelände des Sahel im Westen und Südwesten der Stadt entstanden nur wenige Industriebetriebe, dafür aber Verwaltungsgebäude, Kasernen, Bildungseinrichtungen, internationale Sporteinrichtungen und vor allem Wohnviertel von unterschiedlicher Form.

4.3.2
Funktionswandel: Vom kolonialen Brückenkopf zur Landeshauptstadt

Die Unabhängigkeit Algeriens bedeutete für die Stadt Algier einen einschneidenden Funktionswandel. Die Ausrichtung auf Europa, die Funktion des Brückenkopfes für die Metropole, ging verloren. Die 200000 europäischen Bewohner verließen im Sommer 1962 fluchtartig die Stadt, das Wirtschaftsleben war für Jahre gestört. Nach einigen schwierigen Übergangsjahren waren diese Verluste durch den Funktionsgewinn als Hauptstadt eines unabhängigen Nationalstaates mehr als ausgeglichen. Viele Entscheidungen, die früher in Paris getroffen wurden, verlagerten sich jetzt in die Stadt. In ihr leben wieder 26000 Ausländer, darunter 6500 Franzosen, von denen aber nur einige hundert ehemalige „pieds noirs" sind.

Algier ist das *politische Entscheidungszentrum* des Landes und als solches Sitz der Regierung mit über 20 Ministerien, des Parlaments, der Parteien und der Armeeführung. Das internationale Ansehen des Landes wird durch ein großes diplomatisches Korps und mehrere internationale Organisationen unterstrichen.

Algier ist weit mehr als in der Kolonialzeit auch *wirtschaftliches Entscheidungs-*

zentrum, schon aufgrund der Tatsache, daß drei Viertel des Wirtschaftslebens vom Staat kontrolliert werden. Obwohl die größten Staatsgesellschaften (Societés Nationales) 1981 zerschlagen und dezentralisiert wurden, bleibt die Stadt der mit Abstand wichtigste Standort für Wirtschaftsverwaltungen, Banken, Versicherungen und nationale Transportunternehmen. Schließlich ist Algier für die Privatwirtschaft schon wegen der unerläßlichen Fühlungsvorteile zur öffentlichen Hand ein optimaler Standort.

Algier ist das unumstrittene *kulturelle Zentrum* des Landes. Hier findet sich das breiteste Angebot von Schulen und Hochschulen. Die Universität zählte 1988 55700 Studierende gegenüber 2630 im Jahre 1962. Trotz vieler Neugründungen von Hochschulen sind immer noch 35% aller algerischen Studenten in der Hauptstadt konzentriert, 1980 waren es noch 56%. Algier ist Sitz zahlreicher Forschungsinstitute, der Nationalbibliothek, der nationalen Medien (Zeitungen, Rundfunk, Fernsehen) und besitzt einige Museen von internationalem Rang.

Algier ist das wichtigste *Handels- und Verkehrszentrum* Algeriens. Der *Hafen*, dem die Stadt ihre Existenz verdankt, schlägt jährlich etwa 6 Mio. t um, das sind etwa 35% des Güterumschlags aller algerischen Häfen, wenn man von den Kohlenwasserstoffen absieht.

Gegenüber der Kolonialzeit haben sich die Güterströme stark gewandelt. Im Jahre 1987 standen den 4,6 Mio. t Importen nur noch 1 Mio. t an Exporten gegenüber, 1954 war das Verhältnis mit 1,9 : 1,4 Mio. t noch relativ ausgeglichen. Algier ist heute vor allem Importhafen für Lebensmittel, besonders Getreide, Konsum- und Investitionsgüter, die durch den hier ansässigen, weitgehend verstaatlichten Großhandel in einem weiten Hinterland verteilt werden. Beim Passagierverkehr benutzen jährlich 200000 Menschen das Schiff, aber 3 bis 4 Mio. das Flugzeug. Der *Flughafen* der Stadt ist heute die algerische Luftverkehrs-Drehscheibe, welche die algerischen Binnenfluglinien mit den internationalen verknüpft.

Algier ist nicht zuletzt die größte *Industriestadt* des Landes. Aus der Kolonialzeit wurde eine breite Palette von Konsumgüter- und Lebensmittelindustrien (Mühlen, Teigwaren- und Brotfabriken, Keltereien, Brauereien, Tabakfabriken, Konfektions- und Schuhfabriken) sowie Investitionsgüterindustrien (Zementfabrik, Stahlbau, Düngerfabriken, Metallverarbeitung) übernommen. Die auf Dezentralisierung bedachte Industrialisierungspolitik des unabhängigen Algerien hat innerhalb der Agglomeration keine staatliche Großindustrien mehr angesiedelt. Man hat sich auf die Ansiedlung kleiner und mittlerer Betriebe beschränkt und die vorhandenen ausgebaut. Größter staatlicher Einzelbetrieb dürfte heute das LKW-Werk von Rouiba mit 6000 Beschäftigten sein. Größere Betriebe wurden allerdings im Außenbereich der Stadtregion errichtet, wie z. B. die Zementfabrik von Meftah. Während sich der Staat mit Industrieansiedlungen zurückhielt, hat die private Industrie die Standortgunst der Agglomeration voll genutzt. Bereits 1974 konzentrierte sich fast die Hälfte aller privaten algerischen Industriebetriebe mit über 20 Beschäftigten auf die Stadt Algier. Mitte der achtziger Jahre entfielen auf Algier 130000 Industriebeschäftigte, d. h. 30% aller Industriebeschäftigten Algeriens.

4.3.3
Stadtstrukturen

Eine grobe funktionsräumliche Gliederung Algiers hat von der Hafenzone auszugehen, welche den Westrand der Bucht begleitet. An die älteren Teile des Hafens schließt sich unmittelbar das *zentrale Geschäftsviertel* an, das sich um einen 2 km langen Straßenzug (Ben M'Hidi, Didouche Mourad), der als frühere Ausfallstraße von der Kasbah zu den Höhen im Südwesten verläuft, bandartig gruppiert. Hier finden sich Ladengeschäfte des gehobenen Bedarfs, Restaurants, Hotels und Verwaltungsgebäude in bunter Mischung mit Wohnungen der oberen Schichten – man kann daher kaum von einer City sprechen. Dieses aus der Kolonialzeit übernommene Zentrum reicht für eine Landeshauptstadt, deren Bevölkerung sich in den letzten vierzig Jahren vervierfacht hat, nicht mehr aus. Eine seitliche Erweiterung wird durch den Hafen und das steil ansteigende Gelände verhindert. Folglich wurde 3 km weiter im Süden, neben dem 1982 eingeweihten Befreiungsdenkmal, das die Stadtsilhouette beherrscht, ein neues Geschäfts- und Kulturzentrum Riadh el Fath angelegt. Unterhalb des Denkmals entsteht im Stadtteil Hamma, einem sanierungsreifen Mischgebiet aus Wohnungen und Gewerbebetrieben, ein repräsentatives Zentrum mit Luxushotel, Nationalbibliothek, Parlamentsgebäude, Kongreßzentrum und Geschäftszentrum. Damit wird das Zentrum entlastet und der Schwerpunkt des städtischen Lebens, der Bebauung folgend, weiter nach Südosten verlagert. Die Landeshauptstadt Algier besitzt bisher kein *Regierungsviertel*, die aus der Kolonialzeit ererbten Verwaltungsgebäude genügen längst nicht mehr, die Hälfte der Ministerien ist vom alten Zentrum mit dem ehemaligen Sitz des französischen Generalgouverneurs in die westliche und südliche Peripherie abgewandert. Auch die ursprünglich im Zentrum angesiedelte Universität mußte ganze Fakultäten auslagern.

Die älteren *Industrieviertel* befanden sich in Hafennähe im Südosten (Hussein Dey, El Harrach), wo sie Bahnanschluß hatten. Die neuen Industrien mit hohem Flächenbedarf wurden überwiegend in der Mitidja-Ebene, bis zu 30 km vom Zentrum entfernt, angesiedelt. Noch in den letzten Jahren der französischen Herrschaft wurde das riesige Industriegebiet von Rouiba-Reghaia mit 730 ha erschlossen, weitere Gewerbeflächen wurden in der Nähe des Flughafens in Dar el Beida ausgewiesen. Insgesamt dürften in der östlichen Mitidjaebene heute 20000 Industriebeschäftigte ihren Arbeitsplatz haben.

Bei einer *sozialräumlichen Gliederung* der Wohnviertel läßt sich ein breiter Sektor erkennen, der von den ruhigeren Straßen des Zentrums ausgehend, die Anhöhen im Südwesten erklimmt und von Mittel- und Oberschicht bewohnt wird. Hier hatte schon die türkische Oberschicht ihre Landsitze. Die Kasbah ist marginalisiert, auf einer Fläche von 36 ha drängen sich 60000 Einwohner. Seit den siebziger Jahren wurden Sanierungspläne ausgearbeitet, z. T. unter Mitwirkung der UNESCO. Sie werden jetzt langsam, Baublock für Baublock, realisiert. Die Kasbah soll als historisches und künstlerisches Ensemble bewahrt und revitalisiert werden. Ausgesprochene Arbeiterviertel finden sich nördlich der Kasbah, in Bab el Oued, sowie vor allem im Südostsektor der Stadt in Gemengelage mit älteren Gewerbebetrieben. Die sozialräumliche Gliederung der Agglomeration Algier ist recht komplex, weil die Großbauten des sozialen Wohnungsbaus ZHUN, kolonialzeitliche Mietskasernen, randstädtische Villengebiete und Industriezonen in bunter Mischung errichtet wurden.

4.3.4
Stadtplanung

Die Entwicklung der Stadtregion Algier zeugt mehr von Planlosigkeit als von gezielter Stadtentwicklungsplanung, obwohl seit den dreißiger Jahren ein gutes Dutzend von Plänen erstellt wurden. Ein erster Entwurf einer Planungsgruppe COMEDOR von 1975, gegründet auf Ideen des brasilianischen Architekten Oscar Niemeyer, sah eine Stadtentwicklung nach Osten, halbkreisförmig um die Bucht von Algier herum, vor. Die Stadt sollte eine Obergrenze von 3,5 Mio. Einwohnern haben und im Osten ein neues Regierungs-, Diplomaten- und Geschäftsviertel erhalten. Wegen der hohen Kosten und des Verbrauchs von 15000 ha des besten Agrarlandes wurde dieses Konzept 1981 verworfen. 1984 setzte der Ministerrat einen neuen Stadtentwicklungsplan (plan d'urbanisme) in Kraft, der bescheidenere Ziele verfolgt. Oberstes Ziel ist die weitgehende Schonung des Ackerlandes, die Bebauung soll verdichtet und die unumgängliche Expansion nach Südwesten, auf die geringwertigeren Böden des Sahel, umgelenkt werden. Der gesamte Stadtraum wird in acht Sektoren zu je etwa 250000 Einwohnern aufgeteilt, die wiederum in Viertel und Nachbarschaften untergliedert werden. Jede dieser hierarchisch gegliederten Einheiten erhält die nötigen Versorgungseinrichtungen, um den Verkehr zum bisherigen Zentrum zu verringern. Moderne Verkehrsmittel sollen die acht Sektoren untereinander verbinden: S-Bahn, Seilbahnen zur Überwindung der beträchtlichen Höhenunterschiede, Schnellstraßen. Der völlig unzulängliche Hauptbahnhof wird aus dem Zentrum nach Dar el Beida im Osten, in die Nähe des Flughafens, verlegt. Von hier soll eine 28 km lange U-Bahn unter Benutzung der bisherigen Bahntrasse ins Zentrum führen, dann 8 km unterirdisch verlaufen und noch die westlichen Vororte erschließen. Diese West-Ost-Linie soll der innerstädtische Hauptverkehrsträger werden, wenn sie im Jahre 2006 fertiggestellt sein wird.

Für die weitere industrielle Entwicklung ist nur noch ein großes Industriegebiet im Westen der Stadt bei Ouled Fayet vorgesehen. Es bleibt abzuwarten, ob diesem Stadtentwicklungsplan mehr Erfolg beschieden sein wird als seinen vielen Vorgängern.

4.4
Das Städtesystem des Oranais (Westalgerien)

Das Hinterland von Oran zählt zu den verstädtertsten Teilen Algeriens mit einem sehr dichten, aus der Kolonialzeit ererbten Städtenetz. Die Agrarkolonisation hat die westalgerischen Küstenebenen und die flachen Hügelländer der Sahels von Oran und Arzew sehr stark überformt.

Die intensive Kolonisation hatte historische wie physisch-geographische Ursachen. Die Stadt Oran und der Kriegshafen Mers-el-Kebir bildeten von 1509 bis 1708 und nochmals von 1732 bis 1792 ein spanisches „Presidio" (ähnlich wie heute noch Ceuta und Melilla an der marokkanischen Küste), d. h. eine gegen die türkischen Deys von Mascara angelegte starke Festung. Ihr Vorfeld war Kampfzone mit nur spärlicher Nomadenbevölkerung. Außer Oran gab es in der Vorkolonialzeit nur den kleinen Hafen Arzew und die türkische Garnison Mostaganem als städtische Siedlungen. Die größeren Städte des Binnenlandes – Tlemçen, Mascara, Kalaa und Mazouna – lagen in sicherer Entfernung von der umkämpften Küste. Die französischen Eroberer fanden daher nach 1830 ein fast menschenleeres Land vor, das leicht zu okkupieren und in Besitz zu nehmen war. Zudem sorgte ein starker Einwandererstrom aus den nahen, übervölkerten Provinzen Südspaniens für arbeitsame Siedler. Günstige Bodenverhältnisse und das semiaride Klima begünstigten den *Weinbau* mit seinem hohen Bedarf an Arbeitskräften. Auf die Region Oran entfielen noch

	1954			1977	1987	Wachstum
	Gesamtbev.	Europäer	v. H.	Gesamtbev.	Gesamtbev.	1954–1987 (v. H.)
Oran	274772	171182	62,3	491901	598525	117,8
Essenia	4785	?		36091	34601	623,1
Gdyel	3724	2234	60,0	15992	21093	466,4
Arzew	6822	3547	52,0	22171	39460	478,4
Mostaganem	56446	18818	33,3	101639	115302	104,3

Quellen: B. SEMMOUD, 1985; Office National des Statistiques: Statistiques Nr. 16, 1987

Tab. 10: Bevölkerungsentwicklung westalgerischer Städte 1954–1987

1967 ca. 75% der algerischen Rebfläche von damals 320000 ha und etwa zwei Drittel der Weinernte (H. ACHENBACH, 1971, S. 161). Daneben wurden die Bewässerungskulturen Agrumen und Frühgemüse betrieben, nachdem schon im 19. Jh. die ersten Staudämme errichtet worden waren. Die kolonialzeitliche Siedlungshierarchie mit Kolonialdorf – Kleinstadt – Mittelstadt – Regionalmetropole Oran war voll ausgebildet, seine wirtschaftliche Basis bildeten diese Agrar-Exportkulturen. Das Städtesystem sammelte die Agrarprodukte, bereitete sie auf und leitete sie über das Eisenbahnnetz zu den Exporthäfen Oran und Mostaganem. Oran war zudem der überragende Importhafen für Konsum- und Investitionsgüter, welche über das Städtesystem bis in die Sahara verteilt wurden. Für die Städte hatten auch die Bodenrenten aus dem Landbesitz im Umland eine erhebliche wirtschaftliche Bedeutung.

Die Entkolonialisierung mußte dieses Städtesystem, das ganz im Dienst der Agrarexportwirtschaft gestanden hatte, zunächst erheblich beeinträchtigen. Der Abzug der europäischen Bevölkerung 1962 wurde durch Zuzug algerischer Landbevölkerung zwar zahlenmäßig ausgeglichen, doch blieb das Wachstum der westalgerischen Städte erheblich unter dem Landesdurchschnitt (Tab. 10).

Der Niedergang der Agrarexportwirtschaft hat den westalgerischen Städten die wirtschaftliche Basis entzogen, der Agrarreform fielen die Renten aus dem Grundbesitz der Stadtbürger zum Opfer. Eine neue wirtschaftliche Basis sollte durch Industrialisierung und Ausbau des Dienstleistungssektors geschaffen werden.

4.4.1
Die Industrialisierung

Aus der Kolonialzeit war ein bescheidener Industriebesatz übernommen worden, der sich fast ausschließlich auf Oran und dessen Vorort Essenia konzentrierte:

– ein Siemens-Martin-Stahlwerk auf Schrottbasis mit einer Kapazität von 30000 t Baustahl im Jahr,
– die Werft im Kriegshafen Mers-el-Kebir, welche das unabhängige Algerien auf den Bau von Fischkuttern umstellte,
– eine große Glasfabrik,
– Zulieferbetriebe für die Landwirtschaft (Verpackungen, Düngemittel, Bewässerungsmaterial),
– Lebensmittelindustrien zur Belieferung des Lokalmarktes (Öl- und Getreidemühlen, Brauereien, Molkerei),
– Textilindustrie.

Die Industrialisierungspolitik des unabhängigen Algerien hat zu einer Industrieachse Oran-Hassi Ameur-Arzew-Mostaganem ge-

Städtesystem des Oranais

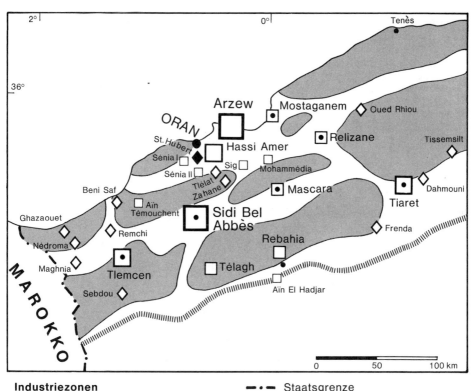

Industriezonen
(mit geplanter Beschäftigtenzahl)

☐ > 15000

☐ 6600 – 9700

☐ 3000 – 4800
☐ 1700 – 2500

◇ kleines staatliches Industriegebiet
(mit über 500 Beschäftigten)

—·— Staatsgrenze

⦀⦀⦀ Grenze zwischen
Tell- und Steppenregion

◆ Industriezone, die bereits
in der Kolonialzeit entstanden ist

• Mittelstadt
(65000 – 160000 Einwohner)

● Regionalmetropole

▨ Bergland

Quelle: BENDJELID, 1990

Abb. 20: Die Industriezonen im Oranais

führt, die nach B. SEMMOUD (1985, S. 43) 320 Betriebe mit 31000 Beschäftigten umfaßt. Davon entfallen 11000 Arbeitnehmer auf Oran und seine Vororte und 17000 auf den neuen Standort Arzew-Bethioua. Nach dem Großraum Algier ist hier die zweitgrößte Industriekonzentration des Landes entstanden (Abb. 20).

In Oran siedelten sich zahlreiche kleinere und mittlere Betriebe der privaten Konsumgüterindustrie an (Textil- und Schuhfabriken, Konfektion, Holz- und Kunststoffverarbeitung, Lebensmittelindustrie), welche die Standortvorteile der zweitgrößten Stadt Algeriens nutzen. Der private Sektor beschäftigt etwa 6000 Ar-

7 Algerien

Betrieb	Baubeginn	Produktionsbeginn	Fläche (ha)	Beschäftigte
3 Gasverflüssigungsanlagen (GL 1Z, GL 2Z, GL 4Z)	1962–1977	1964–1980	170	2100
Erdölraffinerie	1969	1973	150	1150
Spaltgas-Trennanlage (GPL)	1970	1974	16	385
Fabrik f. Methanol u. Kunstharz	1972	1978	27	565
Stickstoffdüngerfabrik	1966	1969	34	1050
Kraftwerk	1980	1984	162	655
Summe			559	5905

Quelle: B. SEMMOUD, 1985, S. 61

Tab. 11: Die wichtigsten Industriebetriebe von Arzew

beitskräfte. Demgegenüber beschränkte sich der staatliche Sektor auf wenige Neugründungen, erweiterte aber den Bestand an verstaatlichten älteren Betrieben.

Zum wichtigsten Standort der staatlichen Industrie wurde Arzew ausgebaut. Bis 1962 hatte die wichtigste Aktivität des kleinen Hafenstädtchens im Export von Salz aus einem Salzsee im Hinterland bestanden. Um 1960, also noch während der französischen Herrschaft, fiel die Entscheidung, in der Bucht von Arzew Verschiffungsanlagen für Erdöl und Erdgas aus der Sahara zu errichten. Das unabhängige Algerien hat die Pläne übernommen, sie aber modifiziert durch den Ausbau der verarbeitenden Industrien. Der Endpunkt der Öl- und Gasleitungen wurde zum Standort petrochemischer Industrien. Aus dem bloßen Verschiffungsort von Rohstoffen der kolonialzeitlichen Planung wurde der mit Abstand wichtigste Industriestandort Westalgeriens, seine Industriezone von 2600 ha ist die größte des Landes.

Für Arzew sprach die geschützte Reede in der 30 km breiten und 15 km tiefen Bucht, die schnell in tieferes Wasser abfällt. Der Bau der beiden Häfen Arzew und Bethioua war daher leicht möglich. Weitere Standortfaktoren waren der tragfähige Baugrund sowohl in der schmalen Küstenebene wie auf dem Plateau, das sich mit einem Steilabfall 50 m über sie erhebt, eine relativ gute Infrastruktur (Straßen, Eisenbahn) sowie die reichlich vorhandenen Arbeitskräfte. Ab 1962 erfolgte die Bebauung einer Industriezone von 2000 ha, die sich als 15 km langes, schmales Band um den Westteil der Bucht legt. Bis 1985 waren 13 Industriebetriebe, 5 größere Dienstleistungsbetriebe und 3 überbetriebliche Ausbildungsstätten fertiggestellt.

Die Industriezone von Arzew bildet heute die größte Konzentration von hochtechnisierten, kapitalintensiven Staatsbetrieben für die Verarbeitung von Erdöl und Erdgas in Algerien (Tab. 11). Mit einer – geschätzten – Investitionssumme von 25 Mrd. DA wurden aber lediglich 13 000 Dauerarbeitsplätze geschaffen; hinzu kommen 3000–4000 Arbeitsplätze auf den Baustellen. Die riesigen Erdgasverflüssigungsanlagen waren in den sechziger Jahren die technologischen Pionierbetriebe ihrer Art in der Welt. Die Produktion ist zum Teil für den algerischen Binnenmarkt bestimmt (Düngemittel, Kraftstoffe, Schmieröle, Bitumen, Flaschengas für die Haushalte), der wertmäßig größere Teil geht in den Export. Diese Exportorientierung optimiert den Küstenstandort.

	1964		1987	
	Importe	Exporte	Importe	Exporte
Oran	797	900	2660	79
Mostaganem	90	378	796	224
Arzew	119	193	734	9558
Bethioua	–	–	–	22804
Summe	1006	1461	4190	32665

Quellen: Annuaire Statistique de l'Algérie 1966–1967 und 1990

Tab. 12: Der Umschlag westalgerischer Häfen 1964 und 1987 (in 1000)

In Mostaganem wurde die größte Zellulosefabrik Algeriens erbaut (950 Beschäftigte). Sie verarbeitet das früher exportierte Halfagras der Steppe. Wegen unzulänglicher Rohstoffversorgung und technischen Schwierigkeiten, besonders bei der Wasserversorgung, erreichte sie bisher nie mehr als ein Drittel ihrer Produktionskapazität von 66000 t. Eine Zuckerraffinerie (700 Beschäftigte) raffiniert importierten Rohzucker; die Einführung des Zuckerrübenanbaus ist bisher nicht gelungen. Das industrielle Branchenspektrum der Stadt wird von Konfektions- und Textilbetrieben abgerundet.

Die Industriezone Hassi Amer (313 ha) wurde zwischen Oran und Arzew auf früherem Rebland ausgewiesen. Sie ist bisher erst von vier Betrieben mit zusammen 1500 Beschäftigten besetzt; die hier seit über einem Jahrzehnt vorgesehene Ansiedlung der ersten algerischen PKW-Fabrik läßt weiter auf sich warten.

Neben den großen Industriezonen an der Küste entstanden weitere im Hinterland des Oranais, angelehnt an vorhandene Klein- und Mittelstädte. Die staatliche Planung zielte auf eine gleichmäßige Verteilung der neuen Industriebetriebe im Raum. Dabei entstanden sehr diversifizierte Industrien.

4.4.2 Der Wandel des tertiären Sektors

Der Funktionswandel des westalgerischen Städtenetzes wird auch am Güterumschlag der Seehäfen sichtbar (Tab. 12).

Der Hafen von Oran hat heute mit 2,7 Mio. t (1987) einen geringeren Umschlag als 1938 (3,2 Mio. t). Oran und Mostaganem sind reine Importhäfen geworden, die früheren Agrarexporte – sie bestanden gegen Ende der Kolonialzeit zu über 50% aus Wein – sind zu unbedeutenden Erinnerungsposten geschrumpft. Importiert werden in erster Linie Grundnahrungsmittel, in zweiter Linie Investitionsgüter. Die neuen Häfen sind hochspezialisierte Umschlagplätze, Arzew exportiert Rohöl und Raffinerieprodukte, Bethioua Flüssiggas und Spaltgas GPL (Gaz de Pétrole Liquifiée). Der extrem einseitige Umschlag der vier Häfen reflektiert den Wandel von der kolonialzeitlichen Agrarexportwirtschaft zur fast totalen Ausrichtung des Außenhandels auf Kohlenwasserstoffe. Positiv ist zu bewerten, daß 25% des Hafenumschlags auf die inneralgerische Küstenschiffahrt entfallen, ein Zeichen für die wachsende interregionale Verflechtung der algerischen Wirtschaft.

Als Handelsstadt war Oran in der Kolonialzeit ein ernster Konkurrent für Algier.

Die Entkolonialisierung, die Verstaatlichung des Außenhandels und seine Konzentration auf Algier haben die Handelsfunktionen der Stadt sehr beeinträchtigt. Dennoch besitzt die Stadt noch einen beträchtlichen privaten Großhandel, konzentriert auf den Straßenzug Boulevard Maata Mohammed el Habib, das ist die südwestliche Ausfallstraße in Richtung Tlemçen.

Die Reichweite der administrativen Funktionen Orans wurde durch die verschiedenen Verwaltungsreformen stark beschnitten, während die Stadt bis 1957 noch für ganz Westalgerien die Verwaltungshauptstadt gebildet hatte. Andererseits hat die Stadt vom Ausbau des Bildungswesens stark profitiert. Die Universität Oran-Essenia, Mitte der sechziger Jahre am südlichen Stadtrand gegründet, zählte 1982 bereits 12400 Studenten. Eine Technische Universität entsteht am östlichen Stadtrand in Bir El Djir, Fachhochschulen für Meteorologie, Telekommunikation und für die Erdölwirtschaft wurden ins Leben gerufen. Insgesamt entfielen 1977 auf den öffentlichen Dienst 25% der Erwerbstätigen.

4.4.3
Die bauliche Entwicklung

Die Bausubstanz der Städteachse Oran-Mostaganem stammt aus der Kolonial- und Postkolonialzeit, lediglich Mostaganem besitzt ein kleines Viertel aus türkischer Zeit. In Oran bilden ein kleines spanisches und ein jüdisches Viertel, das nach 1962 weitgehend demoliert wurde, den ältesten Stadtkern. Auffällig sind mehrere Forts aus spanischer Zeit im Stadtbild; sie wurden von der französischen Armee und heute von der algerischen Armee genutzt. An diesen ältesten Kern schloß sich nach 1830 die großzügig geplante europäische Stadt an, eine orientalische Medina hat es nie gegeben. Die Besucher hat seit jeher der moderne Charakter dieser nordafrikanischen Stadt überrascht: breite Arkadenboulevards und Platzanlagen sowie eine imposante Hochhauskulisse an der Seefront geben der Stadt ihr Gepräge. Die algerische Bevölkerung, die 1954 erst 40% der Stadtbevölkerung zählte, konzentrierte sich auf ein eigenes Viertel (Medina Jdida) im Südwesten der Stadt, Slumviertel zogen sich die Hänge des Djebel Murdjadjo hinauf. Das aus der Kolonialzeit überkommene System der zweipoligen Geschäftsviertel hat die Entkolonisierung überdauert. Das traditionelle Viertel mit einfachen Verkaufsbuden und basarartiger Branchengliederung befindet sich in der Medina Jdida um den Boulevard de l'Indépendance, das bessere Viertel mit Ladengeschäften liegt nördlich davon im Zentrum der ehemaligen Europäerstadt.

Der Abzug des starken europäischen Bevölkerungsteils löste 1962 vorübergehend das Wohnungsproblem, die Slums entleerten sich, der Wohnungsbau wurde lange vernachlässigt. Der Bevölkerungsanstieg im Gefolge der Industrialisierung traf die Städte unvorbereitet. Besonders in der Kleinstadt Arzew, dem Schwerpunkt der Industrialisierung, konnte die Stadtentwicklung der Schaffung von 17000 Arbeitsplätzen nicht entfernt folgen. Der Neubau von 3300 Wohnungen setzte verspätet ein, ein zweites Kontingent mit 4000 Wohnungen ist im Bau. Die Arbeiter behalfen sich durch Eigenbau in den benachbarten Dörfern, Tausende pendeln täglich mit Bussen aus dem 40 km entfernten Oran ein. Eine Schnellbahnlinie Oran–Arzew existiert nur als Projekt, die alte Schmalspurbahn wurde längst stillgelegt. In Oran bevölkerten sich die alten Slumviertel von neuem.

Der Wohnungsbau erfolgt wie in den anderen algerischen Städten in drei Formen:

- Großwohnsiedlungen aus Fertigbauteilen (ZHUN) am Stadtrand von Oran, Gdyel, Arzew,
- Einfamilienhäuser der Mittel- und Oberschicht,
- einfacher Eigenbau der Arbeiter und Landbewohner (Habitat Rural) in einem Kranz von Dörfern um Oran auf Parzellen, die der Staat zuteilt.

Die Versorgungsprobleme dieser Neubauviertel – Verkehrsanbindung, Ausstattung mit Läden und Dienstleistungen – sind groß. Das gravierendste Problem bildet seit Jahrzehnten die Trinkwasserversorgung in diesem semiariden Raum. Die Unruhen im Oktober 1988, die auch Oran ergriffen, erklären sich vor allem aus diesen Disparitäten zwischen massiver Industrialisierung und unbefriedigenden Lebensverhältnissen.

4.5
Constantine – die Regionalmetropole Ostalgeriens

Die Stadt Constantine ist seit mehr als 2000 Jahren das Oberzentrum Ostalgeriens und bildet somit ein im Maghreb seltenes Beispiel für eine ungebrochene städtische Kontinuität seit der Antike. Der Platz wurde bereits im 3. Jh. v. Chr. unter dem Namen Cirta Hauptstadt eines numidischen Reiches. Kaiser Konstantin verlieh ihr im 4. Jh. n. Chr. seinen Namen (arab. Ksantina). Im 16. Jh. machten die Türken Constantine zum Vorort eines Beyliks und gaben damit die zentralen Funktionen für Ostalgerien endgültig vor. Die Franzosen behielten die osmanische Verwaltungsgliederung im wesentlichen bei, die Stadt wurde bei der administrativen Gliederung Algeriens in drei Provinzen (1845) Vorort des riesigen Départements Constantine, in der Literatur auch als Constantinois bezeichnet. Die Verwaltungsreformen von 1956, 1974 und 1984 beschnitten dieses Gebiet. Nach der jüngsten Umgliederung umfaßt das Wilaya Constantine nur noch 2150 km^2 (1987) mit 662000 Einwohnern, wovon 450000 allein auf die Hauptstadt entfallen.

Die Siedlungskontinuität von Constantine wurde sicherlich durch seine einzigartige Akropolislage auf einem 600 m hohen Kalkplateau begünstigt, das nach drei Seiten bis zu 300 m steil abfällt. Auf der Nord- und Ostseite hat der Oued Rhumel eine etwa 100 m tiefe, schmale Schlucht gebildet. Lediglich von Südwesten hat die Stadt einen schmalen natürlichen Zugang. Diese natürliche Schutzlage, welche früher die Kontinuität der Siedlung begünstigte, ist heute für die Stadtentwicklung ein schweres Hindernis. Die neuen Viertel des 20. Jhs. auf drei benachbarten Plateaus sind nur mit teuren, überlasteten Kunstbauten mit dem Zentrum zu verbinden.

Die Altstadt von Constantine ist trotz starker Eingriffe der französischen Administration im vorigen Jahrhundert eine der wenigen gut erhaltenen arabisch-türkischen Medinas im Lande. Im Unterschied zu Algier und Oran ist die Medina von Constantine (Abb. 21) das lebendige kommerzielle und kulturelle Zentrum der gesamten Stadt geblieben. Während der Kolonialzeit war Constantine neben Tlemçen ein Zentrum des islamisch-arabischen Geisteslebens. Die europäische Bevölkerung blieb immer in der Minderheit (1954: 41000 Europäer von 143000 E.). Das „traditionelle" Constantine hob sich von den „modernen", da mehrheitlich europäischen Küstenstädten ab.

Mit 450000 Einwohnern (1987) ist Constantine die drittgrößte Stadt Algeriens. Ihr jährliches Bevölkerungswachstum hat sich von 6–7% in den sechziger Jahren auf 3% in den achtziger Jahren – das ist im wesentlichen der Geburtenüberschuß – abge-

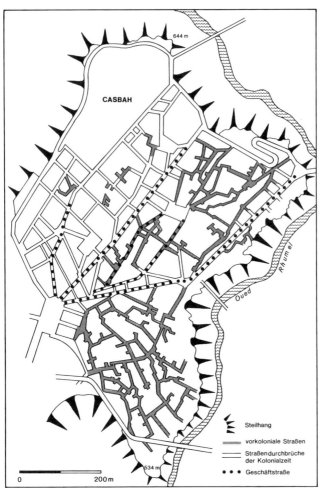

Abb. 21:
Die Medina von Constantine

nach LOEW 1979

schwächt. Ihren stärksten Zuwachs erlebte die Stadt während des Befreiungskrieges und in den sechziger Jahren durch Zuwanderung aus dem Tell, vor allem aus der Kleinen Kabylei. Ähnlich wie in Algier ist der kabylische Bevölkerungsanteil in der Stadt stark angewachsen.

Die Wirtschaftsstruktur Constantines wird eindeutig vom tertiären Sektor geprägt, dem rund drei Viertel der Erwerbsbevölkerung zuzurechnen sind. Von altersher war Constantine ein wichtiges Handelszentrum. Dazu befähigt seine Lage in der Kontaktzone von Tell und Hochplateaus, d. h. in Naturräumen, die seit römischer Zeit unterschiedliche Wirtschaftsstrukturen aufweisen. In der Nähe von Constantine schneiden sich alte Handelsstraßen vom Mittelmeer zur Sahara und von Algier nach Tunis. Während der Kolonialzeit war Constantine das Großhandelszentrum für Ostalgerien. Einerseits verteilte es die über den Hafen Skikda bezogenen Importgüter, andererseits sammelte die Stadt die Agrargüter (Getreide, Vieh) der Hochplateaus.

Die postkoloniale Entwicklung hat die zentralörtliche Position Constantines stark beeinträchtigt. Einerseits wurde sein Verwaltungsgebiet stark beschnitten, andererseits schwächten die Verstaatlichungen im Groß- und Außenhandel seine Stellung zugunsten der Stadt Algier. Auf kulturellem Gebiet wurde seine Position durch die Gründung einer großen Universität gestärkt. Ihre vom brasilianischen Architekten Oscar Niemeyer entworfenen Zentralgebäude liegen auf einem Plateau am südlichen Stadtrand.

Die Industrialisierungspolitik des unabhängigen Algerien hat Constantine stiefmütterlich behandelt. Die ungünstigen Reliefverhältnisse und der Wassermangel in der Region können dies teilweise erklären. In Constantine wurden einige metallverarbeitende Großbetriebe angesiedelt, die theoretisch ihr Vormaterial aus dem Stahlwerk El Hadjar beziehen sollen. Drei Großprojekte wurden in der weiteren Umgebung realisiert: eine Motoren- und Traktorenfabrik in Oued Hamimine, 10 km südöstlich der Stadt (3000 AK, Produktion: 13000 Dieselmotoren und 6000 bis 7000 Traktoren pro Jahr), eine Werkzeugmaschinenfabrik und eine Bagger- und Kranfabrik. Alle drei Firmen arbeiten nach deutschen Lizenzen.

Im Unterschied zu den großen Küstenstädten war die Schaffung von Arbeitsplätzen in Constantine gemessen am Bevölkerungswachstum unzureichend. Die Schattenseiten einer vorwiegend demographischen Verstädterung lassen sich hier beispielhaft studieren: hohe Arbeitslosigkeit, Verkehrsprobleme, ausgedehnte Bidonvilles, unzureichende Wasserversorgung der Stadt, Abwasserprobleme, die auch vor der malerischen Rhumel-Schlucht nicht Halt machen.

4.6
Dynamische Städte im Binnenland

Ein überraschendes Ergebnis der Volkszählung von 1987 war, daß im Jahrzehnt 1977–1987 die großen Küstenstädte ihr Wachstum verlangsamt haben, während viele Klein- und Mittelstädte im Binnenland außerordentlich hohe Zuwachsraten aufwiesen. Die Attraktivität von Algier, Oran und Annaba läßt wegen der großen Wohnungsprobleme offensichtlich nach. Andererseits trägt der planmäßige Ausbau der Städte im Binnenland erste Früchte. Die wichtigste Maßnahme der staatlichen Regionalpolitik ist das Angebot von Arbeitsplätzen durch Industrialisierung, Ausbau des öffentlichen Dienstes und Förderung der Bauwirtschaft. Der staatliche Wohnungsbau und der Ausbau der Versorgungseinrichtungen steigern die Attraktivität der Binnenstädte. Diese Entwicklungen lassen sich beispielhaft an den Städten Sétif, Batna und Oum El Bouaghi aufzeigen. Ihr gemeinsames Merkmal ist ihre Lage auf den ostalgerischen Hochplateaus und ihre Funktion als Vorort eines Wilayas. Alle drei Städte wurden im 19. Jh. von der französischen Kolonisation im nomadischen Steppenland gegründet und blieben während der Kolonialzeit kleine Zentren eines ländlichen Umlands. Im unabhängigen Algerien erlebten sie einen radikalen Umbruch ihrer Sozial- und Wirtschaftsstruktur, der von einem Anstieg ihrer Einwohnerzahl um das Fünf- bis Zehnfache innerhalb einer Generation begleitet war.

4.6.1
Sétif

Sétif wurde im 19. Jh. als französische Kolonialstadt auf den Ruinen des antiken Sitifis gegründet. Im Stadtbild lassen sich die beiden Keimzellen, das weitläufige frühere Kasernenviertel und die Zivilsiedlung, noch gut erkennen. Beide waren von Stadtmauern umgeben, die erst 1925 eingelegt wurden. Die Stadt liegt 1100 m über NN

	1954	1966	1977	1987	Wachstum 1954–1987 in%
Sétif	40168	88212	129754	185786	+363
Batna	18504	55751	102756	184833	+899
Oum El Bouaghi	ca. 5000	9282	15123	44199	+883

Quellen: A. ARNOLD, 1981; ONS, Statistiques Nr. 16, 1987

Tab. 13: Bevölkerungsentwicklung von Sétif, Batna und Oum El Bouaghi

am Übergang des Tell zu den Hochplateaus und an der wichtigen Straßen- und Bahnverbindung von Algier nach Constantine. Während der gesamten Kolonialzeit blieb Sétif Garnisonsstadt, Verwaltungssitz eines Arrondissements und Mittelpunkt eines landwirtschaftlich geprägten Umlands; Industrie fehlte fast völlig.

Der Zustrom von Gebirgsbewohnern während des Befreiungskrieges ließ die Bevölkerungszahl zwischen 1954 und 1966 um mehr als das Doppelte ansteigen. Ab 1972 begann der algerische Staat mit der planmäßigen Ansiedlung von Industriebetrieben. Man wählte Industrien, welche die Halbfabrikate der küstenständigen Schwerindustrie verarbeiteten. Während Constantine Betriebe der Metallverarbeitung erhielt, wurde in Sétif die Kunststoffverarbeitung angesiedelt, die ihre Zulieferungen aus der petrochemischen Industrie von Skikda bezieht. Einige mittelgroße Betriebe erzeugen eine breite Palette von Kunststoffprodukten wie Röhren aus PVC, Säcke, Planen, Folien, Netze, Plastikspielzeug und Kunstleder. Außerdem wurden Konsumgüterfabriken errichtet, die Batterien, Schuhe und Baustoffe herstellen. Insgesamt dürften damit etwa 5000 Arbeitsplätze in der Industrie geschaffen worden sein. Weitere Impulse für die städtische Entwicklung gab die Erhebung zum Hauptort eines Wilayas (1973). Industrialisierung und Ausbau der zentralen Funktionen steigerten die Attraktivität der Stadt, sie wurde zum regionalen Zielpunkt der Binnenwanderung aus dem ländlichen Umland. Zwischen 1977 und 1987 wuchs die Bevölkerung um weitere 43%. Aus der Landstadt der Kolonialzeit ist innerhalb von dreißig Jahren eine Großstadt von etwa 200000 Einwohnern erwachsen. Dieser Zustrom schlug sich vor allem in einem Kranz peripherer Viertel rings um das kolonialzeitliche Zentrum nieder; die Eigenbauwohnungen übertreffen bei weitem die kollektiven Behausungen des sozialen Wohnungsbaus.

4.6.2
Batna

Batna ist wie Sétif ab 1844 als Militärlager angelegt worden, die zivile Siedlung entwickelte sich daneben ab 1848. Der Grundriß dieses Stadtkerns zeigt das übliche Planschema. Der befestigte Platz hatte die Berberbevölkerung des Aurès in Schach zu halten und die Straße von Constantine in die Sahara zu sichern. Batna blieb während der Kolonialzeit eine Kleinstadt, seine Funktionen beschränkten sich auf die eines Militärstützpunktes, Verwaltungssitzes für ein Département (ab 1956) und Zentralen Ortes. Auch hier löste der Befreiungskrieg einen starken Zustrom von Landbewohnern aus dem Aurès, einem der Hauptkampfgebiete, aus. Die Bevölkerung wuchs von 18 500 (1954) auf 55 700 (1966). Am Ausgang des Krieges zählte das Wilaya Batna zu den ärmsten und unterentwickeltsten Gebieten Algeriens, die Abwanderung hielt auch nach Beendigung der Kampfhandlungen an. Batna wurde zum regionalen Wanderungsziel für die Landbevölkerung des Aurès und der südlichen Hochplateaus, so daß die Stadtbevölkerung sich innerhalb von 33 Jahren auf das Zehnfache erhöhte (s. Tabelle 13). Um der Arbeitslosigkeit zu begegnen, wurde Batna bereits in das erste Industrialisierungsprogramm von 1963 aufgenommen und mit einer Baumwollspinnerei und -weberei (800 AK) bedacht. Weitere Industriebetriebe folgten im Rahmen eines Regionalentwicklungsprogramms, dem „Programme Special de l'Aurès" von 1968. Eine große Gerberei, welche die in der lokalen Viehwirtschaft anfallenden Häute verarbeiten sollte, konnte jahrelang wegen Wassermangels nicht in Betrieb genommen werden.

Weit mehr Arbeitsplätze entstanden in der Bauwirtschaft, vor allem aber im öffentlichen Dienst der Provinzhauptstadt. Das Bildungswesen erfuhr besondere Förderung: zahlreiche Gymnasien mit angeschlossenen Internaten, ein Islamisches Institut, Fachhochschulen und eine Teiluniversität (Centre Universitaire) wurden errichtet. Sie prägen das Bild der Innenstadt, die auch hier von ausgedehnten peripheren Vierteln aus Eigenbauhäusern umgeben ist. Der kolonialzeitliche planmäßige Stadtkern bildet das lebhafte Geschäftsviertel, er umfaßt nur noch einen kleinen Teil der Stadtfläche.

4.6.3
Oum El Bouaghi

Bei den administrativen Neugliederungen von 1974 und 1984 wurden einige Marktflecken und Kleinstädte zum Rang von Wilayatsvororten erhoben, denen dafür jegliche Voraussetzungen fehlten. Der algerische Staat mußte mit massiven Investitionen die nötigen Dienstgebäude, Versorgungseinrichtungen und Wohnungen für die Aufnahme der umfangreichen Bürokratie schaffen. Die Entwicklung dieser Städte zeigt das Ausmaß der Wachstumsimpulse, die von einer derartigen Ansiedlung administrativer Funktionen ausgeht. Am Beispiel der ostalgerischen Kleinstadt Oum El Bouaghi lassen sich derartige Impulse gut isolieren, da hier nicht wie in Sétif und Batna gleichzeitig eine Industrialisierung einherging. Zudem liegt für diese Stadt eine detaillierte Studie von H. LAYEB & P. SIGNOLES vor

Als Oum El Bouaghi 1974 Vorort eines Wilayas von 400 000 Einwohnern wurde, war es im Grunde ein Großdorf aus der Kolonialzeit mit 10 000 Einwohnern, die noch zur Hälfte direkt von der Landwirtschaft lebten. Die Standortwahl durch die Zentralregierung erfolgte aus rein politischen Gründen, gab es doch im Wilaya größere und besser ausgestattete Städte (Ain Beida, Khenchela). Der Erhebung zum Wilayatsvorort folgte ein massiver Investitionsstoß. Zwischen 1970 und 1982 wurden in dem Ort etwa 3 Mrd. DA (900 Mio. DM) an staatlichen Mitteln ausgegeben, vor allem für den Bau von Amtsgebäuden, Schulen und Wohnungen. Das Angebot an Arbeitsplätzen erhöhte sich schlagartig und löste einen Zustrom von Arbeitssuchenden aus, so daß sich zwischen 1977 und 1987 die Bevölkerung von 15 000 auf 44 000 fast verdreifachte. Die bebaute Fläche übertrifft die des kolonialzeitlichen Zentrums um ein Vielfaches; der Anteil des sozialen Wohnungsbaus ist relativ hoch, die Hälfte der Familien lebt in fünfgeschossigen Mehrfamilienhäusern. Dennoch konnte auch hier die Wohnungsnot nicht beseitigt werden, wenn auch die Fläche der Bidonvilles gegenüber den

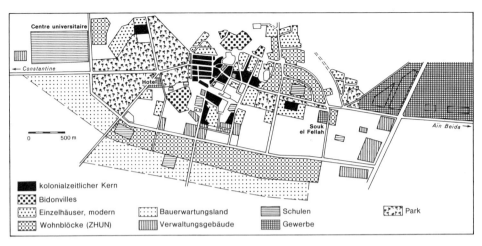

Abb. 22: Oum El Bouaghi: Neugeplanter Hauptort eines Wilayas

Großstädten relativ gering ist. Die städtische Wirtschaftsstruktur wird von zwei Sektoren dominiert: der öffentliche Dienst, vor allem die Administration i. e. S. und der Schuldienst, beschäftigten 1984 mit 3500 Personen 40% der Erwerbspersonen, die Bauwirtschaft 3330 Personen oder 38%. Die Landwirtschaft, die 1966 noch die Hälfte aller Arbeitsplätze anbot, ist fast völlig verschwunden (0,7%), die Industrie mit 3,3% unbedeutend. Da auch die Bauwirtschaft stark von staatlichen Investitionen abhängt, lebt Oum El Bouaghi im Grunde von den Zuwendungen der Zentralregierung. Die Vermehrung der administrativen Zentren verdichtet das Städtenetz und trägt zur Stabilisierung der Bevölkerung im Binnenland bei. Wegen ihrer hohen Kosten sind die künstlichen Schöpfungen außerhalb des überkommenen Städtenetzes aber auch in Algerien sehr umstritten.

5 Der wirtschaftliche Strukturwandel

Seit der Erringung der Unabhängigkeit im Jahre 1962 hat Algerien einen tiefgreifenden Wandel seiner Wirtschafts- und Gesellschaftsstruktur erfahren. Die auf Frankreich orientierte Agrarkolonie hat sich zu einem Schwellenland mit diversifizierter Wirtschaftsstruktur entwickelt. Daß ein solcher Gesellschaftswandel innerhalb von einer Generation zu vielen Friktionen und Spannungen führen muß, liegt auf der Hand.

Die Erwerbsstruktur der Bevölkerung ist durch eine niedrige Erwerbsquote gekennzeichnet: lediglich 20% der Gesamtbevölkerung sind Erwerbspersonen, definiert als die Summe aus Erwerbstätigen und Arbeitslosen. Eine Erwerbsperson muß durchschnittlich vier Angehörige ernähren. Die niedrige Erwerbsquote, die typisch für Entwicklungsländer ist, erklärt sich aus der jungen Altersstruktur und der noch geringen Teilnahme der Frauen am Erwerbsleben. Die Grenzen zwischen Arbeit, Gelegenheitsarbeit, unbezahlter Tätigkeit von Familienangehörigen und Arbeitslosen sind fließend. Daher ist auch die offizielle Zahl von 1,5 Mio. Arbeitslosen (1990) von beschränktem Aussagewert. Trotz der an sich beachtlichen Schaffung von 2 Mio. Arbeitsplätzen im Zeitraum von 1967 bis 1987 konnte die Arbeitslosigkeit nicht beseitigt werden, betroffen sind vor allem die Jugendlichen nach abgeschlossener Schulbildung. Bei der Aufgliederung der Erwerbstätigen nach Wirtschaftsbereichen (Tab. 14) wird der wirtschaftliche Strukturwandel der letzten Jahre sichtbar.

	1967 Anzahl	v. H.	1978 Anzahl	v. H.	1983 Anzahl	v. H.	1987 Anzahl	v. H.
Erwerbstätige	1748	100	2859	100	3567	100	3967	100
Landwirtschaft[1]	874	50	970	33,9	960	27,0	725	18,3
Industrie	123	7,0	375	13,1	475	13,3	622	15,7
Baugewerbe	71	4,1	399	14,0	609	17,0	690	17,4
Dienstleistungen	680	38,9	1115	39,0	1523	42,7	1930	48,6
davon öffentl. Dienst			397	13,9	797	22,3	1180	29,7

[1] Umgerechnet auf permanente Arbeitskrafteinheiten
Quellen: J. Cl. Brulé und J. Fontaine, 1987; Annuaire Statistique de l'Algerie 1990

Tab. 14: Erwerbstätige nach Wirtschaftsbereichen in Algerien 1967–1987 (in 1000)

Die Arbeitsplätze in der Landwirtschaft erreichten Ende der siebziger Jahre ihr Maximum, seitdem sind sie nicht nur relativ, sondern auch in absoluten Zahlen stark rückläufig. Die Abwanderung aus der Landwirtschaft hat bedrohliche Ausmaße angenommen. Allerdings ist das volkswirtschaftliche Gewicht der Landwirtschaft noch größer, als der Anteil von 18,3% in Tabelle 14 vorgibt. Diese Zahl ist durch Umrechnung der zahlreichen Saisonkräfte auf volle Arbeitskrafteinheiten errechnet. Tatsächlich dürften noch etwa 25% der Erwerbstätigen in der Landwirtschaft ihren Haupterwerb finden. Exakte Zahlen lassen sich nicht angeben.

	1965	1970	1980	1985	1987
BIP (Mrd. DA)	15,24	22,91	162,51	289,15	313,30
Anteil an der Entstehung des BIP (%)					
Primärer Sektor	16,5	11,0	8,0	9,4	12,4
Sekundärer Sektor	31,8	39,0	53,7	48,6	42,3
– Bergbau, Erdöl	13,8	17,8	31,9	22,4	13,3
– Verarb. Gewerbe	10,0	7,3	8,6	10,7	12,2
Sonstige Bereiche	51,7	38,3	38,3	42,0	45,3

Quellen: Statistisches Bundesamt, Länderberichte Algerien 1975, 1989

Tab. 15: Entstehung des algerischen Bruttoinlandsproduktes 1965–1987 (v. H.)

Die Politik der Industrialisierung bewirkte eine Verfünffachung der Zahl der Industriebeschäftigten zwischen 1967 und 1987, 500000 industrielle Arbeitsplätze wurden in diesem Zeitraum geschaffen. Noch spektakulärer ist freilich der Anstieg der Arbeitsplätze im Baugewerbe als Folge der lebhaften Bautätigkeit im ganzen Land. Der gesamte sekundäre Sektor beschäftigt seit 1981 mehr Arbeitskräfte als die Landwirtschaft, man kann Algerien daher nicht mehr als Agrarland bezeichnen.

Die weitaus stärkste Ausweitung hat jedoch der tertiäre Sektor erfahren; seine Beschäftigtenzahlen haben sich zwischen 1967 und 1987 um 1,25 Mio. erhöht, d. h. fast verdreifacht. Dieses Wachstum erfolgte fast ausschließlich beim öffentlichen Dienst, bei dem heute fast jeder dritte erwerbstätige Algerier sein Brot verdient. Nur ein Teil dieser neuen Arbeitsplätze wurde in Dienstleistungen geschaffen, die für den Entwicklungsprozeß unumgänglich sind, wie z. B. im Schulwesen und im sanitären Bereich. Ein beträchtlicher Teil findet sich in unproduktiven Bereichen der Administration. Das Bruttoinlandsprodukt ist der zweite wichtige Indikator für den sozioökonomischen Strukturwandel. Sein Wachstum zwischen 1965 und 1985 war beachtlich. Es erhöhte sich (zu laufenden Preisen) von 15,24 Mrd. DA (1965) auf 313,3 Mrd. DA (1987). Die jährliche Zuwachsrate betrug 1960/70 4,3%, stieg 1970/80 sogar auf 7%, fiel dann im Jahrzehnt 1980/90 auf 3,1% zurück, d. h. er entsprach in den achtziger Jahren gerade dem Bevölkerungswachstum (Tab. 14). Auf Dollarbasis errechnet sich eine ähnliche Entwicklung: das BIP stieg von 3,17 Mrd. $ (1965) auf einen Gipfel von 60,76 Mrd. $ (1986), also um das Zwanzigfache. Der Ölpreisverfall von 1986 traf das Land hart, bis 1989 war das BIP wieder auf 39,78 Mrd. $ geschrumpft. Pro Kopf der Bevölkerung errechnet sich ein Anstieg von 200 $ (1965) auf 2590 $ (1986) dem ein Abfall auf 1840 $ (1992) folgt.

Aus Tabelle 15 wird die Instabilität der algerischen Volkswirtschaft aufgrund ihrer starken Abhängigkeit von den Kohlenwasserstoffen mit deren hohen Preisschwankungen sichtbar, ist doch der Anteil des Bergbausektors von 31,9% (1980) bis 1987 auf 13,3% gefallen und hat damit wieder den Wert von 1965 erreicht. Der Anteil des verarbeitenden Gewerbes ist seit 1965 nur von 10 auf 12% gestiegen, was angesichts der ungeheuren Investitionssummen, die diesem Bereich zugeflossen sind, ein bescheidenes Resultat ist. Der Anteil der Landwirtschaft, der bis Anfang der achtziger Jahre kontinuierlich gesunken war, ist wieder von 6,2% (1982) auf 12,4% (1987) angestiegen. Hier äußert sich der Wandel der algerischen Wirtschaftspolitik, vor allem aber der exorbitante Preisanstieg der meisten Agrarprodukte.

5.1
Das algerische Entwicklungsmodell

5.1.1
Das Entwicklungsmodell der Ära Boumediène 1965–1978

Algerien erprobte während der Regierungszeit des Präsidenten Boumediène (1965–1978) ein damals weltweit beachtetes Entwicklungsmodell. Sein oberstes Ziel war der Aufbau einer sektoral integrierten, autozentrierten Wirtschaft, welche die sozialen und materiellen Bedürfnisse der rasch wachsenden Bevölkerung befriedigen konnte. Das Modell läßt sich anhand von 5 Merkmalen charakterisieren:

1. Beseitigung der Abhängigkeit vom Ausland,
2. Führende Rolle des Staates in der Wirtschaft,
3. Mehrjahrespläne mit verbindlichen Investitions- und Produktionszielen,
4. Akkumulation hat Vorrang vor Konsum; eine extrem hohe Investitionsquote wird durch Erdöl- und Erdgasexporte finanziert,
5. Priorität für die Industrialisierung.

Die Zurückdrängung des ausländischen Einflusses war Teil des Entkolonialisierungsprozesses, auf die politische Unabhängigkeit sollte auch die wirtschaftliche folgen. Aus diesem Grunde wurden zwischen 1962/63 (Nationalisierung der Agrarbetriebe) und 1971 (Übernahme der Kapitalmehrheit an den Ölgesellschaften) das ausländische Eigentum an Landwirtschaft, Bergbau, Banken, Industrie, Groß- und Außenhandel weitgehend verstaatlicht. Die Ideologie der „wirtschaftlichen Unabhängigkeit" wurde in den ersten zwanzig Jahren nach 1962 stark betont. Daraus resultiert der Ansatz einer autozentrierten, d. h. vom Weltmarkt möglichst abgekoppelten Entwicklung. Aus der algerischen Kolonialgeschichte ist diese Haltung verständlich, sie konnte aber nie konsequent durchgehalten werden und wirkt im Zeitalter wachsender weltwirtschaftlicher Verflechtungen anachronistisch. Der Einfluß des Staates auf die Wirtschaft wurde durch zahlreiche Neugründungen von Staatsbetrieben (Societés Nationales) so weit verstärkt, daß 1983 rund 70% des BIP vom staatlichen und nur 30% vom privaten Sektor erwirtschaftet wurden. Das Privatkapital wurde auf einige Nischen wie den Dienstleistungssektor, speziell auf den Einzelhandel, auf das Handwerk und auf die Konsumgüterindustrie mit einfacher Technologie (Konfektion, Textilien) zurückgedrängt. Offiziell bezeichnete man dies als „algerischen Sozialismus", zutreffender wäre wohl die Bezeichnung „Staatskapitalismus". Die Boumediène-Verfassung von 1976 erhob den Sozialismus zum Verfassungsrang: „Algerien ist ein sozialistischer Staat".

Das algerische Entwicklungsmodell gab der Kapitalakkumulation Priorität vor dem Konsum und sah deshalb sehr hohe Investitionsquoten vor. Um 1977 erreichte sie 48% des BIP, mußte in der Folgezeit wegen des Ölpreisverfalls und aufgrund sozialer Spannungen bis 1988 auf 31% zurückgenommen werden. Nach dem ursprünglichen Konzept sollte die Konsumnachfrage so lange gedrosselt werden, bis sie aus der Produktion im eigenen Lande gedeckt werden konnte. Der Öl- und Gaswirtschaft fiel die Aufgabe der Kapitalakkumulation zu. Die Steigerung der Kohlenwasserstoffpreise lieferte die Investitionsmittel, die Landwirtschaft war im Unter-

Plan	Zeitraum	Gesamtinvestitionen	Industrie	Anteil (v. H.)
Dreijahresplan	1967–1969	12,0 Mrd. DA	5,8 Mrd. DA	48,3
1. Vierjahresplan	1970–1973	27,0 Mrd. DA	12,2 Mrd. DA	45,2
2. Vierjahresplan	1974–1977	110,2 Mrd. DA	48,0 Mrd. DA	43,6
1. Fünfjahresplan	1980–1984	400,6 Mrd. DA	154,0 Mrd. DA	38
2. Fünfjahresplan	1985–1989[1]	550,0 Mrd. DA	174,2 Mrd. DA	31,7

[1] Nur teilweise realisiert
Quelle: A. BENJELID, 1990, S. 102

Tab. 16: Anteil der Industrie an den Investitionen der Entwicklungspläne Algeriens 1967–1989

schied zu den rohstoffarmen Entwicklungsländern von der Last befreit, die Industrialisierung finanzieren zu müssen. Bis Mitte der achtziger Jahre schien die Rechnung auch aufzugehen, der Preis für ein Barrel algerischen Rohöls, der bis 1970 bei 1,80 $ gelegen hatte, stieg in einem ersten Schub zum 1.1.1974 auf 11,65 $ und in einem zweiten Schub 1979–1981 sogar auf 34 $ zum 1.11.81, also fast um das Zwanzigfache.

Das auffallendste Merkmal des algerischen Entwicklungsmodells war die eindeutige Priorität, welche der Industrialisierung eingeräumt wurde. Die staatliche Entwicklungspolitik der sechziger und siebziger Jahre war stark von Modernisierungstheorien beeinflußt, welche die Industrialisierung als Haupthebel zur Überwindung der aus der Kolonialzeit ererbten Unterentwicklung und Abhängigkeit ansahen. Aus Tabelle 16 kann die Vorrangstellung der Industrie vor den übrigen Sektoren ersehen werden. Die realisierten Investitionen wichen von den Planvorgaben nicht unerheblich ab.

5.1.2
Korrekturen der Entwicklungspolitik nach 1980

Gegen Ende der siebziger Jahre wurden die Kehrseiten des algerischen Entwicklungsmodells sichtbar. Die einseitige Bevorzugung der Industrie führte zu disparitären Entwicklungen, welche die Bevölkerung schwer trafen: Wohnungsnot, Mängel in der Infrastruktur, Versorgungsengpässe und rapide Preissteigerungen bei nichtsubventionierten Nahrungsmitteln. In den Jahren mit rasch steigenden Ölpreisen konnte die unzureichende Eigenproduktion leicht durch Rückgriffe auf Importe ausgeglichen werden. Der drastische Verfall der Ölpreise Mitte der achtziger Jahre – von 1985 auf 1986 fiel der Durchschnittspreis für einen Barrel Rohöl von 27 $ auf 12 $ – sowie der Kursverfall des US-Dollars zwangen das Land zu einem Sparkurs mit scharfen Importrestriktionen, für die Entwicklungspolitik wurden die Mittel knapp. Der Einbruch der Ölpreise (1986) machte den 2. Fünfjahresplan zur Makulatur.

Unter dem Zwang der Verhältnisse war die Entwicklungspolitik schon zu Beginn der achtziger Jahre revidiert worden. Die beiden Fünfjahrespläne 1980–1984 und 1985–1989 räumten der Industrialisierung bei den Investitionen nur noch den zweiten Rang ein, Priorität erhielten nun soziale Bedürfnisse wie Wohnungsbau, Infrastruktur und Wasserwirtschaft. Der Anteil der Industrie an den Investitionen des 2. Fünfjahresplanes sank auf 32%. Es gab keine großen Industrieprojekte mehr, begonnene Fabriken wurden aber vollendet. Das Schwergewicht wurde auf die Steigerung der Produktivität und die Verbesserung der

Organisationsstruktur gelegt. Zu diesem Zweck wurden die größten der oft unübersehbar großen Staatskonzerne (Societés Nationales) in kleinere Einheiten zergliedert und die Firmenleitungen teilweise aus Algier in die Städte des Binnenlandes verlegt. So wurde beispielsweise die Ölgesellschaft SONATRACH, mit 95000 Beschäftigten ein „Staat im Staate", in 13 Gesellschaften aufgeteilt. Ab Mitte der achtziger Jahre wurden die Hemmnisse für die Privatwirtschaft schrittweise beseitigt. Auslandskapital in Form von Joint Ventures ist wieder willkommen, selbst in der Erdölwirtschaft. Ein Agrargesetz erlaubt seit 1988 die private Bewirtschaftung von Staatsland, wenn auch der Staat der nominelle Eigentümer des Bodens bleibt. Von 1988 an verlor der Plan seinen operationellen Charakter, er ist nur noch Entscheidungshilfe für die Regierung. Der Wandel von der Planwirtschaft zur unverbindlichen „Planification" nach französischem Vorbild war damit vollzogen. Schließlich erhielt das Land 1989 eine neue Verfassung, in der der Begriff „Sozialismus" im Gegensatz zur Boumediène-Verfassung von 1976 nicht mehr vorkommt. Zur politischen Liberalisierung trat eine wirtschaftspolitische Umorientierung in Richtung Marktwirtschaft. Für große Entwicklungsprojekte wie in den siebziger Jahren fehlt das Geld angesichts einer hohen Auslandsverschuldung. Möglicherweise ist der Ölpreisverfall aber auch ein heilsamer Schock, zwingt er doch zur besseren Inwertsetzung der vorhandenen Ressourcen außerhalb der Öl- und Gaswirtschaft wie z. B. Landwirtschaft und Tourismus.

5.2
Ressourcen für die wirtschaftliche Entwicklung

Algerien zählt zu den rohstoffreichen Entwicklungsländern. Es verfügt über beträchtliche Lagerstätten fossiler Energiestoffe und mineralischer Rohstoffe. Sie werden erst teilweise ausgebeutet. Die Geologie Nordalgeriens ist relativ gut erforscht, aber der Untergrund in den Riesenräumen der Sahara ist erst in Grundzügen bekannt. Die Exploration der letzten 40 Jahre hat zur Entdeckung zahlreicher Lagerstätten in der Sahara geführt (Gold, Uran, Wolfram, Mangan, Zinn, Blei); abgesehen von Erdöl und Erdgas, die über Rohrleitungen kostengünstig abzutransportieren sind, hat der Abbau nirgends begonnen. Zu groß sind die technischen Schwierigkeiten (Wassermangel!) und die Transportprobleme angesichts der riesigen Distanzen. Die derzeit niedrigen Weltmarktpreise gestatten keine rentable Förderung, die Lagerstätten sind möglicherweise ein Wechsel auf die Zukunft.

5.2.1
Die Energiewirtschaft

Die Erdöl- und Erdgaswirtschaft (Abb. 23, Tab. 17) ist der Schlüsselsektor der algerischen Volkswirtschaft:

- sie erwirtschaftet 25% des BIP und 98% der Deviseneinnahmen,
- liefert ein Viertel der Staatseinnahmen,
- versorgt das Land mit preiswerter Energie und die petrochemische Industrie mit Rohstoffen.

Vor der Inwertsetzung der saharischen Erdöl- und Erdgasfelder war Algerien Netto-Importeur von Energiestoffen. Die Wärmekraftwerke erzeugten Elektrizität aus importierter Steinkohle, weshalb sie fast ausschließlich in den Hafenstädten lagen. Elektrischer Strom war daher teuer, 1957 kostete die Kilowattstunde in Algerien doppelt so viel wie in Paris. Die Landbevölkerung mußte auf Brennholz und Holzkohle zurückgreifen und trug so zur Waldvernichtung bei. Die Energieknapp-

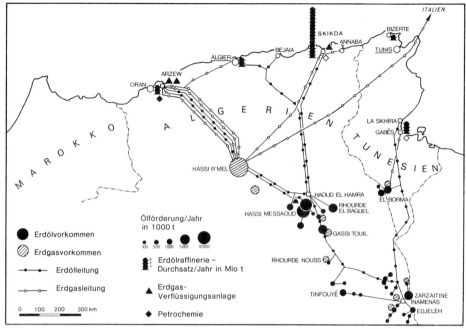

Quelle: ARNOLD, 1979

Abb. 23: Erdöl und Erdgas in Algerien

heit bildete während der Kolonialzeit ein objektives Entwicklungshindernis.

Zeitweise wurden große Erwartungen in die Steinkohlevorkommen von Béchar-Kenadsa geknüpft, deren Vorräte mit 100 Mio. t beziffert werden. Sie wurden bereits 1907 entdeckt, der Abbau begann 1917 und erreichte sein Maximum 1956 mit einer Förderung von 300000 t, 1976 wurde er wegen Unrentabilität eingestellt. Pläne, hier Kokskohle für die algerische Eisenhüttenindustrie zu produzieren, konnten bisher nicht realisiert werden.

In den fünfziger Jahren wurde die Nutzung der Wasserkraft vorangetrieben, vor allem in den niederschlagsreichen Küstengebirgen. Noch im Jahre 1970 lieferten die Wasserkraftwerke 30% der Elektrizitätserzeugung, bis 1986 war ihr Anteil bei gleichbleibender Produktion auf 5% gesunken. Die Kraftwerkskapazität wurde von 750 MW (1970) auf 3736 MW (1986) erweitert, der Ausbau erfolgte fast ausschließlich durch Wärmekraftwerke (Dampfkraftwerke und Gasturbinen) auf Erdgasbasis. Zu den beeindruckendsten Leistungen des unabhängigen Algerien zählt nicht nur die Steigerung der Elektrizitätserzeugung von 1,979 Mrd. kWh (1970) auf 13,94 Mrd. kWh (1987), sondern vor allem die flächenhafte Elektrifizierung des Landes, die 1985 zu 75% erreicht war. Die Elektrifizierung bedeutet eine beträchtliche Verbesserung der Lebensverhältnisse im ländlichen Raum.

Nach dem Zweiten Weltkrieg veranlaßte die französische Administration eine systematische wissenschaftliche Erforschung des saharischen Raumes. In diesem Rahmen wurde die Erdölexploration von Nordalgerien auf die großen Sedimentbecken der Sahara ausgedehnt und 1952 die erste

	1960	1965	1970	1975	1980	1985	1988	1990
Erdöl (Mio. t)	8,6	26,2	48,2	45,7	51,6	48,2	46,7	56,7
Erdgas (Mrd. m³)	–	1,7	2,7	7,8	13,7	34,3	44,9	49,0

Quelle: Annuaire Statistique de l'Algerie, div. Jahrgänge

Tab. 17: Die Förderung von Erdöl und Erdgas in Algerien 1960–1990

Tiefbohrung niedergebracht. Im Jahre 1956, mitten im Befreiungskrieg, wurden die beiden Erdöllagerstätten In Amenas an der libyschen Grenze (Karbonschichten in 400–1500 m Tiefe) und Hassi Messaoud (Kambrium, 3200–3500 m Tiefe) sowie das riesige Erdgasfeld Hassi R'Mel entdeckt. In den folgenden Jahren wurden noch zahlreiche kleinere Vorkommen gefunden, so daß 1975 etwa 40 Ölfelder in den beiden Sedimentbecken produktiv waren. Die derzeit förderbaren Reserven wurden 1985 auf 1,2 Mrd. t geschätzt, 80% davon entfallen auf das Feld von Hassi Messaoud. Angesichts der jetzigen Förderung von 50 Mio. t errechnet sich eine Lebensdauer von etwa 25 Jahren. In den dreißig Jahren von 1960 bis 1989 sind bereits 1250 Mio. t abgepumpt worden. Die Vorräte sind zwar beachtlich, lassen sich aber keineswegs mit denen am Golf vergleichen.

Bedeutender sind die Reserven an Erdgas, die mit 3,5 Billionen m³ beziffert werden. Das Feld Hassi R'Mel enthält alleine 2 Billionen m³, es zählt zu den größten Einzelvorkommen der Erde. Es ist bis jetzt das einzige produktive Feld, obwohl daneben eine Anzahl weiterer Vorkommen entdeckt wurden. Die natürlichen Lagerstätten enthalten ein Gemenge unterschiedlicher Kohlenwasserstoffe: in der Ölförderung fällt Gas (Butan, Propan) an, während dem Erdgas flüssige Kohlenwasserstoffe, das sog. Kondensat, beigemengt sind. Die algerischen Kohlenwasserstoffe sind von hervorragender Qualität, das Rohöl enthält einen hohen Anteil leichter Öle, das Erdgas besteht vor allem aus Methan (84%), Ethan (6,7%), Propan (2%) und Butan (0,8%); es ist schwefelarm und hat einen Heizwert von 9500 Kcal/m³.

Die Erdöl- und Erdgaswirtschaft war anfangs völlig in der Hand ausländischer, vor allem französischer Gesellschaften, die nach dem Konzessionsprinzip arbeiteten. Bis 1971 wurde der gesamte Wirtschaftszweig nationalisiert, als erstes arabisches Land erlangte Algerien die Verfügungsgewalt über seinen wichtigsten Rohstoff. Heute sind ausländische Firmen für die Exploration wieder erwünscht. Die Förderung stieg nach Fertigstellung der Transportleitungen zur Küste rasch an, bis 1970 war mit 48 Mio. t eine Fördermenge erreicht, die mit gewissen Schwankungen bis heute beibehalten wurde. Fünf Erdölleitungen führen heute zu den algerischen Häfen Arzew, Bejaia, Skikda und zum tunesischen La Skhira.

Ein wichtiges Ziel der algerischen Erdölpolitik war der Ausbau der Raffineriekapazität, um einen möglichst hohen Anteil der Rohölförderung im eigenen Land zu verarbeiten. Durch den Bau von Raffinerien in Arzew (2,5 Mio. t), Algier (2,7 Mio. t), Hassi Messaoud (0,2 Mio. t) und vor allem Skikda (15 Mio. t) wurde die Durchsatzkapazität von 2 Mio. t (1965) auf 22 Mio. t ausgeweitet. Wurden zu Beginn der siebziger Jahre noch 95% der Rohölförderung unverarbeitet ausgeführt, so waren es 1985 nur noch 58%. An den Exporterlösen für Kohlenwasserstoffe war Rohöl 1985 nur noch mit 26% beteiligt; 24% entfielen auf Kondensat, 22% auf Raffinerieprodukte, 3,5% auf LPG (liquified petroleum gas) und 24% auf Erdgas (EL MOUJAHID 25. 2. 1986). Durch die Verarbeitung erwirtschaftet Algerien eine höhere Wertschöpfung und wird etwas unabhängiger von den starken Preisschwankungen für Rohöl. Das Land erzeugt heute eine breite Palette von Raffinerieprodukten für den Binnenmarkt und den Export.

Sehr viel schwieriger war die Vermarktung des Erdgases. Obwohl die kommerzielle Förderung bereits 1961 mit der Inbetriebnahme der Gasleitung Hassi R'Mel-Arzew einsetzte und der Export 1964 über die Gasverflüssigungsanlage Arzew – die erste in der Welt – anlief, erhöhten sich die Absatzziffern nur zögernd; das algerische Gas war anfangs auf den Weltmärkten nahezu unverkäuflich. Das bei der Erdölgewinnung anfallende Gas mußte zunächst abgefackelt werden. Die Situation änderte sich erst, als sich um 1970 ein Energieengpaß in den Industrieländern abzeichnete. In den siebziger Jahren konnten zahlreiche Exportkontrakte abgeschlossen werden. Als Absatzmärkte bieten sich der Mittelmeerraum, die USA und Westeuropa an – Erdräume, die von Algerien durch das Mittelmeer bzw. den Atlantik getrennt sind.

Algerien setzte zunächst auf die Technologie der Gasverflüssigung: Naturgas wird auf −161°C abgekühlt, in den flüssigen Aggregatzustand überführt und mit Spezialtankschiffen über die Meere transportiert. Diese Technologie setzt eine kapitalintensive Transportkette voraus: Förder- und Reinigungsanlage – Transportleitung zur Küste – Verflüssigungsanlage – Flüssiggastanker – Vergasungsanlage im Importhafen – Transportleitung zum Verbraucher. Dieses aufwendige System – die Ko-

sten sollen fünfmal größer als beim Erdöl sein – erschwert in Europa die Konkurrenzfähigkeit gegenüber dem Gas aus westeuropäischen und sowjetischen Quellen, außerdem sind die Verflüssigungsanlagen energieintensiv und pannenanfällig. Bis 1976 wurden vier Verflüssigungsanlagen in Arzew und Skikda errichtet, die von vier Gasleitungen von Hassi R'Mel versorgt werden. Der ursprünglich geplante Bau weiterer Verflüssigungsanlagen wurde aufgegeben, nachdem 1983 eine Gasleitung durch die bis 600 m tiefe Straße von Sizilien fertiggestellt war, welche den direkten Anschluß an das europäische Verbundnetz herstellte. Die Direktleitung schien für Algerien im Vergleich zur Verflüssigungstechnik günstiger zu sein: ihre Technologie ist einfacher zu beherrschen, sie benötigt weniger Energie, die Hauptlast der Investitionen hat der Käufer zu tragen, vor allem aber bedingt sie langfristige Lieferverträge.

Die großen Hoffnungen, die man in den siebziger Jahren auf die Verwertung der Erdgasvorräte gesetzt hatte, haben sich vorerst nicht erfüllt. Im Jahre 1990 bestanden Exportkapazitäten von 48 Mrd. m^3 (30 Mrd. m^3 Flüssiggas und 18 Mrd. m^3 über die transmediterrane Rohrleitung). Tatsächlich exportiert wurden in diesem Jahr aber nur 31,4 Mrd. m^3 (19 Mrd. m^3 Flüssiggas, 12,4 Mrd. m^3 über Rohrleitung). Aufgrund der wachsenden Nachfrage nach dem umweltfreundlichen Erdgas in den Industrieländern hofft die algerische Staatsfirma SONATRACH, den Erdgasexport bis 1995 auf 50 Mrd. m^3 steigern zu können. Wichtigstes Abnehmerland ist heute Italien, gefolgt von Frankreich, Belgien, Spanien und den USA. Lieferverträge bestehen weiterhin mit Griechenland, Japan und der Türkei.

Der Binnenverbrauch von Erdgas liegt bei 15 Mrd. m^3. Die Energiewirtschaft Algeriens ist heute weitgehend auf Erdgas

Ressourcen für die wirtschaftliche Entwicklung   115

		1965	1970	1975	1980	1987	1990
Eisenerz	(1000 t)	3147	2948	3188	3454	3382	2939
Bleierz	(1000 t)	12,5	9,9	4,2	3,9	3,3	1,9
Zinkerz	(1000 t)	67,4	33,2	21	15,4	17,1	8,0
Quecksilber	(t)	–	–	946	816	700	600
Phosphat	(1000 t)	90	493	733	1025	1209	1128

Quellen: Annuaire Statistique de l'Algerie 1966–1967, 1976, 1982, 1990, 1991

Tab. 18: Die Förderung der wichtigsten Bergbauprodukte Algeriens 1965–1990

umgestellt. Die größeren Städte im Norden sind an das algerische Leitungsnetz angeschlossen, fast alle Wärmekraftwerke und die größeren Industriebetriebe haben Gas als Energiebasis. Im ländlichen Raum bildet Flaschengas (Butan) die wichtigste Energiequelle der Haushalte zum Kochen und Heizen. Für die Versorgung wurde das Land mit einem Netz von Abfüllstationen und Depots überzogen. Dennoch treten vor allem in strengen Wintern Engpässe auf.

5.2.2
Sonstige montane Rohstoffe

In Nordalgerien finden sich zahlreiche Lagerstätten von Eisenerz und Buntmetallerzen, die aufgrund des komplexen geologischen Baus meist recht klein sind. Sie eignen sich für einen handwerklichen Abbau, wie er von der Antike bis ins 20. Jh. betrieben wurde, nicht aber für den großtechnischen Abbau der Gegenwart. Zahlreiche kleine Bergwerke der Kolonialzeit auf Eisen, Kupfer, Blei und Zink sind heute stillgelegt, die Förderung von Buntmetallerzen ist daher rückläufig.

Die Eisenerzförderung von etwa 3,5 Mio. t konzentriert sich heute im wesentlichen auf die beiden ostalgerischen Gruben Ouenza und Bou Khadra, deren Vorräte mit 100 Mio. t bei einem Gehalt von 53–58%

Fe beziffert werden. In der Sahara verfügt Algerien mit der Lagerstätte von Gara Djebilet in der Region Tindouf über eines der größten Eisenerzvorkommen der Erde. Seine Vorräte werden auf 3 Mrd. t eines hochwertigen Erzes von 50–60% Fe-Gehalt geschätzt. Obwohl bereits 1952 entdeckt, wird das Vorkommen bis heute nicht ausgebeutet. Bis zum Mittelmeer wäre eine Distanz von 1500 km zu überwinden; der Atlantik ist zwar nur 500 km entfernt, doch müßte die Abfuhrtrasse durch die umstrittene Westsahara führen. Vorbedingung für deren Bau wäre ein politisches Übereinkommen mit Marokko und der POLISARIO. Die Inwertsetzung würde so große Kapitalien erfordern, daß die Rentabilitätsschwelle wohl erst jenseits einer Jahresförderung von 20 Mio. t läge. Es ist fraglich, ob der Weltmarkt diese Mengen derzeit aufnehmen könnte. Gara Djebilet bleibt somit wie die anderen zentralsaharischen Bodenschätze ein Schatz für die Zukunft. Algerien zählt zu den bedeutenderen Phosphatproduzenten der Erde, die Förderung wurde auf die moderne Grube Djebel Onk an der tunesischen Grenze konzentriert und konnte in den letzten Jahren auf jährlich 1,2 Mio. t gesteigert werden. Davon wird ein Drittel im Lande verarbeitet.

Von weltwirtschaftlicher Bedeutung ist auch die Quecksilbergewinnung von Ismail (Ostalgerien), die Förderung von etwa 700 t entspricht 12% der Weltproduktion.

8*

5.3
Die Industrialisierung

5.3.1
Das Konzept der „industrialisierenden Industrien"

In der Führungsschicht des unabhängigen Algerien war die Annahme weit verbreitet, daß die aus der Kolonialzeit ererbte Unterentwicklung nur mit Hilfe einer forcierten Industrialisierung zu überwinden sei. Die Industrialisierung sollte die Gesellschaft transformieren, die extravertierten Raumstrukturen wandeln und letztendlich die Binnennachfrage nach Gütern befriedigen. Den theoretischen Rahmen bildeten die Theorie der Entwicklungspole von F. PERROUX und das Konzept der „industrialisierenden Industrien" von G. DESTANNE DE BERNIS, die zu Beginn der sechziger Jahre in Mode kamen. Demnach bedeutet Industrialisierung mehr als der bloße Bau von Fabriken. An ausgewählten Entwicklungspolen sind geeignete Wachstumsindustrien anzusiedeln, die durch Inputbeschaffung und Outputverwertung Kopplungseffekte bei vor- und nachgelagerten Industrien erzielen und so die Ansiedlung weiterer Industrien herbeiführen. Im Gegensatz zur spärlichen Industrie der Kolonialzeit sollen die neuen Betriebe introvertiert arbeiten, d. h. sie sollen Entwicklungseffekte im Lande induzieren, nicht nach außen abgeben. Anzustreben ist ein hoher sektoraler Integrationsgrad; durch Lieferbeziehungen sollen die einzelnen Zweige der Volkswirtschaft eng miteinander verflochten werden. Von der Industrie soll ein allseitiger Entwicklungsprozeß ausgehen, vor allem auch auf die Landwirtschaft, und so – in einer Art Schneeballeffekt – einen sich selbst tragenden Aufschwung in Gang setzen.

Während in Europa der Industrialisierungsprozeß mit Konsumgütern (Textilindustrie in England) begann, zählen nach DESTANNE DE BERNIS nur Grundstoff- und Investitionsgüterindustrien zu den „industrialisierenden Industrien". Sicherlich wirkte auch das sowjetische Industrialisierungsmodell unter Lenin und Stalin als Vorbild.

Unter den spezifischen Bedingungen Algeriens wurden vor allem die folgenden Industriezweige als Schlüsselindustrien für die wirtschaftliche Entwicklung angesehen:

– Eisenhütten- und Stahlindustrie
– metallverarbeitende Industrie (Bau von LKW, Traktoren, Landmaschinen)
– Elektroindustrie
– Baustoffindustrie
– Petrochemie mit darauf aufbauender Kunststoff- und Düngemittelindustrie.

Die Erdöl- und Erdgaswirtschaft hatte neben ihrer vorrangigen Funktion als Kapitalbeschaffer auch preiswerte Energie bereitzustellen und Rohstoffe für die petrochemische Industrie zu liefern. Die Entscheidung für Grundstoff- und Investitionsgüterindustrien bedeutete wegen der „economies of scale" zwangsläufig die Ansiedlung großer und kapitalintensiver Betriebseinheiten modernster Technologie.

Parallel zu den „industrialisierenden Industrien" wurde auch eine breite Palette von Konsumgüterindustrien zur Importsubstitution aufgebaut, war doch Algerien zunächst selbst bei einfachen Konsumgütern wie Textilien, Schuhen, Mineralwasser (!) auf Importe aus Frankreich angewiesen. Diese Artikel werden heute überwiegend im Lande hergestellt, teils von Staatsbetrieben, teils von Privatfirmen.

5.3.2
Der zeitliche Ablauf des Industrialisierungsprozesses

Beim algerischen Industrialisierungsprozeß lassen sich nach A. BENJELID (1990, S. 112) vier Phasen unterscheiden.

Das Industrielle Sofortprogramm 1962 bis 1966 führte zu einer verstärkten Gründung von Konsumgüterindustrien in den Landesteilen mit den höchsten Arbeitslosenraten. Es handelte sich um arbeitsintensive Betriebe zur Importsubstitution (Textilindustrie, Konfektion, Schuh- und Zuckerfabriken). Ein integrativer Ansatz für die Einzelbetriebe ist nicht erkennbar.

Erst in der zweiten Phase 1967–1969 beginnt die konsequente Industrialisierung mit dem Aufbau der drei schwerindustriellen Entwicklungszentren Arzew, Skikda und Annaba an der Mittelmeerküste. Das Eisenhütten- und Stahlwerk von El Hadjar bei Annaba und die beiden petrochemischen Komplexe Arzew und Skikda gelten als die Eckpfeiler der „industrialisierenden Industrien". Die Standortwahl erfolgte aus regionalpolitischen Gründen im Osten und Westen des Landes, wo ein Gegengewicht gegen den in der Kolonialzeit bereits relativ stark industrialisierten Raum Algier geschaffen werden sollte. Daneben ging der Ausbau der Industrie im Raum Algier weiter.

In der dritten Phase 1970–1979 wurden einerseits die großen Entwicklungspole an der Küste einschließlich Algier weiter ausgebaut, andererseits erfolgten zahlreiche Neugründungen von Industriebetrieben in den Klein- und Mittelstädten des Binnenlandes. Der Staat verfolgte eine Politik der industriellen Dekonzentration. In der Regel wurden Grundstoffindustrien an der Küste angesiedelt, wo sich der Schiffstransport für die Massengüter anbietet. Für das Binnenland wurden verarbeitende Industrien, die weniger transportkostenempfindlich sind, ausgewählt. Das wenig entwickelte algerische Bahn- und Straßennetz ließ kaum eine andere Option zu. In dieser Phase wurden in zahlreichen Städten des Tellbereichs und der Hochsteppen umfangreiche Industriegebiete ausgewiesen und Fabriken errichtet. Es handelte sich teils um Industrien von nationaler Bedeutung wie etwa die Landmaschinenfabrik von Sidi-bel-Abbès, teils um Betriebe zur Regionalversorgung wie Ziegeleien und Zementfabriken.

Die seit 1980 während vierte Phase markiert einen Stillstand in der Diffusion neuer Industriebetriebe. Vorrang hat angesichts der algerischen Finanzkrise die Konsolidierung bestehender Betriebe und Standorte; benachteiligt sind nun diejenigen Kleinstädte, die bislang bei der Industrialisierung nicht bedacht wurden.

5.3.3
Die wichtigsten Industriezweige

Nach 25 Jahren einer forcierten Industrialisierung verfügt Algerien über einen ansehnlichen Industriebesatz, der freilich mit erheblichen strukturellen Mängeln behaftet ist. Die industrielle Produktion hat sich insgesamt recht positiv entwickelt, wie Tabelle 19 entnommen werden kann. Das Land erzeugt heute eine breite Palette von Industriegütern, die gegen Ende der Kolonialzeit noch eingeführt werden mußten. Bei einigen Produkten, wie etwa Textilien, ist das Land heute Selbstversorger. Auf dem Gebiet der Importsubstitution ist der Erfolg der algerischen Industrialisierungspolitik unbestreitbar. Der Binnenmarkt bietet der algerischen Industrie einen geschützten Markt. Der Ölpreisverfall von 1986, der mit einer Verschuldungskrise Algeriens zusammenfiel, hatte jedoch eine Stagnation, in vielen Branchen sogar einen starken Rückgang der Produktion zur Folge. Es fehlten die Devisen zum Import der Rohstoffe und Halbfabrikate. Die Bevölkerung wurde von der Verknappung auch einfacher Konsumgüter hart getroffen.

Die Bedeutung der einzelnen Industriezweige für den Arbeitsmarkt wird aus Ta-

	Einheit	1970	1975	1980	1985	1987	1990
Roheisen	1000 t	409	399	669	1462	1478	1037
Rohstahl	1000 t	30	175	370	1245	1378	767
Zement	1000 t	928	948	4156	6096	7541	6337
Ziegelsteine	1000 t	425	702	1220	1617	1761	1679
Phosphatdünger	1000 t	–	107	172	261	278	173
Dieselmotoren	Stück	82	1800	7431	12035	7800	7503
Traktoren	Stück	–	1562	4206	6250	3513	3505
LKW, Busse	Stück	3000	6258	7116	6385	6410	4291
Fahrräder, Mopeds	Stück	–	11300	50600	95000	89000	60000
Fernsehgeräte	1000 Stück	29	48	123	328	318	283
Baumwollgarn	1000 t	7,2	10,3	14,4	30,2	21,6	30,5
Mehl	1000 t	838	1386	1571	2293	2487	2588
Mineralwasser	1000 hl	205	640	950	1118	1157	873

Quellen: Annuaire Statistique de l'Algerie 1970, 1977–78, 1982, 1990

Tab. 19: Produktion ausgewählter Industrieerzeugnisse in Algerien 1970–1990

	Betriebe	Beschäftigte	
		Anzahl	v. H.
Wasser und Energie	13	27495	5,2
Erdöl und Erdgas	2	60606	11,4
Bergbau, Steine und Erden	255	12441	2,3
Eisenhütten, Metallverarbeitung, Elektrotechnik	1553	143581	26,9
Baumaterialien	1478	46032	8,6
Chemie, Gummiindustrie	361	28368	5,3
Lebensmittelindustrie	4699	88340	16,6
Textilien, Konfektion	2803	64585	12,1
Leder, Schuhe	722	17281	3,2
Holz, Kork, Papier	2529	36782	6,9
Sonstige	806	8111	1,5

Quelle: DJ. SARI, 1990

Tab. 20: Industriebetriebe und -beschäftigte in Algerien nach Branchen 1987

belle 20 ersichtlich. Demnach beschäftigt die große Gruppe der Eisenhüttenindustrie, Metallverarbeitung und Elektrotechnik mit 26,9% der Industriebeschäftigten die meisten Menschen, gefolgt von der Lebensmittel- und Textilindustrie. Die Erdöl- und Erdgasindustrie steht erst an vierter Stelle.

Die Grundstoffindustrien

Aufgrund des algerischen Entwicklungsmodells wird das Industrieprofil noch immer von der Grundstoffindustrie geprägt.

Die Eisenhütten- und Stahlindustrie galt als Grundlage für die wirtschaftliche Entwicklung, hat sich doch der Stahlverbrauch von 160000 t (1962) auf 3,5 Mio. t (1986) erhöht. Aus der Kolonialzeit konnte nur ein kleines Stahlwerk in Oran mit einer Kapazität von 30000 t übernommen werden. Das Hüttenwerk El Hadjar, 12 km südlich von Annaba gelegen, geht noch auf Pläne aus den fünfziger Jahren zurück. Damals planten französische Stahlkonzerne, in einem Hochofenwerk die algerischen

Industrialisierung 119

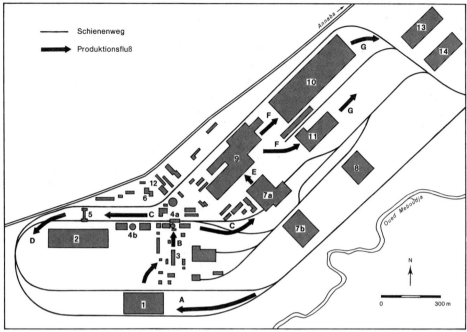

Quelle: ARNOLD 1978

Abb. 24: Eisenhüttenwerk El Hadjar bei Annaba

1 Erz- und Kokslager
2 Kokerei
3 Erzaufbereitung
4 Hochöfen
5 Gußanlage
6 Kraftwerk
7 LD-Stahlwerk
8 Elektrostahlwerk
9 Warmwalzwerk
10 Kaltwalzwerk
11 Röhrenwerk
12 Sozialgebäude
13 Werk für ungeschweißte Röhren
14 Profilwalzwerk

Erze zu verhütten. Das Roheisen sollte zur Weiterverarbeitung nach Frankreich exportiert werden. Das unabhängige Algerien erweiterte diese Pläne zu einem integrierten Hüttenwerk mit allen Verarbeitungsstufen, deren Produkte auf den algerischen Binnenmarkt abgestimmt sind. Das Werk verarbeitet jetzt die gesamte Eisenerzförderung von jährlich etwa 3,5 Mio. t aus den beiden ostalgerischen Gruben Ouenza und Bou Khadra, die vorher über den Hafen Annaba exportiert wurden. Seit 1988 ist der Export von Eisenerz eingestellt. El Hadjar zählt also zum Typ der erzständigen Hüttenwerke, während die gesamte Kokskohle importiert werden muß. Der Baubeginn war 1967, bereits 1969 erfolgte der erste Hochofenabstich, 1972 begann die Stahlerzeugung. Mit dem zweiten Hochofen wurde 1981 die Kapazität auf 2 Mio. t Roheisen erweitert. Das integrierte Hüttenwerk umfaßt folgende Verarbeitungsstufen: Erzaufbereitung, Kokerei, zwei Hochöfen, zwei LD-Stahlwerke, ein Elektrostahlwerk, Stranggußanlage, Kaltwalzwerk, Warmwalzwerk, Profilwalzwerk, Röhrenwerke. Mit 18 000 Beschäftigten ist El Hadjar der größte Industriebetrieb Algeriens (Abb. 24).

Die Errichtung dieses Betriebes mit Investitionskosten von 6–7 Mrd. DM hat die Erwartungen nur teilweise erfüllt. Die Wahl der klassischen Hochofentechnologie erscheint ungewöhnlich in einem Land mit riesigen Erdgasvorräten, die sich für die Technologie der Direktreduktion geradezu anbieten. Um die teuren Koksimporte zu sparen, wurde nachträglich eine Kokerei erbaut; jetzt muß die billigere Kokskohle importiert werden. Mit einer Produktion von 1,4 Mio. t Rohstahl wurde die Kapazität von 2 Mio. t bisher lediglich zu 70% ausgenutzt. Der Bau wurde vorwiegend mit Krediten finanziert, deren Amortisation das Betriebsergebnis so stark belasten, daß jetzt die Mittel für Ersatz- und Modernisierungsinvestitionen fehlen.

Die Petrochemische Industrie sollte wie die Stahlindustrie eine Schlüsselrolle beim Industrialisierungsprozeß einnehmen. Die reichen Erdöl- und Erdgasvorräte bilden die Rohstoff- und Energiebasis. Die Grundidee, einen Teil dieser Kohlenwasserstoffe im Lande selbst zu veredeln statt roh zu exportieren, kann nicht angezweifelt werden. An den Endpunkten der großen Exportleitungen für Öl und Gas in Arzew und Skikda wurden große petrochemische Komplexe angesiedelt. Sie stehen in engem Verbund mit den jeweiligen Erdölraffinerien und Gasverflüssigungsanlagen. Arzew produziert Ammoniak, Stickstoffdünger, Methanol und Kunstharze, Skikda ist auf die Erzeugung von Vormaterialien für die Kunststoffproduktion (Ethylen, Polyethylen, Polyvinylchlorid) ausgerichtet. Auf diesen küstenständigen Komplexen der Grundstoffchemie bauen zahlreiche chemische Fabriken im Binnenland auf, die eine breite Palette von Industrie- und Haushaltschemikalien erzeugen (u. a. Farben, Lacke, Waschmittel, Gummi- und Plastikartikel, Folien). Hauptstandorte sind Sétif, Algier, El Asnam.

Die Grundstoffchemie und die Betriebe, die Endprodukte herstellen, sind nur in beschränktem Umfang miteinander verkoppelt. Die Produktdistanz zwischen beiden Gruppen ist so groß, daß der überwiegende Teil der Zwischenprodukte eingeführt werden muß. Bei der unübersehbaren Vielzahl chemischer Produkte erscheint eine totale Integration auf nationaler Ebene ausgeschlossen zu sein. Offensichtlich eignet sich die chemische Industrie in einem relativ kleinen Land nur bedingt als „industrialisierende Industrie".

Der Aufbau der Mineraldüngerindustrie sollte eine Produktivitätssteigerung bei der Landwirtschaft bewirken. In Skikda wird Stickstoffdünger, in Annaba Phosphatdünger hergestellt. Das Projekt einer Phosphatdüngerfabrik in Tebessa, in der Nähe der Phosphatlager von Djebel Onk konnte bisher nicht realisiert werden.

Metallverarbeitung und Elektroindustrie sollen nach der Theorie der „industrialisierenden Industrien" die Halbfabrikate der Eisenhüttenindustrie zu Endprodukten verarbeiten. In der Praxis sind sie jedoch sehr stark von Zulieferungen ihrer ausländischen Lizenzgeber abhängig. Die metallverarbeitende Industrie Algeriens ist planmäßig auf zahlreiche Standorte des Binnenlandes bis hin zum Rand der Sahara verteilt worden. Sie stellt eine kaum mehr überschaubare Palette von Produkten her: Stahlröhren (Ghardaia), Eisenbahnwaggons (Annaba), LKW und Busse (Rouiba), Bagger, Kräne, Dieselmotoren und Traktoren (Constantine), Fahrräder und Mopeds (Guelma), Landmaschinen (Sidi-bel-Abbès), Kleineisenwaren (Berrouaghia).

Die Elektroindustrie hat zwei räumliche Schwerpunkte in Tizi Ouzou in der Kabylei (Kühlschränke, Waschmaschinen, Elektroherde) und in Sidi-bel-Abbès (Rundfunk- und Fernsehgeräte). Die Produktion von Farb- und Schwarz-Weiß-Fernsehgeräten konnte von 29000 Einheiten (1970) auf 328000 (1985) gesteigert werden.

Der Aufbau einer Maschinenbauindustrie ist über erste Ansätze nicht hinausgekommen. Sie wäre unumgänglich für einen sich selbst tragenden Industrialisierungsprozeß.

Die Baustoffindustrie bildet bis heute eine Schwachstelle im algerischen Entwicklungsprozeß. Baustoffe werden benötigt für den Wohnungs- und Gewerbebau und für die Einrichtung der Infrastruktur. Trotz hoher Investitionen in diesem Schlüsselsektor kommt es immer wieder zu Engpässen, besonders bei Zement, so daß auf Importe zurückgegriffen werden muß. Aus der Kolonialzeit waren zwei Zementfabriken bei Oran und Algier vorhanden, die knapp 1 Mio. t Zement erzeugten. Durch den Bau von acht weiteren Zementfabriken konnte die Produktion bis 1987 zwar auf 7,5 Mio. t gesteigert werden, die Nachfrage liegt aber inzwischen bei 11 Mio. t jährlich. Zement wird daher auf dem Schwarzen Markt gehandelt. Die acht neuen Fabriken wurden breit über Nordalgerien gestreut.

Lebensmittel- und Konsumgüterindustrien

Der Aufbau der Lebensmittel- und Konsumgüterindustrien verlief parallel zu dem der mit Priorität bedachten Grundstoffindustrien. Sie war erforderlich, um Importe zu substituieren und um die dringendsten Bedürfnisse der rasch wachsenden Bevölkerung zu befriedigen. Die Verstädterung, ein Wandel der Konsumgewohnheiten und die bis Mitte der achtziger Jahre zu beobachtende Einkommenssteigerung ließen die Nachfrage zusätzlich anwachsen.

Die Lebensmittelindustrie der Kolonialzeit war auf die Bedürfnisse des europäischen Bevölkerungsteils und auf die Exporte nach Frankreich ausgerichtet, sie mußte folglich auf die andersartigen Bedürfnisse des algerischen Binnenmarktes umgestellt werden. Grundnahrungsmittel der Algerier sind Brot und andere subventionierte Produkte aus Mehl und Grieß. Daher mußte vorrangig die Mühlen- und Backwarenindustrie ausgebaut werden. Von den siebziger Jahren an wurden 25 Großmühlen mit entsprechender Lagerkapazität errichtet. Während die Mühlen der Kolonialzeit meist in Großstadtnähe oder exportorientiert in den Häfen liegen, wurden die neuen Anlagen breit gestreut an den Eisenbahnlinien des Binnenlandes angesiedelt, wo sie die lokale Versorgung übernehmen. Sie vermahlen teils die Getreideernte der Hochplateaus, vorwiegend jedoch Importgetreide. Der Verkehrsfluß des Getreides, der in der Kolonialzeit vom Binnenland zum Exporthafen ging, hat sich nun umgekehrt: von den Importhäfen aus werden die Mühlen im Binnenland beliefert. Da bis heute die Mühlenkapazität nicht ausreicht, muß auch noch Mehl importiert werden. Die übrigen Zweige der Lebensmittelindustrie wie Milchverarbeitung, Konservenfabriken, Ölmühlen und Zuckerfabriken sind wenig entwickelt, was vor allem auf die unzureichende Agrarproduktion zurückzuführen ist.

Die Getränkeindustrie war zu besonders tiefgreifenden Umstellungen auf die andersartigen Konsumgewohnheiten eines islamischen Landes gezwungen. Die Erzeugung von Wein sank von 14 Mio. hl (1965) auf nur noch 0,9 Mio. hl (1987), diejenige von Bier von 1,2 Mio. hl (1958) auf 0,5 Mio. hl (1987). Von den ursprünglich fünf Brauereien wurden drei stillgelegt. Dafür wurde die Erzeugung alkoholfreier Getränke stark ausgebaut. Mineralwasser aus algerischen Quellen hat die früher dominierenden französischen Marken vollständig verdrängt, die Erzeugung stieg von 205 000 hl (1970) auf 1 157 000 hl (1987).

Die Textil- und Bekleidungsindustrie bildet den wichtigsten Zweig der Konsumgüterindustrie. Neben den staatlichen Großbetrieben spielen in dieser Branche auch die Privatbetriebe eine wichtige

Rolle. Hier fand das Privatkapital auch dann eine Nische, als es aus anderen Branchen verdrängt wurde. Seit Mitte der achtziger Jahre wurden private Investitionen in der Textil- und Bekleidungsindustrie wegen ihrer Arbeitsintensität wieder gefördert. Der 1966 gegründete Staatskonzern SONITEX wurde 1982 im Rahmen der Industriereform in sechs Einzelgesellschaften zerlegt, die auf bestimmte Produktgruppen spezialisiert sind. Er zählte zu diesem Zeitpunkt 47 Betriebe mit etwa 20000 Beschäftigten. Wegen ihrer geringen Standortanforderungen und der hohen Arbeitsintensität wurden die Staatsbetriebe als Mittel der Regionalpolitik benutzt und mit Vorliebe in schwach industrialisierten Räumen mit hoher Arbeitslosigkeit angesiedelt. Die Privatbetriebe sind dagegen in den großen Städten konzentriert, die größere Standortvorteile aufweisen. Der Aufbau der Textil- und Bekleidungsindustrie kann als Beispiel einer geglückten Importsubstitution angesehen werden. Die algerische Produktion deckt den Bedarf weitgehend ab, während 1960 noch 95% des Bedarfs an Textilien und Bekleidungsartikeln aus Frankreich importiert werden mußte. Der Schwachpunkt auch dieser Branche ist ihre weitgehende Abhängigkeit vom Rohstoffimport (Baumwolle, Wolle, Textilfarben).

Auch die Schuhindustrie konnte erst nach der Lösung von Frankreich aufgebaut werden, betrug doch auch hier 1960 die Importquote noch 95%. Der Bedarf wird heute zu zwei Dritteln von Privatfirmen und zu einem Drittel von drei Staatskonzernen mit 9000 Beschäftigten gedeckt. Die Produktion von 50 Mio. Paar ist ausreichend, die Qualität ist jedoch mäßig. Da Devisen für den Import von Häuten und Leder fehlen – das landeseigene Aufkommen ist unzureichend –, muß mehr und mehr Kunstleder verarbeitet werden. Bei den ärmeren Schichten ist die Plastiksandale das gängige Schuhwerk.

5.3.4
Bilanz der Industrialisierung

Die Bilanz des algerischen Industrialisierungsprozesses ergibt ein zwiespältiges Bild. Positiv zu bewerten sind die Errichtung der zahlreichen modernen Industrieanlagen in geplanter räumlicher Streuung, die Verfünffachung der Zahl industrieller Arbeitsplätze zwischen 1967 und 1987 sowie die breite Palette von Industrieerzeugnissen für den Binnenmarkt. Algerien hat bei vielen Produkten die Selbstversorgung fast erreicht. Die totale Importabhängigkeit der Kolonialzeit selbst bei einfach zu erstellenden Konsumgütern besteht nicht mehr.

Andererseits hat das algerische Entwicklungsmodell neue soziale und ökonomische Probleme entstehen lassen, vor allem hat sich seine wirtschaftliche Abhängigkeit vom Ausland, die man gerade durch die forcierte Industrialisierung beseitigen wollte, eindeutig verstärkt. Dabei sollte man die üblichen Schwierigkeiten, die bei der Industrialisierung von Entwicklungsländern auftreten, nicht überbewerten, sie dürften sich im Laufe der Zeit beheben lassen. Dazu zählen z. B. die übermäßig langen Bauzeiten der Industriebetriebe, geringe Kapazitätsauslastung, niedrige Kapital- und Arbeitsproduktivität, die anfänglich hohe Fluktuation der Arbeitskräfte, infrastrukturelle Fehlplanungen wie z. B. die Ansiedlung von Industrien mit hohem Wasserverbrauch in Räumen mit unzureichendem Wasseraufkommen.

Abgesehen von diesen unvermeidlichen Übergangsproblemen muß man aber – ein Vierteljahrhundert nach Aufstellung der ersten Entwicklungspläne – bei der Evaluierung des algerischen Modells fragen, ob das Land seine langfristigen strategischen Ziele, nämlich wirtschaftliche Unabhängigkeit durch Aufbau einer sektoral verflochtenen, introvertierten Wirtschaft und Ingangsetzung eines sich selbst verstärkenden autozentrierten Entwicklungsprozesses, erreicht hat.

Vom Ziel einer wirtschaftlichen Unabhängigkeit ist Algerien heute weiter entfernt denn je. Zwar gelang die Importsubstitution einiger Konsumgüter, dafür sind neue Abhängigkeiten entstanden:

- totale Abhängigkeit vom Export der Kohlenwasserstoffe und deren starken Preisschwankungen,
- Abhängigkeit von Lebensmittelimporten (60% des Grundbedarfs),
- Abhängigkeit von ausländischer Technologie und ausländischen Fachkräften, da eine eigenständige wissenschaftlich-technische Basis fehlt,
- Abhängigkeit vom Import von Rohstoffen und Halbfabrikaten für die neuen Industrien,
- Abhängigkeit von ausländischen Kreditgebern aufgrund der hohen Auslandsverschuldung.

Die „industrialisierenden Industrien" haben die in sie gesetzten Erwartungen nicht erfüllt. Es kam nur in beschränktem Umfang zu den erhofften horizontalen Verflechtungen der einzelnen Industriezweige. Viel stärker ist die vertikale Verflechtung zwischen der algerischen Industrie und ihren ausländischen Zulieferern. Die algerische Industrie ist nicht nur technologisch vom Ausland abhängig, da die eigene Forschung und Entwicklung unbedeutend ist, sie muß auch einen Großteil ihrer Vorprodukte importieren. Fehlen dafür die Devisen, was bei niedrigen Ölpreisen der Fall ist, so kommt es zu oft lang anhaltenden Stockungen bei der Produktion.

Offensichtlich unterliefen auch Fehler bei der Auswahl der „industrialisierenden Industrien": die Eisenhüttenindustrie war die Wachstumsindustrie des 19. Jhs., heute zählt sie zu den alten Technologien. Auch von der chemischen Industrie gingen bisher nur geringe Wachstumsimpulse aus. Ein Problem ist die Überalterung der um 1970 errichteten Anlagen: sie sind teilweise verschlissen, auf alle Fälle modernisierungsbedürftig. Ihr Zustand hat Auswirkungen auf die Produktqualität, ihre Konkurrenzfähigkeit ist beeinträchtigt. Doch für Ersatz- und Modernisierungsinvestitionen fehlt jetzt den meisten Betrieben das Geld, dabei wachsen die Instandhaltungskosten.

Erhöhte Produktionskosten entstehen auch durch eine zu hohe Fertigungstiefe; die Firmen sind bestrebt, möglichst viel selbst zu produzieren und zu reparieren, statt einheimische Zulieferer und Dienstleistungsbetriebe aufzubauen. Die meisten Betriebe haben daher stark überhöhte Belegschaften, sie arbeiten selten mit Gewinn und sind folglich nicht in der Lage, die Ersatzinvestitionen selbst zu finanzieren. Bisher waren die Betriebe auf staatliche Subventionen angewiesen. Die Ölrente ermöglichte lange Zeit den Aufbau der Betriebe und die Deckung der Defizite, das Management war nicht zur Kostenkontrolle gezwungen.

Die algerischen Industrieprodukte sind offensichtlich nur auf dem abgeschotteten Binnenmarkt konkurrenzfähig, wo sie ein Monopol haben. In den Export gehen nur Erdölderivate wie etwa Benzin oder Halbfabrikate der chemischen Industrie wie Ammoniak, Ethylen und Polyethylen, gelegentlich auch Roheisen in Barrenform. Von einem autozentrierten, sich selbst tragenden Entwicklungsprozeß ist im Algerien des ausgehenden 20. Jhs. wenig zu spüren.

5.4
Raumbeispiele:
Annaba und Skikda

Die ostalgerischen Hafenstädte Annaba und Skikda wurden von den sechziger Jahren an zu Zentren der Schwerindustrie ausgebaut. Sie sollten Entwicklungspole im östlichen Landesteil werden. Das dichtbesiedelte Ostalgerien war während der Kolonialzeit im Vergleich zu West- und Zentralalgerien zurückgeblieben, da es der Agrarkolonisation wenig Ansatzpunkte geboten hatte. Der Raum wies auch eine hohe Arbeitslosenrate auf.

5.4.1
Annaba – Standort der Eisenhütten- und Stahlindustrie

Die Stadt Annaba ist eine arabische Gründung des 11. Jhs. 2 km nördlich des antiken Hippone. Die topographische Lage ähnelt der von Algier und Oran, der Hafen der Stadt wird durch ein Gebirge vor Westwinden geschützt; das Tal des Oued Seybouse bietet eine natürliche Verbindung ins Hinterland. Das vorkoloniale Annaba, eine ummauerte Medina, blieb jedoch sehr klein. Der Aufschwung begann erst gegen Ende des 19. Jhs. mit dem Bau von zwei Eisenbahnlinien ins Hinterland, die dem Abtransport der Bergbauprodukte dienten. Annaba entwickelte sich zum Exporthafen für den ostalgerischen Bergbau. Bereits ab 1865 wurden Eisenerze, ab 1895 Phosphate verschifft. Mit der Kolonisation der Küstenebene wuchs der Stadt ein agrarisches Hinterland zu. Industrie siedelte sich an; am südlichen Stadtrand entstanden Nahrungsmittelindustrien, eine Phosphatdüngerfabrik sowie metallverarbeitende Industrien, wie die Waggonbaufirma in Allelick. Dennoch war die Industrie am Ende der Kolonialzeit mit 3000–3500 Beschäftigten nur schwach entwickelt. Annaba war Exporthafen und Handelszentrum für ein ländliches Umland und zählte 1954 112000 Einwohner. Ähnlich wie Oran hatte die Stadt bis zum Ausbruch des Befreiungskrieges eine europäische Bevölkerungsmehrheit, das Stadtbild war – abgesehen von der winzigen Medina – das einer südeuropäischen Stadt.

Die massive Industrialisierung seit 1967 hat Stadtbild, Struktur und Funktion stark verändert (Abb. 25). Annaba wurde zum Standort der Schwerindustrie ausgewählt. Sowohl das Eisenhütten- und Stahlwerk wie die Phosphatdüngerfabrik erhalten ihre Rohstoffe teils über die elektrifizierte Bahnlinie aus den Gruben im Binnenland, teils über den Hafen, der stark ausgebaut wurde. Das Hüttenwerk mußte allerdings 12 km vom Hafen entfernt beim Städtchen El Hadjar errichtet werden, weil aus topographischen Gründen nur dort ein ebener, fester Baugrund vorhanden war. Die Umschlagstruktur des Hafens hat sich gegenüber der Kolonialzeit total verändert. War Annaba damals ein reiner Exporthafen – noch 1965 standen 2,8 Mio. t Verladungen nur 270000 t Entladungen gegenüber –, so lautete 1987 das Verhältnis 1,6 Mio. t Verladungen zu 3,4 Mio. t Entladungen. Der Export von Eisenerz ist eingestellt, die Verladungen bestehen mehrheitlich aus Phosphaten, Düngemitteln und Stahlwaren. Eingeführt werden Kokskohle, Chemikalien und Getreide. Unter den Trockenfrachthäfen Algeriens nimmt Annaba heute den zweiten Platz hinter Algier ein.

Mit der Industrialisierung ging eine Verstärkung der zentralörtlichen Funktionen Annabas einher. Seit 1956 ist die Stadt Verwaltungssitz eines Wilayas. Eine Technische Universität wurde im Verbund mit dem Hüttenwerk 1975 eröffnet, die 1988 bereits 16000 Studenten zählte. Im ostalgerischen Städtesystem konkurriert Annaba als Hafen mit Skikda, das überragende kulturelle und kommerzielle Zentrum bleibt Constantine.

Die Schaffung von 30000 Arbeitsplätzen alleine in der Industrie löste einen Zustrom von Arbeitsuchenden aus. Die städtische Agglomeration Annaba, gegliedert in die fünf Gemeinden Annaba (1987:

Raumbeispiele: Annaba und Skikda

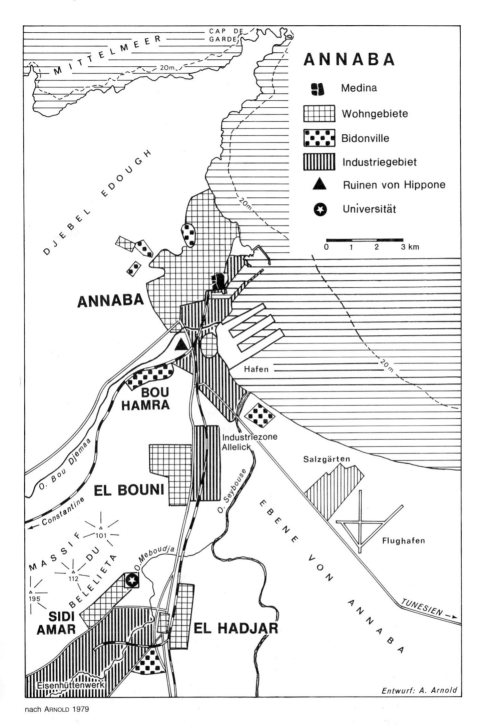

Abb. 25: Die Agglomeration Annaba – El Hadjar

228000 Einw.), El Bouni (89000), El Hadjar (26000), Sidi Amar (44000) und Berrahel (12000) zählte 1987 rund 400000 Einwohner. Der bisher ländliche Raum war auf diese Migration überhaupt nicht vorbereitet, die städtebauliche Entwicklung konnte mit diesem Zustrom nicht Schritt halten. Annaba gilt als die Stadt mit den größten Wohnungsproblemen in Algerien. Von den 18000 Beschäftigten des Stahlwerks wohnt nur ein kleiner Teil in der Werkssiedlung Sidi Ammar, das Gros pendelt mit einer S-Bahn aus der Kernstadt Annaba oder mit Bussen aus einem Umkreis von 50 km ein. Um den kleinen Stadtkern, bestehend aus der winzigen Medina und einer gepflegten Kolonialstadt, legt sich ein Kranz aus heterogenen Neubauvierteln: Hochhäuser in Plattenbauweise, selbsterrichtete Massivhäuser und ausgedehnte Bidonvilles. Annaba bietet das Bild einer außer Kontrolle geratenen Urbanisierung mit ungeplanten Wohnvierteln und einer mangelhaften Infrastruktur. Verkehrssysteme, Wasserversorgung, Entsorgung und Schulwesen haben mit dem rapiden Bevölkerungswachstum nicht Schritt gehalten. Aus topographischen Gründen wuchs die bebaute Fläche vor allem nach Süden in die Ackerbauebene. Der alte Stadtkern im Norden gerät – ähnlich wie in Algier – in eine periphere Lage.

5.4.2
Skikda – Standort der Kohlenwasserstoffverarbeitung

Die Stadt Skikda wurde 1838 unter dem Namen Philippeville als französische Kolonialstadt gegründet. Der Bau einer Bahnlinie nach Constantine (1870), die 1882 nach Batna und 1920 nach Touggourt verlängert wurde, erschloß dem Hafen frühzeitig ein weites Hinterland bis zur Sahara. Während der Kolonialzeit blieb Skikda eine Mittelstadt mit einem kleinen Handelshafen, der vor allem Güter für Constantine umschlug, und einigen Industriebetrieben von lokaler Bedeutung (Mühle, Sägewerk, Fischkonservenfabriken). Im Jahre 1967 beschloß die algerische Regierung, Skikda als Gas- und Erdölterminal sowie als Standort einer Raffinerie und petrochemischer Industrien auszubauen. Die Entscheidung fiel aus regionalpolitischen Gründen; Skikda sollte das ostalgerische Gegenstück zu Arzew sein. Hier münden eine Erdgasleitung (12 Mrd. m^3/Jahr) von Hassi R'Mel und eine Erdölleitung (30 Mio. t) von Haoud el Hamra. Auf dieser Energie- und Rohstoffbasis wurde eine Anzahl von verarbeitenden Industriebetrieben errichtet:

– Gasverflüssigungsanlage für den Export von Flüssiggas (950 AK)
– Petrochemiekomplex für die Produktion von Ethylen, Polyethylen, PVC und Ammoniak (1100 AK)
– Erdölraffinerie mit einem Durchsatz von 15 Mio. t (1300 AK)
– Kraftwerk von 150 MW (130 AK).

Es handelt sich um eine hochautomatisierte Industrie, die im Verhältnis zum eingesetzten Kapital relativ wenige Arbeitsplätze bietet. Die Arbeitslosigkeit blieb daher im Raum Skikda recht hoch. Dennoch löste auch hier die Industrialisierung eine starke Zuwanderung aus, zumal in der Aufbauphase 1967–1980 große Massen von Bauarbeitern Beschäftigung fanden. Zu den größten Bauwerken zählte der neue Tiefwasserhafen östlich des alten Handelshafens, der Tanker bis 200000 t beladen kann. Der Umschlag, der 1965 nur 416000 t betragen hatte, belief sich 1987 auf 18,3 Mio. t; Verladungen von 16,8 Mio. t standen Entladungen von 1,5 Mio. t gegenüber.

Die Einwohnerzahl Skikdas stieg von 48700 (1954) auf 59000 (1966), 91300 (1977) und 128000 (1987). Die relativ

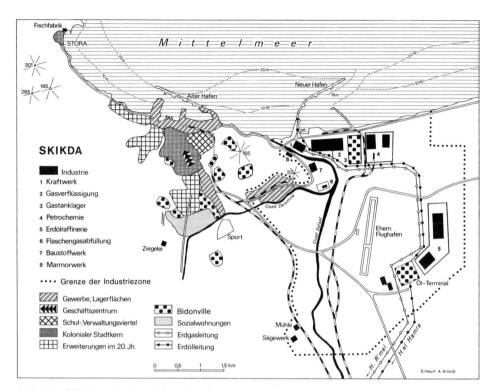

Abb. 26: Skikda und seine Industriezone

kleine Stadt war diesem Zustrom nicht gewachsen. Eingeengt zwischen zwei Höhenzügen konnte sich die regulär bebaute Fläche nur geringfügig nach Süden in das Bewässerungsland ausweiten, die zahlreichen Bidonvilles erklommen die Talhänge. Wegen der Wohnungsnot und der beschränkten Zahl von Arbeitsplätzen ist das Bevölkerungswachstum von jährlich 5 bis 7% in den siebziger Jahren auf nur noch 3% im Zeitraum 1977–1987 gefallen, was etwa dem Geburtenüberschuß entspricht. Aus der Abbildung 26 wird der große Flächenverbrauch der neuen Industrien sichtbar. Das nach 1967 angelegte Industriegebiet, von der Stadt durch ein kleines Bergmassiv getrennt, umfaßt rund 2000 ha besten Bewässerungslandes. Die Industrie hat die früheren Rebflächen und Gemüsegärten verdrängt. Auch hier hat der Sog der Industrie zu einer Vernachlässigung der Landwirtschaft geführt. Die großflächigen Industrien bilden eine Insel der Modernität inmitten eines traditionell-ländlichen Umlandes.

5.5
Der Fremdenverkehr – ein vernachlässigter Wirtschaftszweig

Algerien zählt neben Libyen und Albanien zu den wenigen Mittelmeeranrainern, die von den riesigen Touristenströmen in diesen wichtigsten Fremdenverkehrsraum der Erde kaum berührt werden. Während die maghrebinischen Nachbarstaaten Marokko und Tunesien sich seit den sechziger Jahren einen festen Platz unter den mediterranen Zielländern gesichert haben, spielt der

	1975	1980	1985	1987
Hotels[1]	120	143[2]	170	186
Betten	14412	26663[2]	32362	31413
Auslandsgäste (1000)	296,5	291	407,4	272,7
davon Franzosen (v. H.)	41	39	31	32
Deviseneinnahmen (Mio. Dollar)	51	115	143	137[3]

[1] nur 1 bis 5 Sterne   [2] 1983   [3] 1986
Quelle: Annuaire Statistique de l'Algerie, div. Jgg.

Tab. 21: Strukturdaten zum algerischen Fremdenverkehr 1975–1987

Ausländer-Fremdenverkehr in Algerien nur eine marginale Rolle (Tab. 21). Die Zahl der ausländischen Einreisenden pendelt seit Jahren um die 400000, während sie 1985 in Marokko bei 1,6 Mio. und in Tunesien bei 2 Mio. lag. Die größte Gruppe unter den einreisenden Touristen stellen seit der Liberalisierung des Grenzregimes die Tunesier. Sie reisen in der Regel zu kurzfristigen Verwandtenbesuchen und Einkaufstouren ein. Die zweitgrößte Gruppe bilden traditionell die Franzosen (1987: 31%), während die etwa 15000 deutschen Staatsangehörigen, die im Mittel jährlich einreisen, nur einen Anteil von etwa 3% ausmachen.

Für den geringen Entwicklungsstand des algerischen Fremdenverkehrs sind primär politische Gründe zu nennen. Während Marokko und Tunesien angesichts ihrer geringen Ressourcen alle Entwicklungspotentiale ausschöpfen mußten, vertraute man in Algerien bis Anfang der achtziger Jahre auf Ölrente und Industrialisierung. Die ideologisch motivierte Angst vor Überfremdung und neuen Abhängigkeiten spielte eine wesentliche Rolle. Aus den staatlichen Entwicklungsplänen wurden daher nur unbedeutende Mittel für die Fremdenverkehrseinrichtungen abgezweigt und das Privatkapital erhielt nur geringe Entfaltungsmöglichkeiten. Algerien hat sich so von einem der dynamischsten Sektoren der Weltwirtschaft abgekoppelt. Erst der wirtschaftliche Kurswechsel gegen Ende der achtziger Jahre führte zu einer veränderten Einschätzung des Fremdenverkehrs. Die Monopolstellung der staatlichen Hotelketten und Reisebüros wurde beseitigt, die Übernachtungspreise gesenkt und Pläne zur Ausweitung der Übernachtungskapazität um 120000 Betten bis zum Jahre 2000 entworfen. Allerdings dürfte der Vorsprung der anderen mediterranen Reiseländer nur schwer aufzuholen sein. Zudem bilden nun politische Unruhen, Streiks und die prekäre Versorgungssituation ernsthafte Hemmnisse für private und ausländische Investoren.

Das größte Hindernis für die Entfaltung des Fremdenverkehrs ist die quantitativ und qualitativ unzureichende Beherbergungskapazität. Sie wird für 1987 mit 46000 Betten angegeben, von denen aber nur 23000 internationalem Standard (drei bis fünf Sterne) entsprechen. Von den letzteren sind 21300 in Staatsbesitz. Das Gros der privaten Hotels bilden einfache Herbergen, die vor allem von maghrebinischen Reisenden aufgesucht werden.

Bei den Beherbergungsbetrieben lassen sich drei Standorttypen unterscheiden:

– Stadthotels
– Hotelkomplexe an den Badestränden
– Etappenhotels in der Sahara.

Die Stadthotels stammen zum Teil noch aus der Kolonialzeit. Sie dienen primär dem Geschäftsreiseverkehr und Kongreßtourismus, für den Erholungsreiseverkehr sind sie nur bedingt geeignet.

An der Mittelmeerküste wurden sieben Hotelkomplexe mit jeweils 500 bis 1200 Betten für den Badetourismus errichtet. Vier von ihnen konzentrieren sich auf den Küstenstrich westlich von Algier (Sidi Ferruch, Zeralda, Tipasa, Chenoua), die anderen liegen westlich von Oran und bei Jijel und Annaba in Ostalgerien. Wegen der Knappheit von Wohnungen sind die Komplexe in Großstadtnähe teilweise zweckentfremdet als Dauerwohnungen für Ausländer.

Die Etappenhotels in der Sahara dienen dem Rundreiseverkehr. Nach Bettenzahl und Ausstattung variieren sie vom Großhotel der Luxusklasse (Ghardaia) bis zur primitiven Absteige, wie z. B. die frühere Kaserne der Fremdenlegion in Djanet.

Zwei Fremdenverkehrsarten dominieren den Erholungsreiseverkehr: der Badetourismus an der Küste hat von Mai bis Oktober Saison, die Aufenthaltsdauer liegt bei 10 bis 15 Tagen. Der Saharatourismus konzentriert sich auf die kühle Jahreszeit von Oktober bis Mai. Da er meist als Rundreise erfolgt, entfallen nur ein bis zwei Übernachtungen auf den jeweiligen Aufenthaltsort. Alle Versuche, Ausländer zu einem längeren Winteraufenthalt in den Saharaoasen anzureizen, hatten wenig Erfolg. In den letzten Jahren sind Sahara-Durchquerungen mit geländegängigen Fahrzeugen sehr in Mode gekommen.

Neben dem Auslandstourismus hat sich in den letzten Jahren ein ansehnlicher Binnentourismus in Algerien entwickelt. Die neuen Ober- und Mittelschichten, die sich durch den sozioökonomischen Strukturwandel herausgebildet haben, ahmen das europäische Freizeitverhalten nach. Der algerische Binnentourismus zielt vor allem auf die Badestrände des Landes und konzentriert sich stark auf die Monate Juli und August. Er ist wenig erforscht und zahlenmäßig kaum zu erfassen. Sein Umfang wird auf 1 bis 1,5 Mio. Touristen im Jahr geschätzt (M. BOUCHIKHI, 1988).

Mit diesen Formen des Tourismus wird das große touristische Potential Algeriens erst wenig ausgenutzt. Neben den Stränden an der 1100 km langen Küste und den Oasen bietet das Land eine Reihe attraktiver Zielgebiete, die von Ausländern kaum besucht werden. Die Gebirge von Kabylei und Aurès bieten Wintersportmöglichkeiten, die römischen Ruinenstädte Timgad und Djemila sind hervorragend erhaltene Beispiele antiker Stadtbaukunst. Zahlreiche Thermalquellen, oft seit der Antike bekannt, werden allenfalls von der lokalen Bevölkerung frequentiert. Die Sahara mit ihren abwechslungsreichen Landschaftsformen ist touristisch erst wenig in Wert gesetzt, wenn man sie etwa mit den Trockengebieten der USA vergleicht. Dabei bilden die saharischen Gebirge Hoggar und Tassili einzigartige Naturlandschaften. Die Felsmalereien im Tassili ordnen sich zu einem einmaligen Freilichtmuseum der Weltkultur. Der Nationalpark Tassili ist touristisch wenig erschlossen, er muß noch mühsam in mehrtägigen Fußtouren durch ein grandioses, siedlungsleeres Panorama erwandert werden.

5.6
Weltmarktverflechtungen – Außenhandel – Auslandsverschuldung

Algerien hatte schon während der Kolonialzeit einen beträchtlichen Warenaustausch mit dem Ausland, speziell mit Frankreich. Nach der Unabhängigkeit wurde zwar eine autozentrierte Entwicklung mit teilweiser Abkopplung vom Weltmarkt propagiert, diese Politik ließ sich jedoch nicht durchhalten. Bevölkerungswachstum, Verstädterung, vor allem aber die Industrialisierung bewirkten eine wachsende Weltmarktverflechtung. Das Land ist nach wie vor auf Importe von Konsumgütern angewiesen, die Importe von Grundnahrungsmitteln nahmen ein beängstigendes Ausmaß an; der Aufbau der Industrie hatte wachsende Importe von Rohstoffen, Halbfabrikaten und Investitionsgütern im Gefolge. Der Anteil der Importe am BIP belief sich 1985 auf 17%, derjenige der Exporte auf 22%.

Das Volumen des Außenhandels, d. h. die Summe von Exporten und Importen, stieg von 7 Mrd. DA in den sechziger Jahren bis 1984 auf 115 Mrd. DA – zu laufenden Preisen – an. Da die algerischen Exporte zu 96–98% aus Kohlenwasserstoffen bestehen, ist der gesamte Außenhandel hochgradig von der Entwicklung des Weltenergiemarktes abhängig. Drei Variablen bestimmen die algerischen Exporterlöse und damit die Importfähigkeit:

– die quantitative Nachfrage nach Kohlenwasserstoffen
– deren Preise
– der Kurs des US-Dollars im Vergleich zu den europäischen Hauptwährungen.

Alle drei Faktoren können von Algerien nicht beeinflußt werden, der Außenhandel bleibt daher sehr instabil, die Exporterlöse unterliegen starken Schwankungen. Dabei konnte der Anteil des Rohöls an den Exporteinnahmen von 75% (1979) auf 25% (1985) reduziert werden; den Löwenanteil bilden heute Raffinerieprodukte und Erdgas (s. Kapitel 5.2.1), deren Preise nicht so starke Ausschläge aufweisen.

In der Zahlungsbilanz wechseln Jahre mit Überschüssen mit hochdefizitären Perioden. Die langfristigen Auslandsschulden wuchsen von 945 Mio. Dollar (1970) auf 26,8 Mrd. Dollar (1990) an; nach Angaben der Weltbank war 1990 die öffentliche Auslandsschuld auf den Gegenwert von 53% des Bruttosozialprodukts eines Jahres angewachsen, der Schuldendienst erforderte 59% der Exporterlöse. Algerien zählt zu den hoch verschuldeten Entwicklungsländern.

Die *Struktur der Warenströme im Außenhandel* Algeriens hat sich gegenüber der Kolonialzeit grundlegend gewandelt (Tab. 22). Im Jahre 1960 bestanden die Exporte noch zu 80% aus Agrarprodukten, über 50% entfielen alleine auf den Wein. Die weiteren wichtigen Posten bildeten Agrumen und Bergbauprodukte, vor allem Erze und Phosphate. Der kolonialzeitliche Außenhandel war hochgradig defizitär, den Exporten von 1,946 Mrd. Francs standen 1960 Importe im Werte von 6,4 Mrd. Francs gegenüber. Der gesamte Außenhandel wurde zu 80% mit Frankreich abgewickelt. Dieses koloniale Austauschverhältnis hat sich innerhalb eines Jahrzehnts grundlegend gewandelt. Der Anteil der Agrargüter an den Exporten sank von 36% (1965) auf 3,5% (1975) und ist heute mit etwa 0,3% nur noch ein Erinnerungsposten; der Weinexport erbrachte 1987 noch ganze 88 Mio. DA! Auch der Anteil der montanen Rohstoffe ist heute unbedeutend, die Bergbauförderung wird zum größten Teil von der eigenen Industrie verarbeitet. Der gesamt Export wird seit Mitte der siebziger Jahre von den Kohlenwasserstoffen, d. h. von Erdöl, Erdgas und Raffinerieprodukten, dominiert (s. Kapitel 5.2.1). Ihr Anteil stieg von 54% (1965) auf 70% (1970), 93% (1975) und liegt seit 1980 recht konstant bei 96–98%. Alle Bemühungen um Diversifizierung der Exportstruktur blieben ohne Erfolg, die kolonialzeitliche Abhängigkeit vom Wein hat Algerien mit der von den Kohlenwasserstoffen eingetauscht. Der Export aus industrieller Produktion – meist handelt es sich um Halbfertigwaren wie Roheisen oder Chemikalien – kam über erste Ansätze nicht hinaus und lag bei 1,6% der Gesamtexporte.

Bei den *Importen* wurde die Einfuhr von Konsumgütern gegenüber der Kolonialzeit

	1965	1970	1980	1987	1990
Exporte					
Wert (Mrd. DA)	3,15	4,98	52,60	41,74	114,4
Lebensmittel, Getränke	36,1	19,8	0,7	0,3	0,4
Energiestoffe	53,7	70,4	98,4	97,5	96,9
Rohstoffe	6,0	3,2	0,3	0,4	0,1
Halbfertigwaren	1,7	3,9	0,5	1,3	1,3
Investitionsgüter	1,8	1,6	–	0,3	0,5
Konsumgüter	0,7	1,1	0,1	0,2	0,6
Importe					
Wert (Mrd. DA)	3,31	6,20	40,52	34,15	87,02
Lebensmittel, Getränke	23,5	10,1	19,2	24,8	21,1
Energiestoffe	0,8	2,1	2,1	2,3	1,1
Rohstoffe	7,6	6,8	2,5	7,1	7,0
Halbfertigwaren	17,7	28,7	31,3	25,8	18,4
Investitionsgüter	16,3	36,1	38,2	27,0	39,7
Konsumgüter	34,1	16,2	6,7	13,0	11,8

Quelle: Annuaire Statistique de l'Algerie, div. Jgg.

Tab. 22: Aufgliederung des algerischen Außenhandels nach Produktgruppen 1965–1990 (v. H.)

stark gedrosselt, hier hatte die Politik der Importsubstitution durch eigene Industrieprodukte gewisse Erfolge. Die wichtigsten Posten auf der Importstatistik sind heute Investitionsgüter, Halbfertigwaren und Rohstoffe für die eigene Industrie sowie Grundnahrungsmittel für die algerische Bevölkerung (s. Kapitel 6.3). Der einst übermächtige Anteil von Frankreich am algerischen Außenhandel wurde auf 20 bis 30% gedrückt; die Nutznießer dieser Diversifizierungspolitik waren die übrigen westeuropäischen Staaten und Nordamerika (s. Kapitel 2.2.2, bes. Tabelle 3).

6 Das Stiefkind Landwirtschaft

Die Vernachlässigung von Landwirtschaft und ländlichem Raum ist eine der Kehrseiten des algerischen Entwicklungsmodells, das bis Anfang der achtziger Jahre einseitig auf Industrialisierung setzte. Die ländliche Bevölkerung geriet ins soziale Abseits, die landwirtschaftliche Produktion konnte mit der rasch wachsenden Nachfrage nicht entfernt Schritt halten, bei wichtigen Agrarprodukten stagniert die Erzeugung seit Jahrzehnten. Innerhalb eines Jahrzehnts wandelte sich ein Exporteur von Agrargütern zu einem bedeutenden Importeur von Grundnahrungsmitteln. Die Ursachen für diese insgesamt recht negative Entwicklung sind komplexer Art. Man kann sowohl das ungünstige Naturpotential als auch die Agrargeschichte der Kolonialzeit, vor allem aber die Agrarpolitik des unabhängigen Algerien anführen. Der Anteil der Landwirtschaft an den Finanzmitteln der Entwicklungspläne war immer recht bescheiden, es wurde aber mehr Kapital bereitgestellt, als von der Landwirtschaft abgerufen wurde. Die Marginalisierung hat auch soziale und sozialpsychologische Ursachen. Die Feldarbeit genießt im Orient seit jeher ein geringes Ansehen. Der mit großem Propagandaaufwand betriebene Aufbau moderner Industrien sowie die wesentlich höheren Löhne bei Industrie und Baugewerbe übten einen starken Sog auf die jüngeren und qualifizierteren Kräfte der Landwirtschaft aus. Da lange Zeit auch das landwirtschaftliche Bildungswesen vernachlässigt wurde, haftete der ländlichen Bevölkerung der Ruf des Analphabetismus an.

Als Algerien unabhängig wurde, war es ein reines Agrarland. Um 1960 waren noch 67% der Erwerbspersonen in der Landwirtschaft tätig, die allerdings nurmehr 26% des BIP erwirtschafteten. Aufgeteilt in den modernen europäischen und den traditionellen algerischen Sektor erbrachte diese Landwirtschaft noch 80% der Exporterlöse. Heute sind nach offiziellen Angaben noch 18% der Erwerbstätigen der Landwirtschaft zuzurechnen, wenn man auf volle Arbeitskrafteinheiten umrechnet. Da aber gerade in diesem Wirtschaftsbereich viele Teilzeitkräfte beschäftigt sind, dürften tatsächlich etwa 25% der algerischen Bevölkerung ihren überwiegenden Unterhalt aus der Landwirtschaft bestreiten. Am BIP ist die Landwirtschaft noch mit 12% beteiligt, der Exportanteil ist auf 0,3% gefallen.

6.1 Heterogene Betriebsstrukturen

Aus der Kolonialzeit hat Algerien eine heterogene Betriebsstruktur übernommen, gekennzeichnet durch den Dualismus zwischen den Großbetrieben der Europäer und den Kleinbetrieben der Fellachen. Das Land der Colons umfaßte zu Beginn des Befreiungskrieges 1954 2,7 Mio. ha; bis 1962 hatte sich sein Umfang durch Verkäufe an Algerier auf 2,3 Mio. ha verringert. Es lag überwiegend im semihumiden Norden mit den besten Böden. Die Lagegunst und die moderne, wenn auch extensive Bewirtschaftung erklären, weshalb auf 37% der LF 55% des Produktionswertes der Landwirtschaft erwirtschaftet wurden.

Nach der Massenflucht der Colons 1962 übernahmen spontan deren algerische Arbeiter das Land; ein Enteignungsgesetz legalisierte 1963 diesen Akt. Aus 22 000 Colon-Betrieben wurden 2080 Selbstverwaltungsfarmen mit einer durchschnittlichen Größe von 1000 ha gebildet. Sie wurden anfangs von den Arbeitern basisdemokratisch geführt, gerieten im Lauf der Zeit aber immer mehr unter staatlichen Einfluß.

Die Agrarrevolution erweiterte 1971 diesen öffentlichen Sektor. Mit ihr sollten die sozialrevolutionären Ziele des Befreiungskampfes verwirklicht werden, die bereits 1962, noch im Exil, von der FLN in der „Charta von Tripolis" niedergelegt worden waren. Eine Agrarrevolution sollte eine Umverteilung des Bodens zugunsten der landarmen Schichten bewirken. Die Ansprüche breiter Schichten der Landbevölkerung, welche die Hauptlast des Befreiungskrieges getragen hatten, sollten damit befriedigt werden. Die Agrarrevolution bezweckte die Beseitigung der großen Gegensätze bei Grundbesitz und Viehherden und die Abschaffung rentenkapitalistischer Züge in der Agrarverfassung wie Absentismus und Khamessat (zum Khamessat s. Kapitel 6.5.4). In drei Phasen wurden 1,1 Mio. ha aus Kommunalbesitz (Allmende und Habous), aus Großgrundbesitz oder aus dem Eigentum absentistischer Stadtbewohner enteignet und in einen Bodenfonds eingebracht, aus dem die landarmen Fellachen bedacht wurden nach dem Motto: „Das Land dem, der es bebaut". Mit der Besitzreform sollte auch eine Bewirtschaftungsreform verknüpft werden mit dem Ziel höherer Erträge. Die rund 100 000 Nutznießer der Reform erhielten aber das Land nicht individuell zugeteilt, sie sollten es vielmehr in Produktionsgenossenschaften kollektiv mit modernen Methoden bewirtschaften. Um 1980 umfaßte der Sektor der Agrarrevolution rund 6000 Produktionsgenossenschaften mit 1,1 Mio. ha.

Riesige Summen investierte der Staat auf dem Lande zur Verbesserung der Lebensverhältnisse, vor allem im propagandaträchtigen Programm der „1000 sozialistischen Dörfer". Dennoch erwies sich die Agrarrevolution als Fehlschlag.

In den Jahren 1981 bis 1984 erfolgte eine erneute Umstrukturierung der Landwirtschaft, indem die 2080 Selbstverwaltungsgenossenschaften des früheren Koloniallandes mit den 6000 Kooperativen der Agrarrevolution zu 3400 Domaines Agricoles Socialistes (D.A.S.) zusammengeschlossen wurden. Sie bewirtschafteten im Jahre 1986 noch 2,4 Mio. ha, in der Regel sehr ertragreiche Böden. Dieser öffentliche Sektor hatte also wieder den gleichen Umfang wie das Colon-Land am Ende der Kolonialherrschaft.

Eine weitere Reform zerlegte 1987 die 3000 D.A.S. in 22000 Kollektivbetriebe (Exploitations Agricoles Collectives = E.A.C.) und 5000 Individualbetriebe (Exploitations Agricoles Individuelles E.A.I.). Der private Sektor der algerischen Landwirtschaft bewirtschaftet etwa 5 Millionen Hektar, d. h. etwa die doppelte Fläche des öffentlichen Sektors. Es handelt sich aber vielfach um marginale Böden. Über die Betriebs- und Beschäftigtenzahlen ist wenig bekannt, da die amtliche Agrarstatistik sich vorwiegend mit dem öffentlichen Sektor befaßt.

Bei den privaten Familienbetrieben handelt es sich vorwiegend um Klein- und Mittelbetriebe. Sie wenden heute meist moderne Produktionsverfahren an. Bodenbearbeitung und Ernte sind mechanisiert, Saatgut wird zugekauft, Mineraldünger und Agrochemikalien sowie Futtermittel für die Tiere werden eingesetzt – soweit im Handel erhältlich. In den Bewässerungskulturen haben Motorpumpen die traditionellen Wasser-Hebevorrichtungen verdrängt. Gewächshauskulturen und bodenunabhängige Betriebe der Geflügelwirtschaft finden sich vor allem in Stadtnähe. Fast alle Fellachen setzen mehr oder weniger große Teile ihrer Produktion auf dem Markt ab. Die klassische Subsistenzwirtschaft hat sich auf schwer zugängliche Regionen (Gebirge, Kleinoasen) zurückgezogen. Der aus der Kolonialzeit bekannte Dualismus zwischen den traditionell wirtschaftenden Fellachenbetrieben und den modernen Großbetrieben in meist europäischer Hand existiert in seiner klaren sektoralen und räumlichen Ausprägung nicht mehr.

Ab Mitte der achtziger Jahre erhielt der private Sektor wieder eine starke Förderung, nachdem er vorher aus ideologischen Gründen vernachlässigt worden war. Nun erhielten die Privatbauern wieder Zugang zu Krediten, der seit der Agrarrevolution blockierte Grundstücksverkehr wurde liberalisiert, Privatleute können jederzeit Land der öffentlichen Hand kaufen – vorausgesetzt, sie bestellen es. Auf diese Weise gingen zwischen 1983 und 1989 2 Mio. ha vom öffentlichen Sektor an 160000 Privatpersonen über. Schließlich suspendierte im November 1990 das algerische Parlament die Agrarrevolution von 1971 und erlaubte unter gewissen Bedingungen die Rückgabe des enteigneten Landes an die früheren Eigentümer – begleitet von lebhaften Protesten der betroffenen Fellachen.

Die algerische Agrarpolitik war von einem häufigen Wechsel gekennzeichnet: wurden zunächst kollektive Betriebsformen bevorzugt, so steht seit den achtziger Jahren wieder der Privatbetrieb hoch im Kurs. Es ist derzeit unmöglich, exakte Zahlen über die verschiedenen Besitzformen anzugeben. Zu Beginn der neunziger Jahre waren folgende Eigentumsformen anzutreffen:

– Kollektivbetriebe als Überbleibsel des sozialistischen Sektors auf ehemaligem Kolonialland im Norden. Große, marktorientierte Betriebe mit moderner, technisierter Bewirtschaftung, behaftet mit Rentabilitätsproblemen.
– Private Betriebe mit moderner, mechanisierter Bewirtschaftung. Schwerpunkte: Gemüse- und Geflügelproduktion. Verbreitung: Küstenebenen und Hochplateaus.
– Private Kleinbetriebe, hoher Selbstversorgungsanteil, geringer Mechanisierungsgrad, traditionelle Bewirtschaftung. Vor allem verbreitet in den Gebirgen und Oasen.

6.2
Die Entwicklung der Agrarproduktion

6.2.1
Die pflanzliche Produktion

Die unbefriedigende Entwicklung der Agrarproduktion stellt das Land vor schwere Versorgungsprobleme. Die Erzeugung wichtiger Grundnahrungsmittel stagniert, angesichts der rasch wachsenden Bevölkerung sinkt die Pro-Kopf-Produktion. Ein zusätzliches Problem sind die starken Ertragsschwankungen von Jahr zu Jahr. Sie betreffen vor allem die pflanzliche Produktion, die direkt vom Witterungsverlauf abhängig ist. Dabei ist die Produktionsentwicklung der einzelnen Agrarprodukte recht unterschiedlich, wie aus Tabelle 23 ersichtlich ist.

Die Produktion von Getreide, der wichtigsten Nahrungsfrucht, stagniert seit langem bei etwa 1,9 Mio. t pro Jahr – ein Wert, der bereits vor dem Ersten Weltkrieg erzielt worden war! Seit etwa 1940 ist das Land Nettoimporteur von Getreide. Die Hauptanbaugebiete sind die Küstenebenen sowie die intramontanen Becken und der Nordrand der Hochplateaus, der einem hohen Dürrerisiko unterliegt. Die Ernte schwankt sehr stark von Jahr zu Jahr. In den 18 Jahren von 1970 bis 1987 wurden durchschnittlich 1,91 Mio. t geerntet, wo-

	1965	1970	1975	1980	1984	1985	1986	1987	1990
Getreide	1734	2058	2608	2418	1460	2918	2402	2065	1625
Hülsenfrüchte	39	39	76	52	45	57	68	67	35
Gemüse	548	725	1248	1441	1546	2182	2339	2573	2261
davon Kartoffeln	232	262	575	591	521	815	812	905	809
Agrumen	415	508	500	422	285	244	253	277	281
Datteln	110	79	182	201	183	199	189	224	206
Wein (1000 hl)	14026	8693	4319	2837	1394	938	906	918	289

Quellen: Annuaire Statistique de l'Algerie, div. Jgg.

Tab. 23: Entwicklung der pflanzlichen Produktion in Algerien 1965–1990 (in 1000 t)

bei die beste Ernte 2,92 Mio. t und die schlechteste 1,14 Mio. t betrug. Die Abweichung vom Mittelwert betrug also +53% nach oben und −40% nach unten. Diese starken Differenzen ergeben sich einmal aus den starken Schwankungen der Hektarerträge, die in Algerien noch sehr niedrig sind. Im Feuchtjahr 1984/85 erntete man 9,1 dt/ha, im Trockenjahr 1976/77 nur 4,1 dt/ha. Daneben unterliegt auch die Getreidefläche selbst starken Schwankungen. 1984/85 wurden 3,2 Mio. ha mit Getreide bestellt, im Jahr zuvor nur 2,7 Mio. ha. Bleiben nämlich die für das Saatbett wichtigen Herbstregen aus, so werden große Flächen gar nicht erst eingesät. Die niedrigen Flächenerträge von durchschnittlich 6 dt/ha – das ist ein Zehntel der deutschen Werte – erklären sich aus der Dominanz des extensiven Dry-Farming-Systems im Getreidebau.

Die Ernte von Datteln, früher das Grundnahrungsmittel in den Oasen, stagniert bei etwa 200000 t. Die Palmgärten sind vielfach überaltert und wenig gepflegt; der Mangel an jüngeren Arbeitskräften macht sich bei dieser arbeitsintensiven Kultur, die nur wenig mechanisiert werden kann, empfindlich bemerkbar.

Agrumen waren neben dem Wein das wichtigste Produkt des früheren Colon-Landes, sie werden daher zu mehr als 90% im bisherigen sozialistischen Sektor produziert. Die Ernte hat sich von früher 500000 t auf heute 250000 t halbiert; der Exportanteil, der 1954 noch bei 70% lag, ist auf Null gesunken. Das Angebot deckt nicht einmal mehr die Binnennachfrage, Apfelsinen sind heute in Algerien bei mäßiger Qualität weit teurer als in Europa. Offensichtlich beherrschen die Genossenschaftsfarmen nicht die komplizierte Anbautechnik dieser Bewässerungskultur, zudem sind die Agrumenhaine und Bewässerungsanlagen überaltert.

Der algerische Weinbau war ein Kind der Agrarkolonisation (s. Kapitel 2.1.5). Die Ernte von 15–20 Mio. hl wurde in der Kolonialzeit zum größten Teil als Verschnittwein nach Frankreich verkauft; noch in den fünfziger Jahren machte der Wein wertmäßig die Hälfte der algerischen Exporte aus. Gegen Ende der sechziger Jahre schränkte Frankreich auf Druck der französischen Winzer den Weinimport stark ein. Da der Binnenmarkt in diesem islamischen Land unbedeutend ist – unter dem Einfluß islamischer Kreise wird der Weinverkauf fortlaufend erschwert –, stand die algerische Regierung vor unlösbaren Absatzproblemen. Als Akt der Entkolonialisierung wurde die Rebfläche durch ein Rodungsprogramm von 350000 ha (1962) auf 122000 ha (1987) reduziert. Davon dienen nur noch 80000 ha der Weinerzeugung, die Flächen von Tafeltrauben wurden von

Entwicklung der Agrarproduktion 137

	1965	1970	1975	1980	1985	1987	1990
Rinder	602	885	1002	1363	1416	1416	1393
Schafe	5726	7786	9773	13370	13766	16148	17697
Ziegen	1762	2581	2269	2723	2514	2568	2472
Kamele	176	184	155	149	121	134	122

Quelle: Annuaire Statistique de l'Algerie 1970, 1982, 1990, 1991

Tab. 24: Entwicklung der Viehbestände Algeriens 1965–1990 (in 1000)

6300 ha (1969) auf 37000 ha ausgeweitet. Noch stärker als die Rebflächen gingen die Hektarerträge zurück. Während die Colons um 1955 noch 50 hl/ha kelterten, erzielten die Genossenschaftsfarmen 1985–1987 nur noch 9,7 hl/ha. Die Flächenproduktivität ist also auf ein Fünftel abgesunken. Mangelnde Fachkenntnisse, vor allem die Überalterung der Rebflächen sind dafür verantwortlich. Das Absatzproblem für algerische Weine hat sich von selbst gelöst. Für die Zukunft ist wieder eine stärkere Förderung des Weinbaus vorgesehen: 65000 ha Rebland sollen neu bepflanzt werden. An Stelle der Verschnittweine der Kolonialzeit sollen Qualitätsweine erzeugt werden.

Die Rodung von zwei Dritteln des algerischen Reblandes hat das Bild einiger Agrarlandschaften, die von der Wein-Monokultur geprägt waren, radikal verändert.

Zu den wenigen positiven Seiten der Agrarentwicklung in Algerien gehört die Ausweitung der Gemüseproduktion. Sie ist vor allem ein Verdienst des privaten Sektors. Seit die Gemüsevermarktung einschließlich Preisgestaltung von staatlicher Reglementierung befreit wurde, haben sich tausende von Fellachen dieser Intensivkultur zugewandt. Mit einfachen technischen Mitteln wie der Bewässerung aus eigenem Brunnen mittels Motorpumpe und Anbau im Folien-Gewächshaus werden hohe Ertragszuwächse erzielt. Hohe Preise sind der Hauptanreiz für die Ausweitung der Produktion, die sich zwischen 1965 und 1987 verfünffacht hat. Zum Gemüse zählen auch die Kartoffeln, die sich zu einem wichtigen Volksnahrungsmittel entwickelt haben, liegt doch der Pro-Kopf-Verbrauch bereits bei 39 kg jährlich – für ein Mittelmeerland ein ungewöhnlich hoher Wert! Hauptanbaugebiete sind die frostfreien Küstenebenen, alle großen Städte sind an der Küste von Gemüseanbauzonen umgeben.

6.2.2
Die tierische Produktion

Die offiziellen Viehzählungsergebnisse, auf denen Tabelle 24 beruht, müssen mit Vorsicht bewertet werden. Über 90% der Tiere werden von privaten Züchtern gehalten, die besonders in der Steppe und in der Sahara nur schwer zu erfassen sind. Dennoch ist die starke Zunahme der Tierbestände nicht zu bezweifeln. Die sehr hohen Fleischpreise machen die Tierzucht zu einem lukrativen Gewerbe. Während die Tierbestände stark angewachsen sind, blieb ihre Produktivität bescheiden. Die meisten Tiere werden im traditionellen Weidegang gehalten und sind daher auf das jahreszeitlich stark schwankende Futterangebot von Wald, Macchie, Steppe und Brachfeld angewiesen. Die Feldfutterflächen für die Stallfütterung wurden zwar von 147000 ha (1971/72) auf 390000 ha (1986/87) ausgeweitet, das bedeutet aber lediglich ein Anteil von 5% an der LF. Dabei böten die riesigen Brachflächen genügend Reserven für eine Ausweitung des Feldfutterbaus im Rahmen einer Fruchtfolge anstelle der jetzigen Getreide-Monokultur. Aber bis heute beschränkt sich die Stallhaltung des Viehs auf wenige Mustergüter.

Die Verteilung der Tierarten spiegelt das natürliche Futterangebot wieder. So konzentrieren sich die Rinderbestände auf die Tellzone, die Hochplateaus sind die Domäne der Schafherden – von 16 Mio. Schafen weiden 12–13 Mio. in der Steppenzone – und die Kamele nützen das spärliche Futterangebot in der Sahara. Der Bedeutungsschwund der Dromedare äußert sich im Rückgang des Bestandes und im Preisverfall, erbringt doch ein Dromedar nur noch den Gegenwert von zwei bis drei Schafen!

Mit den Tierbeständen wuchs die Fleischproduktion. Von 1967 bis 1987 stieg die Erzeugung von sog. „rotem Fleisch" (Rind, Schaf, Ziege, Dromedar) von 76000 t auf 195000 t, wovon 100000 t auf Schaffleisch entfällt. Das entspricht einem Pro-Kopf-Angebot von jährlich 8 kg an „rotem Fleisch" – ein Wert, der der Nachfrage nicht entfernt entspricht. Die Preise für Rind- und Hammelfleisch sind für ärmere Schichten unbezahlbar geworden.

Die Produktivität der algerischen Viehwirtschaft liegt auf dem niedrigen Niveau von Entwicklungsländern. Das Schlachtgewicht der Rinder von 116 kg entspricht nicht einmal der Hälfte von deutschen Tieren (270 kg), die jährliche Milchleistung einer Kuh von 1000 kg erreicht nur ein Fünftel des deutschen Wertes.

Um der chronischen Fleischknappheit zu begegnen, förderte die algerische Regierung den Aufbau einer modernen Geflügelwirtschaft, die schnelle Produktionserfolge ermöglicht. Mit der importierten Technologie der Massentierhaltung wurden geschlossene Produktionsketten errichtet: Brütereien, Aufzuchtfarmen, Mast- und Legehennenfarmen, Schlachtereien. Es gelang in kurzer Zeit, die Erzeugung von Geflügelfleisch von 24000 t (1967) auf 120000 t (1984) zu steigern. Der durchschnittliche Algerier verzehrt heute jährlich 7,5 kg „weißes" Geflügelfleisch neben 8 kg an „rotem" Fleisch. Auch die Eiererzeugung konnte auf diese Weise rasch gesteigert werden, so daß Eier heute ein wichtige Proteinquelle für die Volksernährung bilden. Die Geflügelwirtschaft zählt zu den wenigen erfolgreichen Zweigen der algerischen Landwirtschaft. Die Achillesferse dieser Produktion ist die fast totale Importabhängigkeit bei den Produktionsmitteln, d. h. bei den Stallanlagen und den Futtermitteln.

6.3
Die Ernährungssituation: Vom Agrarexporteur zum Nahrungsmittelimporteur

Wie erwähnt, sind die algerischen Agrarexporte innerhalb eines Jahrzehnts fast völlig zusammengebrochen. Ihr Wert sank von 1394 Mio. DA (1964) auf 145 Mio. DA (1987). Dafür sind einmal die Produktionsrückgänge bei den früheren Exportkulturen Wein und Agrumen, zum anderen auch die wachsende Binnennachfrage verantwortlich.

Demgegenüber stiegen die Agrarimporte von 680 Mio. DA (1970) auf 9,7 Mrd. DA (1985), was einem Anteil von 20% an den gesamten Importen entspricht. Die Schere zwischen der rasch wachsenden Nachfrage und der weithin stagnierenden Produktion kann nur durch Importe geschlossen werden (Tab. 25). Die Einfuhrabhängigkeit besteht vor allem bei den folgenden Grundnahrungsmitteln:

	1967–1969	1970–73	1974–77	1979–83	1984–87
Eigenproduktion	1860	1930	1890	1960	2211
Importe	620	780	1730	2600	4478
Gesamtverbrauch	2480	2710	3620	4560	6689
Importanteil (v. H.)	25	29	48	57	67
Pro-Kopf-Import (kg)	50	52	95	130	198

Quelle: A. ARNOLD, 1986, S. 213; Weltbank, div. Weltentwicklungsberichte

Tab. 25: Entwicklung der algerischen Getreideimporte im Jahresdurchschnitt 1967–1987 (in 1000 t)

- Getreide und Getreideprodukte
- Zucker
- Öle und Fette
- Milch und Milchprodukte.

Bei Getreide, das die Grundlage der Ernährung bildet, deckt die Eigenproduktion nur noch 30–40% des Bedarfs. In Trockenjahren müssen sogar 75% des Verbrauchs importiert werden. Die Importmenge stieg von 620000 t (1967–1969) auf 7,5 Mio. t (1989) an, d. h. für jeden Algerier werden bereits 300 kg Getreide importiert.

Zucker ist im gesamten Maghreb ein wichtiges Grundnahrungsmittel, das im Tee, in Form von Limonaden und vor allem als Süßgebäck konsumiert wird. Während Marokko eine beachtliche Zuckerindustrie aufbauen konnte, ist Algerien zu 95% auf Importe angewiesen. Die nationale Produktion von Rübenzucker ist über das Versuchsstadium nie hinausgekommen. Die neu errichteten Zuckerfabriken sind hauptsächlich mit der Raffinade importierten Rohzuckers beschäftigt. Öle und Fette müssen überwiegend vom Ausland bezogen werden, obwohl sich die Tellzone bestens für die Ölbaumkultur eignen würde. Aber dieser arbeitsintensiven Kultur wurde durch die Industrialisierung die Arbeitskräfte entzogen, so daß die Oliven häufig ungeerntet verderben. Wenig bekannt ist, daß Algerien einen der größten Importeure von Milch und Milchprodukten (Butter, Käse, Milchpulver, Kondensmilch) in der Welt bildet.

An der algerischen Ernährungssituation beunruhigt die Tatsache, daß sich die Schere zwischen Eigenproduktion und Nachfrage immer weiter öffnet. Die Nahrungserzeugung steigt im langjährigen Mittel jährlich um 2%, die Nachfrage jedoch um 6%. Dieser hohe Zuwachs erklärt sich zur Hälfte aus dem Bevölkerungswachstum von 3%, zur anderen Hälfte aus der höheren Kaufkraft der Mittel- und Oberschichten und veränderten Konsumgewohnheiten. Das Bevölkerungswachstum kumuliert mit einer einkommensinduzierten Nachfragesteigerung. Die Verstädterung bewirkt eine Abnahme der Selbstversorgungskapazität der Stadtbevölkerung, sie fördert zudem den Übergang zu hochwertigeren Nahrungsmitteln. Während im ländlichen Raum die traditionellen Nahrungsmittel aus eigener Erzeugung wie Grieß (Kuskus!), Hülsenfrüchte, Datteln und Feigen noch weit verbreitet sind, geht die Stadtbevölkerung zu einer vielseitigeren Kost über und bevorzugt je nach Einkommenslage Fleisch, Fisch, frische Früchte und Frischgemüse. Das Grundnahrungsmittel im ganzen Land ist das hochsubventionierte Stangenweißbrot. Weil es billig ist, verdrängt es traditionelle Nahrungsmittel, wie z. B. die Datteln. Der Dattelkonsum der Oasenbevölkerung soll von früher 60 kg pro Kopf und Jahr auf die Hälfte gesunken sein (D. DUBOST, 1987, S. 347). Getreide deckt heute 55% des Energie- und 75% des Proteinbedarfs der Bevölkerung.

Nach einer 1979/80 durchgeführten Haushaltsuntersuchung mußte der durchschnittliche algerische Haushalt nicht weniger als 56% seiner Ausgaben für Lebensmittel aufwenden (S. BENFERHAT, 1985, S. 23). Nach den Nahrungsbilanzen der FAO hat sich das rechnerische Kalorienangebot durchaus günstig entwickelt. Der Pro-Kopf-Verbrauch stieg von täglich 1829 Kalorien (1966–1968) auf 2866 Kalorien (1990), von denen 90% auf pflanzliche und 10% auf tierische Produkte entfallen. Der durchschnittliche algerische Nahrungskorb entspricht dem von Entwicklungsländern mit ausreichender energetischer Grundversorgung; dank den Importen ist Hunger in Algerien kein Massenphänomen. Die Durchschnittswerte verdecken freilich die erheblichen Disparitäten zwischen den Regionen und zwischen den sozialen Schichten. Die Unterschichten, die etwa die Hälfte der Bevölkerung ausmachen, müssen 60–70% ihres Haushaltsbudgets für Lebensmittel aufwenden. Bei ihnen entfallen alleine auf Brot und die anderen Getreideprodukte 25% der Gesamtausgaben, Fleisch ist nahezu unerschwinglich. Ein Abbau der Brotsubventionen ist für sie ein Grund zur Revolte.

6.4
Agrarraum und Bodennutzung

Von der Staatsfläche Algeriens von 2,38 Mio. km^2 gelten 1,9 Mio. km^2 oder 80% als unproduktive Wüste, die restlichen 20% können zu vier Fünfteln nur als extensive Weide genutzt werden. Für Ackerbau und Dauerkulturen, die sog. Superficie Agricole Utile (S.A.U.), verbleiben nur 7,6 Mio. ha oder ganze 3% der Staatsfläche. Vom riesigen algerischen Landblock können lediglich 311000 km^2 als wenig ergiebiges Weideland und 76000 km^2 für Ackerbau genutzt werden.

Von dieser Ackerfläche von 7,6 Mio. ha – das entspricht etwa der Fläche Bayerns – wird im jeweiligen Anbaujahr nur etwa die Hälfte bestellt, die andere Hälfte liegt brach. Als ertragreiche Ackerflächen, die eine intensive Bewirtschaftung ermöglichen, gelten die Ländereien, die jährlich wenigstens 400 mm Niederschlag empfangen und zugleich weniger als 12% Hangneigung aufweisen. Der Umfang dieser Gunsträume wird auf lediglich 1 Mio. ha oder 0,4% der Staatsfläche geschätzt (A. ARNOLD, 1986, S. 203). Das räumliche Potential für die algerische Landwirtschaft ist somit recht beschränkt.

6.4.1
Die Bodennutzung

Wie in allen mediterranen Räumen wird auch in Algerien die landwirtschaftliche Bodennutzung geprägt vom Gegensatz zwischen den Kulturen des Regenfeldbaus und den Bewässerungskulturen. Unter den Bedingungen des mediterranen Winterregenklimas ist ein Anbau unter Ausnutzung der natürlichen Niederschläge möglich entweder als annuelle Kultur im kühlen Winterhalbjahr (z. B. Getreide) oder als mehrjährige xerophile Baum- oder Strauchkultur (z. B. Ölbaum, Weinrebe), welche die Sommertrockenheit überstehen kann.

Aus Tabelle 26 wird die Dominanz des Getreidebaus ersichtlich, nimmt er doch 70% des bestellten Ackerlandes ein; der Feldfutterbau kommt immerhin auf 18%, Hackfrüchte spielen eine untergeordnete Rolle. Auffallend ist der hohe Anteil des Brachlandes. Von der landwirtschaftlich

Agrarraum und Bodennutzung

	1987		1990	
	1000 ha	Anteil (v. H.)	1000 ha	Anteil (v. H.)
Ackerland und Dauerkulturen insges.	7624	100	7661	100,0
davon Ackerland bestellt	3890	51,0	3243	42,3
Ackerland brach	3152	41,4	3838	50,1
Getreide	2719	35,7	2365	30,8
Feldfutterbau	709	9,2	504	6,6
Gemüse	267	3,5	260	3,4
Rebland	122	1,6	102	1,3
Baumkulturen	433	5,7	452	5,9
davon Ölbäume	162	2,1	170	2,2
Agrumen	45	0,6	44	0,6

Quelle: Annuaire Statistique de l'Algerie 1990, 1991

Tab. 26: Nutzung der algerischen Acker- und Dauerkulturflächen 1987 und 1990

nutzbaren Fläche von 7,6 Mio. ha werden jährlich nur 3,5 bis 4,5 Mio. ha bestellt, der Rest liegt brach zur Bodenregeneration. Die hohen Anteile von Getreide und Brachland resultieren aus der Dominanz des Dry-Farming-Systems mit seinem ständigen Wechsel zwischen Anbau- und Brachjahren auf den Regenfeldbau-Flächen. Zusammen mit den geringen Hektarerträgen sind sie ein Kennzeichen der niedrigen Produktivität weiter Teile der algerischen Landwirtschaft.

Bei den Baum- und Strauchkulturen nehmen die Ölbäume mit 162000 ha die größte Fläche ein, sie ist in den letzten Jahren stark geschrumpft. Da ein guter Teil der Bestände überaltert ist, deckt die nationale Produktion nur 7% des Bedarfs an Ölen und Fetten! Die etwa 12 Millionen Ölbäume Algeriens verteilen sich auf zwei Räume: 90% des Bestandes finden sich in den Hügelländern von Kabylei und Constantinois, wo die Ernte vorwiegend der häuslichen Subsistenzwirtschaft dient. Die restlichen 10% werden in Westalgerien innerhalb großer Plantagen kultiviert, die vorwiegend Tafeloliven für die Konservenindustrie erzeugen.

Weitere wichtige Baumkulturen sind Nüsse (116000 ha), Dattelpalmen (72500 ha) und Feigen (38000 ha). Die Agrumenfläche von 45000 ha muß voll dem Bewässerungsland zugerechnet werden. Das Rebland umfaßt mit 102000 ha nur noch ein Drittel seines früheren Umfangs.

6.4.2
Die Bewässerungsräume

Ein Land wie Algerien, im Trockengürtel der Erde gelegen, kann eine intensive und ertragssichernde pflanzliche Produktion nur mit Hilfe der künstlichen Bewässerung erzielen. Die Vorteile der Bewässerungskulturen gegenüber dem Regenfeldbau sind offenkundig:

– Steigerung der Roherträge pro Flächeneinheit um das Zehn- bis Zwanzigfache

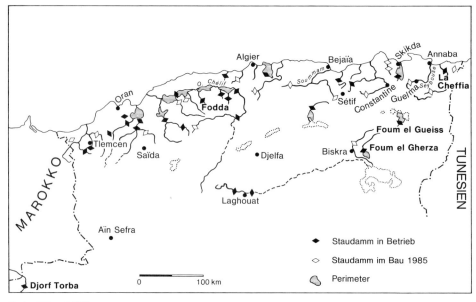

Quelle: PERENNES, 1986

Abb. 27: Bewässerungsflächen und Staudämme in Nordalgerien

- in frostfreien Lagen ganzjähriger Anbau, dadurch mehrere Ernten und Wegfall der Brache
- Ausgleich der witterungsbedingten annuellen Ernteschwankungen
- größere Anbauvielfalt, dadurch höhere Elastizität der Produktion gegenüber den Anforderungen des Marktes.

Dem stehen folgende Nachteile gegenüber:

- hoher Kapitalaufwand von ca. DM 30000,–/ha
- schwer zu beherrschende Technologie bei modernen Systemen
- ökologische Probleme (Versalzung, Anstieg des oberflächennahen Grundwassers).

Der Ausbau der Bewässerungswirtschaft war schon während der Kolonialzeit vernachlässigt worden, galt doch das Hauptinteresse der Colons dem Regenfeldbau, speziell dem Weinbau. Während der 132jährigen Kolonialherrschaft wurden nur 14 größere Staudämme gebaut. Ihr ursprünglicher Stauraum von 487 Mio. m^3 hat sich durch Aufsedimentierung auf 250 Mio. m^3 verringert. Zu den großen Versäumnissen des algerischen Entwicklungsmodells gehört, daß man in den ersten beiden Jahrzehnten nach der Unabhängigkeitserklärung den Ausbau der Bewässerungswirtschaft unterließ – im Unterschied zu den maghrebinischen Nachbarn Marokko und Tunesien. Von 1962 bis 1980 wurden nur drei Talsperren mit einer Kapazität von 300 Mio. m^3 fertiggestellt. Gegen Ende der siebziger Jahre erfolgte ein Kurswechsel: ein Ministerium für Wasserwirtschaft wurde 1977 eingerichtet, in den beiden Fünfjahresplänen der achtziger Jahre wurden große Investitionsmittel für die Wasserwirtschaft bereitgestellt. Zwischen 1980 und 1990 wurden 25 größere Staudämme erbaut oder zumindest projektiert (Abb. 27). Damit soll sich die Staukapazität auf 42 Talsperren mit zusammen 1700 Mio. m^3 erhöhen. Neben den teuren großen Staudämmen werden hunderte von kleineren Rückhaltebecken (Erddämme, Stauraum einige hunderttausend Kubikmeter) errichtet. Außerdem fördert der Staat die individuelle, private Bewässerung durch Kreditierung von Motorpumpen. Diese privaten Vorhaben scheinen der dynamischste Zweig der algerischen Bewässerungswirtschaft zu sein, ihre Bewässerungsflächen übertreffen die der großen Perimeter um ein mehrfaches. Außerdem ist ihre Technologie leichter zu beherrschen. Das Staudamm-Bauprogramm diente vorrangig der prekären Wasserversorgung von Städten und Industrie und erst in zweiter Linie der Bewässerungslandwirtschaft.

Die Bewässerungsfläche Algeriens (Abb. 27) ist nicht genau bekannt. Die FAO gibt für 1988 365 000 ha an, tatsächlich dürften aber nur 200–250 000 ha kultiviert werden. Die Differenz zwischen bewässerbarer und tatsächlich bewässerter Fläche ist groß. Auf den großen Perimetern liegen viele Parzellen brach. Dafür sind technische, ökonomische und soziale Ursachen verantwortlich: ungenügendes Wasseraufkommen, verfallene Kanalsysteme, mangelnde Absatzorganisation für die Ernten, unqualifizierte Arbeitskräfte für den komplexen Bewässerungsfeldbau. Die Sanierung der bestehenden Perimeter wäre vordringlicher als die Errichtung neuer Bewässerungsflächen. Es ist daher sehr fraglich, ob das algerische Planziel, die Bewässerungsfläche bis zum Jahre 2000 auf 700 000 ha auszuweiten, realisierbar ist.

6.5 Agrarräume

Die bioklimatische Gliederung Algeriens in fünf Raumeinheiten (s. Kapitel 3.3) gibt auch den natürlichen Rahmen für die landwirtschaftliche Nutzung ab. Die rasche Abnahme der Niederschläge von Nord nach Süd und der zunehmend kontinentalere Temperaturgang sind die wichtigsten differenzierenden Faktoren. Großflächiger Regenfeldbau ist nur im mediterran-humiden bis semiariden Bereich möglich, d. h. in einem etwa 100 km breiten Streifen an der Nordküste, der ausreichend beregnet ist. Er besteht aus wenigen kleinen Küstenebenen und intramontanen Becken, überwiegend aus dem Bergland des Tell und den feuchten Teilen der Hochplateaus. Hier sinken die Jahresniederschläge rasch unter 300 bis 400 mm, was als Grenze des relativ sicheren Regenfeldbaus gilt. Die Hochplateaus sind bei Höhenlagen von 600 bis 1000 m auch thermisch benachteiligt. Frost und Schnee treten in jedem Winter auf, so daß zur sommerlichen Trockenruhe des Mittelmeerklimas noch eine winterliche Kälteruhe der Vegetation tritt. Diese Klimaverhältnisse schränken das Anbauspektrum sehr stark ein, die meisten mediterranen Pflanzen gedeihen unter diesen harten Bedingungen nicht mehr, Getreide wird fast zur Monokultur. Die Trockengrenze des Getreidebaus ist keineswegs linear ausgebildet. Vom flächenhaften permanenten Getreidebau (z. T. mit Fruchtwechsel) über den Trockenfeldbau mit Dry-Farming-Methoden bis zum episodischen punkthaften Getreideanbau, z. T. auf Regenverdacht, erstreckt sich ein breiter Übergangssaum.

Im subariden Bereich ist nur noch inselhafter Anbau möglich. Je mehr der Ackerbau zurücktritt, desto mehr schiebt sich die Weidewirtschaft in den Vordergrund, z. T. noch in der traditionellen Form des Nomadismus.

In der vollariden Sahara beschränkt sich das Agrarpotential auf die wenigen, punkthaft verteilten Oasen, Anbau ist nur noch mit Hilfe von Bewässerung möglich. Der traditionelle Wüstennomadismus hat an Bedeutung sehr stark verloren.

Die algerische Landwirtschaft hat sich mit einem recht ungünstigen Naturpotential auseinanderzusetzen. An verschiedenen Raumbeispielen soll nachfolgend aufgezeigt werden, welch unterschiedliche Agrarsysteme der Mensch in den verschiedenen Naturräumen entwickelt hat.

6.5.1
Die Mitidja-Ebene

Die Küstenebenen bilden im gesamten Maghreb heute die agrarischen Gunstgebiete, sie sind die reichen Garten- und Ackerbaugebiete. Im Gegensatz zu Marokko mit seinen weiten, zum Atlantik offenen Vorländern des Atlassystems besitzt Algerien wegen des küstenparallelen Tellgebirges nur drei größere Küstenebenen, nämlich die von Oran, Algier und Annaba. Die größte ist die Mitidjaebene im Hinterland von Algier. Sie wird im Süden von der steil ansteigenden Kette des Blida-Atlas, im Norden von der Hügelzone des Sahel und der Agglomeration Algier begrenzt. Bei einer Längserstreckung von 100 km und einer durchschnittlichen Breite von 12–15 km umfaßt die Ebene nicht mehr als 1400 km^2, wovon 1960 rund 1000 km^2 landwirtschaftlich genutzt wurden.

Die Mitidjaebene bildet eine geologische Senkungszone (Subsidenzzone), ihre Entstehung ist mit der Gebirgsbildung des Küstentell verknüpft. Ursprünglich eine Meeresbucht, wurde die Geosynklinale vom Miozän an bis zur Gegenwart vom Abtragungsschutt des sich hebenden Gebirges aufsedimentiert. Die Zuflüsse aus dem Blida-Atlas bilden flache Schuttfächer, so daß sich die Ebene von Süd nach Nord neigt. Nach Bodenarten und Wasserführung ist die Mitidjaebene stark differenziert. Während die schwach geneigten Schuttfächer am südlichen Gebirgsrand gut drainiert sind, ist der Nordrand tischeben und schwer zu entwässern.

Die Mitidjaebene erhält im Jahresdurchschnitt zwischen 600 und 950 mm Niederschläge; dem mediterranen Niederschlagsgang entsprechend entfallen 77% dieses Wertes auf das Winterhalbjahr von Oktober bis März (G. MUTIN, 1977, S. 112), die Sommermonate Juni bis September gelten als arid. Der Temperaturgang ist durch maritime Einflüsse gemäßigt. In Blida, am Südrand der Ebene, schwanken die Monatsmittel zwischen 10,4°C im Januar und 27,3°C im August, Frost ist sehr selten. Angesichts dieser Klimaverhältnisse konzentriert sich der Regenfeldbau mit annuellen Kulturen (Getreide, Futterbau, Hülsenfrüchte, Gemüse) auf die kühle Jahreszeit, ihre Ernte erfolgt vor Einsetzen der Sommertrockenheit. Sommergemüse, Obst und Agrumen müssen im Sommer bewässert werden.

Die Agrarlandschaft der Mitidjaebene ist ein Produkt der Kolonisation. Im Jahre 1962 befanden sich über 80% der landwirtschaftlichen Nutzfläche von 83700 ha in europäischem Besitz, verteilt auf 1554 Eigentümer. Tonangebend war die Gruppe der Großgrundbesitzer mit jeweils mehr als 100 ha LF. Auf diese Gruppe von 222 Personen entfiel 60% des europäischen Landbesitzes (G. MUTIN, 1977, S. 159). Der Landbesitz der Algerier (1960: 10500 ha) beschränkte sich auf kleine Flächen am Übergang der Ebene zum Gebirge. Die Ursachen für das Überwiegen des europäischen Besitzes reichen bis in die Zeit der osmanischen Herrschaft zurück. Die Ebene befand sich vor 1830 überwiegend in der Hand der türkischen Oberschicht aus dem nahen Algier, die ihre Latifundien recht extensiv durch einheimische Fellachen und Saisonkräfte aus der Kabylei bewirtschaften ließ. Der deutsche Maghrebreisende Heinrich von Maltzahn beschreibt um 1860 die Mitidjaebene als „eine verhältnismäßig kahle, nur mit niederem Gestrüpp bewachsene, fast baumlose Bodenfläche, aus der nur hie und da eine urbar gemachte Getreidestrecke oasengleich hervorleuchtete" (MALTZAHN, 1863, S. 134). Nach der Vertreibung der Türken beschlagnahmte die französische Verwaltung die Güter als „biens vacants" und gab sie zur Kolonisation frei. Entgegen der in der Kolonialzeit entstandenen Legende war die Mitidjaebene damals keineswegs menschenleer, die Bewohner lebten aber vorwiegend in Zeltsiedlungen. Nur um Blida, die maurische Stadtgründung am Südrand der Ebene, war eine intensiv genutzte Gartenbauzone ausgebildet; ansonsten dürfte in der Ebene die weidewirtschaftliche Nutzung überwogen haben. Man muß anerkennen, daß die intensive Inwertsetzung der Ebene ein Werk der französischen Agrarkolonisation war. Mit der Einführung des Weinbaus ab 1880 setzte eine Besitzkonzentration ein, die Weingüter entwickelten sich zu Großbetrieben, die kleinen Kolonisten wurden verdrängt. Die Rebfläche erreichte 1950 mit 53 000 ha ihr Maximum.

Das Siedlungsnetz der Kolonisation legte sich über die Ebene: zu den alten maurischen Städtchen Blida und Koléa kamen die europäischen Landstädte und Dörfer mit streng geometrischem Grundriß sowie die oft recht stattlichen Gutshöfe. Die algerischen Landarbeiter ließen sich daneben in ausgedehnten marginalen Siedlungen nieder: die koloniale Zweiklassengesellschaft wurde auch im Siedlungsbild sichtbar. Während des Algerienkrieges legte die französische Armee lagerartige „Regroupement"-Siedlungen von Bergbewohnern an, die aus den Hauptkampfzonen vertrieben wurden.

In den sechziger Jahren wurden aus den etwa 1500 europäischen Betrieben 145 Selbstverwaltungsfarmen mit einer durchschnittlichen Größe von 600 ha gebildet, die Betriebsgröße wuchs also im Vergleich zur Kolonialzeit nochmals beträchtlich an. Neben diesen Großbetrieben des sozialistischen Sektors spielen die kleinen Privatbetriebe nur eine untergeordnete Rolle. Wie in der Kolonialzeit wird die Agrarlandschaft der Mitidjaebene von Großbetrieben mit großparzelliger Blockflur beherrscht, gewechselt haben nur die Eigentumsform und das Produktionsziel.

Aus der Abbildung 28 wird die besitzrechtliche Aufgliederung der Gemeindefläche von Mouzaia, westlich von Blida am Gebirgsrand gelegen, ersichtlich. Die 14 Selbstverwaltungsfarmen nehmen den größten Teil der Gemarkungsfläche ein. Sie sind gut arrondiert und bewirtschaften im Mittel 544 ha. Das Privatland der Fellachen beschränkt sich auf das Hanggelände des Blida-Atlas im südlichen Gemarkungsteil. Für die Agrarrevolution der siebziger Jahre wurden offensichtlich nur marginale Gemarkungsteile abgetreten.

Die landwirtschaftliche Bodennutzung war bis in die sechziger Jahre von den beiden Dauerkulturen Wein und Agrumen geprägt. Das Rebland bildete vor allem im trockeneren westlichen Teil der Ebene nahezu eine Monokultur. Im Zuge der Reblandrodung verringerte sich die Rebfläche von 40 245 ha (47 % der LF) im Jahre 1967 auf 18 000 ha (1973). Die sozialen Probleme, die anfangs mit dem Übergang von der arbeitsintensiven Rebkultur auf extensivere Kulturen verbunden waren, lösten sich mit der Abwanderung aus der Landwirtschaft von selbst. Die Agrumenkulturen sind vor allem im zentralen Teil der Ebene um Boufarik auf den Schwemmfächern größerer Flüsse angelegt. Hier finden sich lockere Böden, vor allem aber das für die sommerliche Zusatzbewässerung benötigte Wasser. Die Agrumenhaine umfassen etwa 15 000 ha, das ist ein Drittel der gesamten Agrumenfläche Algeriens von 45 000 ha (1987).

Die durch die Reblandrodung freigewordenen Flächen werden heute vorwiegend als Ackerland genutzt und meist mit Weizen und Feldfutterpflanzen bestellt. In der

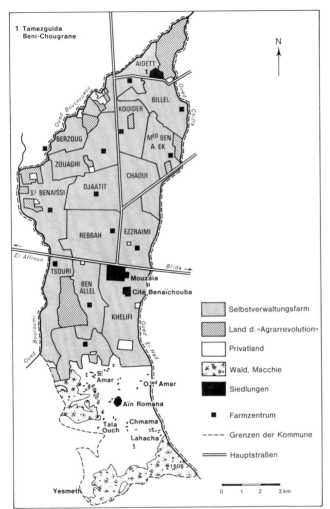

Abb. 28: Bodenbesitzstruktur der Gemeinde Mouzaîa (Mitidjaebene)

Quelle: MUTIN, 1979

östlichen Mitidja und in einem Halbkreis um Algier dominiert Gemüse- und Futterbau, während die verbliebenen Rebflächen vor allem in der westlichen Ebene um Hadjout anzutreffen sind.

Mit Hilfe von Folientunneln können hochwertige Gemüsearten rund um das Jahr produziert werden: Paprika, Artischocken, Auberginen, Tomaten, Salate. Besonders lukrativ sind Frühgemüse, die in der Zeit von Januar bis April geerntet werden. Frühkartoffeln werden im September gepflanzt und zwischen Dezember und April geerntet. Die Futterflächen dienen der Milchwirtschaft. Sie bedeutet für die Genossenschaftsbauern eine echte Innovation, wurde doch während der Kolonialzeit in den Küstenebenen kaum Viehzucht betrieben. Für die Frischmilchversorgung Algiers wurden aus Europa tausende von Milchkühen importiert. Die Tiere werden vorwiegend im Stall gehalten, funktionslos gewordene Weinlagerhallen wurden zu Kuhställen umgewandelt. Als Futter dienen Luzerne, Hafer und Wicken. Der Aufbau dieser modernen Milchwirtschaft stößt angesichts des unerfahrenen Personals auf große Schwierigkeiten. Nirgends erreichen die in Algerien nachgezogenen Kühe ihr genetisches Leistungsvermögen, die Qualität der Milch läßt zu wünschen übrig.

Gegenüber der Kolonialzeit mit ihrer exportorientierten pflanzlichen Produktion hat sich das Produktionsziel vollständig gewandelt. Die Mitidjaebene wurde auf den algerischen Binnenmarkt, speziell auf die Versorgung der Agglomeration Algier, umgestellt.

6.5.2
Gebirgsregionen in der Krise

Gegenüber den Küstenebenen mit ihrer von der Kolonisation hinterlassenen modernen Landwirtschaft bilden die Gebirgsregionen Rückzugsgebiete traditioneller Wirtschafts- und Lebensformen, die heute wirtschaftliche und soziale Problemräume darstellen.

Die kulturgeographische Sonderstellung der Gebirge im gesamten Maghreb hat sich seit dem Hochmittelalter ausgebildet, seit die Invasion der nomadischen Beni Hillal im 11. Jh. die seßhaften berberischen Ackerbauern aus den Ebenen verdrängte (s. Kapitel 2.1.3). Diese zogen sich in die schwer zugänglichen Gebirge zurück, die zu Inseln hoher Bevölkerungsdichte im Vergleich zu den Ebenen wurden. Diese alte Sonderstellung der Gebirge läßt sich im gesamten Maghreb, aber auch im Vorderen Orient (Libanon) beobachten. Hier konnte die Bevölkerung ihre eigene, freiheitliche Lebensform gegen alle Invasoren – Nomaden, Türken, Spanier, Franzosen – bewahren. Noch im Befreiungskrieg von 1954 bis 1962 bildeten die Gebirge – Ouarsenis, Kabylei, Aurès – die Hauptkampfzonen. Für die alte Agrargesellschaft des Mittelmeerraumes und des Orients waren die Gebirge im Vergleich zu den Ebenen keineswegs die Ungunsträume der Gegenwart. Für die damaligen Produktionsmittel Hacke und Pflug waren die flachen, leichten und gut entwässerten Gebirgsböden leichter zu bestellen als die schweren Schwemmlandböden der Ebenen; die Höhenstufen der Gebirge boten vielfältigere Nutzungsmöglichkeiten für die Subsistenzwirtschaft, vor allem war das Bergland weder überschwemmungs- noch malariagefährdet. Im gebirgigen Milieu mußte die seßhafte Bevölkerung spezifische, angepaßte Wirtschaftsformen entwickeln, um überleben zu können. Dabei wurden die natürlichen Höhenstufen der Vegetation mit ihren unterschiedlichen Wachstums- und Erntezeiten und das niederschlagsreiche Klima geschickt ausgenutzt. Aufgrund der hohen Bevölkerungsdichte waren die Betriebe relativ klein; das Ackerland und die Gärten befinden sich in Privatbesitz (melk), während das Weideland in der Regel Kollektivbesitz (arch) der Stämme ist. Ackerbau wurde auf den flacheren Hängen betrieben, in manchen Gebirgen, wie etwa im Aurès, wurden Terrassen angelegt. Vielfach deckte der Getreidebau nicht den Selbstbedarf, so daß aus den Vorländern zugekauft werden mußte. Eine wichtige Rolle spielten Baumkulturen, die auch auf steileren Hängen angelegt wurden (Ölbaum, Mandel, Feige, Aprikose). Die getrockneten Früchte von Feige und Aprikose bildeten im Jahresverlauf ein wichtiges Nahrungsmittel in der traditionellen Küche. In den Tälern und an Quellen wurden bewässerte Gärten angelegt. Eine weitere wichtige Einkommensquelle bildete überall die Viehwirtschaft. Eine kleine Herde aus Ziegen und Schafen und wenige Kühe wurden auf dem Brachland, im Wald und auf den höheren Gebirgsteilen geweidet. Überzählige Tiere dienten als Tauschgegenstände im Lokalhandel mit den Ebenen. Schließlich bot die Nutzung des Waldes, der ursprünglich die Gebirge bedeckte, zusätzliche Einnahmequellen (Holzeinschlag, Köhlerei, Korkgewinnung, Bienenweide). Eine beschränkte Zahl von Arbeitsplätzen bot das Dorfhandwerk (Weberei, Töpferei, Schmiedehandwerk). Zwischen den Gebirgen und den Ebenen wickelte sich ein lebhafter Warenhandel über die Wochenmärkte, die Souks, am Gebirgsrand ab; die unterschiedlichen Naturräume bildeten komplementäre Wirtschaftsräume.

Die Kolonialzeit störte erstmals das stets prekäre Gleichgewicht zwischen hoher Bevölkerungsdichte und den beschränkten Ressourcen. Die Okkupation der Ebenen und Gebirgsvorländer durch die europäische Agrarkolonisation entzog den Gebirgsbewohnern wichtige Ergänzungsflächen, die sie als Winterweiden oder Getreideland genutzt hatten. Nun wurde ihr Wirtschaftsraum auf das Gebirge eingeschränkt. Die europäischen Farmen boten allerdings eine große Zahl saisonaler Arbeitsplätze, vor allem zur Erntezeit.

Das starke Bevölkerungswachstum erfaßte selbstverständlich auch die Gebirge. Mit Bevölkerungsdichten von 60–80 E./km^2 – in der Großen Kabylei werden sogar Spitzenwerte von 300–400 E./km^2 erreicht – wurde die agrare Tragfähigkeit überschritten. Schließlich wurden die Gebirgsregionen von den tiefgreifenden sozioökonomischen Wandlungen, die Algerien in den letzten 40 Jahren erfuhr, weit weniger erfaßt als die Ebenen und vor allem die Küstenzone. Sie blieben rückständige Problemgebiete.

Die Krisensituation der Gebirge äußert sich vor allem in zwei Aspekten, nämlich in der Umweltzerstörung und in der Abwanderung der Bevölkerung.

Das Tellgebirge und der Aurès waren bis in die zweite Hälfte des 19. Jhs. von mediterranen Wäldern mit sehr differenzierter Zusammensetzung bedeckt. In Nordostalgerien, im Hinterland von Collo, sind noch heute dichte Korkeichenbestände mit eingestreuten Rodungsinseln vorhanden. Hier hat sich bis zur Gegenwart eine traditionelle Feld-Wald-Wechselwirtschaft erhalten (H. ACHENBACH, 1971, S. 184). In den übrigen Gebirgen wurde der Wald in den letzten hundert Jahren durch Rodung, Überweidung, Holzgewinnung und gezieltes Niederbrennen während des Befreiungskrieges stark dezimiert und degradiert. In der Folge trat verstärkt die Erosion auf, im Extremfall bis hin zur Badlandbildung.

Die Abwanderung aus dem Gebirge ist alt; die kabylische Emigration in die Städte, besonders nach Algier, ist schon vom 18. Jh. an bezeugt (PLANHOL, 1975, S. 169). Vor dem Ersten Weltkrieg setzte bereits die temporäre Emigration nach Frankreich ein. Die Zwangsumsiedlungen während des Befreiungskrieges entleerten die entlegensten Gebirgsregionen. Zu einer Massenbewegung entwickelte sich die „Bergflucht" aber erst im unabhängigen Algerien. Bevorzugte Ziele waren Frankreich, von den siebziger Jahren an die industriellen Entwicklungspole des Landes. Da vor allem junge Männer die Bergdörfer verließen, fehlen nun Arbeitskräfte in der Landwirtschaft, die den Frauen und Kindern überlassen bleibt. Dadurch schrumpft das Kulturland, das Ackerland wird aufgegeben oder nur noch als extensive Weide genutzt. In der Kabylei rückt die Macchie wieder vor. Die wichtigsten Einkommensquellen bilden heute die Überweisungen emigrierter Familienmitglieder und staatliche Transferleistungen, wie z. B. Pensionen für Chouhada (Freiheitskämpfer). Die Landwirtschaft bildet nur noch eine sekundäre Einkommensquelle.

Die staatlichen Hilfen zielen auf Verbesserung der Infrastruktur, wie Bau von Wasserleitungen und Straßen, Elektrifizierung des ländlichen Raumes, Ausbau des Schulwesens. Aufforstungen, die mit Erosionsschutzmaßnahmen gekoppelt sind, sollen die Umweltschäden mindern und

Arbeitsplätze bieten. Eine spezielle Agrarpolitik zugunsten der Bergbauern gibt es aber nicht.

Der Quarsenis

Unter den Gebirgszügen des Tell bietet der Ouarsenis das wohl erschreckendste Beispiel für Umweltschäden durch Überbevölkerung und unangepaßte Nutzung. Dank der Arbeiten des algerischen Geographen DJILALI SARI ist die Situation des Gebirges gut dokumentiert.

Der Ouarsenis bildet die Hauptkette des westlichen Tell, er erstreckt sich zwischen dem Längstal des Chélif und den Hochplateaus über eine Länge von 200 km und eine Breite von 60–100 km. Das Gebirge besteht größtenteils aus kreidezeitlichen Mergeln und tertiärem Flysch; die zentralen Teile erreichen Höhen von mehr als 1200 m, sie werden noch von einzelnen Kalkstöcken wie dem Djebel Ouarsenis (1988 m) überragt. Das weiche Gestein ist sehr erosionsanfällig und besonders nach Norden, zum Tal des Chélif hin, stark zertalt. Bei Niederschlägen von 500 bis 700 mm war das Gebirge noch zu Beginn des 20. Jhs. von ausgedehnten Wäldern aus Aleppokiefern, Stein- und Zeneichen bedeckt. Das ökologische Gleichgewicht dieser mediterranen Wälder war wegen der relativ geringen und sehr variablen Niederschläge von jeher von Natur aus sehr labil. DJ. SARI (1977, S. 198) gibt für das ausgehende 19. Jh. noch eine Waldbedeckung von 23% der Gesamtfläche an.

Der Ouarsenis war seit vorrömischen Zeiten von einer seßhaften Berberbevölkerung besiedelt, die aber bereits am Ende des vorigen Jahrhunderts sprachlich fast vollständig arabisiert war. Bei einer Bevölkerungsdichte von 20–30 E./km² reichten um 1865 die Ressourcen aus Hausgärten, Baumkulturen, Getreide- und Weideland sowie aus dem Wald für eine bescheidene Subsistenzwirtschaft aus. Dabei bildeten Getreide und Baumkulturen – vor allem Feige und Ölbaum – den Hauptteil der Bodennutzung. Die Baumkulturen steigen bis zu einer Höhe von 1200 m an. Ein wichtiges Nahrungsmittel bildeten getrocknete Feigen, die mit 2900 Kalorien pro Kilo und einem Zuckergehalt von 55–62% einen hohen Nährwert haben. Das Land war vorwiegend Privatbesitz, schon wegen der Baumkulturen dominierte das melk-Land. Die Viehwirtschaft basierte auf Ziegen und Schafen, Kühe konnten sich nur die wenigen wohlhabenden Fellachen leisten. Insgesamt war der Viehbesatz für Wald und Weide noch tragbar. Die Viehwirtschaft ruhte auf einer eigenartigen Symbiose zwischen Gebirge und Vorland. Die Bergbewohner sandten einen Teil ihrer Herden mit Hirten ab November zur Überwinterung auf das südlich anschließende Sersou-Hochplateau. Im Gegenzug hatten dafür die Nomadenstämme der Hochplateaus das Recht, die Gebirgsweiden aufzusuchen.

Die Kolonialzeit machte dem sicherlich stets prekären Gleichgewicht zwischen Raum und Mensch ein Ende. Zwar erfaßte die Kolonisation in den Tälern und Randbereichen nur ein Sechstel der landwirtschaftlichen Nutzfläche – dabei handelte es sich aber um das beste Land. Die Errichtung staatlicher Forstbezirke führte zu langen Auseinandersetzungen mit den Fellachen, die den Forstschutz nie akzeptierten. Der Holzbedarf für Militär, Eisenbahn und für die Brennholzversorgung der großen Städte während des Zweiten Weltkriegs führten zu erheblichen Reduzierungen der Waldfläche. Während des Algerienkrieges wurden große Flächen mit Napalm bombardiert und gingen in Flammen auf. Der Bevölkerungsanstieg während der Kolonialzeit – zwischen 1906 und 1966 um 64% – hatte schwerwiegende Folgen: Verkleinerung der Betriebsflächen, Besitzzersplitterung, Vergrößerung der Viehherden.

Wichtigste Tierart wurde die Ziege, da ihr Unterhalt nichts kostete, sie wurde in den Wald zur Weide getrieben. Zugleich verlagerte sich der Anbau auf das Getreide, während die Bedeutung der Baumkulturen schwand. Angesichts der niedrigen Hektarerträge von etwa 2 dt bei Weizen und 3–4 dt bei der Gerste mußte das Getreideland stark ausgeweitet werden. Nun wurden auch relativ steile Hänge unter den Pflug genommen. Entwaldung, Überweidung und Beackerung zu steiler Hänge bewirkten eine katastrophale Verstärkung der Erosion. Im Ouarsenis lassen sich heute alle Formen der Erosion lehrbuchhaft studieren: Gullispülung, Zerrunsung der Hänge, Badlandbildung, Massenbewegungen (Erdgletscher, Hangrutschungen). Das abgespülte Material bedeckt Straßen und tiefliegende Felder, über die Flüsse sedimentiert es die Staubecken auf. Der Stauraum des 1932 fertiggestellten Beckens Oued Fodda von ursprünglich 225 Mio. m^3 hatte sich bis 1974 auf 110 Mio. m^3 verringert.

Der Ouarsenis zählt heute zu den rückständigsten Regionen Algeriens. Das 1984 neu geschaffene Wilaya Tissemsilt, das den größten Teil des Gebirges umfaßt, war 1986 nur zu 43% seiner Dörfer elektrifiziert, die allgemeine Einschulungsquote betrug 60%, bei den Mädchen noch weit weniger (EL MOUDJAHID 3. 3. 1986). Die Industrialisierung beschränkt sich auf nur zwei mittlere Betriebe. Somit bildet die Landwirtschaft noch eine wichtige Erwerbsquelle. Zum Überleben benötigt eine Familie mindestens 15 ha, nur wenige Familien verfügen über diese Fläche. Privilegiert sind Familien, denen ein Chouhada (Freiheitskämpfer) mit seiner relativ hohen Rente angehört, sowie diejenigen Familien, die Geldüberweisungen von Emigranten beziehen.

Der algerische Staat stellte spezielle Entwicklungspläne zur Minderung der disparitären Situation des Ouarsenis auf. Im Jahre 1972 wurde der Raum in ein „Programme Special" einbezogen, 1985 wurde in Theniet-El-Had sogar eine eigene Entwicklungsbehörde (Office d'aménagement et mise en valeur) für den Ouarsenis eingerichtet. Die staatlichen Mittel gingen hauptsächlich in den Straßen- und Schulbau sowie in die Land- und Forstwirtschaft. Das Programm von 1985 ist auf 20 Jahre angelegt. Eine zentrale Aufgabe bilden Maßnahmen zur Aufforstung und Erosionsbekämpfung. Allein in der Forstwirtschaft sollen 6000 Arbeitsplätze geschaffen worden sein. Auf dem Gebiet der Landwirtschaft wird eine Diversifizierung und Intensivierung der Kulturen angestrebt: Baumkulturen, Tafeltrauben und Gemüse sollen den bisher dominierenden Getreidebau ergänzen. Die Bewässerungsflächen sollen mit Hilfe von 16 kleinen Erdstaubecken ausgeweitet werden. Durch verstärkten Feldfutteranbau wird angestrebt, die Belastung der Wälder durch weidendes Vieh zu reduzieren. Die Ausweitung des Verteilernetzes für Butangasflaschen soll den Brennholzeinschlag verringern. Diese staatlichen Programme beinhalten umfangreiche Transferleistungen zur Verringerung der räumlichen Disparitäten. An ihrem Erfolg darf gezweifelt werden.

Der Aurès

Der Aurès bildet nach natur- wie anthropogeographischen Aspekten die eigenartigste Gebirgsregion Algeriens. Er ist ein stark gehobener Teil des Sahara-Atlas mit den höchsten Erhebungen Nordalgeriens, dem Djebel Djelia (2328 m) und dem Djebel Mahmel (2321 m). Die nördlich sich anschließenden Hochplateaus überragt er um 1300 m, die saharische Geosynklinalzone des Schott Melrhir im Süden gar um 2000 m. Das Relief besteht im wesentlichen aus parallelen, von SW nach NO verlaufenden Antiklinalen und Synklinalen, in die sich die Täler des Oued Abdi und des Oued Abiod tief eingeschnitten haben.

Die Lage des Aurès zwischen Sahararand und Hochplateaus, die Höhenstufung und die Reliefanordnung bewirken eine starke lokalklimatische Differenzierung mit wechselnder mediterraner und saharischer Beeinflussung. Die Nordhänge empfangen Stauniederschläge von etwa 500 bis 800 mm, während die Täler bereits arid sind. Die Station Arris, in einem zentralen Becken gelegen, verzeichnet trotz einer Höhenlage von 1100 m nur noch 345 mm im Jahresmittel. Anbau ohne Bewässerung ist folglich nur auf der Nordabdachung und in Hochlagen möglich. Der Nordaurès und die Hochlagen sind winterkalt, der Djebel Djelia trägt drei Monate eine Schneedecke. Demgegenüber sind die tiefgelegenen Oasen am Südrand praktisch frostfrei.

Ein Indikator für die starke klimatische Differenzierung ist die natürliche Vegetation. Im östlichen Aurès haben sich noch stattliche Wälder erhalten, etwa 20% des Gebirges gelten als waldbedeckt. Am Djebel Djelia ist eine klare Höhenstufung der Vegetation ausgebildet: Aleppokiefern in der Fußstufe, gefolgt von Steineichen, die nach oben in Mischbestände aus Eschen, Ahorn, Eiben und Zedern übergehen. Von 1750 bis 2100 m sind vorzügliche Zedernbestände anzutreffen (H. ACHENBACH, 1971, S. 211). Die der Sahara zugewandten Südhänge tragen Einzelexemplare von Wacholder, in den Tälern dringt von Süden her die Dattelpalme bis zu einer Höhe von etwa 700 m vor. Die Standorte von Zeder und Dattelpalme nähern sich bis auf 30 km Luftlinie.

Der Aurès war bis zur Mitte des 20. Jhs. ein unzugängliches Gebirge, nach außen abgeschlossen durch Gebirgskämme und malerische Schluchten, welche die Flüsse am Südrand geschaffen haben. Noch heute umgehen die Hauptstraßen das Gebirge im Westen und Osten. In dieser Abgeschlossenheit konnte sich die Berberkultur der Chaouia bis heute erhalten mit ihrer Sprache, ihren Traditionen und teilweise sogar mit ihrem Rechtssystem. Seit der Antike hat sich der Name des Gebirges – der Aurasius mons der Römer – nicht geändert. Während der Kolonialzeit war der Aurès häufig Schauplatz von Aufständen, er wurde auch von der Agrarkolonisation kaum berührt. Andererseits hat die Kolonialverwaltung die wirtschaftliche und infrastrukturelle Entwicklung der Region vernachlässigt, sie zählte zu den ärmsten Teilen Algeriens.

Bis in die siebziger Jahre lebte der überwiegende Teil der Chaouia von der Landwirtschaft. Die Kulturen waren den klimatischen Gegebenheiten gut angepaßt:

– Trockenfeldbau auf Getreide auf den ausreichend beregneten Nordhängen
– Bewässerungskulturen in den Tälern und im südlichen Vorland
– Viehwirtschaft in Form einer Gebirgstranshumanz.

Am Nordrand und in der Hochregion ist der Getreidebau die wichtigste Form der Landnutzung. Bis 1700 m Höhe überwiegt der Weizen, dann wird er von der Gerste abgelöst. Die Erträge sind selbst für algerische Verhältnisse mit 2–3 dt/ha extrem niedrig, Sommerdürre und Spätfröste erhöhen zusätzlich das Anbaurisiko.

Die Bewässerungswirtschaft hat heute ein höheres Anbaugewicht als der Getreidebau. Die Anlage der Bewässerungsflächen ist in den engen Tälern an die Wasserbeschaffungsmöglichkeit und an die Reliefbedingungen gebunden. Selbst die größten Flüsse führen nicht ganzjährig Wasser. Die häufigen Felsriegel und Verengungen zwingen aber den Grundwasserstrom zum Austritt, so daß der nachfolgende Unterlauf bewässert werden kann. Folglich können selbst in den großen Flußtälern nur abschnittweise Bewässerungsflächen angelegt werden. Das bekannteste Beispiel für Wasseraustritt in Talengen ist der Canyon von Rhoufi im Tal des Oued Abiod. Stellenweise ergänzen Quellen die Versorgung mit Flußwasser, so etwa bei Arris. Da die Flüsse mehrere Höhenstufen durchlaufen, ist der Anbau klimabedingt recht differenziert. Beim Oued Abiod dominieren im Oberlauf (1700–1350 m) Getreidekulturen sowie Nuß- und Feigenbäume. Im Mittellauf ist der Anbau am vielseitigsten und intensivsten: Stockwerkkulturen mit Aprikosen-, Feigen-, Granatapfel- und Ölbäumen sowie Getreide und Gemüse stehen auf teilweise terrassierten Feldern. Im Unterlauf, unterhalb von 650 m, ist wegen der unsicheren sommerlichen Wasserführung die Dattelpalme vorherrschend.

In allen Teilräumen des Aurès ist die Viehwirtschaft mit Ziege und Schaf von großer Bedeutung. Die winterliche Kälte zwingt zum Abstieg aus den Hochregionen in das nördliche Vorland oder zu den südlichen Vorbergen. Die von Hirten durchgeführte Transhumanz ist betrieblich mit Getreidebau und Bewässerungswirtschaft in den Tälern verknüpft. Um an den so unterschiedlichen Agrarsystemen teilhaben zu können, hatten die einzelnen Familien oft Parzellen in weit auseinanderliegenden Räumen mit unterschiedlichem Klima: eine Getreideparzelle im nördlichen Vorland, einen bewässerten Garten in Dorfnähe, einige Dattelpalmen im Unterlauf der Täler, Weiderechte in den Hochlagen.

In diese geschlossene und weitgehend autarke Gesellschaft brach mit Wucht der Algerienkrieg ein: Umsiedlungen, Zerstörungen ganzer Dörfer, Niederbrennen von Wäldern, vor allem aber die Flucht von großen Teilen der Bevölkerung in die Städte am Gebirgsrand waren die Folgen. Das Netz von Militärstraßen, mit dem das Aufstandsgebiet überzogen wurde und das bis heute besteht, löste die Region aus ihrer Isolierung und ermöglichte der Bevölkerung eine früher unbekannte Mobilität. Sie gab ihre alten, traditionellen Siedlungen auf und zog in die Nähe der neuen Straßen, wo moderne Dörfer, ausgestattet mit Schulen, Läden, Elektrizität und zentraler Wasserversorgung entstanden. Die malerischen alten Dörfer in Schutzlage, wie z. B. in dem von Touristen viel besuchten Canyon von Rhoufi, sind heute verlassen. Diese massive Umverteilung der Bevölkerung erreichte ihren Höhepunkt erst nach Ende des Algerienkrieges.

Die Krise der traditionellen Wirtschaftsformen äußerte sich auch in einer starken Abwanderung der Bevölkerung, teils nach Frankreich, teils in die Gebirgsrandstädte. Der Aurès stellt nach der Kabylei den höchsten Anteil an der algerischen Auswanderung nach Frankreich. Die Emigration ist alt und wird von Dorf zu Dorf unterschiedlich organisiert, hat doch jedes Dorf seine bestimmte Zielregion oder Zielstadt in Frankreich. Seit den siebziger Jahren wurde die algerische Binnenwanderung wichtiger als die Emigration, Hauptziele sind heute die Gebirgsrandstädte. Ihre Wachstumsraten liegen selbst für algerische Verhältnisse außerordentlich hoch. Zwischen 1954 und 1987 ist die Einwohnerzahl von Batna um das Zehnfache, die von Khenchela um das Siebenfache gewachsen. Aus den kleinen Garnisonsstädtchen der Kolonialzeit erwuchsen Großstädte.

Der Verstädterung steht ein Bevölkerungsrückgang im Gebirge gegenüber. Heute wandert nicht nur der Geburtenüberschuß ab, die Wanderungsverluste betreffen die Bevölkerungssubstanz. Die Gemeinde Teniet el Abed, am Mittellauf des Oued Abdi gelegen, verzeichnete folgende Bevölkerungsentwicklung:

1926:	6900
1948:	8100
1954:	9300
1960:	10100
1977:	10535
1987:	9323

Die Bevölkerungszahlen stagnieren seit 1954, seit 1977 sind sie absolut rückläufig.
Mit dem Bevölkerungsrückgang schrumpft das Kulturland. Betroffen sind vor allem die Trockenkulturen mit ihren marginalen Erträgen. Dagegen werden die Bewässerungskulturen in der Regel beibehalten. Sie bilden heute nicht mehr die Existenzgrundlage, sondern bieten ein Zusatzeinkommen und stellen die Versorgung mit Frischgemüse sicher (M. COTE, 1983, S. 231).

Im Rahmen der algerischen Regionalpolitik wurde schon 1968 ein „Programme Special" für den Aurès mit einer Investitionssumme von 1,2 Mrd. DA aufgestellt. Damit wurde vor allem die Infrastruktur ausgebaut und die Industrialisierung vorangetrieben, auf die Landwirtschaft entfiel nur ein Anteil von 19%. Die Stadt Batna wurde zu einem der großen industriellen Entwicklungspole des algerischen Binnenlandes ausgebaut (s. Kapitel 4.6.2) mit Textilindustrie, Ziegelei, Gerberei, Getreidemühle und holzverarbeitenden Industrien.

Auch in den Landstädten des Aurès wurden kleine Industriebetriebe angesiedelt (Konfektion, Baustoffindustrie, Sägewerke, Tischlereien, Konservenfabriken). Bei der Industrialisierung des ländlichen Raumes hat der Aurès beachtliche Erfolge erzielt. Dennoch bleibt das Arbeitsplatzangebot unzureichend.

6.5.3
Die Hochplateaus – Getreidemonokultur und Weidewirtschaft

Die algerischen Hochplateaus, zwischen Tell und Sahara-Atlas gelegen, bieten der Landwirtschaft nur sehr eingeschränkte Entfaltungsmöglichkeiten.

Die Niederschläge nehmen von Norden nach Süden schnell ab. Auf den west- und zentralalgerischen Plateaus sinkt der durchschnittliche Jahresniederschlag von 400 mm auf 200 mm ab. Demgegenüber sind die ostalgerischen Plateaus hygrisch begünstigt, nur im Innern der Becken sinken die Niederschlagssummen auf 350 mm, steigen aber im Vorland des Aurès wieder auf 400–600 mm an. Für den Anbau wirkt sich günstig aus, daß sich 40–50% der Niederschläge auf das Frühjahr und den Sommer konzentrieren. Beständige Risikofaktoren sind die hohe Variabilität der Niederschläge, die Gefahr von Spätfrösten bis Ende April sowie die Schirokkogefahr. Der heiße Saharawind trocknet die Vegetation aus; er weht im Mittel an 30 Tagen im Jahr.

Der Jahresgang der Temperatur weist stark kontinentale Züge auf, die Tages- und Jahresschwankungen sind hoch. Kalte Winter und sehr heiße Sommer benachteiligen die Hochplateaus gegenüber der Litoralzone. In Höhen von 600 bis 1000 m, das ist die durchschnittliche Höhenlage der Plateaus, tritt regelmäßig Frost auf. Schnee fällt in jedem Winter und bleibt 15–20 Tage liegen. Die Station Batna (1040 m) zählt durchschnittlich 33 Reiftage. Zur sommerlichen Trockenruhe der Vegetation gesellt sich somit eine winterliche Kälteruhe, die Vegetationsperiode ist zweigeteilt.

Angesichts dieser harten Klimabedingungen engen sich die Bodennutzungsmöglichkeiten stark ein. Die meisten mediterranen Dauerkulturen sind auf den Hochplateaus nicht mehr vertreten. Das gilt nicht nur für die frostempfindlichen Kulturen wie Agrumen, auch Rebstock und Ölbaum sparen die Hochplateaus aus. Nur der Feigenbaum spielt im traditionellen Anbau eine – allerdings untergeordnete – Rolle, ansonsten sind die Hochplateaus baumlos. Unter den gegebenen klimatischen Bedingungen sind Getreidebau und Viehwirtschaft die optimalen Nutzungsformen. Mit zunehmender Aridität ändert sich die Bodennutzung (H. ACHENBACH, 1971, S. 193):

Jahres- niederschlag	Form der Bodennutzung
über 500 mm	Getreidefruchtwechsel mit Leguminosen und Futterbau, Rinder- und Schafhaltung
350–500 mm	Dry-Farming-Getreidebau und Schaf- und Rinderhaltung
300–350 mm	Dry-Farming-Getreidebau und Wanderweidewirtschaft mit Schafen
unter 300 mm	Wanderweidewirtschaft mit Schafen, sporadischer Getreidebau in Senken auf Regenverdacht

Aus agrargeographischer Sicht bilden die Hochplateaus einen 150 bis 200 km breiten Übergangssaum zwischen dem mediterranen Bereich und der vollariden Sahara.

Die Getreidebauregion des Constantinois

Die ostalgerischen Hochplateaus zwischen Tell und Aurès erlauben aufgrund ihrer hygrischen Sonderstellung einen großflächigen Getreidebau, so daß sich hier fast die Hälfte der algerischen Weizenfläche befindet. Für das rauhe, trockene Klima sind Hartweizen und Gerste am besten geeignet. Mit Ausnahme des feuchten Nordsaumes, in dem alljährlicher Anbau möglich ist, dominiert der zweijährige Ackerbau mit Wechsel von Bau- und Brachjahr. Das Brachjahr hat dabei die Aufgabe der Wasserspeicherung im Boden. Im traditionellen Anbausystem, das vorwiegend von Kleinbetrieben ausgeübt wird, dominiert die Grünbrache. Das Feld überzieht sich nach der Ernte mit einem bunten Teppich von Wildkräutern, die für die Schafherden eine extensive Weide abgeben. Modern wirtschaftende Betriebe bevorzugen die Schwarzbrache im Dry-Farming-System. Dabei werden nach der Ernte die Stoppeln umgebrochen und anschließend das Feld bis 40 cm tief gepflügt, um durch die tiefgründige Bodenlockerung die Infiltration der Niederschläge zu erleichtern. Die grobschollige Oberfläche zwingt das Regenwasser zum Einsickern. Im Frühjahr werden die groben Schollen mit der Egge eingeebnet, dadurch verkleinert sich die Oberfläche; mehrmaliges flaches Eggen bis 15 cm Tiefe vernichtet das Unkraut (Wasserkonkurrent!) und gewährt durch Störung des kapillaren Wasseraufstiegs einen Verdunstungsschutz. In mächtigen Bodenprofilen können so Wasserreserven bis 200 mm gespeichert werden. Im Herbst des Brachjahres wird gesät. Die Herbstregen bestimmen den Zeitpunkt der Saat und den Umfang der Saatfläche. Die Herbstregen sind für die Keimungsphase wichtig, während die Winterregen infolge der Vegetationsruhe eine Wasserrücklage im Boden bilden. Über den Ertrag entscheiden ausreichende Frühjahrsniederschläge vor dem Schossen, d. h. vor der Ährenbildung. Feuchtjahre mit hohen Niederschlägen müssen nicht unbedingt eine gute Getreideernte zur Folge haben, viel wichtiger sind ausreichende Niederschläge während der kritischen Wachstumsphase des Getreides, d. h. während des Keimens und Aufgehens der Saat im Herbst und vor der Ährenbildung im Frühjahr. Diese spezifischen Anforderungen des Getreides lassen die Ernteerträge stark schwanken. An der Nordgrenze der Hochplateaus, etwa zwischen Sétif und Sedrata, werden noch ansehnliche Erträge von 8 bis 15 dt/ha erzielt. Jenseits der 400-mm-Isohyete sinken die Durchschnittsernten auf 4 bis 5 dt/ha. Die Schwankungen zwischen Trocken- und Feuchtjahren sind beträchtlich, in extrem ungünstigen Jahren tendiert die Ernte gegen Null. Wegen der überragenden Bedeutung des ostalgerischen Raumes für die Weizenproduktion des Landes ist die gesamte Versorgungssituation Algeriens für Getreide so labil. Die Betriebsstrukturen der Getreidebauern der Hochplateaus werden geprägt von einem Nebeneinander von Großbetrieben des sozialistischen Sektors, von privaten Großbetrieben und von Kleinbetrieben der Fellachen mit weniger als 50 ha LF.

Die Spezialisierung der ostalgerischen Hochplateaus auf die Getreideproduktion rührt aus der Kolonialzeit her. Vorher herrschte hier die Weidewirtschaft nomadisierender arabischer Stämme. Im Jahre 1853 erhielt eine Schweizer Kapitalgesellschaft (Compagnie Genèvoise) bei Sétif eine Konzession von 20000 ha. Sie wurde noch übertroffen von der 76000 ha großen Konzession der Compagnie Algérienne von 1865. Beide Gesellschaften vergaben Landlose an europäische und einheimische Pächter. Die wohlhabende arabische Bourgeoisie der Stadt Constantine war ebenfalls stark an der Kolonisation der Steppe beteiligt. Auf die Compagnie Genèvoise geht auch die Einführung der Dry-Farming-Methode um 1890 zurück. Die niedrigen Hektarerträge und die Mechanisierung des Getreidebaus im 20. Jh. förderten die Ausbildung von Großbetrieben. Nach 1870 begann die großflächige Kolonisation am feuchten Nordrand der Hochplateaus. In den dreißiger Jahren griff sie auch auf die trockeneren Bereiche jenseits der 400-mm-Isohyete über. Diese Ausweitung wurde sowohl durch die kostensenkende Mechanisierung wie durch eine 1937 von der französischen Regierung gewährte Getreidepreis-Garantie gefördert. Auch im unabhängigen Algerien geht die Ausweitung der Anbaufläche auf Kosten der Weideflächen weiter. Erleichtert wird dieser Prozeß dadurch, daß auch die Fellachen vom Ochsenpflug auf den Traktor umgestellt haben. Aus ökologischer Sicht ist diese Ausweitung des Getreidebaus über die natürlichen Eignungsräume hinaus sehr bedenklich. Sie führt zur Vernichtung der natürlichen Steppenvegetation, die sich in diesem semiariden Raum nur sehr schwer neu begründen läßt. Bei Fehlschlägen mit Dry-Farming-Getreidebau ist eine rasche Rückkehr zur Weidewirtschaft ausgeschlossen.

Die Kritik am Dry-Farming-System hat sich in jüngster Zeit verstärkt. Die Vernichtung der natürlichen Steppenvegetation und die lange Brachzeit fördern fluviatile und äolische Erosion. Schon in der Kolonialzeit wurde eine Erschöpfung der Böden durch Mineralverarmung festgestellt, was zu einem Absinken der Flächenerträge führte. Ein Ausgleich mit Mineraldünger ist im semiariden Klima nicht problemlos, beim Ausbleiben ausreichender Niederschläge ergeben sich leicht Verbrennungen beim Getreide. Offensichtlich halten die Farmen des sozialistischen Sektors die Regeln des Dry-Farming mit seinen häufigen Bodenbearbeitungsgängen nicht ein. Zieht man den hohen Brachanteil von 40% der Ackerfläche Algeriens und die spärlichen Hektarerträge ins Kalkül, so wird die extreme Extensität dieses Agrarsystems sichtbar. Zumindest in den feuchteren Regionen mit mehr als 400 mm Niederschlag wäre statt der noch immer üblichen Grünbrache mit Wildkräutern eine Fruchtwechselwirtschaft mit Einschaltung von Feldfutterpflanzen in die Rotation sinnvoller. Ein derartiges System würde besser der Bodenregeneration dienen und einen höheren Viehbesatz ermöglichen. Sie ist bisher auf wenig Interesse bei den Fellachen gestoßen, die lieber an der herkömmlichen Getreide-Monokultur festhalten. M. COTE (1983, S. 61) nennt das Dry-Farming-System eine der übelsten Hinterlassenschaften der Kolonisation für den algerischen Boden.

Die Viehwirtschaft der Steppenregion

Jenseits der agronomischen Trockengrenze, die auf den Hochplateaus ungefähr mit der 300-mm-Isohyete anzusetzen ist, wird die Weidewirtschaft die dominierende Form der Landnutzung. Der Ackerbau ist auf Anbauinseln beschränkt. Diese finden sich in Dayas, abflußlosen Senken, in die zusätzliches Oberflächenwasser von den umgebenden Hängen fließt, sowie auf den „Maader", das sind Schwemmfächer und Flußterrassen, auf die von den periodisch fließenden Flüssen Wasser geleitet wird. Eine junge Entwicklung sind Bewässerungsperimeter in grundwasserhöffigen Becken, die mit Motorpumpen bewässert werden.

Die Futterbasis für die Weidewirtschaft mit Schafen und Ziegen ist die Steppenvegetation, welche die Hochplateaus in Anpassung an die harten Klimabedingungen überzieht. Dabei handelt es sich um niederwüchsige Pflanzen, angeordnet in Horsten, zwischen denen die Skelettböden und Kalkkrusten sichtbar werden. Bäume sind auf die Flußtäler beschränkt. Es ist unsicher, inwieweit die heutige Baumlosigkeit vom Menschen verursacht wurde.

Die recht monoton erscheinende Steppe ist aus pflanzengeographischer Sicht keineswegs homogen. R. COUDERC (1976) unterscheidet drei Typen, die sich in ihrer Futterwertigkeit deutlich unterscheiden:

- Die Grassteppe mit Halfa- und Espartogras als Leitpflanzen. Die Halfafläche wird auf ungefähr 3,5 Mio. ha geschätzt. Da das Halfagras (Stipa tenacissima) einen hohen Anteil von Zellulose – ca. 40% – aber nur wenig Protein enthält, können die Tiere nur die jungen Triebe fressen, was die Nutzung auf etwa drei Wochen im Frühjahr begrenzt. Das eigentlich wertvolle Futter bilden winzige Pflanzen zwischen den Halfagrashorsten.

Im ungestörten Zustand kann das Halfagras bis zu 1,50 m hoch werden. Es bildet einen wertvollen Rohstoff für die Zelluloseherstellung. Der Halfaschnitt bot den Steppenbewohnern einen willkommenen Nebenerwerb. Durch die Degradation der Halfasteppe ist aber der Ertrag von 89700 t (1969) auf 32500 t (1988) gefallen; in den fünfziger Jahren waren sogar noch mehr als 200000 t jährlich geerntet worden. Die einzige Halfazellulosefabrik des Landes in Mostaganem ist daher nicht mehr ausgelastet.

Esparto (Lygeum spartum) bedeckt etwa 2 Mio. ha, meist tonige Böden mit leichtem Salzgehalt. Auch die Espartosteppe (arab. sennagh) bietet nur zu Frühjahrsbeginn eine magere Weide.

- Die Zwergstrauchsteppe mit dem Wermutstrauch (Artemisia herba alba, arab. chich) als Charakterpflanze. Sie findet sich vorwiegend auf feinsandigen bis lehmigen Böden. Der Wermutstrauch bildet eine gute Futterbasis – außer im Frühjahr, da zu dieser Zeit die jungen Triebe bei den Schafen eine Erkrankung des Darmtraktes bewirken. Die Zwergstrauchsteppe umfaßt etwa 4 Mio. ha.

- Die Halophytensteppen, die mit einer Fläche von 1 Mio. ha die abflußlosen Schotts umgeben, bilden gute Weidegründe. Die Pflanzen enthalten neben 70–80% Wasser viele Proteine, zudem ist die Grünmasseproduktion je Hektar relativ hoch.

Rechnet man zu diesen drei Steppentypen noch die gemischten Pflanzengesellschaften, die etwa 5 Mio. ha bedecken, hinzu, so errechnet sich eine weidewirtschaftlich nutzbare Steppenfläche von 12 bis 15 Mio. ha. Die recht differenzierten Pflanzengesellschaften können nur zu bestimmten Zeiten bestoßen werden, da jeder Steppentyp im Jahresgang zu unterschiedlichen Zeiten sein optimales Futterangebot hat. Das erfordert eine hohe Mobilität der Herden, die Hirtenbevölkerung kennt aus jahrhundertelanger Erfahrung sehr gut das differenzierte „Ökosystem Steppe".

Die nomadische Wanderweidewirtschaft war die traditionelle Nutzungsform des räumlich und jahreszeitlich stark wechselnden Futterangebots. Die Wanderungsdistanzen waren sehr unterschiedlich und wechselten von Jahr zu Jahr je nach Futterangebot. Stämme, die auf engem Raum über unterschiedliche Steppentypen verfügten, wanderten nur kurze Distanzen. Herdenwanderungen über hunderte von Kilometern sind eher die Ausnahme.

Diese Fernwandergruppen finden sich noch heute am Nordrand der Sahara. Ihre Sommerwanderung, die „Achaba", führt sie bis auf die Hochlagen des Tell. Im 19. Jh. stießen sie noch bis in die Küstenebenen am Mittelmeer vor. Die Agrarkolonisation schränkte die Herdenwanderungen in den semihumiden Norden seit Ende des vorigen Jahrhunderts stark ein. Ab 1905 war ein Antrag auf Transhumanz vorgeschrieben, die Beweidung war erst nach Abschluß der Getreideernte erlaubt, Kavallerieeinheiten überwachten die „Achaba". Konflikte mit den Colons waren an der Tagesordnung. Weitere Einschränkungen brachte der Algerienkrieg mit sich, wurden doch große Weideflächen zu Sperrgebieten erklärt. Die Agrarrevolution setzte die Seßhaftmachung der Nomaden fort, indem feste Dörfer angelegt wurden, von denen aus Viehzuchtgenossenschaften die zugehörigen Weideflächen von 10000 bis 50000 ha im stationären Kampsystem bewirtschaften sollten. Auch hier ist die Agrarrevolution fehlgeschlagen, die Viehzuchtgenossenschaften wurden 1983 wieder aufgelöst.

Die Seßhaftmachung der Nomaden ist ein langwieriger Prozeß, der weit in die Kolonialzeit zurückreicht und vielfache Ursachen hat:

– Umwandlung der besten Weiden in Ackerland
– Niedergang des Karawanenhandels
– Preisrückgang für Kamele
– attraktive ökonomische Alternativen im Bergbau, Baugewerbe und Handel
– höhere Konsumansprüche der Nomadenfamilien (Infrastruktur, Versorgung mit subventionierten Grundnahrungsmitteln, Schulbesuch der Kinder, sichere Wasserversorgung)
– Abstufung in der sozialen Rangposition gegenüber Seßhaften.

Die Zahl der echten Vollnomaden, die mit Familie, Zelt und Herde wandert, ist in den letzten Jahren stark rückläufig gewesen. Die Volkszählungen erfaßten die folgende Nomadenbevölkerung:

1966:   600000
1977:   418330
1987:   280551

Die Mehrzahl der Viehzüchter der Steppe ist in festen Häusern seßhaft geworden. Die Herden werden von einigen Familienmitgliedern oder Lohnhirten begleitet, die weiterhin das traditionelle Zelt benutzen. Wegen des prekären Futterangebots müssen die Herden weiterhin wandern – aber über relativ kurze Distanzen im Nahbereich der Siedlungen.

An der Viehwirtschaft der Steppen sind heute auch nichtnomadische Gruppen beteiligt. So schicken seßhafte Bauern aus dem Tell ihre Herden auf die Hochplateaus, kapitalkräftige Städter investieren in Viehherden und nicht zuletzt behalten seßhaft gewordene Nomadenfamilien ihr Vieh bei. Sie legen ihr in Lohnarbeit verdientes Geld zum Teil in Schafen an, es kommt so zu einer eigenartigen Kombination von Lohnarbeit und Viehzucht. Angesichts der astronomisch hohen Fleischpreise in Algerien bilden Viehherden offensichtlich eine gute Kapitalanlage. Diese Viehthesaurierung ist eine Hauptursache für das Anwachsen des algerischen Schafbestandes und für die Überweidung der Steppe.

Die Größe der Herden ist äußerst unterschiedlich. Kleine Herden zählen 20 bis 100 Tiere, Großherdenbesitzer verfügen über 10000 bis 20000 Tiere. Die Agrarrevolution hat an dieser Eigentumsstruktur offensichtlich nichts ändern können, der Anteil der Großherden nimmt sogar zu. Eine eigenartige Arbeitsverfassung ermöglicht auch Nichtlandwirten den Aufbau großer Herden, indem ein bezahlter Hirte die Betreuung der Tiere übernimmt. Er wird nur teilweise in Geld entlohnt, daneben erhält er als Naturallohn die Wolle und die Milch der Herde sowie einen Teil der Lämmer. Mit ihnen kann er sich im Lauf der Jahre eine eigene Herde aufbauen.

Die Herden bestehen größtenteils aus Schafen, denen einige Ziegen zur Milchgewinnung beigestellt sind. Vom algerischen Schafbestand von 16 Mio. Tieren (1986/87) sind 12–13 Mio. in der Steppe beheimatet. In der Bewirtschaftung des Schafbestandes haben sich in den letzten Jahrzehnten beachtliche Modernisierungsprozesse vollzogen. Die Wanderungen erfolgen heute vorwiegend mit dem LKW, zur Mast wird vom Staat subventioniertes und meist importiertes Kraftfutter (Gerste, Hafer, Kleie) eingesetzt, Tankwagen machen die Herden von Wasserstellen unabhängig. Die relativ niedrige Produktivität der algerischen Schafherden konnte so etwas verbessert werden. Noch zu Beginn der achtziger Jahre wurde die jährliche Reproduktionsrate des algerischen Schafbestandes auf lediglich 53% geschätzt (W. TRAUTMANN, 1985, S. 24). Dieser geringe Wert ist vor allem auf die Überalterung vieler Herden als Folge der Viehthesaurierung und auf eine hohe Mortalität der Lämmer zurückzuführen.

Mit den Veränderungen in der Viehzucht war auch ein tiefgründiger Wandel der Nomadengesellschaft verbunden. Die Nomaden wurden zu Viehzuchtunternehmern, monetäres Denken ist ihnen durchaus vertraut. Sie sind voll an den Wirtschaftskreislauf angeschlossen. Von Verbraucherseite wird angesichts der hohen Fleischpreise häufig der Vorwurf der Spekulation erhoben: in Feuchtjahren mit gutem Futterangebot halten sie lieber ihr Vieh zurück und stocken ihre Herden auf, statt die Märkte kontinuierlich zu beliefern. Zugleich hat sich in der Nomadengesellschaft eine Art Arbeitsteilung zwischen dem seßhaft gewordenen Teil des Stammes und dem nomadisierenden Rest herausgebildet. Die seßhafte Mehrheit lebt vorwiegend von Lohnarbeit, Herden und Hausgärten bieten lediglich ein Zusatzeinkommen. Eine Minderheit geht weiterhin der traditionellen Fernweidewirtschaft nach und betreut die Tiere der Seßhaften mit. Der oft totgesagte Nomadismus hat so erneut seine Anpassungsfähigkeit bewiesen, er hat auch die algerische Agrarrevolution überlebt.

Exkurs: Die Achaba der Sait Atba

J. BISSON (1983, 1992) beschreibt die Achaba, die jährliche Sommerwanderung der Stammesgruppe der Sait Atba, aus der Gegend von Ouargla am Nordrand der Sahara, bis zur Landschaft Sersou am Südfuß des Tell über eine Distanz von 500 km (Abb. 29).

Der Stamm zählt etwa 4000 Personen, die sich mehrheitlich in der Oasenstadt Ouargla und in der kleinen Oase N'Goussa in eigenen Vierteln niedergelassen haben. Dem Ölboom in der östlichen Sahara verdanken sie gut bezahlte Arbeitsplätze. Ein kleiner Teil des Stammes mit 500 Mitgliedern und 70 Zelten hat die nomadische Lebensweise beibehalten. Sie treffen sich alljährlich im Oktober zur Dattelernte in N'Goussa. Im zeitigen Frühjahr starten sie in Gruppen von 4–5 Zelten, die von einigen Kamelen transportiert werden, zur Achaba (von arab. acheb, d. i. die Vegetation, die nach Regenfällen die Wüste ergrünen läßt). Die Herde der Gruppe umfaßt einige hundert Tiere. Man nutzt zunächst die guten Weiden in den Wadis des Atlasvorlandes, überquert im Juni den Saharaatlas und die Hochplateaus und erreicht im August die Hochweiden des Ouarsenis.

Agrarräume

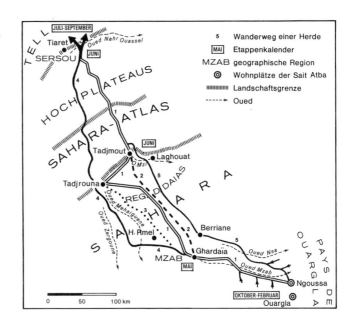

Abb. 29:
Herdenwanderung der Sait Atba

Quelle: BISSON, 1983

Nebenbei treiben die Sait Atba in traditioneller Form Handel mit den seßhaften Fellachen, man tauscht vor allem Datteln und Kamelwolle gegen Getreide. Die Männer verdingen sich als Erntearbeiter, die Frauen und Kinder praktizieren die Ährennachlese auf den Getreidefeldern. Von Mitte September an beginnt die Rückwanderung nach N'Goussa.

Ökologische Probleme

Mit der Vergrößerung des Schafbestandes in der Steppe von 5 Millionen (1965) auf 12–13 Millionen wurde die Tragfähigkeit dieses empfindlichen Ökosystems eindeutig überschritten. Nach W. TRAUTMANN (1982, S. 107) wäre folgende Bestockung angemessen:

Jahresniederschlag	Fläche/Schaf
400–300 mm	0,25–0,5 ha
300–200 mm	1–4 ha
200–100 mm	10–20 ha

Daraus würde sich ein maximaler Besatz von 8 Mio. Schafen für die algerische Steppe errechnen; dieser Wert wird seit 1975 beträchtlich überschritten.

Als Ergebnis dieser unkontrollierten Überweidung ist die Steppenvegetation weitflächig degradiert, ein Desertifikationsprozeß hat eingesetzt. Die Umgebung der Wasserstellen ist praktisch vegetationslos, die äolische und fluviatile Erosion setzt ein. Neben der Überweidung trägt auch die Rodung von Holzgewächsen für Feuerungszwecke trotz der Propagierung des Flaschengases bei.

Die ökologischen Probleme der Steppe sind seit langem bekannt. Ein Code Pastoral von 1975 sah eine Reihe von Maßnahmen im Rahmen der Agrarrevolution zur Konservierung der Steppenvegetation vor:

– Verbot von Rodung und wilder Beackerung
– Übergang zu Futterkämpen mit Weiderotation
– Anpflanzung von Windschutzhecken

– Anlage von Wasserstellen (Brunnen, Rückhaltebecken)
– Anbau von Feldfutter auf Bewässerungsland und Anlage von Futtervorräten für Notzeiten
– Einführung von Bestandsobergrenzen
– Aufbau eines Veterinärsystems, Impfung der Lämmer
– Verteilung von subventioniertem Futtergetreide zur Schonung der Weiden.

Im Jahre 1985 wurde ein „Hochkommissariat für die Entwicklung der Steppe" mit Sitz in Djelfa eingerichtet. Insgesamt ist die Steppenzone wissenschaftlich gut erforscht, ein Arsenal gutgemeinter Schutzmaßnahmen ist vorhanden – allein, die Durchsetzung ist nicht gewährleistet. Man muß daher befürchten, daß der Desertifikationsprozeß weitergeht.

6.5.4
Die Oasenlandwirtschaft der Sahara

In der vollariden Sahara ist Ackerbau nur noch mit Bewässerung möglich. Der Anbau ist auf die wenigen Standorte mit ausreichendem Wasserangebot beschränkt, die im islamischen Kulturkreis als Oasen bezeichnet werden. Darunter versteht man inselhafte Anbauflächen inmitten einer wüstenhaften Umgebung.

Oasentypen

Oasen lassen sich nach der Art ihrer Wasserversorgung differenzieren, allerdings können in einer Oase mehrere Wasserbeschaffungsarten auftreten. Eine grobe Gliederung unterscheidet zwischen Oberflächenwasser und Grundwasser als Wasserressourcen (Abb. 30).

Oberflächenwasser wird durch Flüsse antransportiert; sie fließen in der algerischen Sahara nirgends ganzjährig. Der Typ der linearen Flußoase findet sich vor allem an der Südabdachung des Sahara-Atlas einschließlich Aurés sowie im Süden in den Gebirgswüsten von Hoggar und Tassili. Nur bei zwei periodisch fließenden Flüssen schien der Bau eines Staudammes lohnend: der Damm Djorf Torba im Oued Guir und Foum el Gherza im Oued Abiod (Aurés). Beide Staudämme konnten nicht die in sie gesetzten Erwartungen erfüllen. Der Damm Foum el Gherza wurde 1950 mit einem Stauraum von 40 Mio. m^3 errichtet, er ist heute weitgehend aufsedimentiert. Die Wasserreserven von 5 bis 10 Mio. m^3 reichen nur noch zur Bewässerung von 250–300 ha (D. DUBOST, 1987, S. 348).

Der 1970 fertiggestellte Staudamm von Djorf Torba erreichte nie sein geplantes Volumen von 360 Mio. m^3 (s. Kapitel 6.5.4). Angesichts des unzureichenden Potentials an Oberflächenwasser sind die meisten algerischen Oasen auf Grundwasser angewiesen.

Grundwasser kann in folgender Form an die Oberfläche gebracht und genutzt werden:

– Natürliche Quellen. Sie versiegen wegen der Absenkung des Grundwasserspiegels mehr und mehr.
– Grundwasserströme in Wadis, die an Felsschwellen von selbst an die Oberfläche treten. Dieser Oasentyp ist vor allem am Südrand des Saharaatlas vertreten.
– Grundwasserstollen, in Algerien Foggara genannt, sind das technisch aufwendigste und arbeitsintensivste System zur Grundwasserförderung.
– Brunnen auf oberflächennahes Grundwasser, das durch Hebevorrichtungen an die Oberfläche gebracht wird. Motorpumpen haben die traditionellen, von Mensch oder Tier betriebenen Hebevorrichtungen wie Zugsack, Göpel, Ziehbrunnen weitgehend verdrängt.
– Artesische Brunnen, in denen Grundwasser unter hydrostatischem Druck die Oberfläche erreicht.

Agrarräume

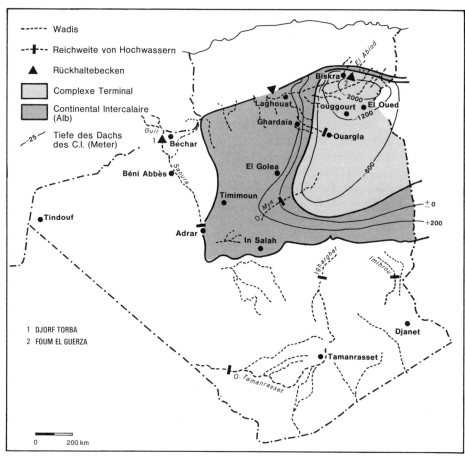

Quelle: DUBOST 1987

Abb. 30: Die Wasserressourcen der algerischen Sahara

Nach J. BISSON (1991, S. 20) werden in der algerischen Sahara augenblicklich folgende Wassermengen genutzt:

– 15,9 m³/sec. an Oberflächenwasser
– 15 m³/sec. aus dem Complexe Terminal
– 18,7 m³/sec. aus dem Continental Intercalaire

Mit diesem Gesamtvolumen von rund 50 m³/sec. werden gegenwärtig schätzungsweise 60000 ha Oasenfläche mit 7 Mio. Dattelpalmen bewässert. Es gibt Hypothesen, die eine Ausweitung der nutzbaren Wassermenge auf 84 m³/sec. für möglich halten. Dann könnte die Oasenfläche auf 100000 ha, das wären 1000 km², ausgeweitet werden. Insgesamt bilden die Oasen also nur einen verschwindend geringen Teil der landwirtschaftlichen Nutzfläche Algeriens.

Die Agrarsysteme

Die traditionelle kleinbetriebliche Oasenlandwirtschaft des Orients zählt zu den kompliziertesten Agrarsystemen der Erde. Ihre Komplexität ergibt sich aus der Pflanzenvielfalt, den Bewirtschaftungsformen, dem Besitzgefüge, den Wasser- und Nutzungsrechten und der Sozialstruktur der Oasenbevölkerung. Im Grunde handelt es sich bei der traditionellen Oasenlandwirtschaft um einen intensiven Gartenbau, die Hacke ist das Universalinstrument zur Bodenbearbeitung, entsprechend gering ist die Arbeitsproduktivität. Wirtschaftsziel war vorwiegend die Selbstversorgung, entsprechend vielseitig mußte der Anbau sein, um alle Bedürfnisse der Familie befriedigen zu können: Datteln, Obst, Gemüse und vor allem auch Getreide. Nur wenige Überschüsse, vor allem Datteln, gelangten in den Fernhandel. Schon aufgrund ihrer isolierten Lage war für die Oasen Autarkie bei der Nahrungsmittelproduktion geboten. Überstieg die Bevölkerungszahl die Tragfähigkeit der Oase, mußte der Überschuß abwandern. Bevölkerungszahl und die von der Wassermenge abhängige Nahrungsproduktion befanden sich stets in einem prekären Gleichgewicht, das Ökosystem Oase bot seinen Bewohnern stets nur ein bescheidenes Auskommen.

Die intensive Nutzung in drei Pflanzenstockwerken – Dattelpalmen als oberste Schicht, darunter Obstbäume (Granatäpfel, Aprikosen) und Weinreben, darunter Bodenfrüchte (Getreide, Salate, Gemüse) – läßt sich nur in den Kernzonen beobachten und ist keineswegs für alle Oasen typisch. Daneben existieren extensiv bewirtschaftete Außenzonen, die heute oft aufgegeben werden und beim flüchtigen Besucher den Eindruck des „Oasensterbens" hervorrufen. Die Vorstellung des Dreistockwerkbaus ist eine europäische Falschinterpretation der Oase, die bereits auf Plinius d. Ä. zurückgeht.

Die Kolonisation hat nur wenige Oasen, wie die Rhir-Oasen, direkt berührt, wo sie eine Exportproduktion von Edeldatteln induziert hat. Im übrigen hat die Kolonialzeit die Oasen wirtschaftlich und kulturell marginalisiert. Der Verfall des transsaharischen Karawanenverkehrs nahm ihnen eine wichtige Erwerbsquelle und warf sie auf ihre landwirtschaftliche Basis zurück. Die Oasensiedlung, der Ksar, blieb hundert Jahre lang von der modernen Stadtentwicklung ausgespart, was bis zur Mitte dieses Jahrhunderts zum Erhalt des pittoresken, von Touristen bewunderten Siedlungsgebildes beitrug. Die alte Oasengesellschaft war sozial stark differenziert in der Art einer Feudalgesellschaft. Vor allem war der Anteil am Wasserrecht ein Gradmesser für die soziale Stellung der Familie. Die Arbeit in den Oasengärten oblag bis vor wenigen Jahrzehnten vor allem den Harratin, den Nachkommen der Negersklaven. Sie halten einen hohen Anteil an der Oasenbevölkerung, oft mehr als die Hälfte. Ihre soziale Stellung ist nach wie vor gering, was ihr spärlicher Anteil an den Wasserrechten beweist (A. BENCHERIFA, 1990, S. 85). In der traditionellen Oasenwirtschaft waren sie zumeist als „Khamess" tätig. Der Khamess stellt seine Arbeitskraft zur Verfügung, der Eigentümer steuert die Produktionsmittel Boden, Wasser, Bäume und die Betriebsmittel (Saatgut, Arbeitsgerät, Tragtier) bei. An der Ernte ist der Khamess im Idealfall mit einem Fünftel (daher der Name von arab. khamsa = 5) beteiligt; tatsächlich wird die Ernte aber nach komplizierten Formeln aufgeteilt, die von Oase zu Oase variieren. Von den Datteln erhält der Khamess wenig, von den Bodenfrüchten fast alles. Nicht selten waren früher die Grundeigentümer Nomaden; die Oasen waren in ein komplexes Austauschgefüge zwischen Seßhaften und Nomaden eingebunden.

Junge Wandlungen

Die Agrarrevolution hat das Khamessat offiziell beseitigt und die Wasserrechte verstaatlicht, was zur Vernachlässigung der

Wassergewinnungsanlagen führte. An die Stelle der Naturalpacht ist die Entlohnung in Geld getreten. Noch stärker hat aber der volkswirtschaftliche Wandel Algeriens im Gefolge des Ölbooms die Oasenwirtschaft verwandelt, vor allem in den Oasen der Nord-Ost-Sahara in der Nähe der Öl- und Gasfelder. Dieser Wandel läßt sich unter folgenden Stichworten zusammenfassen:

- Bevölkerungsanstieg von etwa 500000 Einwohnern (1956) in der algerischen Sahara auf mehr als 2 Millionen (1987)
- Konzentration des Bevölkerungszuwachses auf die großen Oasenstädte. Dadurch entstanden lokale Absatzmärkte.
- Schaffung von nichtlandwirtschaftlichen Arbeitsplätzen in der Öl- und Erdgasexploration, in der Industrie, in der Bauwirtschaft, im Handel und Transportgewerbe und nicht zuletzt im öffentlichen Dienst.
- Einschulung der Kinder aller Schichten, auch der Harratin (negroide Bevölkerung).
- Beseitigung der Isolation der Oasensiedlungen durch den Bau von Straßen und Flughäfen sowie durch Kommunikationseinrichtungen wie Telefon und Fernsehen. Dadurch Einbindung in den nationalen, ja internationalen Austausch von Gütern, Personen und Ideen.

Für die Landwirtschaft der Oasen hatten diese Prozesse einen Bedeutungsschwund zur Folge, so daß im Durchschnitt nur noch 25% der Erwerbspersonen in der Landwirtschaft tätig sind. Die Oasenlandwirtschaft ist nicht mehr in der Lage, die Oasenbevölkerung zu ernähren. Nicht nur Grundnahrungsmittel, auch Obst und Gemüse wird zum Teil aus dem Norden antransportiert, nicht selten als Luftfracht. Da die Harratin, die Nachkommen der früheren Negersklaven, und die Khamess in Scharen in lukrativere Berufe abwanderten, wurden die Arbeitskräfte in den Oasen knapp, die Gartenarbeit obliegt vielfach den Alten, Frauen und Kindern. In der Folge wurde der Anbau extensiviert und die kulturpflegerischen Arbeiten auf ein Minimum reduziert. Extensiv bewirtschaftete Randbereiche wurden ganz aufgegeben, Getreidebau lohnt sich im Vergleich zum subventionierten Importgetreide kaum noch. Der Anbau konzentriert sich auf die teuer bezahlten Datteln, auf Gemüse und Salate für den Hausbedarf und den Lokalmarkt sowie auf Luzerne für das Vieh. Die Ausweitung der Luzerneflächen ist eine Reaktion auf den Arbeitskräftemangel. Luzerne verträgt noch relativ salzhaltiges Wasser, braucht nur alle 3–4 Jahre neu angesät zu werden und erfordert nur ein Siebtel des Arbeitsaufwandes von Dattelpalmen. Die Oasenlandwirtschaft hat für die kleineren Betriebe meist nur noch die Funktion eines Nebenerwerbs und der Versorgung mit frischen Gemüsen.

Agrarkolonisation in der Sahara?

Algerien hat lange gezögert, die Grundwasservorräte der Sahara stärker auszubeuten. Über ihre Erneuerungsrate herrscht immer noch große Unsicherheit. Angesichts der immer prekärer werdenden Ernährungssituation setzte in den achtziger Jahren ein Umdenken ein, die Sahara erschien nun mit ihren immensen Grundwasserreserven als Landreserve für eine Binnenkolonisation. In der Propaganda sprach man bereits vom „algerischen Kalifornien". Im Jahre 1983 wurde ein Programm zur Einrichtung privater Bewässerungsperimeter gestartet. In diesem Rahmen wurden Brunnen gebohrt, Land vergeben und Kredite eingeräumt. Mit dieser Staatshilfe legten Bauern Gewächshäuser zur Gemüseproduktion für lokale und regionale Märkte an. Dieses Programm der privaten Kolonisation scheint recht erfolgreich zu sein, vor allem in der Nähe der großen Städte sind viele neue Gemüsebaubetriebe entstanden. Die Touat-Oasen liefern jährlich 10 000 t Frühtomaten bis nach Algier.

Neben der kleinbetrieblichen privaten Kolonisation stehen mehrere Großprojekte des Staates. Die jüngste Innovation in der algerischen Sahara ist die Einrichtung großer Perimeter von je 50 ha, die von einem 200 m langen Kreisberegner bewässert werden. Sie sollen hauptsächlich Getreide produzieren. Versuchsfelder auf den Wüstenböden erbrachten Hektarerträge von 40 bis 60 dt, zudem verbraucht 1 ha Getreide nur 6000 m^3 Wasser, 1 ha mit Dattelpalmen dagegen 18 000 m^3. Diese arbeitsextensiven, aber extrem kapitalaufwendigen Oasen hat Algerien offensichtlich nach dem Vorbild Saudi-Arabiens und Libyens angelegt. Bereits 1977 hatte eine amerikanische Planungsfirma eine Studie über die Einrichtung von 35 000 ha Bewässerungsland erstellt (J. J. PERENNES, 1984, S. 261). Der algerische Ministerrat beschloß 1986 die Neuanlage von 70 000 ha Bewässerungsland, d. h. mehr, als die bisherigen Oasen insgesamt bewirtschaften. Bis 1990 waren 154 Kreisberegner installiert, von denen 93 funktionieren (J. BISSON, 1992, S. 99). Die eingesäte Fläche betrug aber lediglich 1800 ha im Gassi Touil, inmitten des Großen Östlichen Erg. Auf kleineren Flächen wird bei Ouargla und Hassi Messaoud experimentiert. Der Verfall der Öl- und Gaspreise dürfte die algerischen Pläne als Utopie erscheinen lassen, das Land verfügt nicht über die Einnahmen Libyens und Saudi-Arabiens. Für Algerien wäre es sinnvoller, wassersparende Bewässerungsverfahren, wie die Tropfbewässerung einzuführen, die Wasserverschwendung einzudämmen und in den bestehenden Oasen die Versalzungsgefahr durch Dränage zu bekämpfen, anstatt hochgezüchtete Bewässerungstechnologien aus den USA zu importieren, die unter algerischen Bedingungen schwerlich funktionieren können.

Beispieloase Oued Saoura und die Ebene von Abadla

Die Oasenkette am Oued Saoura in der nordwestalgerischen Sahara erstreckt sich über 800 km. Sie bildete früher eine wichtige Leitlinie für den transsaharischen Karawanenverkehr, wird heute als „Straße der Palmen" touristisch vermarktet und dient den Zugvögeln auf dem Weg von Europa zu ihren afrikanischen Winterquartieren als Brücke. Hauptwasserlieferant ist der Oued Guir, der im Hohen Atlas Marokkos in 3700 m Höhe entspringt. Erst nach seiner Vereinigung mit dem Oued Zousfana bei der Oase Igli heißt der Fluß Oued Saoura; er verliert sich 500 km weiter südlich als Oued Messaoud bei Reggane in der Sahara.

Die Wasserführung von Oued Guir/ Oued Saoura ist äußerst unregelmäßig. Im Sommer fällt er mehrere Monate gänzlich trocken, während er im Frühjahr nach der Schneeschmelze im Gebirge und gelegentlich auch im Herbst Hochwasser mit durchschnittlich 1500 m^3/sec. führt. Gelegentlich treten Katastrophenhochwässer auf, so 1967 mit einer Wasserführung von 6000 m^3/sec., was etwa der dreifachen Wassermenge des Rheins bei Köln entspricht. Derartige Hochwasser verursachen erhebliche Schäden an Oasengärten und Siedlungen. Oasenbauern und Nomaden nutzten diese Hochwasser, indem sie nach dem Abklingen Getreide im durchfeuchteten Überflutungsbereich anbauten, die sog. Maâder-Technik. Außerdem wuschen die Fluten die Salze aus dem Boden und reicherten den Grundwasserhorizont im Wadi an.

Zwischen 1965 und 1970 ließ die algerische Regierung im Oued Guir bei der Engstelle Djorf Torba eine Talsperre er-

Agrarräume 165

richten. Damit sollte einerseits die Hochwassergefahr beseitigt und andererseits die kontinuierliche Bewässerung der Ebene von Abadla, 70 km talabwärts, ermöglicht werden. Die Pläne aus den sechziger Jahren sahen eine Bewässerungsfläche von 18000 ha und den Bau von 5 „Sozialistischen Dörfern" vor, in denen die halbnomadische Bevölkerung der Doui Menia ansässig gemacht werden sollte. Der Perimeter sollte je zur Hälfte mit Industriekulturen wie Baumwolle und Jute und traditionellen Gewächsen wie Getreide und Gemüse bestellt werden. Auf der Pflanzenproduktion sollten zusätzlich eine intensive Viehwirtschaft und Agrarindustrie aufbauen. Das kostspielige Projekt sollte der gesamten nordwestalgerischen Sahara, die ja wenig am Ölboom beteiligt ist, einen Entwicklungsimpuls geben.

Nach 25 Jahren sind die Ergebnisse enttäuschend. Positiv schlägt lediglich zu Buch, daß das Tal des Oued Saoura nicht mehr von Hochwasserkatastrophen bedroht ist. Nur aus den Nebenflüssen wie dem Oued Zousfana kommen noch kleinere Flutwellen an. Die Touat-Oasen werden überhaupt nicht mehr von Hochwassern erreicht. Andererseits unterbleibt damit die Auffüllung des Grundwasserhorizonts in den Alluvionen des Wadis und die Wäsche der Böden, der Salzgehalt in den Talbrunnen steigt an. Der Zustand des Perimeters von Abadla ist beklagenswert. Zwar wurden 5400 ha mit Bewässerungseinrichtungen versehen, von dieser Fläche werden aber nur einige hundert Hektar auch bestellt. Die Ernten sind heute geringer als mit der traditionellen Maâder-Methode vor dem Bau des Dammes.

Die Ursachen für den Fehlschlag sind vielschichtig. Offensichtlich wurde der Abfluß des Oued Guir über- und die Verluste durch Verdunstung und Versickerung unterschätzt. Jedenfalls erreichte der Stausee von Djorf Torba nie sein angepeiltes Volumen von 360 Mio. m^3. Bei der Einrichtung des Perimeters haben die Baufirmen mehrfach gewechselt, schließlich übernahmen Pioniereinheiten der algerischen Armee die Arbeiten. Eine soziale Ursache ist offensichtlich die geringe Eignung der Halbnomaden vom Stamme der Doui Menia für den Bewässerungsfeldbau, noch dazu im Rahmen einer Genossenschaft. Seit Mitte der achtziger Jahre wird ein neuer Anlauf unternommen, indem individuell wirtschaftende Bauern auf eigene Parzellen angesetzt werden. Über den Erfolg läßt sich noch nichts aussagen, zumal nun der Wasserbedarf der Städte Vorrang vor dem der Landwirtschaft hat. Das Wasser von Djorf Torba dient heute vor allem der Trinkwasserversorgung der Stadt Béchar, deren Einwohnerzahl von 16650 (1954) auf 107000 (1987) angewachsen ist.

Beispieloase Timimoun

Timimoun gilt als die klassische Foggara-Oase schlechthin. Sie ist der Hauptort des *Gourara* (Abb. 31), eines weiten Gebietes, das sich zwischen der Hamada Tademait und dem Großen Westlichen Erg erstreckt. Im Bereich von Timimoun fällt das Vorland der Hamada, die kahle Sand- und Kieswüste Meguiden, in einem gestuften Hang von 30–60 m Höhe zu einer Salzpfanne (Sebkha) ab, hinter der das Dünenmeer des Erg beginnt. Der Stufenhang von Timimoun bildet ein nahezu geschlossenes Oasenband, kleinere Außenoasen verstecken sich zwischen den Dünen des Erg.

Die Oase Timimoun existiert von den Grundwassern des Continental Intercalaire, das im Meguiden offen ausstreicht. Etwa 120 Foggaras, jeweils 1 bis maximal 7 km lang, schneiden diesen ergiebigen Grundwasserhorizont an. Im Gelände sind vor allem die Luftschächte im Abstand von 10–15 m anhand ihres Erdaushubs sichtbar

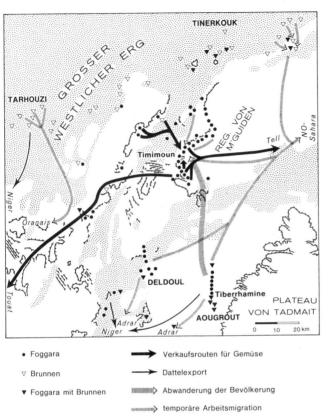

Abb. 31:
Die Oasen des Gourara
(Ostrand des westlichen Erg)

- Foggara
- ▽ Brunnen
- ▼ Foggara mit Brunnen
- ➔ Verkaufsrouten für Gemüse
- ➔ Dattelexport
- ▻ Abwanderung der Bevölkerung
- ▻ temporäre Arbeitsmigration

Quelle: BISSON, 1983

(Abb. 32). Die Foggaras von Timimoun sind jahrhundertealte Einrichtungen. Einst von schwarzen Sklaven angelegt, obliegt ihr Unterhalt heute den jeweiligen Gartenbesitzern. Ihr Vorteil ist der kontinuierliche Wasserfluß, Hebevorrichtungen sind nicht nötig. Ihre Schüttung ist äußerst unterschiedlich, sie ist abhängig von ihrer Lage und Länge und von ihrem Unterhaltszustand. Während die schlechtesten nur noch 2–3 l/min. liefern, schüttet die größte Foggara Amraier 1710 l/min., das ist die Menge eines kleinen Baches. An jede Leitung sind eine Vielzahl von Gärten angeschlossen, an der Amraier hängen 1300 Wasserrechte. Die Wasserverteilung erfolgt durch geeichte Steinkämme. An der Austrittsstelle sitzen die großen Kämme und verteilen das Wasser in oft 10 Hauptkanäle (Seguia). Unterwegs wird das Wasser jeder Seguia durch kleinere Kämme weiter verteilt, bis schließlich dem einzelnen Garten noch ein schmaler Wasserfaden zufließt, der zunächst ein hochgelegenes Becken speist. Von dort wird es nach Bedarf auf die Beete geleitet. Um Versickerungsverluste zu vermeiden, fließt das Wasser in Steinrinnen. Das Verteilungssystem mit seinen Über- und Unterführungen bildet ein äußerst verwickeltes Netz.

In jüngster Zeit wurden auch Tiefbohrungen im Continental Intercalaire niedergebracht. So wurde 50 km östlich von Timimoun eine völlig neue Oase M'Guiden mitsamt einem „Sozialistischen Dorf" angelegt.

Agrarräume 167

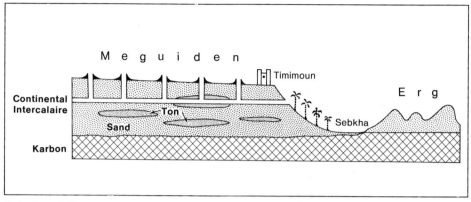

Quelle: SUTER, 1952

Abb. 32: Profil einer Foggara von Timimoun

Die kleinen Oasen im Erg nützen – ähnlich wie die Souf-Oasen im Östlichen Erg – eine oberflächennahe Grundwasserschicht mit Hilfe von Motorpumpen.

In der traditionellen Subsistenzwirtschaft – von K. SUTER (1952) ausführlich beschrieben – bildeten die zahlreichen Dattelsorten die Grundlage für die Ernährung der Bevölkerung. Feigen, Mandeln, Aprikosen und Weintrauben wurden in geringen Mengen erzeugt, doch war dieses mittlere Stockwerk wirtschaftlich unbedeutend. Weizen und Gerste wurden als wichtiges Brotgetreide im Winterhalbjahr angebaut, das Gemüse nahm nur kleine Flächen ein. Heute sind die Oasengärten nicht mehr in der Lage, die Bevölkerung vom Timimoun zu ernähren, ist doch die Einwohnerzahl der Siedlung – nicht der Kommune – von 3000 (1954) auf etwa 8000 angewachsen. Die Bevölkerung des Gourara hat sich zwischen 1954 und 1977 von 25 200 auf 50 900 verdoppelt. Erstaunlicherweise wuchsen nicht nur Timimoun als Hauptort einer Daira, sondern auch die umliegenden Kleinoasen stark an. Die Gouraris behalten ihren Familiensitz in den Oasen bei, auch wenn der Familienvater den überwiegenden Teil des Jahres auf einer weit entfernten Arbeitsstelle verbringt. Möglicherweise hängt diese Heimattreue mit der Minderheitensituation dieser berberophonen Gruppe zusammen. Die Gouraris sprechen auch heute noch mehrheitlich einen Berberdialekt.

Mit der Bevölkerungszunahme ist erstmals ein Markt für Agrarprodukte entstanden. Die Foggara-Oase Timimoun war nicht in der Lage, die gestiegene Nachfrage zu decken. Für die geringe Flexibilität des Angebots sind die Nationalisierung des Foggara-Wassers und die Abwanderung der Khamess verantwortlich. Der Arbeitskräftemangel verursachte einen Extensivierungsprozeß in der Hauptoase. Dagegen weiteten die nicht von der Agrarreform erfaßten Kleinoasen im Erg ihre Produktion aus. Sie nutzten ihre Marktchancen und steigerten vor allem ihre Gemüseproduktion. Nach J. BISSON (1983) entstand ein „Gemüsegürtel" in einiger Distanz von Timimoun. Der Transport erfolgt mit Eseln über die Dünen, mit Karren über die Pisten und zunehmend mit Kleintransportern. Diese Kleinoasen sind nicht von Foggaras abhängig, sie nutzen vielmehr die phreatische Grundwasserschicht des Erg. Dabei wird der Ziehbrunnen mehr und mehr von der Motorpumpe verdrängt. Die Motorpumpe hat die Neuanlage von Oasen sehr erleichtert. Bei Nutzung von Foggaras war man auf die tief gelegenen und oft versalzten Flächen unterhalb der Mündung angewiesen. Mit der Motorpumpe wird man vom Relief unabhängig und kann auch höhere Flächen mit oft besserem Bodensubstrat nutzen.

Auch Dattelpalmen einheimischer Sorten – Deglet Nour gedeiht aus klimatischen Gründen nicht – werden im Erg neu gepflanzt. Bewässerung ist nicht nötig, da die Bäume den Grundwasserhorizont erreichen. Die getrockneten Datteln lassen sich leicht transportieren, außerdem haben private Händler im Sahelstaat Niger einen interessanten Markt erschlossen. Dessen Landeswährung, der CFA-Franc wird von Frankreich gestützt und ist frei konvertibel. Durch den Dattelexport können algerische Privatleute begehrte Devisen erwerben (J. BISSON, 1992, S. 89).

Die neuen Gärten werden häufig mit Kapital aus der Arbeitsmigration angelegt. Auf diese Weise gelangten viele Harratin zu Landbesitz, die alte soziale Schichtung gerät ins Wanken. Trotz dieser privaten Kolonisation ist auch das Gourara bei den Grundnahrungsmitteln auf Zufuhr aus dem Norden angewiesen. Timimoun wird vorwiegend vom Großhandel in Tlemcen beliefert – über eine Distanz von 1040 km!

Beispieloase Oued Rhir

Die 47 Oasen des Oued Rhir (Abb. 33) bilden mit einer Oasenfläche von 16000 ha und einem Bestand von 1,7 bis 2 Mio. Palmen, davon die Hälfte Deglet Nour, das bedeutendste Dattelpalmengebiet der algerischen Sahara. Im Durchschnitt werden jährlich 40000 t Datteln, davon 15000 t Deglet Nour, geerntet. Das 150 km lange, mehrfach unterbrochene Oasenband liegt in einer Tiefrinne, wahrscheinlich der Unterlauf eines alten Flußsystems mit dem Oued Mya und dem im Hoggar entspringenden Oued Igharghar als Quellästen. Das Oued Rhir dacht sich von etwa 85 m Höhe bis auf –33 m im Schott Merouane ab. Das Tal wird nicht mehr in seiner Gesamtlänge durchflossen, enthält aber einen ergiebigen Grundwasserkörper, worauf der Name hindeutet: Rhir = arab. begrabener Fluß (H. ACHENBACH 1971, S. 235).

Die Wasserversorgung erfolgt aus mehreren Grundwasserhorizonten. Ein oberflächennaher Grundwasserkörper in 3 bis 10 m Tiefe ist wegen seines hohen Salzgehalts als Trink- und Bewässerungswasser ungeeignet. Die Oasenkultur nutzt zwei Horizonte des Complexe Terminal, die eine in 20–40 m, die andere in 50–160 m Tiefe sowie das Tiefwasser des Continental Intercalaire, das erstmals 1954 in 1357 m Tiefe erbohrt wurde.

Vor der Ankunft der Franzosen wurde das Wasser aus Schachtbrunnen gewonnen, die bis maximal 60m Tiefe gegraben wurden. Brunnentaucher, die „rtassin", übernahmen die gefährliche Arbeit der Brunnensäuberung. Nach der militärischen Besetzung durch die Franzosen im Jahre 1854 wurde bereits 1856 die erste Bohrung niedergebracht. Colons gründeten 1878 die „Compagnie de l'Oued Rhir", die Brunnen bohrte und Dattelpalmen anlegte. Von 1856 bis 1924 stieg die Zahl der Palmen von 360000 auf 1,6 Mio. Der Erfolg der Colons veranlaßte auch wohlhabende Algerier, ihr Kapital in Palmenplantagen anzulegen. Man pflanzte hauptsächlich die Edelsorte Deglet Nour, die im tiefgelegenen Tal optimale Klimabedingungen vorfindet. Die Produktion war vorwiegend für den Export bestimmt. Unter den Bedingungen der Kolonialzeit wurden die Datteln roh exportiert und erst in Marseille für den europäischen Markt konserviert und abgepackt.

Die Verlängerung der Bahnstrecke von Batna nach Touggourt ermöglichte den

Agrarräume 169

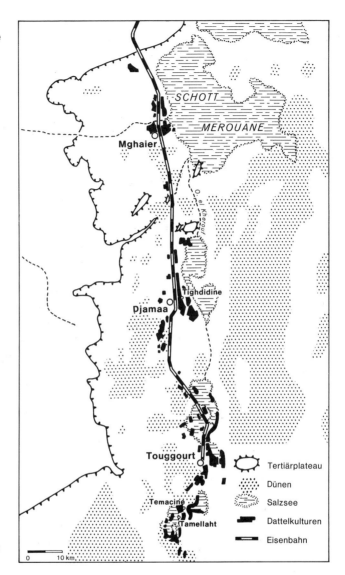

Abb. 33:
Die Oasengruppe des Oued Rhir

Quellen: NESSON, 1965;
ACHENBACH 1971

Abtransport zum Exporthafen Skikda. Das Oued Rhir ist neben den Ziban-Oasen bei Biskra das einzige Oasengebiet der algerischen Sahara, in dem die europäische Kolonisation große, moderne Plantagen geschaffen hat. Die modernen Palmenplantagen unterscheiden sich in ihrem Aussehen stark von der traditionellen Oase. Die Palmen stehen in Reih und Glied in regelmäßigen Abständen, außer Luzerne fehlen Unterkulturen. Jede Palmreihe besitzt eine Wasserzuführung auf der einen Seite und einen Entwässerungsgraben auf der anderen. Wegen des geringen Gefälles im Oued Rhir ist die schadlose Abführung des Dränagewassers, das bis zu 25% Salz enthält, ein schwieriges Problem. In den fünfziger Jahren wurde daher ein 90 km langer Sammelkanal bis zum Schott Merouane gegraben. Aufgrund ihrer Spezialisierung auf die Produktion von Datteln benötigen die Plantagen relativ wenig Dauerbeschäftigte. Die Arbeitsspitze der Ernte im Herbst wurde mit Saisonkräften abgedeckt.

Nach 1962 wurde der europäische Besitz nationalisiert und in 14 großen Domänen zusammengefaßt. Die bürokratisch geführten Betriebe konnten das Produktionsniveau nicht halten. Die Baumbestände sind heute überaltert, zudem wurde das Bewässerungs- und Dränagesystem vernachlässigt. Um das Handelszentrum Marseille auszuschalten, wurden in Touggourt und anderen Oasen eigene Verarbeitungsbetriebe errichtet. Dadurch ging der europäische Markt weitgehend an die USA und den Irak verloren. Die Dattelexporte sanken von 26500 t (1967) auf nur noch 2372 t (1987). Die stagnierende Produktion wird heute so gut wie ganz vom Binnenmarkt absorbiert, Deglet Nour sind zu einer teuren Spezialität in Algerien geworden.

Beispieloase M'Zab

Die fünf Oasensiedlungen des M'Zab, die Städte Ghardaia, Melika, Beni Isguen, Bou Noura und El Ateuf, zeichnen sich durch eine besonders dynamische Entwicklung aus. Sie wurden im 11. Jh. von Ibaditen, berberophonen Angehörigen einer verfolgten moslemischen Glaubensrichtung, gegründet. Seit jeher heben sich die Oasenbewohner, nach ihrer Heimat Mozabiten genannt, durch Sparsamkeit und wirtschaftliche Tüchtigkeit hervor. Sie nehmen im algerischen Groß- und Einzelhandel eine Schlüsselstellung ein, in den letzten Jahrzehnten sind ihre Angehörigen auch in den Öffentlichen Dienst und in die Wissenschaft vorgedrungen.

Das M'Zab ist eine Kalkstein-Hammada, in die das Kastental des Oued M'Zab eingetieft ist. Nach Starkregen kommt es im Oued zum Abfluß, im Durchschnitt einmal im Jahr. Der Jahresniederschlag liegt bei 55 mm. Das Wasserfließen dauert einige Stunden, maximal einige Tage. Dieses Wasser wird von den Alluvionen des Talbodens geschluckt. Ein kunstvolles System von Wällen hält die Hochwasserwellen zurück und zwingt das Wasser zum Einsickern. Die Bewässerung der Oasengärten erfolgt aus vielen 30–50 m tiefen Schachtbrunnen, welche die oberste Grundwasserschicht nutzen. Die Motorpumpe hat den früher so typischen Zugsack mit seiner quietschenden Rolle („Nachtigall des M'Zab") völlig verdrängt. Seit 1938 wird auch das Tiefwasser des Continental Intercalaire für die Trinkwasserversorgung genutzt. Wegen der Lage des M'Zab in 400–600 m Höhe steigt das artesisch gespannte Wasser nicht bis zur Oberfläche, sondern muß einige hundert Meter hochgepumpt werden. Für die Landwirtschaft wird es dadurch zu teuer, nur Überschußwasser wird in die Gärten geleitet.

Der Ölboom bescherte der Pentapolis des M'Zab, vor allem dem Hauptort Ghardaia, ein stürmisches Wirtschafts- und Bevölkerungswachstum. Die handelserfahrenen Mozabiten verstanden es, sich in das Logistiksystem der nahen Öl- und Gasfelder einzuschalten. Die verkehrsgünstige Lage des M'Zab im neuen Straßennetz kam ihnen zugute. Vor allem Ghardaia wurde zu einem wichtigen Handels- und Versorgungszentrum. Die Ansiedlung eines Stahlröhrenwerkes und die Erhebung zum Hauptort eines Wilayas mit 216000 Einwohnern verbreiterten die wirtschaftliche Basis. Nicht zuletzt profitierten die Städte mit ihren malerischen Stadtbildern – Stadtmauern und Stadttore sind bei einigen noch intakt – vom Saharatourismus. Hotels und Souvenirgeschäfte entstanden. Die Bevölkerungszahl der Pentapolis stieg von

25 500 (1954) auf 90 000 (1987) an, die bebaute Fläche weitete sich so aus, daß vier benachbarte Ksour zu einer Stadtregion zusammenwuchsen. Durch den Zuzug von früheren Nomaden, Führungskräften aus dem Norden und dunkelhäutigen Harratin aus den Oasen des Südens gerieten die Ibaditen in die Minderheit, ihre wirtschaftliche und soziale Führungsposition konnten sie aber noch ausbauen.

Man hätte erwarten können, daß die Oasenlandwirtschaft angesichts der Dynamik des sekundären und vor allem des tertiären Sektors bis auf klägliche Reste verschwindet. Das ist nicht der Fall. Dem über Jahrhunderte an Genügsamkeit gewöhnten Mozabiten widerspricht es offensichtlich, die ererbten Gärten verfallen zu lassen, auch wenn sie ökonomisch wenig abwerfen. Zwar wurde viel Gartenland überbaut, reiche Mozabiten errichteten sich ansehnliche Landsitze in ihren Gärten, doch blieb die Oase i. w. intakt. Der 7 km lange Palmenwald, der oberhalb Ghardaias den Talboden des Oued M'Zab ausfüllt, ist immer noch beeindruckend. Gewandelt hat sich allerdings die Funktion der Gärten, sie dienen heute vorwiegend zum Nebenerwerb oder als Freizeit- und Erholungsfläche.

Außerhalb der traditionellen Oase haben innovationsfreudige Mozabiten dagegen in der Erwerbslandwirtschaft investiert, teils in bodenunabhängigen Betrieben zur Geflügel-, Eier- und Milchproduktion, teils in Gartenbaubetrieben mit neu erbohrten Brunnen zur Gemüseproduktion.

7 Regionalpolitik

Das unabhängige Algerien hatte 1962 aus der Kolonialzeit ein Land mit starken räumlichen Disparitäten ererbt. Die Kolonisation hatte nur einen schmalen, diskontinuierlichen Küstenstreifen mit modernen Wirtschaftssektoren und Infrastrukturen ausgestattet. Dieser Küstenhof wies eine exportorientierte Wirtschaft auf und war daher stärker mit Frankreich als mit dem algerischen Binnenland verflochten, dem er gleichsam den Rücken zukehrte. Auf die 13 Wilayate der Küstenzone, die 2% der algerischen Staatsfläche einnehmen, konzentrieren sich heute 38% der Bevölkerung und etwa 60% der Industriebeschäftigten. Neben diesem zentralperipheren Gegensatz entwickelten sich noch andere Disparitäten zwischen dem Raum Algier einerseits und West- und Ostalgerien andererseits. Ostalgerien war in türkischer Zeit um die Stadt Constantine als Zentrum gut organisiert und hatte eine hohe Bevölkerungsdichte. Die Kolonialzeit vernachlässigte den Osten, er fiel zurück. Das westalgerische Oranais dagegen, ein räumlicher Schwerpunkt der Kolonisation mit landwirtschaftlichen Exportkulturen und dichtem Städtenetz, wurde nach 1962 vom Abzug der Europäer und dem Zusammenbruch der Exportwirtschaft hart betroffen. Den niedrigsten Entwicklungsstand weisen generell die Bergregionen und die Hochplateaus sowie diejenigen Teile der Sahara auf, die nicht vom Ölboom profitiert hatten.

7.1
Das regionalpolitische Instrumentarium

Es lag in der Logik einer Planwirtschaft, mit Hilfe der starken Interventionsmöglichkeiten des Staates die ererbten Disparitäten abzubauen. Im ersten Jahrzehnt der Unabhängigkeit war jedoch von Regionalpolitik wenig zu spüren. Die Ansiedlung von küstenständigen Grundstoffindustrien sowie die politisch-administrative Zentralisierung auf Algier verstärkten noch das Gefälle von der Litoralzone zum Binnenland. Ein gewisses Streben nach regionalem Ausgleich kann man allenfalls in der Standortwahl der Grundstoffindustrien erkennen. Die Achse Oran – Arzew – Mostaganem und das Dreieck Annaba – Skida – Constantine wurden bewußt als Gegengewicht zum Raum Algier gewählt.

Nur zögernd schuf sich das Land Institutionen für eine Raumplanung:

– 1970   Staatssekretariat für die Planung mit einer Sektion Regionalisierung
– 1976   Interministerielles Komitee für Raumordnung
– 1979   Ministerium für Planung und Raumordnung
– 1980/81 Regionale Direktionen für Planung und Raumordnung in jedem Wilaya.

Die Regionalpolitik wurde anfangs rein empirisch betrieben, indem von Fall zu Fall für besonders benachteiligte Regionen spezielle Entwicklungsprogramme aufgestellt wurden.

Die *Spezialprogramme* (Programmes Speciaux) der Jahre 1966–1978 galten 8 Wilayaten mit besonderen Entwicklungsrückständen, so z. B. Tizi Ouzou (Kabylei) und Batna (Aurès). Sie förderten den Ausbau der Infrastruktur und die Schaffung von Arbeitsplätzen in Landwirtschaft und lokalen Industrien.

In *Kommunalen Förderungsprogrammen* (Programmes d'Equipment Local) gab der Staat ab 1970 den Kommunen finanzielle und technische Hilfestellung zur Reduzierung der Arbeitslosigkeit und zum Ausbau der wirtschaftlichen und sozialen Infrastruktur.

Ab 1972 wurde im Rahmen der Agrarrevolution das *Programm der 1000 sozialistischen Dörfer* entwickelt. Es zielte auf die Verbesserung der Lebensverhältnisse der Landbevölkerung, des Hauptträgers des Befreiungskrieges, um die bedrohlich angewachsene Abwanderung in die Städte einzudämmen. Bis Mitte der achtziger Jahre waren 400 Dörfer fertiggestellt, dann wurde das Programm eingestellt (J. C. BRULÉ, 1985, S. 1; M. COTE, 1988, S. 292). Ein derartiges geplantes Dorf besteht aus 100 bis 300 Häusern und ist ausgestattet mit zentraler Wasserversorgung, Elektrizität, Läden, Dienstleistungsbetrieben, Schule, Moschee, Sanitätsstationen. Die meisten der neuen Dörfer liegen im Tell und am Nordrand der Hochplateaus, einzelne Anlagen finden sich noch tief in der Sahara. Das Programm hat die Lebensverhältnisse von hunderttausenden Fellachen verbessert, es erreichte aber nur eine Minderheit der Landbevölkerung.

Die empirische Phase der algerischen Regionalpolitik endete Mitte der siebziger Jahre. Im Vorspann zum 2. Vierjahresplan 1974–1977 und noch ausführlicher in der Charte Nationale 1976 finden sich Zielangaben. Das oberste Ziel ist die Gewährung von Chancengleichheit für alle Algerier, unabhängig von der Region, in der sie leben. Ein Schlüsselbegriff der Charte Nationale ist die „Politik des regionalen Gleichgewichts". Als Einzelziele fordert sie:

– ausgewogene Verteilung der wirtschaftlichen Aktivitäten über das ganze Land,
– Ausbau des Schulwesens,
– Ausbau der Infrastruktur (Sanitärwesen, Wohnungsbau, Elektrifizierung, Kommunikationsmittel, bürgernahe Verwaltung),
– Eindämmung der Binnenwanderungen,
– Aufbau eines Städtenetzes und Begrenzung des Wachstums der Metropolen.

Als konkrete raumwirksame Maßnahme fordert die Charte den Bau eines Industriegürtels auf den Hochplateaus.

Im Jahre 1986 wird die Regionalpolitik Algeriens im Nationalen Raumordnungsprogramm (Le Schéma National d'Aménagement du Territoire = SNAT) gesetzlich fixiert. Sein sektoraler Teil fordert u. a. (EL MOUDJAHID 9. 6. 1987):

– Aufwertung der natürlichen Ressourcen, insbesondere Wasser und Boden
– Organisation eines ausgewogenen Städtesystems
– Entwicklung der Infrastruktur für Kommunikation, Telekommunikation und Energie
– Ausbau der Einrichtungen für Erziehung, Bildung und sanitäre Versorgung
– Schutz der Umwelt und der historischen Stätten

Der regionale Teil des SNAT sieht für die einzelnen Großlandschaften des Landes spezifische Maßnahmen vor:

– *Küstenzone*: Schutz vor Verschmutzung des Meeres, Entwicklung von Fremdenverkehr und Fischerei
– *Agrarebenen*: Schutz des Bodens und Verbesserung der Lebensverhältnisse der Landbevölkerung
– *Bergregionen*: Entwicklung von Ackerbau und Viehwirtschaft, Förderung von Klein- und Mittelindustrie
– *Hochplateaus*: Industrialisierung, Ausbau des Städtenetzes, Ausnutzung des Wasserpotentials, Schutz der Steppenvegetation und Kampf gegen Desertifikation

- *Grenzgebiete*: Verkehrserschließung, Verbesserung der Siedlungsstruktur
- *Sahara*: Aufwertung von Landwirtschaft und Fremdenverkehr, Ausbau des Verkehrsnetzes, Schutz des natürlichen und historischen Erbes
- *Städtische Agglomerationen*: Eindämmung des Bevölkerungswachstums, Sanierung der Bausubstanz

Angesichts der politischen und wirtschaftlichen Krise ist fraglich, ob der algerische Staat noch die finanziellen Mittel für ein derartiges Raumordnungsprogramm hat.

7.2 Regionalpolitische Interventionen

Schon bevor die Charte Nationale 1976 und das SNAT 1986 die allgemeinen Grundziele der Raumordnung auf nationaler Ebene festlegten, wurde im Rahmen der sektoralen Entwicklungspolitik empirische Regionalpolitik betrieben. Als wichtigste Interventionen zum Abbau regionaler Disparitäten seien genannt: Ausbau der Verkehrs- und Kommunikationssysteme, die Energieversorgung, das Schulwesen, die flächenhafte Industrialisierung, Gebietsreformen und die Verdichtung des Städtenetzes.

7.2.1 Verkehrs- und Kommunikationssysteme

In einem Entwicklungsland wie Algerien dient der Ausbau der Verkehrs- und Kommunikationssysteme nicht nur der wirtschaftlichen Entwicklung, sondern auch der räumlichen Integration des Staates und der Identitätsbildung seiner ethnisch-kulturell heterogenen Bevölkerung.

Die Straße ist in Algerien der mit Abstand wichtigste Verkehrsträger. In Nordalgerien war das aus der Kolonialzeit übernommene Netz eines der dichtesten in der Dritten Welt. Erst in jüngster Zeit muß es für den stark gestiegenen Verkehr ausgebaut werden. Dagegen bestand das kolonialzeitliche Netz in der Sahara fast nur aus Pisten, hier hat der algerische Staat in den letzten dreißig Jahren 5000 km Allwetterstraßen neu gebaut (s. Kapitel 8.2.4). Einige Trassen sind offensichtlich primär aus strategischen Erwägungen angelegt worden, wie etwa die 700 km lange Strecke Béchar – Tindouf als Verbindung zur umstrittenen West-Sahara oder die Strecke El Oued – Tebessa an der tunesischen Grenze und nicht zuletzt die Transsaharaoute bis Tamanrasset. Mit einem Netz von 37000 km festen Straßen (1986) ist Algerien vergleichsweise gut ausgestattet. Über die Straße wird der Löwenanteil des Güterverkehrs und der Personenverkehr über kurze und mittlere Strecken bewältigt. Der LKW beförderte 1986 78 Mio. t Fracht, die Bahn nur 12,5 Mio. t.

Der Binnenflugverkehr hat für ein Land mit den Ausmaßen Algeriens eine eminente Bedeutung für den Personenverkehr. Im Jahre 1987 übertrafen erstmals die Passagierzahlen im Binnenverkehr (1,9 Mio.) diejenigen im internationalen Verkehr (1,7 Mio.). In Nordalgerien hat der Flugverkehr die Aufgabe, Algier mit den drei Oberzentren Oran, Constantine und Annaba im Geschäftsreiseverkehr zu verbinden. Für die Sahara bedeutet das Flugzeug das allgemeine Personenbeförderungsmittel aller Volksschichten. Da die Binnentarife relativ niedrig sind, sind die Flugzeuge gut ausgelastet. Der Bau von modernen Flughäfen für Großflugzeuge bei relativ kleinen Oasenstädten wie Tamanrasset (38000 E.) oder Djanet (8000 E.) erfolgte offensichtlich aus politischen Gründen. Die Außenposten in der Sahara sollen mit dem Zentrum Algier durch tägliche Flüge verbunden werden. Die Staatslinie Air Algérie fliegt regelmäßig 29 Flugplätze im Land an; weitere Landeplätze sind auf den Hochplateaus im Bau. Das Netz ist sehr stark auf Algier ausgerichtet.

Der *Eisenbahnverkehr* erfährt erst seit etwa 1980 wieder stärkere Förderung. Das größtenteils noch im vorigen Jahrhundert erbaute Netz hatte um 1930 mit 4890 km seine größte Ausdehnung. Durch Streckenstilllegungen ist es auf heute 3800 km geschrumpft. Es kann für die Erschließung des algerischen Staatsraumes wenig leisten, wurde es doch nach den ganz anders gearteten Anforderungen der Kolonialzeit konzipiert. Die küstenparallele Hauptstrecke Oran – Algier – Constantine war Teil der strategischen Bahn Casablanca – Algier – Tunis im französischen Empire. Von dieser Hauptstrecke stoßen vier Stichlinien nach Béchar, Djelfa, Touggourt und Djebel Onk ins Binnenland vor. Das algerische „Netz" kann mit einem Kamm mit vier Zinken verglichen werden, sein Verkehrswert ist beschränkt. Es zerfällt außerdem in 1200 km Schmalspur- und 2600 km Normalspurstrecken. Nur 200 km sind zweigleisig ausgebaut, 300 km sind elektrifiziert. Infolge der demographischen und wirtschaftlichen Entwicklung ist das Verkehrsaufkommen stark angestiegen. Zwischen 1975 und 1987 stieg die Zahl der Fahrgäste von 8,7 Mio. auf 43,3 Mio. und das Frachtaufkommen von 7,2 Mio. t auf 12,8 Mio. t. Ein Ausbau ist unumgänglich. Seit 1980 wird das bestehende Streckennetz modernisiert (Gleise, Signalanlagen) und in den Agglomerationen ein S-Bahnverkehr eingeführt.

Erstmals werden auch wieder neue Strecken gebaut, die sich regionalpolitisch auswirken dürften. Das interessanteste Projekt ist die geplante West-Ost-Strecke auf den Hochplateaus von 300 km Länge (s. Kapitel 7.26). Der Raumerschließung dient auch eine Strecke Constantine – Tebessa zur Bedienung des südöstlichen Landesteils. Insgesamt sind Neubaustrecken von 1500 km Länge vorgesehen.

Telefon und Fernsehen sind im Zeitalter der elektronischen Massenmedien ein unabdingbares Mittel der staatlichen Integrationspolitik. Algerien hat die flächenhafte Versorgung seines Staatsraumes seit Ende der siebziger Jahre mit Hilfe der Satellitentechnik gewährleistet. Über einen geostationären Satelliten werden 15 Empfangsstationen im Lande bedient, so daß Telefonverbindungen und der Empfang des staatlichen Fernsehens auch in entlegenen Oasen der Sahara sichergestellt sind. Der Fortschritt der Satellitentechnik hat nun auch den privaten Empfang zahlreicher ausländischer Sender ermöglicht, was wohl weniger im Interesse des Staates ist. Angesichts der immer noch hohen Analphabetenrate unter der erwachsenen Bevölkerung kommt den elektronischen Medien besonders Bedeutung zu.

7.2.2
Energieversorgung

Ein wichtiges Instrument zum Abbau räumlicher Disparitäten war die flächendeckende Versorgung mit preiswerter Energie, d. h. mit Erdgas und Elektrizität.

Bei der Trassierung der Erdgas- Exportleitungen hat man in den sechziger Jahren bewußt nicht die kürzeste Strecke Hassi R'Mel – Algier gewählt, obwohl sie aus betriebswirtschaftlicher Sicht nahegelegen hätte. Es war ein Akt regionaler Entwicklungspolitik, zwei längere Strecken nach West- und Ostalgerien, zu den Exporthäfen Arzew und Skida, zu bauen. Von ihnen zweigen Versorgungsleitungen für den Binnenmarkt ab, die heute alle größeren Städte im Norden Algeriens mit preiswertem Erdgas versorgen. Damit ist eine Grundvoraussetzung für die Ansiedlung von

Industrien gegeben. Alle Wärmekraftwerke und die größeren Industriebetriebe sind heute an das Erdgasnetz angeschlossen.

Das *Elektrizitätsnetz* Algeriens war schon in der Kolonialzeit gut ausgebaut, ein Hochspannungsnetz bediente den Norden. Mangelhaft war das Niederspannungsnetz im ländlichen Raum. Die größeren Oasen hatten Inselnetze, gespeist von Dieselgeneratoren. Die Charte Nationale von 1976 erhob die vollständige Elektrifizierung zu einer sozialen Aufgabe, die bis 1990 erfüllt sein sollte. Der Anschlußgrad der Haushalte sollte von 61% (1980) auf 96% erhöht werden. Dieses Ziel wurde sicherlich nicht erreicht, doch sind nach eigenen Beobachtungen selbst abgelegene Oasensiedlungen im Hoggar heute elektrifiziert. Ihre Bewohner können damit Elektrogeräte, wie etwa den Kühlschrank, benutzen.

7.2.3
Das Schulwesen

Zu den unbestrittenen Leistungen des unabhängigen Algerien zählt der flächendeckende Ausbau des Schul- und Bildungswesen. Zwar wurde das Ziel, alle schulpflichtigen Kinder einzuschulen, bisher nicht erreicht (s. Kap. 4.19), doch konnten die gröbsten regionalen Disparitäten bei Einschulungs- und Analphabetenquote erheblich gemildert werden.

Ein wirksames Mittel der algerischen Regionalpolitik war die *Dezentralisierung des Hochschulwesens*. Während der Kolonialzeit gab es im Lande nur eine einzige Universität in Algier. Noch in den sechziger Jahren wurden in Oran und Constantine große Volluniversitäten und in Annaba eine Technische Hochschule gegründet. Im Jahre 1985 gab es bereits 16 Hochschulstandorte, in der Mehrzahl sog. Centres Universitaires, Teiluniversitäten, vorwiegend zur Lehrerbildung. An allen Hochschulen waren 168 000 Studenten eingeschrieben. Das ursprüngliche Ziel, jedes Wilaya mit einem Centre Universitaire auszustatten, dürfte angesichts der Vermehrung der Wilayas auf jetzt 48 nicht mehr zu erreichen sein.

7.2.4
Administrative Gebietsreformen

Der algerische Staat ist nach französischem Vorbild in drei räumliche Verwaltungsebenen gegliedert: Wilaya (Provinz), Daira (Landkreis) und Kommune. Während heute in den meisten Industriestaaten die Verwaltungseinheiten zu größeren Gebilden zusammengelegt werden, verfolgt Algerien den umgekehrten Weg: die Zahl der Wilayas, Dairas und Kommunen wurde beträchtlich vermehrt (Abb. 34).

Darin drückt sich einerseits der Bevölkerungsanstieg aus, zum anderen versucht man durch Verkleinerung der Einheiten die Verwaltung dem Bürger näher zu bringen und den Raum zu homogenisieren. Die wichtigsten Verwaltungseinheiten sind die Wilayate, deren Zahl sich vervielfacht hat. Fast während der gesamten Kolonialzeit war Nordalgerien in die drei Départements Oran, Algier und Constantine gegliedert, die Sahara unterstand einer besonderen Militärverwaltung. Noch in französischer Zeit, 1957, wurde die Zahl der Départements auf 15 erhöht. Das unabhängige Algerien erhöhte ihre Zahl – nun in Wilaya umbenannt – 1974 auf 31 und 1984 sogar auf 48. Ein Wilaya hat durchschnittlich 500 000 Einwohner, allerdings reicht die Spanne von 16 000 Einwohner (Tindouf) bis 1,7 Mio. (Algier).

Ein wichtiges Mittel der Regionalpolitik ist der gezielte Ausbau der alten und neuen Verwaltungssitze mit öffentlichen Einrichtungen.

Für jeden Verwaltungshauptort wurde ein Satz standardisierter Infrastrukturein-

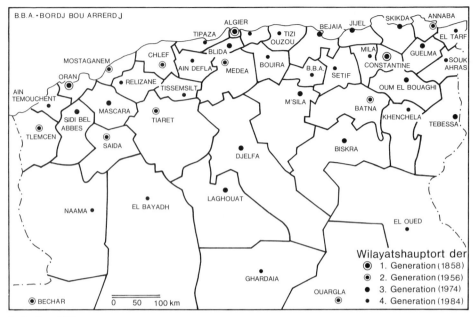

Quelle: COTE, 1988

Abb. 34: Die Vermehrung der Wilayate (Provinzen) von 1956 bis 1984

Tab. 27: Infrastrukturelle Soll-Einrichtungen der Verwaltungsorte in Algerien

Versorgungsbereich	Einrichtungen	Bezugspersonen
Ausbildung	Realschule	7 000
	Berufsschule	20 000
	Gymnasium	30 000
Gesundheitswesen	Sanitätsstation	4 000
	Entbindungsstation	25 000
	Kleinkrankenhaus	25 000
	Krankenhaus	80 000
Kultur	Kulturhaus	8 000
	Kino	20 000
	Sportanlage	20 000
Dienstleistungen	Bank	15 000
	Markthalle	20 000

Quelle: A. BENJELID 1990

richtungen (Grille Nationale d'Equipment) festgelegt (s. Tabelle 27), welche deren Attraktivität erheblich steigerte.

Diese Verwaltungszentren entwickeln sich auch zwangsläufig zu Wirtschaftszentren. Hier siedeln sich Verkaufsniederlassungen der staatlichen Industrie, Depots, Versicherungen, Banken, Transportunternehmen an. Zentrale sanitäre Einrichtungen sind unabdingbar, vor allem aber die breite Palette des sekundären und tertiären Bildungswesens wie Lyzeen mit angeschlossenen Internaten, Berufsschulen, Fachschulen, schließlich die Centres Universitaires.

7.2.5
Die Industrialisierung

Im algerischen Entwicklungsmodell galt das Schwergewicht der Investitionen der Industrialisierung. Der Staat als Hauptinvestor konnte Industriestandorte auswählen, ohne allzu streng auf Gesichtspunkte der Rentabilität zu achten. Die algerischen Planer verwandten daher zielstrebig die Industrialisierung als Mittel zur Verbesserung der Regionalstruktur und zum Abbau regionaler Disparitäten.

Während der ersten Industrialisierungsphase 1967–1974, gekennzeichnet durch die Einrichtung der großen küstenständigen Standorte der Grundstoffindustrie, nahm die Polarisierung Küste – Binnenland noch erheblich zu. Ab 1974 setzte eine Diffusion der Industrie ins Landesinnere ein. Den Grundstoffindustrien an der Küste sattelte man im Binnenland weiterverarbeitende Industrien auf, die weniger transportkostenempfindlich sind. Etwa 110 Städte im Tell und auf den Hochplateaus wurden mit Industriebetrieben bedacht, einzelne Betriebe wurden selbst am Nordrand der Sahara angesiedelt.

Mit Vorrang wurde die Industrialisierung Ostalgeriens betrieben, da hier aufgrund der hohen Bevölkerungsdichte das Arbeitslosenproblem besonders drückend war. Die Industrialisierung der Städte des Oranais sollte die nach dem Abzug der Europäer eingetretenen Funktionsverluste kompensieren. Im Großraum Algier wurden zwar vergleichsweise wenige Staatsbetriebe angesiedelt, dafür ist er ein bevorzugter Standort der Privatindustrie. Die Betriebe wurden nach Branchen über das Land verteilt. Genügten z. B. drei Fabriken für den Landesbedarf, so wurde je eine in West-, Mittel- und Ostalgerien errichtet. Bei häufiger nachgefragten Gütern wurden entsprechend mehr Betriebe angesiedelt. So erhielt fast jedes Wilaya wenigstens eine Mühle, eine Futtermittelfabrik und eine Ziegelei. Für die Zementversorgung wurden 10 Fabriken mit einer Kapazität von jeweils 1 Mio. t. über das Territorium gestreut, um die Verkehrsbelastung möglichst gering zu halten. In verkehrsentlegenen Regionen wurden vorwiegend Leichtindustrien angesiedelt, die keine schwierigen Standortanforderungen stellen: Konfektions- und Textilindustrie, Leder- und Holzverarbeitung.

Ab 1980 wurden anstelle der Großbetriebe kleinere Projekte von eher handwerklichem Zuschnitt gefördert. Diese Klein- und Mittelindustrien unterstehen auch nicht den nationalen Staatskonzernen, sondern lokalen Behörden (Wilaya, Kommune).

Bei einer derartigen Industrialisierung nach sozialen und regionalpolitischen Kriterien waren Fehlschläge unvermeidlich. So wurden Großbetriebe in Kleinstädten ohne jegliche Infrastruktur angesiedelt. Der Betrieb mußte folglich selbst dafür sorgen, was ihn für lange Zeit finanziell stark belastet. Industrieansiedlungen in Gebieten ohne gewerbliche Tradition und Fachkräfte verursachen hohe Ausbildungskosten und haben in der Regel eine niedrige Produktivität zur Folge. Schließlich wurden oft Betriebe ohne gesicherte Wasserversorgung errichtet. Generell gilt, daß die Wasserversorgung für die Industrie um so schwieriger wird, je weiter sie nach Süden vorstößt.

7.2.6
Die Option für die Hochplateaus

Ein Kernstück der algerischen Regionalpolitik bildet die Entwicklung der Hochplateaus. Um die Raumstruktur der Kolonialzeit mit dem Übergewicht der Litoralzone umzukehren, soll der Raum zwischen den beiden Atlasketten vorrangig gefördert werden. Es gilt, den modernen Wirtschaftsraum Algeriens von den schmalen Küstenhöfen binnenwärts in die Tiefe des Raumes auszuweiten. Das wichtigste Mittel ist die Industrialisierung. Gestützt auf eine Städtereihe, die es auszubauen gilt, wird schon in der Charte National von 1976 ein „Industriegürtel" gefordert. Er soll sich entlang einer Ost-West-Linie von Maghnia über Tiaret, Ain Oussera, M'Sila, Barika und Batna mit Ausläufern in Béchar, Biskra, Djelfa und Laghouat bis nach Tebessa erstrecken. Tatsächlich wurden vom 2. Vierjahresplan 1974–1977 an zahlreiche mittelgroße Industriebetriebe unterschiedlicher Branchen in dieser Städtereihe angesiedelt. Zugleich wurden diese Städte baulich stark erweitert und ihr Dienstleistungssektor ausgebaut. Zwischen Tell und Sahararand wurden beispielsweise 15 Städte in den Rang von Wilayatshauptstädten erhoben mit entsprechenden Einrichtungen.

Die Erschließung des Raumes erfordert den Ausbau der Verkehrswege in West-Ost-Richtung, d. h. quer zur bisher vorherrschenden Nord-Süd-Richtung. Das gilt für die Straßen wie für die Eisenbahn. Das kostspieligste Verkehrsobjekt ist der Bau einer 300 km langen Bahnlinie über die Hochplateaus in West-Ost-Richtung. Ausgehend vom westalgerischen Saida verläuft sie über Tiaret, Ain Oussera, M'Sila bis Ain Touta, wo sie Anschluß an die bestehende Linie Constantine – Touggourt findet. Die Strecke soll die bisher einzige West-Ost-Linie Oran – Constantine entlasten und zur wirtschaftlichen Entwicklung der auszubauenden Städtereihe beitragen. Bisher wurde erst das 146 km lange Teilstück Ain Touta – M'Sila fertiggestellt.

Die Investitionen und das Angebot von Arbeitsplätzen lockten große Wanderungsströme an, das Bevölkerungswachstum dieser Städtereihe liegt über dem Durchschnitt. Ob aber das Ziel des Nationalen Raumordnungsprogramms SNAT von 1986 realisierbar ist, den Wanderungsstrom aus dem Tell zur Küste auf die Hochplateaus umzuleiten, bleibt abzuwarten.

Ein schweres Hindernis für die industrielle und städtische Entwicklung auf den semiariden Hochplateaus ist der Wassermangel. Man müßte mit Hilfe aufwendiger Kunstbauten (Talsperren, Tunnel, Aquädukte) Wasser von der reichlich beregneten Nordseite des Tell auf seinen Südfuß überleiten.

Noch sind die in der Charte Nationale von 1976 niedergelegten Planziele nur eine Vision: „Das Bild des kolonialen Algerien, das sich in den Küstengebieten festgesetzt und dem Lande den Rücken gekehrt hatte, wird so endgültig ausradiert werden" (Nationale Befreiungsfront 1979, S. 188).

8 Regionalisierung

Im folgenden Schlußkapitel wird eine Regionalisierung des algerischen Staatsraumes vorgenommen. Darunter ist die Aufgliederung in Teilräume nach dominanten Geofaktoren zu verstehen. Sie ist aus zwei Gründen schwierig.

Zum einen handelt es sich um einen riesigen Raum von 2,38 Mio. km². Seiner Fläche nach ist Algerien der zweitgrößte Staat Afrikas und der zehntgrößte der Erde. Er umfaßt zwei sehr unterschiedliche Großräume, nämlich den algerischen Anteil an der Sahara mit mehr als 2 Mio. km² und 2 Mio. Einwohnern sowie Nordalgerien als Teil des Maghreb mit 325 000 km² und 23 Mio. Einwohnern. Dieser Kernraum ist in zahlreiche Teilräume untergliedert, ein dominierender Zentralraum fehlt ihm.

Die zweite Schwierigkeit rührt – wie bei jeder Regionalisierung – von der Frage der Kriterien. Ältere Autoren, wie z. B. J. DESPOIS & R. RAYNAL (1967) stützen sich vor allem auf physisch-geographische und historische Geofaktoren. Jüngere Ansätze einer Regionalisierung halten eine funktionsräumliche Gliederung – selbstverständlich unter Beachtung physisch-geographischer Grundkausalitäten – für sinnvoller.

8.1 Traditionelle Ansätze

Alle älteren Autoren stellen das Klima als wichtigsten differenzierenden Faktor heraus, vor allem die nach Süden rasch zunehmende Aridität, welche die Aktivitäten des Menschen stark einengt. Für die Agrargesellschaften, welche Algerien bis in die sechziger Jahre geprägt haben, waren die klimagesteuerten Ressourcen der Landwirtschaft das bedeutendste Raumpotential. Eine wichtige Rolle bildet daher die 400-mm-Isohyete am Südfuß des Tell. Sie begrenzt die Räume mit einigermaßen sicherem Regenfeldbau und mit mediterranen Wäldern in den Gebirgen. Es war der Raum der seßhaften Ackerbauern, die Bevölkerungsdichte ist hier recht hoch. In der Steppe, d. h. zwischen den Isohyeten von 100 und 400 mm, wird der Anbau riskant, über Jahrhunderte hatte hier die nomadische Weidewirtschaft dominiert. Dauersiedlungen waren vor der Kolonialzeit selten, die Bevölkerungsdichte liegt auch heute noch unter 10–20 E./km². In der Wüste, d. h. jenseits der 100-mm-Isohyete, konzentriert sich das Leben auf die Oasen.

Diese zonale Dreigliederung in Tell, Steppe und Wüste wird durch historische Einflüsse modifiziert. Für die vorkoloniale Kulturlandschaft war der Gegensatz zwischen den nomadisch geprägten Räumen und denen der seßhaften Ackerbauern das auffallendste Merkmal. Dazu kam seit dem 19. Jh. die räumliche Differenzierung durch die europäische Agrarkolonisation. Sie erfaßte selektiv diejenigen Landschaften des Nordens, die ausreichend beregnet und hinreichend fruchtbar waren für den Aufbau eines lukrativen Agrarexports: Küstenebenen, intramontane Becken, Hügelländer und die feuchteren Teile der Hochplateaus. Die Gebirge wurden dagegen von der Kolonisation gemieden, sie blieben Rückzugsgebiete einer seßhaften Bauernbevölkerung, die teilweise in Subsistenzwirtschaft verharrte bzw. als Saisonarbeiter in die Kolonialwirtschaft einbezogen wurde. Dabei wurden West- und Zentralalgerien weit stärker von der Agrarkolonisation erfaßt, als der gebirgige Osten. Die Sahara war für die Agrarkolonisation uninteressant, wenn man von den Rhir-Oasen absieht. Das Interesse Frankreichs an der Sahara war zunächst rein strategischer Natur – Beherrschung der Landverbindung zu Schwarzafrika. Erst mit der Entdeckung der Bodenschätze, vor allem der Erdöl- und Erdgaslagerstätten, kamen auch wirtschaftliche Interessen ins Spiel.

J. DESPOIS u. R. RAYNAL (1967) unterscheiden ein westliches und ein östliches Algerien entlang einer Linie Biskra – Cherchell. Sie stützen sich dabei auf physisch-geographische, historische, wirtschaftliche und linguistische Faktoren.

Der westliche Teil ist stärker aufgegliedert und erreicht nicht die Höhen des östlichen. Sein Klima ist arider und kontinentaler. Die Hochplateaus des Westens tragen trockene Steppen, während die humideren Hochplateaus des Constantinois in Getreidebaugebiete umgewandelt wurden. Auch der Sahara-Atlas zwischen Biskra und der marokkanischen Grenze zeigt teilweise schon wüstenhafte Züge. Er ist leicht zu durchqueren – ganz im Gegensatz zum feuchteren Aurès. Ostalgerien erhält insgesamt höhere Niederschläge und bot so von jeher günstigere Grundlagen für eine seßhafte Bauernbevölkerung. In der Antike bildete es bereits ein wertvolles Ackerbaugebiet im Rahmen des Römischen Reiches. Seine großen Gebirgsmassive (Kabylei, Aurès) sind Refugien der Berbersprachen, während der Westen arabisiert ist. Die Gebirge im Osten weisen hohe Bevölkerungsdichten auf. Wegen der geringeren Überprägung durch die Kolonisation war der Osten 1962 hinsichtlich der Infrastruktur und modernen Wirtschaftszweigen weit rückständiger als der Westen und die Mitte.

8.2
Moderne Ansätze zur Regionalisierung

Der sozioökonomische Umbruch, den Algerien seit 1962 erfahren hat, zwingt zu einer Ergänzung der traditionellen, auf physisch-geographischen und historischen Faktoren abgestellten Regionalisierung. Folgende Gründe sprechen dafür:

– Bedeutungsschwund der Landwirtschaft, dadurch Zurücktreten der Naturfaktoren
– Industrialisierung an zahlreichen Standorten
– Verstädterung und Umbau des Städtesystems
– Administrative Gebietsreformen.

Eine moderne Regionalisierung hat 1985 G. MUTIN vorgeschlagen (Abb 35). Er gliedert das Land in vier Großräume, die sich aus kleineren Einheiten zusammensetzen:
– Nordalgerien, untergliedert in
1. Westalgerien (Oranais)
2. Zentralalgerien (Algerois)
3. Ostalgerien (Constantinois)
– 4. Sahara

8.2.1
Westalgerien (Oranais)

Die Eigenständigkeit Westalgeriens ist durch Natur und Geschichte vorgegeben. Zu den Grundzügen des Naturraums gehört ein kleingliedriges Relief mit einer Vielzahl von Bergstöcken und Ebenen sowie ein semiarides Klima. Die Kulturlandschaft hat ihre entscheidende Ausprägung durch die Kolonisation erfahren, kein Teil Algeriens ist so stark von ihr überformt worden. Um 1960 lebten hier noch 440000 Europäer, zu zwei Dritteln spanischer Abstammung. Sie hatten die Ebenen mit einem dichten Netz von Dörfern und einem hierarchisch gegliederten Städtesystem mit

Moderne Ansätze

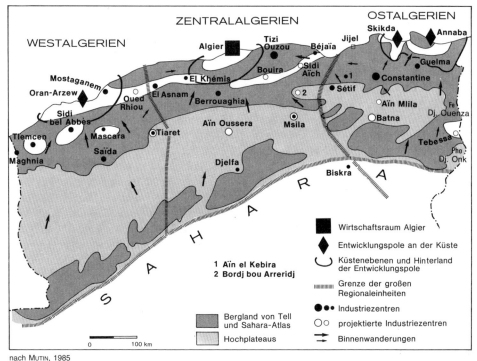

Abb. 35: Die räumliche Organisation des algerischen Staatsraums

der Regionalmetropole Oran an der Spitze überzogen. Das semiaride Klima – im Regenschatten von Rif und Sierra Nevada fallen selbst an der Küste weniger als 400 mm Niederschlag – ermöglichte nur wenige Kulturen im Regenfeldbau, der Weinbau wurde nahezu als Monokultur betrieben. Die Weinlagen von Ain-Temouchent, Mascara, Dahra und Zaccar zählen auch heute noch zu den besten Algeriens. Da man schon im vorigen Jahrhundert mit dem Bau von Staudämmen begonnen hatte, konnten die Colons von den dreißiger Jahren an Bewässerungskulturen in den Tälern anlegen, vor allem Agrumen und Frühgemüse. Gegen Ende der Kolonialzeit produzierte Westalgerien zwei Drittel des Weines und die Hälfte der Agrumen Algeriens. Der Abzug der Europäer und der ihm folgende Niedergang der Exportkulturen stürzten die Region in eine tiefe Krise. Man suchte ihr mit Hilfe der Industrialisierung zu begegnen. Westalgerien läßt sich in drei Teilräume untergliedern:

– die Küstenebenen von Oran – Arzew
– der westliche Tell mit seinen intramontanen Becken
– die westalgerischen Hochplateaus.

Die Küstenebenen von Oran – Arzew

Die Küstenebenen des Oranais sind etwa 100 m über dem Meeresspiegel gelegene Rumpfflächen, die meist in Form von Steilküsten zum Meer abbrechen. Die Aridität des Klimas wird daran sichtbar, daß sich im unmittelbaren Hinterland von Oran ein abflußloser Salzsee, die Sebkha von Oran, befindet.

Die Agglomeration Oran – Arzew – Mostaganem hat sich in den letzten 25 Jahren zu einer der dynamischsten Entwicklungsachsen in Algerien entwickelt. Oran ist trotz beträchtlicher Rangverluste gegenüber Algier die überragende Metropole Westalgeriens geblieben. Ihr Funktionswandel in der Postkolonialzeit wurde in Kapitel 4.4 ausführlich besprochen.

Der westliche Tell

Der westliche Tell ist in einzelne Bergzüge aufgelöst. Eine erste Kette (Traras, Dahra) begleitet das Mittelmeer mit schwer zugänglichen Steilküsten. Weiter südlich folgt eine zweite Kette mit den Bergen von Tlemcen, von Saida und dem Massiv des Ouarsenis. Dazwischen schieben sich zahlreiche Ebenen, eine Kette von intramontanen Becken (Becken von Maghnia, Tlemcen, Sidi-bel-Abbès, Mascara) und das Längstal des unteren Chélif. Der Durchgangsverkehr von Marokko zum östlichen Maghreb und vom Mittelmeer zur Sahara fand immer günstige Passagen. Die Gebirge bleiben unter 2000 m, nur ihre höchsten Teile erhalten mehr als 600 mm Niederschlag. Der mediterrane Wald ist bis auf geringe Reste vernichtet.

Dieser Raum wird von 2,5 Mio. Menschen bewohnt. Der Niedergang der Landwirtschaft, der mit dem Abzug der Europäer begann, hat sich fortgesetzt. Die Rebanlagen und Agrumenhaine, teilweise bereits in den dreißiger Jahren angepflanzt, sind überaltert, die Bewässerungsanlagen wurden vernachlässigt. Die Industrialisierung hat, wie überall, gerade die qualifiziertesten Arbeitskräfte aus der Landwirtschaft abgezogen. Viele pendeln in die Industriezonen. Die Städte des Binnenlandes wurden von 1970 an mit einer vielseitigen Industrie ausgestattet. Im gesamten Oranais wurden 16 Industriezonen in Anlehnung an das vorhandene Netz von Klein- und Mittelstädten geschaffen. So wurden in Sidi-bel-Abbès, früher eine der größten Garnisonsstädte Algeriens, heute eine Großstadt mit 155000 Einwohnern (1987), zwei große Industriekomplexe angesiedelt. Die Landmaschinenfabrik beschäftigt 1500 Arbeitskräfte, das Werk für Radio- und Fernsehgeräte sogar 2000. Tlemcen, das alte Handels- und Kulturzentrum Westalgeriens (108000 E.) erhielt eine Textilfabrik (1500 AK) und ein Werk für Fernmeldegeräte. Außerdem ist die Stadt wegen ihrer historischen Altstadt und ihrer Moscheen ein Anziehungspunkt für den Fremdenverkehr. Nach den verschiedenen Gebietsreformen ist das große Département Oran jetzt in 11 Wilayate aufgeteilt.

Die westalgerischen Hochplateaus

Zwischen dem Tell und dem Sahara-Atlas erstrecken sich die Hochplateaus auf einer Fläche von etwa 70000 km². Sie setzen sich jenseits der marokkanischen Grenze fort, im Osten finden sie ihren Abschluß in den Hodna-Bergen. Die Höhe dacht sich von 1100–1200 m an der marokkanischen Grenze auf 600–800 m im Hodnabecken ab. Die Jahresniederschläge liegen nur zwischen 200 und 350 mm. Ackerbau ist daher nur in der Landschaft Sersou, am Südfuß des Ouarsenis, möglich, wo 400–500 mm fallen. Im übrigen dominiert die Weidewirtschaft auf der Futterbasis der Steppenvegetation.

Die Bevölkerungsdichte liegt am Südfuß des Tell bei 20–30 E./km², sie sinkt im Südwesten, im Wilaya Naama, auf weniger als 5 E./km² ab. Größere Siedlungen fehlen, schon wegen der geringen Bevölkerungsdichte scheidet eine Industrialisierung aus. Die westalgerischen Hochsteppen sind ein Abwanderungsgebiet.

8.2.2
Zentralalgerien (Algerois)

Der zentralalgerische Raum gliedert sich verwaltungsmäßig in 13 Wilayate mit rund 100000 km^2 und 8,4 Mio. Einwohner (1987), das sind 37% der algerischen Gesamtbevölkerung. Er wird von der Hauptstadt Algier polarisiert, d. h. sein Städtenetz ist im Gegensatz zu Westalgerien nur rudimentär ausgebildet. Der Agglomeration von Algier steht ein städtearmes Binnenland gegenüber. Zentralalgerien ist keine naturräumliche Einheit, es ist vielmehr ein Funktionsraum, der eindeutig von der Agglomeration Algier dominiert wird. Es läßt sich in vier Teilräume untergliedern:
– Algier und sein Umland
– der zentrale Tell und die Hochplateaus
– die Große Kabylei
– das obere Chéliftal

Algier und sein Umland

Dieser zentrale Wirtschaftsraum Algeriens umfaßt die Wilayate Algier, Blida, Tipasa und Boumerdes mit 5500 km^2 und 4 Millionen Einwohnern.

Die Funktionen von Algier haben sich seit der Unabhängigkeit des Landes stark ausgeweitet (s. Kapitel 4.3.2), obwohl die offizielle Regionalpolitik gegensteuerte. Aber Algier ist das politische Entscheidungszentrum eines sehr zentralistisch organisierten Staates mit einer zahlenmäßig starken Bürokratie. Die Stadt ist aber auch das mit Abstand wichtigste Wirtschaftszentrum des Landes. In der Agglomeration sind 130000 Menschen in der Industrie beschäftigt, d. h. jeder dritte Industriebeschäftigte Algeriens hat hier seinen Arbeitsplatz. Der Pendlereinzugsbereich der Stadt und ihrer Industriezone Rouiba-Reghaia erstreckt sich 100 km weit ins Binnenland. Algier ist das wichtigste Handelszentrum des Landes, durch die Verstaatlichung des Außenhandels wurde der frühere Rivale Oran überflügelt. Nicht zuletzt ist Algier auch das erste Kulturzentrum Algeriens – dank seinen Hochschulen, Forschungseinrichtungen, Bibliotheken, Museen und Medien von nationaler Bedeutung.

Die direkte Einflußzone Algiers umfaßt die Mitidja-Ebene und das Hügelland des Sahel von Algier, beides intensiv genutzte Agrarlandschaften mit Gartenbau, Agrumenhainen, Weinbau und intensiver Milchwirtschaft. Die ausufernde Agglomeration hat die wertvollen Agrarflächen stark in Mitleidenschaft gezogen. Der ungeregelte Bau von Wohnungen und Gewerbebetrieben hat große Flächen des besten Ackerlandes verbraucht. Die Abwanderung der qualifizierten Arbeitskräfte ist hier besonders stark gewesen, die Extensivierungsprozesse in der Landwirtschaft sind unübersehbar. Der Trinkwasserbedarf der Bevölkerung ging teilweise zu Lasten der Bewässerungslandwirtschaft. Die Zuwanderung in die Agglomeration geht heute vornehmlich in die Umlandgemeinden, welche das stärkste Bevölkerungswachstum aufweisen.

An der Küste des Sahel, zwischen Sidi Ferruch und Zeralda, wurden seit 1964 eine Anzahl von Hotelkomplexen mit insgesamt 10000 Betten für den Ausländertourismus errichtet. Algier und sein Umland bilden den aktivsten Wirtschaftsraum des Landes, auch wenn sich seine Dynamik seit Beginn der achtziger Jahre deutlich abgeschwächt hat.

Der zentrale Tell und die zentralen Hochplateaus

An die Mitidjaebene schließt sich im Süden mauerartig der Tell – hier Blida-Atlas genannt – an. Einige große Flüsse (Oued Chiffa, Oued Isser) durchbrechen ihn in malerischen Schluchten, welche Bahn und

Straßen benutzen. Aber auch heute noch wirkt das Gebirge wie ein Sperriegel mit wenigen Übergängen. Verwaltungsmäßig wird dieses südliche Hinterland von Algier aus den Wilayaten Médéa, Bouira, M'Sila und Djelfa gebildet, zusammengenommen 55000 km² mit 2,3 Millionen Einwohnern.

Der Blida-Atlas erreicht Höhen von 1600 m. Sein Waldkleid ist stark degradiert, bei der Sommerfrische Chréa hat sich allerdings ein schöner Zedernbestand erhalten. Die hier vorherrschende kleinbäuerliche Landwirtschaft kombiniert den Ackerbau mit der Haltung einer kleinen Viehherde. Die Hochplateaus werden am Gebirgsfuß noch für den Getreidebau genutzt, weiter südlich dominiert die Schafhaltung. Auf großen Viehmärkten werden die Schafe nach Algier verkauft. Die Abwanderung aus dem ländlichen Raum ist sehr stark. Schon während des Algerienkrieges war es besonders im Blida-Atlas zu großen Zwangsumsiedlungen gekommen. Heute ist der Sog von Algier erwartungsgemäß recht stark, aber auch die lokalen Zentren wirken mehr und mehr als Auffangbecken für die Abwanderer aus dem ländlichen Raum. Zwischen 1954 und 1987 stiegen die Einwohnerzahlen der beiden Wilayatshauptstädte Médéa von 6600 auf 84000 und Djelfa von 10000 auf 88000 an.

Médéa ist eine der seltenen vorkolonialen Städte des Raumes. Im 10. Jh. gegründet, war es in türkischer Zeit Hauptort des Beyliks Titteri, das Zentralalgerien ohne Algier umfaßte. In der Kolonialzeit bedeutungslos geworden und ganz im Schatten von Algier stehend, erlebte es erst in den letzten Jahrzehnten einen gewissen Aufschwung, nachdem es bei der Gebietsreform von 1974 Wilayatsvorort wurde. Da das Titteri zu den rückständigsten Gebieten Algeriens zählte, hat man auch hier versucht, mit Hilfe eines „Programme Special" und durch Ansiedlung von Industrien die Wirtschaftsstruktur zu verbessern. So wurde in Berrouaghia, einer Marktsiedlung mit einigen tausend Einwohnern, ein Großbetrieb der Metallverarbeitung (Wasserhähne, Pumpen) mit 2000 Arbeitskräften angesiedelt. Es war das größte technische Projekt der früheren DDR in Algerien. Die Stadt, die 1987 erst 32000 Einwohner zählte, war auf die Aufnahme eines solchen Komplexes überhaupt nicht vorbereitet. Da Wohnungen und die nötige Infrastruktur fehlen, pendeln die Arbeiter aus einem Umkreis von 50 km ein. Die Ansiedlung eines derartigen großen Betriebes inmitten eines ländlichen Raumes ist selbst in Algerien sehr umstritten, der wirtschaftliche Erfolg ist zweifelhaft.

Die Stadt M'Sila erhielt eine große Industriezone, die geplante Ansiedlung einer riesigen Aluminiumhütte fernab der Küste wurde eingestellt. Auch hier schnellte die Einwohnerzahl von 8500 (1954) auf 83000 (1987) hoch. Ernste Probleme bereitet hier im trockenen Hodnabecken die Wasserversorgung.

Nimmt man nur die Bevölkerungsentwicklung der Städte als Indikator, so hat die algerische Regionalpolitik bei der Aufwertung der Hochplateaus gewisse Erfolge. Die Städte wachsen rasant, die Abwanderung in die Litoralzone wurde abgebremst. Ob aber die wirtschaftliche Basis dieser Städte mit dem Bevölkerungswachstum Schritt halten kann, darf bezweifelt werden.

Die Große Kabylei

Das Gebirgsland der Großen Kabylei ist heute voll in den Einflußbereich Algiers einbezogen, während die Kleine Kabylei, von ihr durch das Tal des Soummam getrennt, bereits Ostalgerien zuzurechnen ist.

Die Große Kabylei stellt ein komplex gebautes Gebirgsmassiv dar, im Norden besteht es aus paläozoischen Gneisen, im

Süden aus jurassischen Kalken, die im Djebel Djurdjura mit 2308 m den höchsten Punkt Nordalgeriens bilden. In der Djurdjura hat die Erosion steile Wände und Grate aus dem widerstandsfähigen Kalk herauspräpariert, die einen Hochgebirgscharakter vortäuschen. Das Klima ist humid, die Jahresniederschläge betragen durchweg mehr als 800 mm, in den höheren Gebirgsteilen mehr als 1000 mm. Der Schnee bleibt regelmäßig mehrere Monate liegen. Der Wald ist bis auf geringe Reste vernichtet, östlich von Azzazga zeugt ein schöner Eichen-Hochwald von den Möglichkeiten der Vegetation dieses Raumes.

Das Gebirge wird von West nach Ost vom Tal des Oued Sebou durchzogen, im Süden begrenzt der Oued Soumman das Massiv: in beiden Tälern finden sich kleinräumig günstige Anbauverhältnisse.

In diesem unzugänglichen, ressourcenarmen Massiv fand die Berberbevölkerung der Kabylen ihr Refugium. Die Imazhigen (Freie Männer), wie sie sich nennen, konnten hier ihre Kultur und Sprache bewahren, die Kabylenpartei FFS erreichte bei den Wahlen von 1991 Werte von 65–78%.

Schon vor der Kolonialzeit hatte das Gebirge erstaunlich hohe Bevölkerungsdichten. Der Zentralbereich der Großen Kabylei um Larbaa-Nat-Erathen (früher Fort National) wies bereits 1855 eine Dichte von 119 E./km^2 auf (H. ACHENBACH 1973, S. 9). Das Wilaya Tizi Ouzou, das den westlichen Teil der Kabylei umfaßt, kam 1987 auf 274 E./km^2, regional werden Werte von 300–400 E./km^2 erreicht. Die Masse der Bevölkerung lebt in Höhen von 400 bis 800 m in Großdörfern von 5000–10000 Einwohnern, oft in pittoresker Lage auf Gebirgskämmen erbaut. Die traditionelle Landwirtschaft stützte sich auf Baumkulturen, vor allem auf Ölbaum und Feige, sowie auf die Produkte der Gärten. Der Getreidebau reichte schon lange nicht mehr für den Bedarf der Region aus, Brotgetreide und Futtermittel müssen zugekauft werden. Die Tragfähigkeit des mediterranen Gebirges war seit langem überschritten, die Bewohner waren zur Emigration gezwungen. Seit dem 18. Jh. ist eine kabylische Abwanderung nach Algier nachweisbar. Heute sind dort ganze Stadtviertel „kabylisiert", die Kabylenpartei FFS hat dort ihren zweiten Schwerpunkt in Algerien. Seit dem Ersten Weltkrieg ist die Emigration nach Frankreich im Gange, wo die Kultur der Kabylen ihren Freiraum hat. Da die europäische Kolonisation die Kabylei kaum berührt hat, fehlten 1962 moderne Wirtschaftsformen, die Kabylei war ein ausgesprochenes Notstandsgebiet. Sie wurde folglich sehr früh in die algerische Industrialisierungspolitik einbezogen. In Draa Ben Khedda entstand seit 1964 ein Textilkomplex mit 4000 Arbeitsplätzen; eine Elektrogerätefabrik (Herde, Kühlschränke) in der großen Industriezone von Tizi Ouzou beschäftigt 1000 Arbeitskräfte. Die Stadt Bejaia an der Mündung des Soummam wurde zum Erdölexporthafen ausgebaut und Textilindustrie und holzverarbeitende Betriebe angesiedelt, so daß insgesamt 4000 industrielle Arbeitsplätze entstanden. Die Auswanderung hat sich verringert, dafür pendeln viele Kabylen in die östliche Industriezone von Algier.

Das von außen zufließende Kapital wurde vor allem in den Bau von Häusern und Geschäften investiert, so daß die Siedlungen innerhalb weniger Jahre ihr Gesicht radikal verändert haben. Gleichzeitig kam es zu einer kleinräumigen Wanderung aus den Bergdörfern in die Städte, deren Bevölkerung sprunghaft anstieg. Der Hauptort Tizi Ouzou war zu Beginn des Algerienkrieges noch ein kleines Landstädtchen von 6000 Einwohnern (1954), 1987 zählte die Stadt 93 000 Einwohner. Die Universität von Tizi Ouzou ist ein Zentrum der kabylischen Opposition in Algerien. Die Wirtschaftsbasis der Städte ist mehr der Dienstleistungssektor, weniger die Industrie. Die Landwirtschaft ist dagegen bedeutungslos geworden, sie bildet allenfalls noch einen Nebenerwerb. Das Gebirgsland der Kabylei hat innerhalb weniger Jahrzehnte seine Wirtschafts- und Sozialstruktur radikal verändert, es zählt zu den dynamischsten Regionen Algeriens.

Das Tal des oberen und mittleren Chélif

Das Längstal des Chélif, angelegt zwischen dem Küstengebirge Dahra-Zaccar im Norden und dem Ouarsenis im Süden, ist die natürliche Verkehrsleitlinie zwischen Oranais und Algérois. Wegen des trockenen Klimas dominiert der Getreidebau. An den Nebenflüssen Oued Fodda und Oued Ghrib liegende Talsperren ermöglichen Bewässerungskulturen, vor allem Agrumen. In den sechziger Jahren wurde versucht, eine moderne Milchwirtschaft auf der Basis bewässerten Futterbaus sowie die Kultur der Zuckerrübe für die neu errichtete Zuckerfabrik El Khemis einzuführen. Die Erfolge blieben bescheiden. In den achtziger Jahren wurden 5 neue Talsperren erbaut; mit ihrer Hilfe soll die Bewässerungsfläche stark ausgeweitet werden. Die Städte des Tales wurden mit den üblichen Industriezonen ausgestattet. Eine bleibende Bedrohung bildet die Erdbebengefahr. Der Hauptort El Asnam (104000 E.) wurde sowohl 1954 wie 1980 völlig zerstört (s. Kapitel 3.5).

8.2.3
Ostalgerien

Seit der Gebietsreform von 1984 gliedert sich Ostalgerien in 14 Wilayate mit 93000 km² und 7 Mio. Einwohnern. Von den drei Landesteilen Nordalgeriens hat es den höchsten Gebirgsanteil, vorteilhaft ist sein humides Klima. Die Agrarkolonisation beschränkte sich auf die relativ kleine Ebene von Annaba, das Tal des Safsaf bei Skikda und die Hochplateaus. Die koloniale Verwertungspolitik zielte stärker auf die Bodenschätze, die in den Gebirgsstöcken anstehen. Noch im 19 Jh. begann die Ausbeutung der kleinen, küstennahen Vorkommen von Eisen- und Buntmetallerzen. Von 1921 an wurden die großen Eisenerzvorkommen von Ouenza und Bou Khadra an der tunesischen Grenze abgebaut. Die Vorräte wurden um 1970 auf 150 Mio. t. bei einem Fe-Gehalt von 53 bis 58% beziffert, gefördert werden jährlich etwa 2,5 Mio. t. Die Erze wurden über eine elektrifizierte Bahnlinie zum Exporthafen Annaba transportiert. Das Phosphatlager Djebel Onk, eine Fortsetzung der südtunesischen Vorkommen, wurde wegen der großen Entfernungen zur Küste (330 km) erst in den sechziger Jahren erschlossen. Die Vorräte werden auf 1 Mrd. t. geschätzt, die Förderung liegt bei jährlich 1,2 Mio. t.

Die Inwertsetzungspolitik der Kolonialzeit beschränkte sich auf die Bergbauorte und die wenigen Gebiete der Agrarkolonisation, während die Gebirge ihren traditionellen Wirtschaftsformen verhaftet blieben. Ostalgerien galt daher 1962 gegenüber dem Landesdurchschnitt als zurückgeblieben. Die Entwicklungspolitik des unabhängigen Algeriens bedachte diesen Landesteil mit einigen großen Entwicklungspolen. Ostalgerien verfügt über ein interessantes touristisches Potential, das aber noch wenig genutzt wird: eine abwechslungsreiche Küste für den Badetourismus, pittoreske Schluchten, nicht zuletzt die großartigen römischen Ruinenstädte Timgad und Djemila.

Das Städtesystem Ostalgeriens ist auf zwei Oberzentren ausgerichtet, Constantine (450000 E.) und Annaba (300000 E.). Constantine bildet seit der Antike das Oberzentrum Ostalgeriens (s. Kapitel 4.3), sein Stadtkern ist auch heute noch die intakte orientalische Medina, malerisch auf einem Felsplateau gelegen, das von der Schlucht des Oued Rhumel auf drei Seiten eingegrenzt wird. Der Rivale Annaba erstarkte dagegen erst während der Kolonialzeit als Exporthafen für die ostalgerischen Bergbauprodukte und nach 1962 durch den Ausbau zum größten industriellen Entwicklungspol im Osten.

Die Tellzone

Das küstenparallele Gebirge des Tell ist in Ostalgerien breiter ausgebildet und höher als im Westen, zum Meer bricht es meist mit Steilküsten ab. Nur an wenigen Stellen durchbrechen Flußtäler, die als Verkehrsleitlinien dienen, die recht geschlossenen Küstenketten, ansonsten wirkt das Gebirge als natürliche Barriere zwischen Mittelmeer und den Hochplateaus. Die Küstenebenen nehmen nur kleine Flächen ein. Der östliche Tell ist das niederschlagsreichste Gebiet Algeriens. Durchweg werden mehr als 600 mm im Jahr gemessen, in den höheren Gebirgslagen fallen 1000 bis 1800 mm. Die Nordhänge des Tell tragen noch ausgedehnte Korkeichenwälder, die freilich auch hier stark degradiert sind. Die Bevölkerungsdichte ist recht hoch. Das wenig verstädterte Wilaya Jijel zählte 1984 163 E./km². Die seit jeher seßhafte Bevölkerung ist weitgehend arabisiert. Die bevorzugte ländliche Siedlungsform war die Streusiedlung, nicht selten in Rodungsinseln angelegt. Die archaisch anmutenden Gehöfte aus Holzhütten mit Strohdach, um 1970 noch häufig anzutreffen, sind inzwischen massiven Steinhäusern gewichen. Die kleinbäuerliche Landwirtschaft kombiniert den Ackerbau mit der Haltung einer kleinen Viehherde aus Rindern, Schafen und Ziegen, vielfach auf der Futterbasis der Waldweide.

Die kärglichen Existenzmöglichkeiten zwangen seit langem einen Teil der Bergbewohner zur Emigration nach Frankreich, in die Küstenstädte, nach Constantine, in jüngster Zeit in die rasch wachsenden Landstädte des südlichen Gebirgsrandes. Als Beispiel möge das Städtchen El Eulma (früher St. Arnaud) dienen, verkehrsgünstig an der Nationalstraße 5 von Algier nach Constantine gelegen. Das frühere Kolonialstädtchen steigerte seine Einwohnerzahl von 11 300 (1954) auf 79 400 (1987), d. h. um das Siebenfache innerhalb einer Generation. Wie in den anderen Gebirgen Algeriens läßt sich auch im östlichen Tell eine starke Abwanderung in die Vorländer beobachten.

Die Entwicklungspolitik des unabhängigen Algeriens bedachte die Küste mit den beiden großen Entwicklungspolen Annaba und Skikda, die in Kapitel 5.4 ausführlich besprochen wurden. In den Kleinstädten des Binnenlandes wurden zahlreiche Betriebe der verarbeitenden Industrien angesiedelt. Die Stadt Guelma möge als Beispiel dienen.

Guelma wurde erst 1847 als französisches Militärlager neben den Ruinen des antiken Calama inmitten eines intramontanen Beckens gegründet, das Raum für die Agrarkolonisation bot. An kolonialzeitlichen Industrien waren eine Ziegelei sowie eine Getreide- und eine Ölmühle vorhanden. Nun wurden eine Porzellanfabrik auf der Rohstoffbasis lokaler Kaolinvorkommen (800 AK), eine Fahrrad- und Mopedfabrik (1740 AK) sowie eine Zuckerfabrik (400 AK) errichtet. Da Guelma 1974 auch in den Rang eines Wilayatsvorortes erhoben wurde, besitzt die Stadt nun eine relativ breite wirtschaftliche Basis. In der Folge stieg seine Einwohnerzahl von 16 700 (1954) auf 84 800 (1987), also um das Fünffache.

Die ostalgerischen Hochplateaus

Die ostalgerischen Hochplateaus sind mit Jahresniederschlägen von 400–500 mm wesentlich humider als ihr westalgerisches

Gegenstück. Aufgrund der Höhenlage von 900–1000 m sind die Winter sehr kalt, der Landwirtschaft verbleiben wenig andere Möglichkeiten als Getreidebau kombiniert mit Schafhaltung (s. Kapitel 6.53). Der Raum war bis in die zweite Hälfte des 19. Jhs. Nomadenland und ist daher nahezu frei von Städten. Der Handel spielte sich auf großen Wochenmärkten ab, von denen sich einige bis heute gehalten haben, wie z. B. der große Vieh- und Warenmarkt von El Khroub südöstlich von Constantine. Die meisten städtischen Siedlungen sind koloniale Gründungen, die aber während der Kolonialzeit relativ klein blieben – entsprechend ihrer eingeschränkten Funktionen als Unterzentren für ein ländliches Umland. Seit Beginn des Befreiungskrieges 1954 erfuhren sie ein bis heute anhaltendes Wachstum, das mancherorts dramatische Ausmaße angenommen hat. Während die alte Metropole Constantine zwischen 1954 und 1987 „nur" um das Vierfache, nämlich von 111 000 auf 450 000 Einwohner anwuchs (s. Kapitel 4.5), stieg die Einwohnerzahl von früheren Landstädten am Fuß dichtbesiedelter Gebirge infolge der Zuwanderung von Bergbewohnern um das Fünf- bis Zehnfache: die Einwohnerzahlen von Batna stiegen in diesem Zeitraum von 18 500 auf 185 000 (s. Kapitel 4.5), diejenigen von Sétif von 40 000 auf 186 000 (s. Kapitel 4.61), Tebessa von 20 400 auf 112 000, Khenchela von 11 000 auf 70 000. Alle vier Beispielorte wurden zu Wilayatshauptorten erhoben, alle wurden mit Industriezonen bedacht. Dennoch bleiben große Defizite beim Angebot von Arbeitsplätzen und bei der infrastrukturellen Ausstattung.

Aurès und Nementcha-Berge

Aurès und Nementcha-Berge bilden die östliche Fortsetzung des Sahara-Atlas. Während der Aurès Höhen von mehr als 2300 m erreicht, bleiben die höchsten Erhebungen der Nementcha-Berge unter 1500 m. Der geographische Reiz beider Gebirge besteht im schroffen Gegensatz von Nord- und Südseite bei Klima und Vegetation. Nirgendwo in Algerien liegen mediterrane und saharische Florenelemente so nahe beieinander. Dabei sind die Nementcha-Berge deutlich trockener als der Aurès, der in Kapitel 6.5.2 ausführlich besprochen wurde. Sie sind waldfrei, Halfaflächen, Getreidefelder und kahle Hänge prägen das Landschaftsbild. Der arabophone Stamm der Nementcha lebt überwiegend von Weidewirtschaft und Getreidebau. Die Herdenwanderungen erfolgen zwischen den tiefgelegenen Winterweiden im saharischen Vorland und den Sommerweiden im Gebirge. Größere Städte gibt es nicht, im Gegensatz zum Aurès fehlen auch touristische Attraktionen. Sehenswert ist die Stadt Tebessa, das antike Theveste: die kleine Medina ist von einer gut erhaltenen byzantinischen Stadtmauer umgeben, der kleine Minervatempel ist unversehrt. Zahlreiche Ruinen aus römischer Zeit in der Umgebung zeugen von einer stärkeren Nutzung des Raumes in der Antike.

Die Industrialisierung dieses abgelegenen Raumes beschränkte sich auf wenige Konfektionsbetriebe und handwerkliche Manufakturen. Das einzige größere Investitionsobjekt bildet das Phosphatbergwerk von Djebel Onk, das noch in den letzten Jahren der französischen Herrschaft geplant wurde und das 1966 die Produktion aufnahm. Die Förderung von etwa 1,2 Mio. t/Jahr wird größtenteils in Annaba verarbeitet. Für den Abtransport wurde die Bahnlinie Annaba – Tebessa um 100 km nach Süden verlängert. Der Tagebau mitsamt der Aufbereitungsanlage (800 AK) bildet eine moderne Enklave inmitten der Wüstensteppe.

8.2.4
Die algerische Sahara

Die Sahara ist mit über 9 Mio. km² die größte Wüste der Erde. Davon entfallen etwa 2 Mio. km² auf Algerien. Dieser riesige Anteil ist der französischen Expansionspolitik der Kolonialzeit auf Kosten der Nachbarn zu verdanken (s. Kapitel 2.2.1). Nachdem es der algerischen Unabhängigkeitsbewegung 1962 gelungen war, die Sahara-Territorien im algerischen Staatsverband zu halten, war es ein wichtiges Ziel der algerischen Regionalpolitik, diese Riesenräume in den Nationalstaat zu integrieren.

Die klassische Gliederung der Sahara lehnt sich an die geomorphologischen Großformen an mit einer gesetzmäßigen Abfolge vom herausgehobenen Gebirge und deren umgebenden Schichtstufen (Tassili) mitsamt ihren Felswüsten, den Hamadas, über die Kiesflächen der Serir bis zu den großen beckenfüllenden Sandwüsten der Ergs (s. Kapitel 3.4.1). Für die traditionellen Gesellschaften der Wüstenbewohner, bestehend aus Oasenbauern und Nomaden, waren diese Naturräume von existentieller Bedeutung. Der Bedeutungsschwund dieser Sozialgruppen hat auch die Relevanz der geomorphologischen Gliederung für eine Regionalisierung der Sahara geschmälert. Der Bedeutungsschwund der Oasenlandwirtschaft wurde ausführlich geschildert (s. Kapitel 6.5.4). Die Bevölkerung der algerischen Sahara ist heute auf die Zufuhr von Nahrungsmitteln aus dem Norden angewiesen. Und der Kamelnomadismus der Kernwüste, der vor allem von den Tuareg betrieben wurde, ist weitgehend verschwunden. Dafür sind einmal die Dürrekatastrophen der Jahre 1973/74 und 1984, aber auch der Preisverfall von Kamelen verantwortlich. Die Sahara ist heute aus zwei Gründen für Algerien so wertvoll, einmal wegen ihrer Bodenschätze, zum anderen wegen ihrer geostrategischen Lage im Herzen Afrikas. Dagegen steht die touristische Verwertung pittoresker Wüstenregionen erst am Anfang.

Die wertvollste Ressource unter den Bodenschätzen bilden die Kohlenwasserstoffe in den Sedimentbecken der nördlichen Sahara. Die Vorräte an Erdöl werden auf 1,2 Mrd. t geschätzt, die Förderung schwankt um 50 Mio. t/Jahr. Über vier Ölleitungen erfolgt der Abtransport zu Mittelmeerhäfen, dabei ist nur eine Distanz von etwa 700 km zu überwinden. Die Erdgasvorräte von 3,5 Billionen m³ enthalten die dreifache Energiemenge der Ölfelder, die Förderung von etwa 50 Mrd. m³ (1990) fließt über drei große Leitungssysteme ab. Mit den Kohlenwasserstoffen erbringt die Sahara 98% der algerischen Exporte und liefert ein Viertel der Staatseinnahmen. Damit ist der wirtschaftliche Wert dieses Landesteils für den Gesamtstaat offensichtlich. Die Sahara ist reich an weiteren Rohstoffen. Das Eisenerzvorkommen von Gara Djebilet bei Tindouf ist eines der größten der Erde. Im Hoggar wurden nach jahrzehntelanger Prospektion – zeitweise mit 2000 Forschern – viele Lagerstätten seltener Metalle (Gold, Uran, Wolfram) entdeckt. Doch trotz vieler Planspiele wurde bisher an keiner einzigen Lagerstätte der wirtschaftliche Abbau aufgenommen. Zu groß sind offensichtlich die ökonomischen und technischen Hindernisse in der Wüste. Die riesigen Distanzen, das harte Klima und der Mangel an Wasser und Arbeitskräften sind schwer zu überwindende Hindernisse. Angesichts der niedrigen Rohstoffpreise auf dem Weltmarkt ist in absehbarer Zeit wohl kaum mit einer Ausbeutung der Bodenschätze in der zentralen Sahara zu rechnen.

Aus geostrategischen Gründen mußte Algerien bestrebt sein, seinen riesigen Sahara-Anteil in sein nationales Territorium zu integrieren. Die einheimische Bevölkerung der Tuareg steht dem algerischen

Staat distanziert gegenüber. Sie pflegt enge Beziehungen über die Grenzen zu ihren Stammesbrüdern in den Sahelstaaten. Dort ist es 1990–1992 zu bewaffneten Aufständen in Mali und Niger gekommen, die von der Staatsgewalt blutig unterdrückt wurden. Die langen Grenzen werden von der Nomadenbevölkerung wenig beachtet, sie sind schwer zu überwachen. Der Schmuggel mit Libyen und den Sahelstaaten blüht. Offensichtlich hat der algerische Staat auch ein Interesse, über die zentrale Sahara Einfluß auf die Sahelstaaten auszuüben.

Der Ausbau der Verkehrsverbindungen ist die wichtigste Voraussetzung einer territorialen Integration. Vor dem Ölboom gab es nur 350 km feste Straßen neben 10000 km Pisten in der algerischen Sahara. Zwecks Anbindung der Ölfelder wurden 1955–1960 mehr als 1500 km moderne Straßen gebaut, das unabhängige Algerien hat das saharische Netz um weitere 3000 km erweitert. Insgesamt erschließen heute 5000 km Allwetterstraßen die algerische Sahara, so daß fast alle größeren Oasensiedlungen über feste Straßen zu erreichen sind.

Der alte Traum, quer durch die Sahara eine feste Nord-Süd-Straße zu schaffen und mit ihrer Hilfe einen Teil des Handels mit dem tropischen Afrika wieder über Nordafrika zu leiten, konnte bisher nur bedingt verwirklicht werden (s. Kapitel 2.2.2). Bereits 1962 gab die Wirtschaftskommission der UN für Afrika eine Studie in Auftrag. Drei Routen standen zur Wahl:

– die Westroute Béchar – Oued Saoura – Adrar – Reggane – Gao
– die Zentralroute Ghardaia – In Salah – Tamanrasset – Kano/Niamey
– die Ostroute Touggourt – In Amenas – Djanet – Bilma.

Man entschied sich für die Zentralroute. Dabei entfielen 1900 km auf Algerien, 670 km auf Mali und 600 km auf Niger. Algerien begann 1971 mit dem Bau seines Anteils, 1978 war Tamanrasset erreicht. Der Weiterbau der fehlenden 500 km ist bis heute nicht erfolgt. Die hastig erbaute Strecke In Salah – Tamanrasset ist in miserablem Zustand, der Transsaharaverkehr hat nicht den erhofften Aufschwung genommen. Der Ausbau der Administration wird ebenfalls als Mittel der territorialen Integration angesehen. So wurden auch in der Sahara die Verwaltungseinheiten stark vermehrt. In der Kolonialzeit unterlag das Gebiet einer gesonderten Militärverwaltung. Im unabhängigen Algerien stieg die Zahl der Sahara-Wilayas von anfangs 2 auf 6 (1977) und schließlich 10 (1984).

In diesen 10 Sahara-Wilayaten lebten 1987 2058000 Einwohner auf einer Fläche von 2050000 km^2, d. h. im Durchschnitt 1 Einwohner je Quadratkilometer. Die Bevölkerung ist äußerst ungleich verteilt, 74% der Bevölkerung leben in den 5 Wilayaten der Niedersahara im Nordosten (Biskra, Ghardaia, Laghouat, Ouargla, El Oued). In den drei Wilayaten der westlichen Sahara Béchar, Adrar und Tindouf leben 20%, während auf die zwei Wilayate der zentralen Sahara Tamanrasset und Illizi nur 6% entfallen. Hier leben auf einer Fläche von 830000 km^2 nur 114000 Menschen, was einer arithmetischen Dichte von 0,13 E./km^2 entspricht. Die Bevölkerung konzentriert sich immer mehr in den großen Oasenstädten. In den 10 Wilayatshauptorten lebten 1987 bereits 30% der 2 Mio. Saharabewohner. Im Wilaya Tamanrasset, das mit 570000 km^2 größer als Frankreich ist, leben von 94000 Einwohnern 38000 im gleichnamigen Hauptort und 20000 in der Oasenstadt In Salah. Gab es 1977 erst drei Städte mit mehr als 50000 Einwohnern in der Sahara, so waren es 1987 bereits sieben. Die größten sind Biskra (130000) und Béchar (107000). Die Verstädterung ist ein Indikator für den sozioökonomischen Strukturwandel. Die Oasenlandwirtschaft dürfte kaum mehr als 25% der Erwerbspersonen beschäftigen (s. Kapitel 6.54), der Nomadismus ist nur noch von marginaler Bedeutung. Das Gros der Bevölkerung lebt heute von nichtlandwirtschaftlicher Betätigung: Öl- und Erdgaswirtschaft, Bauwirtschaft, Handel, Verkehr und vor allem von öffentlichen und privaten Dienstleistungen.

G. MUTIN (1985) gliedert die algerische Sahara in drei Raumeinheiten:

– Die Niedersahara im Nordosten ist von der Öl- und Gaswirtschaft geprägt worden. Die drei Städte Ouargla, Ghardaia und Touggourt spielen die entscheidende Rolle als Etappen- und Nachschuborte für die Öl- und Gasfelder. Das Angebot zahlreicher gut bezahlter Arbeitsplätze führte zu einer Zuwanderung von Arbeitsuchenden, selbst aus Nordalgerien. Durch die Abwanderung wurde die Oasenlandwirtschaft in Mitleidenschaft gezogen, obwohl sich gerade hier – im Ziban und Oued Rhir – die modernsten Dattelplantagen befinden.

– Die westalgerische Sahara mit den Oasengruppen Saoura, Gourara und Touat ist ein Abwanderungsgebiet. Mangels anderer Erwerbsquellen spielt hier die Landwirtschaft noch die relativ größte Rolle.

– Hoggar und Tassili im Süden sind extrem dünn besiedelte Gebirgswüsten. Die einzige bedeutende Stadt ist Tamanrasset, i. w. ein Dienstleistungszentrum. Die Bodenschätze des Hoggar sind ein unsicherer Wechsel auf die Zukunft. Mittelfristig bestehen günstigere Perspektiven für den Tourismus und den Handel mit den Sahelstaaten. Wegen der geringen Grundwasservorkommen hat die Oasenlandwirtschaft nur marginale Bedeutung.

Literatur

Quellen, Statistiken

Alexander Weltatlas, Neue Gesamtausgabe (1992). Stuttgart
Annuaire Statistique de l'Algérie, versch. Jgg. 1965 bis 1990
Atlas de l'Afrique du Nord (1939), Paris
Haack Großer Weltatlas, 9. Aufl. (1990). Gotha
Haack Kartenbuch Afrika (1989). Gotha
Office National des Statistiques (ONS): Statistiques
Statistisches Bundesamt, Wiesbaden: Länderbericht Algerien 1989
Weltbank, Weltentwicklungsbericht, versch. Jgg. bis 1992
El Moudjahid (Tageszeitung), Algier
Révolution Africaine (Wochenzeitschrift), Algier

Allgemeine Literatur

ABC-Airways-Guide (1987)
ACHENBACH, H. (1971):
 Agrargeographische Entwicklungsprobleme Tunesiens und Ostalgeriens. Jahrbuch d. Geogr. Gesellschaft zu Hannover
ACHENBACH, H. (1973):
 Bevölkerungsdynamik und Wirtschaftsstruktur in den berberisch besiedelten Gebirgen Algeriens (Große Kabylei und Aurès). In: Schriften d. Geogr. Instituts d. Universität Kiel, Band 38, S. 1–44
ACHENBACH, H. (1985):
 Die Küstenebenen Algeriens und Tunesiens. Wirtschaftlicher Standort und Wertwandel in den litoralen Lebensräumen des Maghreb. Erlanger Geographische Arbeiten, Sonderband 17, S. 179–189
AGERON, CH.-R. (1969):
 Histoire de l'Algérie contemporaine. Sammlung „Que sais-je" Nr. 400, 3.Aufl.
AGERON, CH.-R. (1979):
 Histoire de l'Algérie contemporaine. Band 2: De l'insurrection de 1871 au déclenchement de la guerre de libération (1954). Paris

ARNOLD, A. (1971):
 Die Industrialisierung in Tunesien und Algerien. Entwicklungsprobleme nordafrikanischer Länder im Vergleich. Geographische Rundschau 23, S. 306–316
ARNOLD, A. (1972):
 Die Industrialisierung in Algerien und Tunesien als Mittel zur Verbesserung der Regionalstruktur. In: Deutscher Geographentag Erlangen – Nürnberg 1971. Tagungsbericht und wissenschaftliche Abhandlungen, S. 322–334. Wiesbaden
ARNOLD, A. (1973):
 Das algerische Eisenbahnetz. Die Erde 104, S. 66–74
ARNOLD, A. (1978):
 Die junge Eisen- und Stahlindustrie im Maghreb. Die Erde 109, S. 417–444
ARNOLD, A. (1979):
 Untersuchungen zur Wirtschaftsgeographie Tunesiens und Ostalgeriens. Entwicklungsprobleme der gewerblichen Wirtschaftszweige. Jahrbuch der Geographischen Gesellschaft zu Hannover für 1976
ARNOLD, A. (1980):
 Die Bevölkerungsentwicklung Algeriens. Geographische Rundschau 32, S. 439–444
ARNOLD, A. (1981):
 Die Verstädterung in Algerien. In: Geographische Probleme in Trockenräumen der Erde. Würzburger Geographische Arbeiten, H. 53, S. 23–50
ARNOLD, A. (1986):
 Die Ernährungssituation in Algerien. Zeitschrift für Agrargeographie 4, S. 193–219

BENACHENHOU, A. (1979):
 L'exode rural en Algérie. Algier
BENAKLI, A. (1992):
 Die algerische Industrialisierungspolitik. Konzeption, Regulierung, Ausbau und Rückwirkungen auf die Landwirtschaft. Europäische Hochschulschriften Bd. 1242. Frankfurt a. M.
BENCHERIFA, A. (1990):
 Die Oasenwirtschaft der Maghrebländer: Tradition und Wandel. Geographische Rundschau 42, S. 82–87

BENDJELID, A. (1990):
Industrialisierung und Städtewachstum im algerischen Oranais. Geographische Rundschau 42, S. 100–105

BENFERHAT, S. (1985):
Essai d'analyse sur les dépenses de consommation des ménages. ONS: Statistiques Nr. 6, S. 21–40

BENISSAD, M. E. (1979):
Economie du développement de l'Algérie (1962–1978). Paris und Algier

BENISSAD, M. E. (1982):
Démographie et problemes sociaux en Algérie. The Maghreb Review 7, S. 73–81

BISSON, J. (1983):
L'industrie, la ville, la palmeraie au désert. Un quart de siècle d'"évolution au Sahara Algérien. Maghreb-Machrek Nr. 99, S. 5–29

BISSON, J.(1991, 1992):
Le Sahara dans le développement des états maghrebins. Teil 1: Maghreb-Machrek Nr. 134, S. 3–27; Teil 2 Maghreb-Machrek Nr. 135, S. 79–106

BOUCHIKHI, M. (1988):
Le tourisme en Algérie. ONS: Statistiques Nr. 19, S. 18–26

BRAHIMI, R. (1988):
La population algérienne au recensement de 1987: quelques caractéristiques. ONS: Statistiques Nr. 21, S. 24–34

BRULÉ, J.-CL. (1985):
Géographie régionale de la Révolution Agraire Algérienne. Bulletin de l'Association des Géographes Françaises H. 1, S. 5–20

BRULÉ, J.-CL. & FONTAINE, J. (1987):
L'Algérie. Volontarisme étatique et aménagement du territoire. 2.Aufl. Besançon und Tours

BURGAT, F. (1979):
Villages socialistes algériens à l'épreuve des réalités. Maghreb-Machrek Nr. 86, S. 56–62

CLAUSEN, U. (1969):
Der algerische Sozialismus. Eine Dokumentation. Opladen

CLAUSEN, U. (1984):
Zur Arabisierung in Algerien. Orient 25, S. 39–64

COTE, M. (1978):
Analyse des réseaux urbains en Algérie. In: Urbanisation, réseaux urbains, régionalisation en Algérie. Tours

COTE, M. (1983):
L'espace Algérien. Les prémices d'un aménagement. Algier

COTE, M. (1988):
L'Algérie ou l'espace retourné. Paris

COUDERC, R. (1976):
Les parcours steppiques en Algérie: Migrations »biologiques« et organisation économique. Bulletin de la Société Languedocienne de Géographie 10, S. 95–114

DESPOIS, J. & RAYNAL, R. (1967):
Géographie de l'Afrique du Nord-Ouest. Paris

DESTANNE DE BERNIS, G. (1971):
Deux stratégies pour l'industrialisation du tiers-monde. Les industries industrialisantes et les options algériennes. Revue Tiers-Monde 12, Nr. 47, S. 545–563

DUBOST, D. (1987):
Nouvelles perspectives agricoles au Sahara Algérien. Revue de l'Occident Musulman et de la Méditerranée Nr. 41/42, S. 339–356

EL KENZ, A. (1987):
Le complexe sidérurgique d'El Hadjar. Paris

ELSENHANS, H. (1974):
Frankreichs Algerienkrieg 1954–1962. Entkolonisierungsversuche einer kapitalistischen Metropole. München

ELSENHANS, H. (1977):
Algerien. Koloniale und postkoloniale Reformpolitik. Arbeiten aus dem Institut für Afrika-Kunde H. 14, Hamburg

ESCALLIER, R. (1985):
Population et urbanisation. In: Troin, J. F. (Hrsg.): Le Maghreb, S. 119–175

FANON, F. (1969):
Aspekte der algerischen Revolution. Edition Suhrkamp Nr. 337, Frankfurt a. M.

GIESSNER, K. (1971):
Der mediterrane Wald im Maghreb. Geographische Rundschau 23, S. 390–400

GIESSNER, K. (1987):
Die Sahara im Überblick. Geographische Einführung in den Naturraum. In: Göttler, G. (Hrsg.): Die Sahara. DuMont Kultur-Reiseführer 2. Aufl. Köln

GRANDGUILLAUME, G. (1985):
Les conflits de l'arabisation. The Maghreb Review 10, Nr. 2–3, S. 57–61

Institut Pédagogique National (1968):
Géographie 6e Année secondaire. Algier

ISNARD, H. (1975):
La viticulture algérienne. Colonisation et décolonisation. Méditerranée 23, H. 4, S. 3–10

JULIEN, CH.-A. (1964):
Histoire de l'Algérie contemporaine. Band 1: La conquête et les débuts de la colonisation (1827–1871). Paris

JUNGFER, E. (1990):
Wasserressourcen, Wassererschließung und Wasserknappheit im Maghreb. Geographische Rundschau 42, S. 64–69

KUPER, R. & GABRIEL, B. (1979):
Zur Urgeschichte des Maghreb. In: Horn, H. G. & Rüger, Ch.B (Hrsg.): Die Numidier. Ausstellungskatalog des Rheinischen Landesmuseums Bonn. S. 23–42

LAWLESS, R. J. & FINDLAY, A. (Hrsg.; 1984):
North Africa. London

LAYEB, H. & SIGNOLES, P. (1986):
Le rôle des investissements publics dans l'urbanisation d'Oum-el-Bouaghi (Hautes Plaines de l'Est Algérien). In: URBAMA (Hrsg.): Petites villes et villes moyennes dans le Monde Arabe. Tours

LEGGEWIE, C. (1979):
Siedlung, Staat und Wanderung. Das französische Kolonialsystem in Algerien. Frankfurt a. M.

LESBET, DJ. (1985):
La Casbah d'Alger. Gestion urbaine et vide social. Algier

LOEW, G. (1979): Constantine:
la croissance d'une antique métropole. Maghreb-Machrek Nr. 85, S. 66–75

MALTZAN, H. VON (1863):
Drei Jahre im Nordwesten von Afrika. Reisen in Algerien und Marokko. Leipzig

MENSCHING, H. (1966):
Die Maghrebländer. Eignungsraum und geographische Grenzen in Nordafrika. In: 35. Deutscher Geographentag Bochum 1965. Tagungsbericht und wissenschaftliche Abhandlungen, S. 106–115, Wiesbaden

MENSCHING, H. (1970):
Algerien – Geographische Grundlagen seines Lebensraumes. Zeitschrift für Kulturaustausch 20, H. 2, S. 81–91

MENSCHING, H. (1971):
Der Maghreb. Eine regionalgeographische Einführung. Geographische Rundschau 23, S. 289–296

MÜLLER-HOHENSTEIN, K. (1978):
Nordafrikanische Trockensteppengesellschaften. Zur ökologischen Erklärung der räumlichen Differenzierung der Vegetation zwischen Mittelmeer und Sahara. Erdkunde 32, S. 28–39

MUTIN, G. (1977):
La Mitidja. Décolonisation et espace géographique. Algier und Paris

MUTIN, G. (1979):
Un nouveau village socialiste en Mitidja: Beni Chougrane – Tamesguida. In: URBAMA (Hrsg.): Urbanisation et nouvelle organisation des campagnes au Maghreb, S. 117–141. Tours

MUTIN, G. (1980):
Agriculture et dépendance alimentaire en Algérie. Maghreb Machrek Nr. 90, S. 40–64

MUTIN, G. (1980):
Implantations industrielles et aménagement du territoire en Algerie. Revue de Geographie de Lyon 55, S. 5–37

MUTIN, G. (1985):
La construction régionale de l'Algérie. Bulletin de l'Association des Géographes Françaises 62, S. 21–43

Nationale Befreiungsfront (Hrsg.; 1979):
Algeriens Charta '76. Frankfurt a. M.

NESSON, CL. (1965):
Structure agraire et évolution sociale dans les oasis de l'oued Rhir. Travaux de l'Institut de Recherches Sahariennes, Band 24, Algier

NESTVOGEL, R. (1985):
Bildung und Gesellschaft in Algerien: Anspruch und Wirklichkeit. Hamburger Beiträge zur Afrika-Kunde, Band 25, Hamburg

OSTERKAMP, R. (1981):
Zur Effizienz der algerischen Wirtschafts- und Industrialisierungspolitik. Afrika Spectrum 16, S. 71–86. Hamburg

PERENNES, J.-J. (1979):
Structures agraires et décolonisation. Les oasis de l'oued Rhir (Algérie). Paris

PERENNES, J.-J. (1986):
La politique hydro-agricole de l'Algérie. Maghreb – Machrek Nr. 111, S. 57–76

PLANHOL, X. DE (1975):
Kulturgeographische Grundlagen der islamischen Geschichte. Zürich und München

Literaturverzeichnis

POPP, H. (1990):
Oasenwirtschaft in den Maghrebländern. Zur Revision des Forschungsstandes in der Bundesrepublik. Erdkunde 44, S. 81–92

ROBERTS, H. (1978):
Kabylia in Transition. The Maghreb Review 3, H. 7–8, S. 16–21

SARI, DJ. (1972):
Les populations de l'Ouarsenis Central. Méditerranée 20, Nr. 3–4, S. 89–117

SARI, DJ. (1975):
La dépossession des fellahs (1830–1962). Algier

SARI, DJ. (1977):
L'homme et l"érosion dans l'Ouarsenis (Algérie). Algier

SARI, DJ. (1990):
L'indispensable maîtrise de la croissance démographique en Algérie. Maghreb – Machrek Nr. 129, 5.23–46

SCHLIEPHAKE, K. (1975):
Erdöl und regionale Entwicklung. Beispiele aus Algerien und Tunesien. Hamburger Beiträge zur Afrika-Kunde Bd. 18

SCHULZE, CHR. (1978):
Die Mitidja-Ebene bei Algier. Probleme der Dekolonisation am Beispiel agrargeographischer Wandlungen. Geographische Rundschau 30, S. 242–251

SEMMOUD, B. (1985):
Industrialisation et mutations de l'espace dans les plaines littorales Oranaises. Thèse de Doctorat d'Etat. Paris

SUTER, K. (1952):
Timimoun. Zur Anthropogeographie einer Oase der algerischen Sahara. Mitteilungen der Geographischen Gesellschaft Wien 94, S. 31–54. Wien

SUTTON, K. (1988):
Algeria's vineyards. A problem of decolonisation. Méditerranée 36, H. 3, S. 55–66

TEMMAR, H. M. (1983):
Stratégie de développement indépendant. Le cas de l'Algérie: un bilan. Paris

TOMAS, F. (1977):
Annaba et sa région. Saint-Etienne

TRAUTMANN, W. (1982):
Zum gegenwärtigen Stand der staatlichen Umstrukturierungsmaßnahmen in der algerischen Steppe. Essener Geographische Arbeiten Band 1, S. 91–111

TRAUTMANN, W. (1985):
The Impact of the Algerian Revolution on Nomadism of the Algerian Steppe. Nomadic Peoples Nr. 17, S. 23–33

TROIN, J.-F. (Hrsg.; 1985):
Le Maghreb. Hommes et Espaces. Paris

VALENSI, L. (1969):
Le Maghreb avant la prise d'Alger (1790–1830). Paris

VIRATELLE, G. (1970):
L'Algérie algérienne. Paris

WAGNER. H. G. (1971):
Das Siedlungsgefüge im südlichen Ostalgerien (Nememcha). Erdkunde 25, S. 118–135

YACONO, X. (1955):
La colonisation des plaines du Chélif. 2 Bände, Algier

Sachregister

Abwanderung 32, 73, 80, 148, 152, 174, 185f.
Afrikanische Platte 55
Agrarkolonisation 151, 157, 163, 181, 188f.
Agrarreform 38, 167
Agrarrevolution 134, 157, 162, 174
Agrumen 141, 145, 153, 183f., 188
algerische Nationalbewegung 39
algerisches Entwicklungsmodell 37, 118, 122, 132, 142, 179
Algier 20, 22ff., 27, 31, 173, 176, 185ff.
Altstadtsanierung 81
amerikanisches Planungsmodell 164
Analphabetentum 34, 77, 176
Arabisierung 76
Arbeitskräftemangel 176
Arbeitsmigration 168
arch-Land 35, 147
Artesischer Brunnen 160, 170
Atlasgebirge 57, 60

Badlandbildung 148, 150
Befreiungsfront FLN 36f., 41, 76, 134
Befreiungskrieg 41, 148, 174
Berber 20ff., 32f., 41, 74f., 91, 104, 147ff., 182, 187
Bevölkerung 40, 65ff., 167, 173
Bevölkerungsdichte 20, 40, 69, 147, 149, 179, 184, 187
Bevölkerungszuwachs 33, 65, 77, 91, 139, 149, 152, 163, 177, 186
Bewässerung 143, 160, 165, 168
Bewässerungsanlagen 165, 168, 170, 184
Bewässerungsflächen 150, 160, 164
Bewässerungskulturen 147, 151, 153, 183, 188
Bewässerungsperimeter 156, 163
Bewässerungswirtschaft 142, 151, 185
Bildungswesen 34, 77f., 174, 177
Binnenkolonisation 163
Binnenstädte 103
Binnenwanderung 72, 104, 152
Blida-Atlas 144, 186
Bodenerosion 33, 57, 148ff., 155, 159, 187
Bodenschätze 188, 191
Brunnen 160, 163
Bruttosozialprodukt 130

Colons 133, 137, 142, 157, 168, 183

Datteln 163f., 168, 193
Desertifikationsprozeß 19, 159
Dienstleistungssektor 96, 102, 108f.
Dorfhandwerk 148
Dry-Farming-Methode 115, 136, 141, 143, 154
Dürrekatastrophen 191

Einwanderung 25, 33, 71
Eisenbahn 31, 85, 96, 124, 168, 180, 185, 188, 190
Eisenerz 28, 42, 115, 188, 191
Elektrizitätsnetz 177
Emigration 148, 152, 187, 189
Energieversorgung 176
Erdbeben 60, 188
Erdgasfelder 163, 170
Erdgasleitungen 126, 176
Erdgas- und Erdölwirtschaft 55, 98, 109ff., 114, 120, 164, 182, 193
Erdöl 98, 111f., 120, 182, 187
Erdöllagerstätten 55, 163, 170
Erdölleitungen 126, 182
Erg 55f., 164f., 167, 191
Ernährungssituation 163
Erwerbsstruktur 102, 107
Ethnische Vielfalt 74
Export 37, 98, 130, 168, 191
Exporthäfen 169, 188f.
Exportkulturen 21, 173, 183

Fellachen 79, 133f., 137, 144, 149, 155, 159, 174
Flugverkehr 44, 163
Foggara 160, 165, 167
Fremdenverkehr 127f., 184
Fruchtwechselwirtschaft 155
Futtergetreide 160, 187

Gemüseanbau 146, 163ff., 171
Getreide 155, 162, 164
Getreideanbau 32, 147, 149ff., 154, 157, 159, 163, 182, 190
Gondwanaland 55
Grünbrache 155
Grundnahrungsmittel 168
Grundstoffindustrie 173, 179
Grundwasser 51, 55, 151, 156, 160, 163ff., 170, 193
Grüner Damm 64

Sachregister

Hafen 93f., 98f., 102, 113, 124f., 191
Hamada 56, 60, 165, 170, 191
Handelsstraßen 102, 111
Hocharabisch 76f.
Hochplateaus 48ff., 57, 61f., 69, 103, 150, 153f., 157f., 173f., 176, 179f., 183ff., 186ff.
Hochwasser 164, 170
Hoggar (Ahaggar) 56, 160, 168, 177, 193

Importe 96, 130
Industrialisierung 28, 44, 82, 93, 96ff., 100f., 103f., 108, 110, 116f., 120ff., 132, 139, 153, 179f., 183f., 190
Industrialisierungspolitik 103ff., 187
Industriezonen 83, 93, 98f.
Infrastruktur 89, 98, 148, 153, 173f., 177, 179, 182, 186
Islamisierung, Islam 21, 36, 43, 76

Joint Ventures 111
Jüdische Religionsgemeinschaften 21

Kabylei 24, 32, 91, 148, 152, 182, 186f.
Kamele 19, 191
Karawanen 22, 32, 157, 162, 164
Kasbah 33, 81, 90, 94
Khamessat 162
Kohlenwasserstoffe 99, 108, 113f., 120, 130, 191 (s. a. Erdöl/Erdgas)
Kolonialherrschaft 34, 41, 65, 73, 76f., 79f., 134
Kolonialstadt 81, 105, 126
Kolonialwirtschaft 63, 189
Kolonialzeit 22f., 34f., 75, 81f., 84, 89ff., 95f., 98ff., 102, 104, 109f., 116f., 121f., 124, 128ff., 132, 142, 146, 148f., 151f., 155, 157, 168, 173, 175ff., 180f., 183, 186f., 190ff.
Kolonisation 21, 25ff., 30, 32f., 103, 144f., 162, 169, 182, 187
Kommunikationseinrichtungen 163, 175
Korkeichen 148, 189
Küstenebene 32, 173, 183, 189

Lagerstätten allgemein 111, 115, 191
Landbevölkerung 32f., 174
Landwirtschaft 20, 22, 107, 111, 132ff., 141, 148, 151, 153, 181, 184
Landwirtschaftliche Nutzfläche 143, 161
Libyen 164, 192
Litoralzone 153, 173, 180, 186
Luzerne 163

Macchie 148
Maghreb 19ff., 25, 34, 41, 48, 90, 101, 139, 144, 147, 181, 184

Marktwirtschaft 111
Marokko 20, 42, 115, 127, 139, 142, 144, 164, 184
Medina 80, 100f., 124f., 189f.
Mediterranklima und Variationen 47, 53
Melk-Land 32, 149
Migrationsströme 69
Milchwirtschaft 146, 158, 171, 185, 188
Mittelmeer 19, 48, 189
Mittelmeerraum 19, 25
Mozabiten 74, 170

Nahrungsmittel 147, 149
Nationalbewußtsein 36
Nationalpark Tassili 129
Naturalpacht 163
Naturpotential 47, 132
Nebenerwerbslandwirtschaft 163, 188
Nomaden 22, 63, 77, 143, 157f., 162, 164, 171, 191ff.
Nomadenland 35, 190
Nomadenstämme 23, 149
nomadische Weidewirtschaft 156, 181
Nordalgerien 55

Oasen 73, 81, 160ff., 164, 181
Oasenbevölkerung 22, 162f., 191
Oasenlandwirtschaft 160ff., 168, 170f., 191, 193
Oasensiedlungen 77, 177, 192
Oasenstädte 88, 158, 163, 175, 192
Oasensterben 162
Oasentyp 160
Oberflächenwasser 51, 160
Öffentlicher Dienst 82, 108
Ökosysteme 63, 155, 159, 162
Oliven, Ölbäume 149, 152f., 187
Organisation für Afrikanische Einheit OAU 42
Ostalgerien 21, 23, 35, 48, 51

Palmenwald 171
Pendlereinzugsbereiche 82
Phosphatbergbau 190
Politik regionalen Gleichgewichts 174

Raumordnung/Raumplanung 173ff.
Raumpotential/Raumstrukturen 59, 179, 181
Regionalpolitik 153, 173ff., 177, 180, 185f.

Sahara 19, 22ff., 32, 41, 47f., 51ff., 64, 69, 73, 96, 98, 102, 112, 115, 151, 154, 157, 160, 163ff.
Sahara-Atlas 33, 40, 48, 53f., 57, 63, 150, 153, 158, 160, 182, 184, 190
Saharatourismus 170

Saharawind 153
Sahel 42, 168, 185, 192f.
Saisonkräfte 170
Salz/Salzgehalt 165, 168f.
Satellitentechnik 176
Saudi-Arabien 164
Schafherden 64
Schlüsselindustrien 116
Schotts 53ff., 60, 150, 156, 168f.
Selbstversorgung/Autarkie 162
Semiarides Klima 57, 59
Serir 56, 191
Souk/Markt 33, 148
Sozialistische Dörfer 165f., 174
Sprachen 75
Staatlicher Wohnungsbau 103
Staatsreligion 76
Stadtbevölkerung 32ff., 79, 86
Städtenetz 20, 85, 95, 99, 106, 185
Städtesystem 84, 86, 182
Stadttypen 84
Stammesbewußtsein 74
Staudämme 160, 164, 180, 183
Steppe 40, 69, 155ff., 181, 184
Steppenzone 32, 47
Sterberaten 67
Straße der Palmen 164
Straßenverkehr 163, 175, 180, 186, 192
Subsistenzwirtschaft 167, 181

Tassili 160, 191, 193
Tell 33, 48, 51, 53, 57, 59f., 63, 73, 103, 144, 148f., 153f., 157, 174, 179ff., 183ff., 189
Tourismus 111, 129, 162, 193
touristisches Potential/Verwertung 188, 191
Transsaharoute 175, 192
Trinkwasserversorgung 165, 170, 185

Tropfbewässerung 164
Tuareg 74f., 191
Tunesien 127, 142

Überweidung 64, 159
Umweltschäden 148f.
Union du Maghreb Arabe (UMA) 43

Verkehrsprobleme 59, 89, 179, 192
Versalzung 164
Verstädterung 65, 78f., 91, 121, 152, 192
Verwaltungszentren 179
Viehwirtschaft 32, 147, 149, 151, 157f., 165, 186, 189
Volkszählung 65

Wadi 57, 158, 160, 164
Wanderungsströme 80, 158, 180
Wasserbeschaffungsarten 160
Wassergewinnungsanlagen 162
Wasserkraft 112
Wasserrechte 162
Wasserversorgung 160, 168, 174, 180, 186
Weidewirtschaft 155f., 184, 190
Weinbau 27, 87, 95, 99, 121, 130, 136, 138, 141f., 145, 150, 153, 162, 167, 183ff.
Westalgerien 22f., 28, 48, 61
Westsahara 42
Windschutzhecken 159
Wirtschaftsstruktur 186
Wirtschaftswachstum 37
Wochenmarkt 86, 190
Wohnungsbau 88, 100, 103
Wüste s. Sahara
Wüstenböden 164

Zirkummediterranes alpines Gebirgssystem 55
Zwangsumsiedlung 72, 79

Dieter Bloch

Algerien

Fakten, Zahlen, Übersichten

1 Staat und Territorium

Algerien – El-Djazâïr/Al-Djazair
Demokratische Volksrepublik Algerien
– El-Joumhouriyah el-Djazâïrijah
  ed-Dimoukratija ech-Chabija/
– Al-Djumhurija al-Djazairija
  ad-Dimukratija asch-Schabija
Übersichtskarte vorderes Vorsatz

Amtliche Sprache: Arabisch
Fahne: Vertikale Zweiteilung Grün-Weiß mit einem roten Halbmond und Stern in der Mitte

Währung: 1 Algerischer Dinar (DA) = 100 Centimes (CT)

Wilayat			Fläche (km²)	Einwohner in 1000 (Zählung 1987)	Bevölke-rungs-dichte (Ew./km²)	An-zahl der Kom-mu-nen 1984
Umschrift						
Vorsatzkarte	Französisch	Deutsch				
Adrar	Adrar	Adrar	422500	218	0,5	28
Aïn Defla	Aïn Defla	Ain Dafla	4557	537	117,9	36
Aïn Témouchent	Aïn Témouchent	Ain Timuschant	2491	275	110,4	28
Al-Djazâïr	Alger (El-Djazâïr)	Algier (Al-Djazair)	263	1690	6426,6	33
Annaba	Annaba	Annaba	1196	456	381,2	12
Batna	Batna	Batna	12121	753	62,1	61
Béchar	Béchar	Bischar	163000	185	1,1	21
Béjaïa	Béjaïa	Bidjaja	3280	701	213,7	52
Beskra	Biskra	Biskra	16327	430	26,4	33
Bordj Bou Arreridj	Bordj Bou Arréridj	Burdj Bu Arriridj	4136	425	103,7	34
Bouira	Bouira	Buweira	4572	527	115,2	45
Boumerdés	Boumerdès	Bumirdis	1619	651	402,1	38
Djelfa	Djelfa	Djalfa	23328	494	21,2	36
Ech-Chéliff	Ech-Chlef	Asch-Schaliff	4205	684	162,7	35
El-Bayadh	El-Bayadh	Al-Abjadh	79912	153	1,9	22
El-Boulaida	Blida	Blida (Al-Bulaida)	1597	702	439,7	29
El-Oued	El-Oued	Al-Wad	73200	385	5,3	30
El-Tarf	El-Tarf	At-Tarf	3144	275	87,6	24
Ghardaïa	Ghardaïa	Ghardaja	87000	217	2,5	13
Guelma	Guelma	Kalma	4291	353	82,3	34
Illizi	Illizi	Illizi	260000	16	0,1	6
Jijel	Jijel	Jijil	2350	472	201,0	28
Khenchela	Khenchela	Khanschala	10596	247	23,3	31
Laghouat	Laghouat	Al-Aghwat	25403	212	8,4	24
Lemdiyya	Médéa	Madija	8834	653	73,9	64

Wilayat			Fläche (km²)	Einwohner in 1000 (Zählung 1987)	Bevölke- rungs- dichte (Ew./ km²)	An- zahl der Kom- mu- nen 1984
Umschrift						
Vorsatzkarte	Französisch	Deutsch				
Mila	Mila	Mila	3490	512	146,6	32
Mestghanem	Mostaganem	Mustaganim	1977	506	255,9	32
Mouaskar	Mascara	Mascara (Muaskar)	5846	566	97,0	47
M'Sila	M'Sila	Masila	17852	605	33,9	37
Naâma	Naâma	Naama	30801	114	3,7	12
Oum El-Bouaghi	Oum El-Bouaghi	Um Al-Buaghi	6259	404	64,5	29
Qacentina	Constantine (Qacentina)	Constantine (Kusantina)	2150	664	309,0	12
Relizane	Relizane	Ighilzan	5016	545	108,6	38
Saïdia	Saïda	Saida	6129	235	38,4	16
Sidi bel Abbès	Sidi Bel Abbès	Sidi Bel Abbas	9258	446	48,2	52
Skikda	Skikda	Skikda	4120	623	151,1	38
Souk Ahras	Souk Ahras	Suk Ahras	4345	296	68,1	26
Stif	Sétif (Stif)	Satif (Stif)	6648	1001	150,5	60
Tamanghist	Tamanrasset (Tamenghast)	Tamanrasit	570000	56	0,1	10
Tbessa	Tébessa	Tabassa	14984	410	27,4	28
Tihert	Tiaret (Tihert)	Tiarat (Tihirt)	19921	576	28,9	42
Tilimsan	Tlemcen	Tilimsan	9335	715	76,6	53
Tindouf	Tindouf	Tinduf	153000	16	0,1	2
Tipaza	Tipaza	Tipaza	2072	620	299,3	42
Tissemsilt	Tissemsilt	Tisamsilt	3477	228	65,6	22
TiziOuzou	Tizi Ouzou	Tizi Uzu	3025	937	309,7	67
Wahran	Oran (Ouahran)	Oran (Wahran)	2114	932	444,1	26
Wargla	Ouargla (Uargla)	Warkla	280000	285	1,0	21
ALGERIEN			2381741	23039	9,7	1541

Tab. A1: Wilayate Algeriens

Fläche: 2381741 km²
Lage im Gradnetz:
  Nördlichster Punkt: 37°05′ n. Br.
  Südlichster Punkt: 18°57′ n. Br.
  Westlichster Punkt: 8°40′ w. L.
  Östlichster Punkt: 12°00′ ö. L.
Nord–Süd-Ausdehnung: ca. 1900 km
West–Ost-Ausdehnung: ca. 1800 km

Bevölkerungszahl:
  Zählung 1987: 23039000
  Schätzung 1994: 27,0 Mill.
Hauptstadt: Algier (El-Djazâir/Al-Djazair)

Staatsform, Verwaltungsaufbau und Verwaltungsgliederung:
Algerien ist eine „Demokratische Volksrepublik" mit einem Staatspräsidenten als Oberhaupt des Staates. Laut Verfassung von 1989 soll dieser durch allgemeine Wahlen für 5 Jahre bestimmt werden. Er ist für weitere Perioden wiederwählbar. Außerdem ist er Befehlshaber der Armee und ernennt den Regierungschef und die übrigen Minister. Seit dem Rücktritt des Staatspräsidenten 1992 hat ein fünfköpfiger Oberster Staatsrat dessen Funktionen übernommen. Ein Nationaler Konsultivrat mit 60 Mitgliedern dient als Ersatzparlament, da die 1991 gewählte Nationalversammlung mit ihren 430 Mitgliedern im Januar 1992 aufgelöst wurde. Eine 1992 gebildete Regierung hatte 28 Mitglieder.

Die Verwaltungsgliederung umfaßt seit der Reform von 1984 48 Wilayate, die sich in 1541 Kommunen unterteilen. Algerien ist Mitgliedsland der Vereinten Nationen und einer Reihe internationaler Organisationen, so z. B. der Organisation für Afrikanische Einheit (OAU), der Arabischen Liga, der Organisation Erdölexportierender Länder (OPEC) und der Organisation Erdölexportierender Arabischer Länder (OAPEC). Mit Marokko und Tunesien besteht eine Gemeinsame Wirtschaftskommission.

Währungseinheit:
1 Dinar Algérien (DA) = 100 Centimes

Offizieller Kurs:	
1974:	1 DA = 0,62 DM
1978:	1 DA = 0,51 DM
1982:	1 DA = 0,53 DM
1989:	1 DA = 0,21 DM

Inoffizieller Kurs:	
28. 9. 1992:	1 DA = 0,0615 DM

Tab. A2: Die algerische Währung

2 Landesnatur

Der zweitgrößte Staat Afrikas, Algerien, liegt im Norden des Kontinents. Er besitzt Landgrenzen im Westen zu Marokko und Westsahara, im Süden zu Mauretanien, Mali und Niger sowie im Osten zu Lybien und Tunesien. Die Küste des Mittelmeeres bildet im Norden eine ungefähr 1200 km lange Wassergrenze.

Landschaftlich läßt sich Algerien in vier zonal liegende Teile gliedern.

1. Das Mittelgebirge des Küsten- oder Tellatlas im Norden ist Teil des alpididischen Atlas-Faltengebirgssystems. Der Küstenatlas ist durch Täler und Becken in mehrere Gebirgszüge gegliedert und hat seine höchste Erhebung in der Großen Kabylei im Lalla Khedidja mit 2308 m.
2. Zwischen dem Tellatlas im Norden und dem Saharaatlas im Süden liegt das Hochplateau der Schotts mit Höhen von 600 bis 1000 m. Es ist in großen Teilen ein abflußloses Trockengebiet mit periodisch wassergefüllten Salzebenen (Schotts und Sebchas).
3. Der Saharaatlas ist der südliche Teil des Atlassystems. Seine höchste Erhebung ist mit 2328 m der Djebel Chalia des Aurèsgebirges. Der Saharaatlas begrenzt die Sahara im Norden.
4. Die größte Wüste der Erde, die Sahara, nimmt den südlichen Teil Algeriens ein. Sandgebiete (Erg) wechseln mit Fels- (Hammada) und Kieswüsten (Serir). Dazwischen liegen Wadis und Oasen. Die Höhenlagen bewegen sich zwischen 1000 m im Westen und der Depression des Schott Melrhir mit −30 m im Osten. Im Südosten liegt das zum Teil vulkanische Gebirgsmassiv des Ahaggar. Es gipfelt im Tahat des Atakor, dem mit 2918 m höchsten Berg des Landes.

Algerien liegt in der subtropischen Klimazone. Die vier Landschaftszonen unterscheiden sich klimatisch vor allem in den Niederschlagsverhältnissen. Der Küstenatlas ist mediterran beeinflußt mit trockenen Sommern und Niederschlägen in den übrigen Jahreszeiten, die je nach Küstennähe und Höhenlage unterschiedlich hoch sind. Auch die Differenz zwischen Gebirgs- (um 1000 mm) und Tal- bzw. Beckenlagen (um 400 mm) ist bedeutend. Steppenklima herrscht auf dem Hochplateau der Schotts mit geringeren jährlichen Niederschlägen von 250 bis 400 mm. Der Saharaatlas empfängt auf seiner Nordseite noch bis zu 500 mm jährlichen Niederschlag. Am Südhang beginnt der Übergang zum Wüstenklima der Sahara, wo die Jahresniederschläge sehr gering sein können (bis zum Minimum von 10 mm). Die Temperaturen sind überall jahreszeitlich unterschiedlich mit im allgemeinen Minima im Januar und Maxima im Juli. Vor allem in den Trockengebieten bestehen große Temperaturgegensätze zwischen Tag und Nacht. So betragen zum Beispiel die Tagesmaxima in Tamanrasset im Januar 20 °C und Juli 35 °C, die Tagesminima im Durchschnitt −7 °C im Januar und 15 °C im Juli.

Die natürliche Vegetation ist von diesen klimatischen Verhältnissen abhängig. Vor allem in seinem östlichen Teil ist der Küstenatlas noch bewaldet. In den übrigen Gebieten des Gebirges und an der Küste befinden sich die Hauptanbaugebiete der algerischen Landwirtschaft. Die Steppengebiete der Hochplateaus sind zum großen Teil mit Gräsern (Alfa bzw. Artemisia-arten) bewachsen, die Grundlage einer Viehwirtschaft sind. Die Nordseite des Saharaatlas besitzt Waldreste, während auf der Südseite und in der Sahara Vegetation nur in Wadis und Oasen vorhanden ist. Die 400-mm-Isohyete bildet die Grenze zwischen Wald- und Steppengebieten, während die 200-mm-Linie den Anfang der Wüstengebiete markiert.

Die Wasserführung der wenigen Flüsse ist ebenfalls von den Niederschlagsverhältnissen abhängig. Die meisten von ihnen sind periodisch, trocken im Sommer, bzw. episodisch, vor allem die Wadis der Sahara. Von Bedeutung sind vor allem der Chleff (Schaliff), mit ca. 725 km Länge der wichtigste Fluß des Landes, und der Soummam.

Berg	Gebirge	Höhe in m
Tahat	Ahaggar	2918
Chelia	Aurès	2328
Mahmed	Aurès	2321
Lalla Khedidja	Große Kabylei	2308
Ras Fimedouine	Große Kabylei	2305
Aidel	Aurès	2177
Refaa	Aurès	2170
Tichad	Aurès	2141
Babor	Kleine Kabylei	2004
Ouarsenis	Ouarsenis	1985
Ta Babor	Kleine Kabylei	1960
Taktiout	Aurès	1942
Tachrirt	Hodna	1902
Afghane	Hodna	1890
Tenouchfi	Tlemcen	1843
Dira	Tmeri	1810
El-Meddad	Ouarsenis	1787
Ouargla	Tlemcen	1717
Tag En Messa	Ouarsenis	1706
Metzene	Bibans	1691
Merdjaieb	Blida	1629
Tamesguida	Kleine Kabylei	1626
Dar Cheikh	Tlemcen	1616
Mouzaia	Blida	1609
Zaccar	Bou Maad	1579

Tab. A4: Höchste Berge Algeriens

Tab. A3: Klimadaten wichtiger Stationen

Station	Geographische Koordinaten		Meereshöhe	Temperaturen Mittelwerte		Jahresniederschläge
	Breite	Länge	(m)	Jan. (°C)	Juli (°C)	(mm)
Algier	36°43' N	3°15' O	25	10,3	24,4	691
Béchar	31°38' N	2°15' W	806	9,2	34,0	90
Biskra	34°48' N	5°44' O	81	11,0	33,7	148
Laghouat	33°46' N	2°56' O	767	7,5	30,1	169
Oran	35°38' N	0°37' W	99	10,2	24,5	394
Tébessa	35°26' O	8°08' O	816	6,1	26,4	338

3 Landesgeschichte

2. Jahrhundert v. Chr.
Das Gebiet des heutigen Algeriens wird von libyschen (numidischen) Völkerschaften bewohnt, Vorfahren der heutigen Berber.

11.–7. Jh. v. Chr.
Gründung von phönikischen Handelsniederlassungen an der Küste

7. Jh. v. Chr.
Die Küstengebiete geraten unter die Herrschaft Karthagos

3. Jh. v. Chr.
Herausbildung von zwei numidischen Königreichen, der Masesylier und Massylier

203 v. Chr.
Massinissa, König der Massylier unterwirft die Masesyler und gründet ein numidisches Königreich

106 v. Chr.
Entstehung des Königreiches Großmauretanien auf dem Gebiet des heutigen Marokkos und des westlichen Algeriens

146 v. Chr.
Ostalgerien gerät unter römische Herrschaft

42 v. Chr.
Rom erobert Großmauretanien, sein östlicher Teil wird die Provinz Mauretania Caesariensis

17–24 n. Chr.
Berberaufstand unter Tacfarinas gegen die Römer

2. Jh.
Verbreitung des Christentums

429–534
Herrschaft der Vandalen

534–699
Das heutige Algerien ist Teil des Byzantinischen Reiches

647
Beginn der arabischen Eroberung, Eingliederung in das Kalifat der Omaijaden von Damaskus

682
Das gesamte heutige Algerien ist von Arabern unterworfen, christliche Gemeinden bestehen bis zum 11. Jh.

740–42
Aufstand der Charidschiten gegen die Omaijaden, Gründung einiger Staaten

761–909
Königreich von Tahirt, bedeutendster der Charidschitenstaaten

909
Eroberung durch die tunesische Fatimidendynastie

935
Gründung der Stadt Algier

974
Die berberischen Ziriden erhalten die Herrschaft über den Maghreb

1014–1152
Reich der Hammadiden in Ostalgerien

1082–1152
Große Teile des heutigen Algeriens werden Teil des Almoravidenreiches

1152–1235
Das heutige Algerien wird von der marokkanischen Almohadendynastie beherrscht

1235–1554
Königreich von Tlemcen unter der Herrschaft der Abdelwadiden

Ende 15. Jh.
Türkische Korsaren setzen sich an der Küste fest

Anfang 16. Jh.
Die Spanier erobern Orte an der Küste, 1505 Mars al-Kabir, 1506 Tinis (Ténès) und Oran, 1510 Bougie (Béjaïa)

1510
Tlemcen erkennt die spanische Oberherrschaft an

1519
Der türkische Sultan übernimmt die Lehnshoheit über Algier

1554
Eroberung von Tlemcen durch die Türken

1587–1659
Vom türkischen Sultan eingesetzte Paschas regieren in Algier

1659–71
Die Janitscharen bringen ihre Agas an die Macht

1671–1830
Herrschaft der von den Janitscharen gewählten Deis (Deys)

1711
Faktische Unabhängigkeit Algeriens von der Türkei

1791
Ende der spanischen Oberhoheit in Oran

1830–32
Französische Eroberung von Algier, Bône (Annaba) und Oran

1832–1847/48
Unter Führung Abd al-Kadirs Kampf gegen die Franzosen

1848
Französische Eroberung von Constantine

1851–57
Eroberung der Kabylei durch Frankreich

1882
Nordalgerien ist bis zur Sahara durch die Franzosen unterworfen

1882–1902
Eroberung der Sahara-Oasen (1899 In Salah, 1901 Tuat und Figuig, 1902 Taghit)

1902–1904
Besetzung des Südens (Ahaggar)

1908
Entstehung der Bewegung der „Jungalgerier"

1926
Gründung des „Nordafrikanischen Sterns"

1931
Die Vereinigung des Ulemas unter Ben Badis fordert die Unabhängigkeit

1937
Umwandlung des „Nordafrikanischen Sterns" in die Algerische Volkspartei

1939
Verbot aller nationalen Parteien

1942
Landung alliierter Truppen im Zweiten Weltkrieg

1954
Konstituierung der Nationalen Befreiungsfront (Front de Libération Nationale = FLN), Beginn des Befreiungskampfes

1958
Konstituierung der „Provisorischen Regierung der Algerischen Republik"

1958–61
Die OAS (Organisation de L'Armée Secrète) versucht durch Terrorakte ein französisches Algerien zu retten

1962
Abkommen von Evian-les-Bains (18. 3.), die französische Regierung erkennt die Unabhängigkeit an, bei einer Volksbefragung stimmen 99,6% der Algerier für die Unabhängigkeit, Proklamation der Souveränität (3. 7.), die FLN unter Ben Bella wird Einheitspartei.
Bis Ende des Jahres wandern ca. 1 Million französische Staatsbürger aus

1963
Der Grundbesitz französischer Kolonisten wird nationalisiert

1965
Sturz Ben Bellas, an der Spitze eines Revolutionsrates kommt Houari Boumediène an die Macht und wird Ministerpräsident

1966
Einweihung der ersten nationalen Erdölleitung, Verstaatlichung von 11 in ausländischem Besitz befindlichen Bergwerken

1967
Ein Putschversuch von Armeeinheiten wird niedergeschlagen

1968
Räumung des letzten französischen Militärstützpunktes Mars al-Kabir

1976
Neue Verfassung wird durch ein Referendum bestätigt, Boumediène wird Staatspräsident

1984
Nach Verwaltungsreform administrative Gliederung in 48 Wilayate

1989
Neue Verfassung

1992
Rücktritt des Staatspräsidenten Chadli Bendjedid
Auflösung der Nationalversammlung
Ermordung des Staatspräsidenten Boudiaf

Seit 1993/94
Bürgerkriegsähnliche Zustände zwischen Armee/Polizei und moslimischen Fundamentalisten
Mordkampagne der Fundamentalisten gegen algerische Intellektuelle und Ausländer

4 Bevölkerung und Siedlungen

Seit 1856 fanden in Algerien Volkszählungen statt. Nach der Erringung der Unabhängigkeit wurden sie 1966, 1977 und 1987 durchgeführt. Wie auch in den meisten anderen afrikanischen Staaten ist die Zuwachsrate der Bevölkerung hoch. Sie beträgt zur Zeit jährlich ungefähr 2,8%. Die Zeit bis zur Verdopplung der Einwohnerzahl schätzt man auf 25 Jahre, so daß man für das Jahr 2020 mit einer Einwohnerzahl von rund 50 Millionen rechnen kann. Der Zuwachs ist vor allem auf den großen Geburtenüberschuß zurückzuführen, obwohl die Kindersterblichkeit noch recht hoch ist, denn 40% aller Sterbefälle betreffen Kinder im Alter bis zu 5 Jahren. Der Altersaufbau der algerischen Bevölkerung zeigt die typischen Verhältnisse eines Entwicklungslandes mit einem hohen Anteil von Jugendlichen bis zu 20 Jahren (über 50%). Einfluß auf die Bevölkerungsentwicklung hat auch die Verbesserung des Gesundheitswesens, wenn diese regional auch sehr unterschiedlich ausgeprägt ist und vor allem in den ländlichen Gebieten einer Qualitätserhöhung bedarf. Die algerische Bevölkerung ist hauptsächlich arabisch sprechend. Mit etwa 17% der Einwohner stellen die Berber (Kabylen) die wichtigste nicht arabisch sprechende Bevölkerungsgruppe dar. Sie wohnen vor allem in der Großen Kabylei, im Aurèsgebirge und im Mzab. Seit der Auswanderung von 1962 haben die Europäer, vor allem Franzosen, nur noch geringen Anteil an der Einwohnerzahl.

Die alleinige amtliche Sprache ist seit 1990 Arabisch, während Französisch als Handels-, Schul- und Wissenschaftssprache immer noch von Bedeutung ist.

Der sunnitische Islam ist Staatsreligion. Christen, vor allem Katholiken, bilden eine geringe Minderheit.

Die Bevölkerungsverteilung ist sehr unterschiedlich. Im Norden des Landes leben auf 17% der Territorialfläche über 96% der Einwohner, wobei die Bevölkerungsdichte des Wilayats Algier mit über 6000 Ew./km^2 den Spitzenwert bildet. Aber neben diesem urbanisierten Gebiet weisen auch die Wilayate Oran, Blida, Boumerdès, Constantine und Tizi Ouzou Werte über 300 Ew./km^2 auf. Den am dichtesten besiedelten Gebieten des Küstenbereiches und der Täler des Küstenatlas stehen die geringeren Einwohnerdichten der Hochplateaus der Schotts und vor allem die nur punktuell bewohnten Flächen der Sahara mit den Minima in den Wilayaten Tamanraset, Illizi und Tindouf gegenüber, wo nur Dichten von 0,1 Ew./km^2 erreicht werden. Dadurch ergibt sich die mittlere Dichte von rund 10 Ew./km^2. Der Anteil der Stadtbewohner ist stark gewachsen und erreicht zur Zeit etwa die Hälfte der Einwohner. Bestehende Städte sind stark gewachsen, aber auch die Zahl der städtischen Siedlungen hat zugenommen. Mit etwa 1,7 Millionen Bewohnern bildet die Agglomeration Algier das größte urbane Siedlungsgebiet. Während westalgerische Städte (z. B. Oran) nur geringe Zuwachsraten haben, weisen einige Binnenstädte der Hochplateaus als Wilayatshauptorte, z. B. Tèbessa, Batna, Tiaret und M'Sila, mit einem Wachstum von über 60% im Zeitraum 1977–1987 eine überdurchschnittliche Entwicklung auf. Das starke Wachstum einiger Oasenstädte der Sahara nach dem Beginn des Erdölbooms hat nachgelassen. Immer noch ist eine innere Migration aus den ländlichen Gebieten in die städtischen Regionen festzustellen. Durch spezielle Entwicklungsprogramme für die ländlichen Gebiete versucht die Regierung dem entgegen zu wirken.

Man schätzt, daß etwa über eine Million Algerier im Ausland leben, vor allem in Frankreich. Die rückläufige wirtschaftliche Entwicklung in den Einwanderungsländern hat aber dazu geführt, daß die Zahl der Rückwanderer steigt und heute die der Ausreisenden übersteigt.

Tab. A5: Entwicklung der Einwohnerzahl Algeriens 1856–1987

Jahr	Einwohner in 1000
1856	2487
1876	2808
1896	4359
1921	5714
1931	6470
1948	8601
1954	9433
1966	12096
1977	18250
1987	23039

Altersstruktur der Bevölkerung 1990 in %

Altersgruppe	Männlich	Weiblich	Gesamt
0–4	7,6	7,2	14,8
5–9	7,4	7,2	14,6
10–14	6,6	6,3	12,9
15–19	5,6	5,4	11,0
20–29	9,0	8,8	17,8
30–39	5,8	5,6	11,4
40–49	3,3	3,3	6,6
50–59	2,5	2,7	5,2
60–69	1,6	1,7	3,3
70 und mehr	1,2	1,2	2,4

Geschlechterverteilung 1990
 Männlich 50,6%
 Weiblich 49,4%

Bevölkerungsverteilung Stadt/Land 1987
 Städtisch 49,0%
 Ländlich 51,0%

Lebensstatistiken 1988
 Geburtenrate pro 1000 Ew. 33,2
 Sterberate pro 1000 Ew. 4,9
 Natürlicher Zuwachs pro 1000 Ew. 28,3
 Heiratsrate pro 1000 Ew. 5,9
 Scheidungsrate pro 1000 Ew. 2,1 (1985)
 Kindersterblichkeit
  im 1. Lebensjahr pro 1000 Lebendgeborene 39,9
 Lebenserwartung bei Geburt
  Männlich 65,8 Jahre
  Weiblich 66,3 Jahre

Familienstruktur 1988
 Anzahl der Haushalte 3 322 000
 Durchschnittliche Anzahl der
  Personen pro Haushalt 6,9
 Durchschnittliche Anzahl der Personen
  unter 15 Jahren pro Haushalt 3,0

Tab. A6: Bevölkerungsstruktur Algeriens

Name (Umschrift Vorsatzkarte)	Umschrift		Einwohner in 1000 Zählung 1987
	Französisch	Deutsch	
Al-Djazâir	Alger	Algier	1507
Wahran	Oran	Oran	629
Qacentina	Constantine	Constantine	441
Annaba	Annaba	Annaba	306
Batna	Batna	Batna	182
El-Boulaida	Blida	Blida	171
Stif	Sétif	Satif	170
Sidi bel Abbès	Sidi Bel Abbès	Sidi Bel Abbas	153
Ech-Chéliff	Ech-Chlef	Asch-Schaliff	130
Skikda	Skikda	Skikda	129
Beskra	Biskra	Biskra	128
Tilimsan	Tlemcen	Tilimsan	127
Béjaïa	Bejaïa	Bidjaja	115
Mestghanem	Mostaganem	Mustaganim	114
Tbessa	Tébessa	Tabassa	108
Béchar	Béchar	Bischar	107

Tab. A7: Städte Algeriens mit über 100 000 Einwohnern 1987

5 Wirtschaft

Für afrikanische Verhältnisse ist Algerien ein wirtschaftlich weitentwickeltes Land.
Bergbau und Industrie wurden nach Erlangung der Unabhängigkeit zielgerichtet aufgebaut.

Dafür gab es gute Voraussetzungen, denn das Land besitzt eine Vielzahl mineralischer Rohstoffe, die bis jetzt aber nur teilweise genutzt werden. Die größte Bedeutung hat die Förderung von Erdöl und Erdgas aus Feldern in der Sahara. Beide Produkte werden noch zu großen Teilen exportiert, trotzdem es starke Bemühungen gibt, die inländische Verarbeitung zu erhöhen. Daneben haben seit historischer Zeit der Abbau von Eisen-, Blei- und Zinkerzen sowie die Förderung von Phosphaten große Bedeutung. Der Anteil von über 96% am Gesamtexport zeigt den hohen Stellenwert des Bergbaus für die Wirtschaft Algeriens.

Die Elektroenergieerzeugung erfolgt zum Großteil (1986 = 94,8%) in Wärmekraftwerken auf der Basis von Erdöl bzw. Erdgas.

Seit der Unabhängigkeit hat das Verarbeitende Gewerbe großen Aufschwung genommen. Bedeutung hat dabei die Eisen- und Stahlerzeugung sowie die Petrolchemie. Aber auch der Maschinenbau und die Elektroindustrie sind erheblich gewachsen. Wichtig sind daneben aber auch die Nahrungsmittel- und Textilindustrie.

Bedeutende Industriestandorte sind neben Algier vor allem Annaba, Skikda und Arzew. In den letzten Jahren hat sich die Wirtschaftslage verschlechtert. Ein Grund dafür sind die sinkenden Einnahmen aus der Förderung von Erdöl und Erdgas. Aber auch innenpolitische Schwierigkeiten haben daran Anteil. Diese sind auch der Hauptgrund dafür, daß der früher schon geringe Tourismus von Ausländern fast ganz zum Erliegen gekommen ist.

Für Algerien ist auch heutzutage die Landwirtschaft noch von großer Bedeutung, wenn auch der Anteil am Bruttoinlandprodukt mit rund 12% nur gering erscheint und etwa ein Fünftel der Erwerbspersonen in der Landwirtschaft tätig ist. Nach der Erringung der Unabhängigkeit und der Ausreise der französischen Siedler, welche vor allem Agrarprodukte für den Export erzeugten, wurde staatlicherseits mehr Wert auf die Eigenerzeugung an Nahrungsmitteln für die Versorgung der Bevölkerung gelegt. Aber mehr denn je muß ein Großteil der benötigten Lebensmittel importiert werden.

Auf Grund der geographischen Bedingungen sind die Voraussetzungen für die Agrarwirtschaft sehr unterschiedlich. Der Teilung des Territoriums in landschaftliche Zonen entspricht auch die Möglichkeit der Nutzung. Der Anteil landwirtschaftlicher Nutzfläche an der Gesamtfläche des Landes ist gering. Er konzentriert sich vor allem auf einen schmalen Streifen mit ausreichenden Niederschlägen entlang der Küste des Mittelmeeres. Hier erfolgt vor allem der Anbau von Getreide (Weizen, Gerste) sowie die Erzeugung von Gemüse. Vor allem hier liegen auch die Flächen mit Dauerkulturen (Wein, Obst, Oliven). Ackerbau in geringerem Maße wird auch in den Gebieten zwischen Tellatlas und Saharaatlas betrieben. Seine Produktivität ist gering. Gründe für die niedrigen Hektarerträge sind vor allem unzureichende Mechanisierung, unwirtschaftliche Nutzung der Wasserresourcen, 1986 wurden nur ca. 5% der Ackerflächen bewässert, sowie eine unzureichende Düngung. Auffällig ist auch der große Anteil von Brachlandflächen. Während im Norden, vor allem im Gebirge, die Rinderzucht überwiegt, ist die extensive Viehwirtschaft auf den Hochplateaus der Schotts vor allem auf Schafe und Ziegen angelegt. Etwa vier Fünftel der Landesfläche sind agrarwirtschaftlich nicht nutzbar. Größtenteils herrscht Wüste vor, in der nur in den wenigen Oasen Landwirtschaft betrieben wird (Dattelerzeugung).

Entlang der 1200 km langen Mittelmeerküste besteht ein großes Fischfangpotential, das aber nur in geringem Maße genutzt wird (Sardinen und Anchovis, Thunfische). Zwar ist mengenmäßig der Fang von Krustentieren gering, aber wertmäßig werden hohe Erträge erzielt. Auf Grund der wenigen Binnengewässer ist der Fang von Süßwasserfischen unbedeutend.

Da der Waldbestand flächenmäßig nur gering ist, hat die Holzwirtschaft nur wenig Bedeutung. Lediglich bei der Gewinnung von Kork der Korkeichen gehört Algerien zu den wichtigeren Erzeugerländern der Erde. Der größte Teil des Holzeinschlages dient der Brenstoffversorgung. Seit Mitte der 70er Jahre versucht man, durch Neuanpflanzungen die Forstfläche zu vergrößern. Nebenzweck ist dabei auch verbesserter Erosionsschutz und die Herstellung günstigerer klimatischer Bedingungen.

```
Beschäftigte   3 967 000 = 100%
  darunter
  Landwirtschaft   725 000 = 18,3%
  Bergbau und Industrie   622 000 = 15,7%
  Bauwesen   690 000 = 17,4%
  Verkehr und
    Nachrichtenwesen   216 000 = 5,4%
  Handel   391 000 = 9,9%
  Dienstleistungen   1 323 000 = 33,3%
Erwerbslose   1 141 000
```

```
Erwerbspersonen   5 341 000 = 23,1% der
  Bevölkerung
  darunter im Alter von 15–44 Jahre 44,3%
    weiblich   9,2%
    nicht beschäftigt   21,4%
```

Tab. A8: Beschäftigungsstruktur Algeriens 1987

```
Bruttoinlandsprodukt 340,6 Mrd. DA
```
davon	
primärer Sektor	15,2%
sekundärer Sektor	50,1%
darunter	
Bergbau, Erdöl	22,1%
tertiärer Sektor	34,7%

Tab. A9: Entstehung des Bruttoinlandsproduktes Algeriens 1989

Bergbau

Produkt	Einheit	Menge
Eisenerz	t	2 939 000
Bleierz	t	1 900
Zinkerz	t	8 000
Quecksilber	t	600
Phosphat	t	1 128 000
Erdöl	t	56 700 000
Erdgas	Mill. m^3	49 000

Tab. A 10: Gewinnung von Bergbauprodukten in Algerien 1990

Energiewirtschaft

Installierte Leistung der Kraftwerke	
Insgesamt 1986	3736 MW
davon	
Wärmekraftwerke	3451 MW
Wasserkraftwerke	285 MW
Werke für die öffentliche Versorgung	
(Société Nationale de l'Electricité et de Gaz/SONELGAZ)	
Insgesamt	3385 MW
davon	
Wärmekraftwerke	3100 MW
Wasserkraftwerke	285 MW
Elektrizitätserzeugung 1986	
Insgesamt	12 746 Mill. kWh
davon	
Wärmekraftwerke	12 080 Mill. kWh
Wasserkraftwerke	666 Mill. kWh
Werke für die öffentliche Versorgung (SONELGAZ)	
Insgesamt	11 566 Mill. kWh
davon	
Wärmekraftwerke	10 900 Mill. kWh
Wasserkraftwerke	666 Mill. kWh
Elektrizitätserzeugung 1989	
Insgesamt	15 324 Mill. kWh
Verbrauch 1989	15 309 Mill. kWh

Tab. A11: Elektroenergieerzeugung in Algerien

Industrie

Tab. A12: Industriebetriebe und Beschäftigte nach Branchen in Algerien 1987

Branche	Betriebe Anzahl	Beschäftigte Anzahl	in %
Wasser und Energie	13	27 495	5,2
Erdöl und Erdgas	2	60 606	11,4
Bergbau, Steine und Erden	255	12 441	2,3
Eisenhütten, Metallverarbeitung, Elektrotechnik	1 553	143 581	26,9
Baumaterialien	1 478	46 032	8,6
Chemische Industrie	361	28 268	5,3
Lebensmittelindustrie	4 699	88 340	16,6
Textilindustrie	2 803	64 585	12,1
Lederindustrie	722	17 281	3,2
Holz- und Papierindustrie	2 529	36 782	6,9
sonstige	806	8 111	1,5
Insgesamt	15 221	533 622	100

Erzeugnis	Einheit	Menge
Treibstoffe u. Heizöl	1000 t	19800
Rohstahl	1000 t	767
Ziegel	1000 t	1679
Traktoren	Stück	3505
Lastkraftwagen, Busse	Stück	4291
Fahrräder	Stück	39000
Motorräder	Stück	21000
Eisenbahngüterwagen	Stück	253
Haushaltskühlschränke	Stück	387000
Radios	Stück	341000
Fernseher	Stück	283000
Ammoniak	1000 t	377
Handelsdünger		
stickstoffhaltig	1000 t	263
phosphathaltig	1000 t	173
Schuhe	1000 Paar	16376
Baumwollgarn	t	30500
Hemden	1000	1937
Mehl und Gries	1000 t	2588
Zucker, raffiniert	1000 t	209
Speiseöl	1000 t	338
Bier	1000 hl	325
Wein	1000 hl	289
Tabak	t	35780

Tab. A13: Produktion ausgewählter Erzeugnisse des verarbeitenden Gewerbes in Algerien 1990

Land- und Forstwirtschaft

Tab. A14: Landnutzung in Algerien 1987

Anteile	
Ackerland und Dauerkulturen	3,2%
Weiden	13,5%
Wald	1,8%
Alfaflächen	1,7%
sonstiges (größtenteils Wüste)	79,8%

Nutzungsart	Fläche 1000 ha	Anteil in %
Ackerland und Dauerkulturen insgesamt	7661	100
davon		
Ackerland bestellt	3243	42,3
darunter mit		
Getreide	2365	30,8
Feldfutter	504	6,6
Gemüse	260	3,4
Ackerland brach	3838	50,1
Dauerkulturen	580	7,6
darunter		
Rebland	102	1,3
Baumkulturen	452	5,9
Ölbäume	170	2,2
Agrumen	44	0,6

Tab. A15: Nutzung der Acker- und Dauerkulturflächen in Algerien 1990

Tab. A16: Erntemengen ausgewählter pflanzlicher Erzeugnisse in Algerien 1990

Erzeugnis	1000 t
Weizen	750
Gerste	833
Hafer	41
Kartoffeln	809
Oliven	178
Tomaten	296
Zwiebeln, trocken	173
Wassermelonen	264
Weintrauben	110
Datteln	206
Apfelsinen	184
Mandarinen u. ä.	82

Viehbestand	
Rinder	1 392 700
davon Milchkühe	797 400
Schafe	17 697 300
Ziegen	2 472 000
Pferde	81 000
Maultiere	100 000
Esel	299 000
Kamele	122 000

Tab. A 17: Viehwirtschaft Algeriens 1990

Holzeinschlag 1986	1 944 000 m³	
davon		
Nadelholz	1 326 000 m³	= 68,2%
Nutzholz	236 000 m³	= 12,1%
Brennholz	1 708 000 m³	= 87,9%
Holzeinschlag 1989	2 131 000 m³	

Tab. A 18: Forstwirtschaft Algeriens

Fischerei

Anzahl der Schiff	1548	
Fangmengen		
Seefische	87 952 t	
Krustentiere	2 635 t	

Tab. A 19: Fischfang in Algerien 1990

Tourismus

Tab. A 20: Tourismus in Algerien

Hotels 1987	
Anzahl	131
davon	
5 Sterne	5
4 Sterne	15
3 Sterne	53
2 Sterne	69
1 Stern	44
Bettenzahl	231 413
Auslandsgäste 1987	
Anzahl	272 700
Herkunftsland davon	
Frankreich	32,3%
übriges Europa	27,6%
Tunesien	26,9%
Deviseneinnahmen 1988	132 Mill. US-Dollar

Außenhandel

Tab. A 21: Außenhandel Algerien 1990
a: Export

Export 114 392 Mill. DA	
davon	
Energierohstoffe	96,9%
Konsumgüter	0,6%
wichtigste Länder	
Italien	20,5%
USA	19,2%
Frankreich	17,3%
Niederlande	9,3%
Belgien	6,9%
Spanien	6,0%
Großbritannien	2,2%
Deutschland	2,1%

b: Import

Import 87 018 Mill. DA	
davon	
Ausrüstungsgüter	39,7%
Nahrungsmittel, Getränke	21,7%
Halbfertigwaren	18,4%
Konsumgüter	11,8%
Rohstoffe	7,0%
wichtigste Länder	
Frankreich	23,1%
Italien	12,3%
USA	11,5%
Deutschland	11,3%
Spanien	6,2%
Japan	4,6%

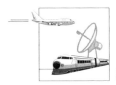

6 Verkehr und Nachrichtenwesen

Auf Grund der Größe des Landes und der wirtschaftlichen Bedeutung ist seine verkehrsmäßige Erschließung sehr unterschiedlich ausgeprägt. Grundsätzlich ist festzustellen, daß, je weiter ein Gebiet von der Küste entfernt ist, um so geringer die Dichte der Verkehrswege.

Das größtenteils noch im vorigen Jahrhundert während der französischen Kolonialzeit erbaute Eisenbahnnetz ist für den Personen- und Güterverkehr nach wie vor von Bedeutung. Nach vorher vollzogenen Streckenstillegungen entspricht man seit Beginn der 80er Jahre dem gewachsenen Eisenbahntransportbedarf durch Modernisierung des bestehenden Netzes. Außerdem werden Neubaustrecken projektiert und auch gebaut. Die wichtigste Linie verläuft küstenparallel von der marokkanischen bis zur tunesischen Grenze und berührt alle bedeutenden Hafenstädte. Stichbahnen, die zum Teil schmalspurig sind, verbinden wichtige Orte des Binnenlandes mit dieser Hauptstrecke.

Steigend ist der Anteil des Kraftfahrzeugverkehrs. Der überwiegende Teil des Straßennetzes befindet sich in den wirtschaftlich entwickelteren Gebieten des Nordens. Dort sind die meisten Siedlungen durch asphaltierte Straßen zu erreichen. Nach Süden hin gehen die Straßen meist in unbefestigte Pisten über. Nur die Bergbaustandorte sind dort durch gute Straßen verkehrsmäßig angeschlossen.

Der internationale Seeverkehr konzentriert sich vor allem auf die Häfen Algier, Oran, Arzew, Béjaïa und Annaba. Es besteht zwar eine staatliche algerische Reederei, der Hauptteil des maritimen Verkehrs erfolgt aber mit französischen Schiffen.

Neben den internationalen und größeren Flughäfen Algier, Oran, Constantine und Annaba bestehen für den inländischen Luftverkehr ca. 70 Flugplätze, die vor allem für abgelegenere Siedlungen Bedeutung haben. Über einfache Landepisten werden Bergbaustandorte bzw. Wüstenposten versorgt.

Der Transport von Erdöl, Erdölprodukten und Erdgas erfolgt im wesentlichen über Rohrfernleitungen. Sie verbinden die Produktionsstätten in der Sahara mit Orten an der Küste und für den Erdgasexport über Tunesien nach Sizilien mit Anschluß an das europäische Netz.

Im Vergleich zu anderen afrikanischen Staaten sind Post und Telekommunikation gut entwickelt. Die Versorgung mit Presseerzeugnissen, Radio und Fernsehen ist ausreichend.

Streckenlänge	4293 km
Spur 1435 mm	3135 km
davon elektrifiziert	299 km
Spur 1055 mm	1138 km
Ausrüstung (Stück)	
Elektrolokomotiven	24
Diesellokomotiven	196
Kleinlokomotiven	24
(Locotracteurs)	
Triebwagen	28
Personenwagen	629
Güterwagen	11 475
Beschäftigte	18 048
Fahrgäste	53,664 Mill.
Fracht	12,4 Mill. t

Tab. A22: Eisenbahnverkehr in Algerien 1990

Starts und Landungen	
Algier	21 242
Oran	4 021
Constantine	4 204
Annaba	1 498
Fluggäste	
Algier	2 351 000
Oran	376 000
Constantine	393 000
Annaba	135 000
Fracht	
Algier	14 845 t
Oran	6 619 t
Constantine	3 309 t
Annaba	406 t

Tab. A24: Verkehr der wichtigsten Flughäfen Algeriens 1990

Tab. A23: Straßenverkehr in Algerien

Straßenlänge 1990	
Insgesamt	90 031 km
davon Pisten	34,6%
Nationalstraßen	25 823 km
davon Pisten	14,1%
Wilayatsstraßen	22 176 km
davon Pisten	16,5%
Kommunale Straßen	42 032 km
davon Pisten	56,8%
Bestand an Kraftfahrzeugen 1985	
Personenkraftwagen	676 986
Kraftomnibusse	10 661
Lastkraftwagen	372 713
Motorräder	17 439

Tab. A25: Seeverkehr Algeriens 1987

Bestand an Handelsschiffen über 100 BRT 1987	
Anzahl	148
davon Tanker	22
Tonnage	892 600 BRT
davon Tanker	134 400 BRT
Passagiere 1990	
Ankunft	216 000
Abfahrt	160 000
Frachtumschlag 1990	
Entladen	17 523 000 t
Beladen	65 863 000 t

Erdölhauptleitungen	7171 km
Erdgasleitungen	2665 km
Produktenleitungen	805 km

Tab. A26: Rohrleitungen in Algerien

Tab. A27: Kommunikationswesen in Algerien

Post und Telekommunikation 1990	
Beschäftigte	40400
Post 1990	
Anzahl der Postämter	2828
Sendungen	372 Mill.
Telefon 1989	
Anschlüsse	1052000
Gespräche	2016 Mill. Einheiten
Telegramme 1990	
Anzahl	1774000
Inland	133000
Ausland	
Telex 1990	
Anschlüsse	10776
Zeitungen 1990	
Anzahl der Tageszeitungen	6
Auflage	1262000
Radio 1990	
Sender	35
Empfänger	5,5 Mill.
Fernsehen 1990	
Sender	18
Empfänger	1610000

7 Soziales, Gesundheitswesen, Bildung und Kultur

Zur sozialen Absicherung bestehen in Algerien Versicherungen für die Altersversorgung, gegen Krankheiten, Arbeitsunfälle und zur Familienunterstützung. Das Gesundheitswesen hat sich in den letzten Jahren durch den Ausbau der medizinischen Einrichtungen, der Verstärkung des Personals und Verbesserung der Fürsorge positiv entwickelt. Trotzdem besteht vor allem in den ländlichen Gebieten noch ein großer Nachholbedarf. Der Anteil der Ausgaben für das Gesundheitswesen betrug 1988 5,9% des Staatshaushaltes. Insgesamt sind die Hauptrichtungen der notwendigen Verbesserung u. a. der Ausbau der Gesundheitsvorsorge, eine Verbesserung der Trinkwasserversorgung und ein höherer Hygienestandard (z. B. bessere Abwasserbeseitigung). Um der starken Bevölkerungszunahme zu begegnen, muß die Familienplanung einen besonderen Platz einnehmen.

Das algerische Bildungssystem ist noch vom französischen Einfluß geprägt. Es besteht eine neunjährige Schulpflicht für Kinder von 6 bis 15 Jahren. Fast alle männlichen und über 80% der weiblichen Kinder werden heutzutage eingeschult. Das Schulsystem umfaßt zwei Bereiche. Die Primärstufe beginnt im Alter von 6 Jahren und dauert bis zum 12. Lebensjahr. Die daran sich anschließende mögliche Sekundarstufe dauert bis zu sieben Jahren und beinhaltet Mittelschulen und Gymnasien, Berufs- und technische Schulen. Unterrichtssprache ist in allen Einrichtungen Arabisch. Der Unterricht ist in allen Lehreinrichtungen kostenlos. Die Ausgaben für die Bildung betrugen 1988 fast 10% der laufenden Ausgaben des Staatshaushaltes. Durch die hohen Einschulraten und eine verbesserte Erwachsenenqualifizierung konnte der Anteil der Analphabeten an der Bevölkerung über 15 Jahre, 73,6% im Jahr 1971, bis jetzt auf etwa 40% gesenkt werden. Sehr groß sind noch die Differenzen zwischen städtischen und ländlichen Gebieten bzw. zwischen Männern und Frauen. Der teriäre Bildungsbereich umfaßt Universitäten und andere Hochschulen. Da die Kapazität an Studienplätzen noch nicht ausreicht, nehmen zahlreiche Algerier ein Studium im Ausland, vor allem in Frankreich, auf. Zusammenfassend kann gesagt werden, daß das algerische Bildungswesen im Vergleich zu anderen Entwicklungsländern eine gute Qualität aufweist.

Im Bereich der Kultur bestehen Theater und Kinos, Bücher werden herausgegeben. Öffentliche Bibliotheken, vor allem die Nationalbibliothek in Algier, haben zahlreiche Benutzer. Eine Anzahl von Museen, Zoos und Nationalparks bietet gute Informationen zur Weiterbildung und Möglichkeiten zur Erholung

Soziale Versicherungen 1987
Einnahmen 17 632 Mill. DA
Ausgaben 16 378 Mill. DA
davon für
Unterstützungen 94,1%
Verwaltung 5,6%
sonstiges 0,3%

Tab. A28: Sozialwesen in Algerien

Tab. A29: Gesundheitswesen Algeriens

Medizinisches Personal 1990
Ärzte 17 196
Zahnärzte 7 199
Apotheker 2 134
Krankenpfleger 26 900 (1988)
Hebammen 2 115 (1988)
ländliche Geburtshelfer 3 094 (1988)

Medizinische Einrichtungen 1990
Krankenhäuser 181
Polikliniken 451
Gesundheitszentren 1 121
Beratungs- und
Behandlungsstationen 3 344
Bettenzahl in
medizinischen Einrichtungen 29 618

Registrierte Erkrankungen 1987
Typhoides Fieber und
Paratyphus 3 029
Virushepatitis 4 620
Menengitis 934
Masern 1 797
Tetanus 72
Trachom 10 187

Grundschulen 1990
Anzahl 12 240 (1989)
Schüler 4 027 600
Lehrer 144 945
Mittel- und höhere Schulen 1989
Anzahl 2 913
Schüler 2 162 500 (1990)
Lehrer 116 158
Hochschulen 1989
Anzahl 15
Studenten 167 600
Lehrkräfte 17 581
Berufsschulen 1987
Schüler 98 300
Lehrer 2 528

Lehrerbildungsanstalten 1987
Studenten 23 200
Lehrkräfte 2 458 (1986)

Anteil der Analphabeten über 15 Jahre 1990
Insgesamt 42,5%
Männer 30,2%
Frauen 54,5%

Tab. A30: Bildungswesen Algeriens

Museen 1987
   Anzahl 28
      davon 11 unter dem Kulturministerium
   Besucher 334 600

Öffentliche Bibliotheken
   dem Kulturministerium unterstehend
      Anzahl 68 (1987)
   Nationalbibliothek (1988)
      Anzahl der Bände 1 040 000
      Ausleiher 14 000

Buchherstellung 1988
   Anzahl der Titel 551
      davon Lehrbücher 39

Theater 1987
   Anzahl 7
   Aufführungen 721
   Besucher 187 000

Kinos 1990
   Anzahl 246
   Besucher 11 343 000

Nationalparks 17 Zoos 4

Quellen:
Annuaire Statistique de l'Algerie 1991, Algier 1991
Länderbericht Algerien 1990, Wiesbaden 1989
The Statesman's Yearbook 1992–93, London 1992
Britannica Book of the Year 1992, Chicago 1992

Tab. A31: Kultur in Algerien

Länderprofile bei Perthes

Arnold, Adolf: **Algerien**
3-623-00665, 224 S., Hardcover

Bähr, Jürgen: **Chile**
3-12-928751, 204 S., kart.

Böhn, Dieter: **China**
Volksrepublik China, Taiwan,
Hongkong und Macao
3-12-928892, 320 S., kart.

Breuer, Toni: **Spanien**
3-12-928831, 259 S., kart.

Bronger, Dirk, u. a.: **Indien**
3-623-00667, Hardcover, ersch. noch 1995

Bünstorf, Jürgen: **Argentinien**
3-12-928905, 206 S., kart.

Engelhard, Karl: **Tansania**
3-623-00662, 295 S., Hardcover

Frankenberg, Peter: **Tunesien**
3-12-928741, 172 S., kart.

Freund, Bodo: **Portugal**
3-12-928761, 149 S., kart.

Fuchs, Gerhard:
Die Bundesrepublik Deutschland
mit Anhang „Auf dem Weg zu gemeinsamen Strukturen: Ausgangsbedingungen in den neuen Bundesländern"
3-12-928904, 296 S., kart.

Gläßer, Ewald: **Dänemark**
3-12-928781, 180 S., kart.

Gläßer, Ewald, Klaus Vossen und Claus-Peter-Woitschützke:
Nordrhein-Westfalen
3-12-928882, 249 S., kart.

Gormsen, Erdmann: **Mexiko**
3-623-00668, Hardcover, ersch. noch 1995

Hahn, Roland: **USA**
3-12-928901, 287 S., kart.

Heineberg, Heinz: **Großbritannien**
3-12-928801, 247 S., kart.

Höhfeld, Volker: **Türkei**
3-623-00663, Hardcover, ersch. noch 1995

Kapala, Alice: **Polen**
3-12-928899, 260 S., kart.

Kühne, Siegfried: **Malaysia**
3-12-928771, 187 S., kart.

Kullen, Siegfried: **Baden-Württemberg**
3-12-928805, 312 S., kart.

Lamping, Heinrich: **Australien**
3-12-928895, 182 S., kart.

Leser, Hartmut: **Namibia**
3-12-928841, 259 S., kart.

Lindemann, Rolf: **Norwegen**
3-12-928871, 193 S., kart.

Mikus, Werner: **Peru**
3-12-928802, 230 S., kart.

Möller, Ilse: **Hamburg**
3-12-928891, 248 S., kart.

Müller-Hohenstein, Klaus, und Herbert Popp:
Marokko
3-12-928803, 229 S., kart.

Müller, Jürg: **Brasilien**
3-12-928881, 278 S., kart.

Pletsch, Alfred: **Frankreich**
3-12-928732, 256 S., kart.

Röll, Werner: **Indonesien**
3-12-928711, 206 S., kart.

Scherf, Konrad, und Hans Viehrig (Hrsg.)
Berlin und Brandenburg
3-623-00671, Hardcover, ersch. noch 1995

Schmidt-Kallert, Einhard: **Ghana**
3-623-00661, 232 S., Hardcover

Scholz, Fred (Hrsg.): **Die kleinen Golfstaaten**
3-12-928894, 240 S., kart.

Vogelsang, Roland: **Kanada**
3-623-00680, 356 S., Hardcover

Vorlaufer, Karl: **Kenya**
3-12-928898, 261 S., kart.

Wiebe, Dietrich: **Afghanistan**
3-12-928861, 195 S., kart.

Wiese, Bernd: **Senegal**
3-623-00664, 160 S., Hardcover

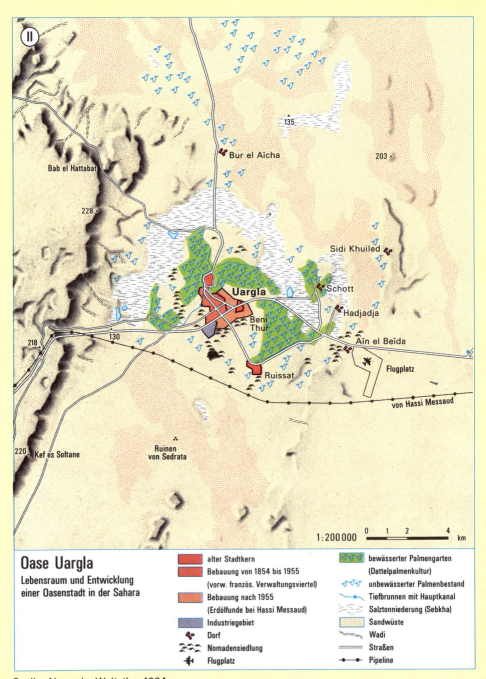